Anna-Maria Aurel

Die Marseille Morde – Das tote Mädchen

Weitere Titel der Autorin:

Die Marseille-Morde –
Der Tote von Port Pin (als E-Book erhältlich)

Über die Autorin:

Anna-Maria Aurel lebt als gebürtige Österreicherin nun schon seit mehr als fünfundzwanzig Jahren in Frankreich. Ihr Übersetzerstudium absolvierte sie in Lyon und Paris, ergänzte es durch einen Master in Tourismus- und Kulturmanagement in Avignon. Sie erfüllte sich ihren Traum vom Leben im Süden, als sie sich mit ihrer Familie in der provenzalischen Kleinstadt Saint Rémy de Provence niederließ. Dort ist sie heute als Fremdenführerin, Reiseleiterin, Übersetzerin und Schriftstellerin tätig. Die leuchtenden Landschaften der Provence haben sie inspiriert, selbst Südfrankreich-Krimis zu schreiben.

Anna-Maria Aurel

Die Marseille-Morde

Das tote Mädchen

lübbe

Dieser Titel ist auch als E-Book erschienen

Die Bastei Lübbe AG verfolgt eine nachhaltige Buchproduktion. Wir verwenden Papiere aus nachhaltiger Forstwirtschaft und verzichten darauf, Bücher einzeln in Folie zu verpacken. Wir stellen unsere Bücher in Deutschland und Europa (EU) her und arbeiten mit den Druckereien kontinuierlich an einer positiven Ökobilanz.

FSC
www.fsc.org
MIX
Papier | Fördert gute Waldnutzung
FSC® C014496

Vollständige Taschenbuchausgabe
der bei Bastei Lübbe erschienenen E-Book-Ausgabe

Stark überarbeitete Neuausgabe

Für die Originalausgabe:

Titel der Originalausgabe: »Lockdown in Marseille«
Originalverlag: Luzifer Verlag

Dieses Buch wurde vermittelt von der Literaturagentur erzähl:perspektive, München (erzaehlperspektive.de).

Umschlaggestaltung: Massimo Peter-Bille unter Verwendung von Motiven von © brickrena/shutterstock; iLight photo/shutterstock; iLight photo/shutterstock
Satz: 3w+p GmbH, Rimpar (www.3wplusp.de)
Gesetzt aus der Adobe Caslon Pro
Druck und Verarbeitung: GGP Media GmbH, Pößneck
Printed in Germany
ISBN 978-3-404-18988-5

5 4 3 2 1

Sie finden uns im Internet unter luebbe.de
Bitte beachten Sie auch: lesejury.de

Emeline

Lucie fuhr an diesem sonnigen Nachmittag Anfang März im Auto die Côte Bleue entlang, die Küste westlich von Marseille zwischen Carry-le-Rouet und Sausset-les-Pins. Das Meer leuchtete strahlend blau, und die Kiefern an der Straße wiegten sich im Wind. Einige Boote waren unterwegs, ihre Segel flatterten wie weiße Fahnen auf dem Wasser. Lucie hatte soeben ihre neunjährigen Zwillinge beim Fußballtraining in Sausset-les-Pins abgesetzt, wo ihr Mann sie zwei Stunden später abholen würde.

Das Gespräch mit Marc, dem Trainer ihrer Söhne, hatte Lucie beunruhigt. Marc hatte gemeint, es bestehe das Risiko, dass die Spiele der kommenden Wochen wegen Corona abgesagt werden müssten. Lucie, die zwar wusste, was in Norditalien geschah, hatte sich über die Krankheit bisher trotzdem nicht groß Gedanken gemacht. In Frankreich war das Virus nicht sehr verbreitet, und sie hatten relativ gute Krankenhäuser, einen Lockdown konnte sie sich nicht vorstellen.

Doch der Trainer wusste anscheinend mehr als sie. Er hatte prophezeit, binnen weniger Tage würde Frankreich wie China und Teile Italiens in einen Lockdown gehen, die gesamte Bevölkerung würde unter Hausarrest stehen und die Schulen würden schließen. Man ging davon aus, dass es in Frankreich mehrere Tausend Tote geben würde. Das war tatsächlich gar nicht so abwegig, wenn man sich die Situation in Italien ansah! Marcs Kommentare hatten Lucie in Angst versetzt. Dieses flaue Gefühl, das sie schon seit Tagen begleitete, hatte sich nun zu ganz konkreter Sorge verdichtet.

Es war für sie alle gerade keine angenehme Zeit. Ihr Mann hatte Probleme im Büro. Er arbeitete in der Firma Airbus Helicopters und war dort für den Verkauf nach Asien zuständig. Doch wegen Corona und des chinesischen Lockdowns hatte er in den vergangenen Monaten keinen einzigen Hubschrauber an den Mann gebracht. Auch Boni hatte er daher keine erhalten. Aber noch schlimmer war, dass Nicolas sogar befürchtete, seinen Job zu verlieren. Einige Schwarzmaler wie Lucies Nachbarin Madame Valmer behaupteten, es würde die größte globale Krise seit dem Zweiten Weltkrieg vor der Tür stehen. Nicolas spottete zwar immer über Madame Valmer und meinte, sie sei chronisch depressiv, doch diesmal war er genauso beunruhigt wie sie, auch wenn er das vor Lucie zu verbergen suchte.

Zum Glück arbeitete Lucie als Bürokraft im Rathaus von Martigues und würde ihre Arbeitsstelle auf jeden Fall behalten. Trotzdem empfand sie schon seit Tagen eine diffuse Angst. Plötzlich war da die Sorge um Nicolas' Job, und nun seit dem Gespräch mit Marc jene um ihrer aller Gesundheit, vor allem die ihrer Eltern, die nicht mehr die Jüngsten waren und in Nordfrankreich lebten. Und dann kam noch die Sorge um Emeline hinzu. Lucie fand, dass ihre Tochter seit einigen Wochen sehr verschlossen war. Das fünfzehnjährige Mädchen wirkte unglücklich und verängstigt. Sie und ihr Mann schafften es nicht, zu ihr durchzudringen und herauszufinden, was los war. Doch sie ahnten, dass es mit der Schule zu tun hatte. Die Noten konnten es nicht sein, Emeline war immer eine gute Schülerin gewesen. Doch irgendetwas war geschehen …

Lucie hatte ein gutes Gefühl gehabt, als Emeline und

ihre Freundin Christine in dieses Lycée in Marseille aufgenommen worden waren, das als eines der besten Oberstufengymnasien der Region galt. Es handelte sich um eine katholische Privatschule, wie es in Frankreich sehr viele gab. Kirchliche Organisationen oder Orden führten diese Schulen, doch der Lehrplan war derselbe wie an staatlichen Einrichtungen. Der einzige Unterschied bestand darin, dass diese Privatschulen sich ihre Schüler aussuchten und Schulgeld verlangten. Trotzdem galten sie weder als Eliteschulen noch als Etablissements für Reiche. Emeline und Christine waren stolz gewesen, in dieses Gymnasium gehen zu können, anstatt wie ihre ehemaligen Mitschüler das öffentliche Lycée du Secteur in Martigues zu besuchen.

Doch sehr bald war Lucie durch Bemerkungen der beiden aufgefallen, dass sowohl Christine als auch Emeline sich in ihrer Klasse nicht wohlfühlten. Und seit den Weihnachtsferien war Emeline still und in sich gekehrt. Lucie hatte mit Christines Mutter darüber gesprochen, die sich genau dieselben Gedanken machte wie sie: Auch Christine schien zu leiden, erzählte aber zu Hause nichts. Die Klassenlehrerin hatte beim Elternsprechtag Lucie gegenüber erwähnt, dass Emelines Klasse sehr schwierig sei, eine Gruppe von Mädchen tyrannisiere die Mitschüler und auch einige Lehrer. Wahrscheinlich waren Emeline und Christine Opfer dieser Gruppe geworden. Fälle von Mobbing an Schulen gab es ja zur Genüge, doch Lucie wollte die Situation frühzeitig klären. Sie beschloss, noch am Abend eine E-Mail ans Sekretariat zu schreiben und um ein Treffen mit der Direktorin zu bitten.

Sie fuhr am Jachthafen von Carry-le-Rouet vorbei in ihr Stadtviertel, das ein wenig außerhalb des Zentrums auf einem Hügel lag. Überall blühten bereits Apfelbäume, Forsythien und Goldregen.

Lucie war froh, nicht direkt in Marseille zu wohnen und auch nicht in Martigues, mitten im Industriegebiet, sondern an der Côte Bleue, am Rand des schmucken Hafenstädtchens Carry-le-Rouet, in einer alten Villa, die sie umgebaut und modernisiert hatten und von deren Balkon aus sie in der Ferne das Meer sehen konnten. Der Garten war voller schöner alter Bäume, und vor zehn Jahren, als sie das Haus renoviert hatten, hatten sie sich ein Schwimmbad ausheben lassen. Für Lucie waren ihr Haus und ihr Garten eine Oase der Erholung.

Bald setzte sie den Blinker, bog in ihre Straße ein und hielt vor ihrem Grundstück an. Mit ihrer Fernbedienung öffnete sie das Gartentor und stellte das Auto vor dem Haus ab. Sie ging zur Haustür und drückte die Klinke herunter, doch die Tür war abgesperrt. Hätte Emeline nicht bereits von der Schule zurück sein müssen? Lucie kramte nach ihrem Schlüssel und sagte sich, dass der Bus wohl wieder einmal Verspätung oder Emeline ihn verpasst hatte. Nun, sie würde schon anrufen, wenn sie den Zug genommen hatte und vom Bahnhof abgeholt werden wollte, der ziemlich weit vom Haus entfernt war.

Lucie ging in die Küche und sah in den Kühlschrank. Sie beschloss, abends Pizza zu machen. Vorher wollte sie jedoch Emeline anrufen, um zu erfahren, wo ihre Tochter war. Sie wählte die Nummer, aber das Mädchen meldete sich nicht. Allerdings hörte sie im Obergeschoss Emelines Telefon läuten.

Verblüfft legte sie auf.

Es läutete nicht mehr.

Sie wählte erneut Emelines Nummer und stieg die Treppe hinauf.

Und da hörte sie das Telefon ganz deutlich aus Emelines Zimmer. Ihre Tochter war daheim! Warum hatte sie sich eingesperrt?

Lucie rief nach ihr und klopfte an die Zimmertür. Keine Antwort. Lucie öffnete die Tür. Stirnrunzelnd sah sie auf Emelines Telefon und auf die Schultasche, die am Boden stand. Auf dem Schreibtisch neben dem Telefon lagen der Zeichenblock und ein Stück Kohle. Emeline, die so gern zeichnete und ein besonderes Talent dafür bewies, hatte wohl sofort etwas skizziert, als sie von der Schule heimgekommen war.

Lucie öffnete den Block und sah sich die Zeichnung an. Voller Missfallen runzelte sie die Stirn, denn sie sah einen Baum mit ausladenden Ästen, in dem ein totes Mädchen an einem Seil hing, das um ihren Hals geschlungen war. Ein Mädchen mit wuscheligen Haaren wie Emeline. Das Bild war sehr gelungen, doch es jagte Lucie einen Schauer über den Rücken.

Im Haus herrschte Totenstille. War Emeline im Badezimmer oder im Keller? Aber Lucie konnte ihre Tochter nirgends finden. Nun, vielleicht saß sie ja im Garten und zeichnete dort. Von ihrem eigenen Schlafzimmer trat Lucie auf den Balkon, der ihr einen Blick über das gesamte Grundstück gewährte. Die blühende Magnolie streckte ihre kräftigen Zweige bis zu ihr herüber. Lucie erfreute sich an der zartrosa-roten Farbe der wundervollen Blüten und sog den Duft ein.

Doch als sie ans Geländer trat und ihren Kopf ein wenig nach rechts drehte, zuckte sie zusammen und begann zu schreien.

Vor ihr, nur wenige Meter entfernt, baumelte Emeline an einem Seil, das am dicksten Ast der Magnolie befestigt war. Emelines Gesicht war bläulich, die Augen geschlossen. Ihr Körper hing schlaff wie eine Stoffpuppe zwei Meter über dem Rasen. Es war deutlich zu sehen, dass ihr Genick gebrochen war. Emeline war tot, jede Hilfe kam zu spät. Lucie schien keine Luft mehr zu bekommen. Ihre Beine gaben nach, sie sank wimmernd zu Boden.

Madame le Lieutenant

Nach einem gemütlichen Mittagessen mit ihrer Lebensgefährtin Laura auf einer sonnigen Terrasse direkt am Alten Hafen durchquerte Nadia das Altstadtviertel Le Panier, das sich zwischen dem Hafen und der Kathedrale auf einem Hügel erhob und das Herz der Stadt Marseille darstellte. Sie ging schnellen Schrittes die steilen Stufen zwischen alten, teilweise etwas schmuddeligen Fassaden hinauf. Rechts und links von ihr waren die Mauern bunt dekoriert. Le Panier war ein Stadtteil, in dem Street Art von begabten Künstlern die Hauswände verschönerte. Bald war sie am höchsten Punkt des Quartiers angelangt, nun führte eine Gasse abwärts zum malerischen Platz auf der anderen Seite des Viertels, der sich vor der Vielle Charité, dem ehemaligen Armenhaus, erstreckte, das nun ein prächtiger Museumskomplex war. Dort tummelten sich einige Touristen in der Frühlingssonne. Nur wenige Hundert Meter weiter befand sich Nadias Arbeitsplatz, das Hôtel de Police.

Die junge Frau war seit zwei Monaten als Lieutenant de Police tätig, hatte ihr eigenes Team und ermittelte selbstständig unter der Leitung ihres Vorgesetzten Commissaire Blachet. Im Moment war sie der einzige weibliche Lieutenant bei der Kripo und die Jüngste dieses Dienstgrads im ganzen Präsidium. Nach ihrer achtzehnmonatigen Weiterbildung in Paris hatte sie die Stelle ihres ehemaligen Vorgesetzten Mathieu bekommen, der Marseille verlassen hatte, um sich zum Commissaire fortbilden zu lassen.

Nun befehligte sie die Kollegen, mit denen sie früher im Team zusammengearbeitet hatte. Es handelte sich um ein reines Männerteam, die meisten waren noch dazu aus dem Süden, also Machos. Die Kollegin, die als Letzte in die Abteilung gekommen war – noch dazu eine Frau –, sollte sie nun herumkommandieren? *Nein danke*, hatten drei von ihnen gemeint und das Team oder gleich die Abteilung gewechselt. Doch Florian, Kenny und Stéphane waren bei Nadia geblieben. Sie kannten und mochten sie.

Nadia sollte in der folgenden Woche aus dem Norden einen vierten Mitarbeiter bekommen – diesmal eine Frau. Sie war sehr glücklich darüber. Die meisten Frauen bei der Polizei waren Bürokräfte und nicht Ermittler, aber die Zeiten änderten sich. Auf der unteren Dienststufe der Ermittler war nun bereits die Hälfte der neuen Angestellten weiblichen Geschlechts.

Als Nadia beim Commissariat ankam, läutete ihr Mobiltelefon. Sie sah, dass Pierre Frigeri, der Staatsanwalt, anrief.

»Hallo, Pierre«, sagte Nadia, als sie den Anruf annahm. »Wenn du in der Gegend bist, dann komm vorbei. Wir können in der Nähe irgendwo draußen einen Kaffee trinken.«

»Nein, Nadia. Ich habe ziemlichen Stress, kann jetzt nicht weg. Ich muss später mit dir reden. In Ruhe. Es ist wichtig.«

»In Ordnung. Willst du bei mir im Büro vorbeischauen, oder soll ich dich im Justizpalast besuchen?«

»Weder noch. Ich würde dich gern außerhalb unserer Büros treffen.«

»In Ordnung.« Nadias Neugier war geweckt. »Treffen wir uns doch um sechs in einer der Bars im Einkaufszentrum Les Terrasses du Port! Dann kannst du mir sagen, was du auf dem Herzen hast, während ich die Sonne und den Blick aufs Meer genieße. Auf der Terrasse der Bar im zweiten Stock, ganz rechts, ich weiß den Namen nicht mehr.«

»Gut. Machen wir es so! Bis dann!«

Nadia verabschiedete sich und legte auf.

Sie fand Pierre reichlich geheimnisvoll. Bislang hatte er sie noch nie dienstlich woanders treffen wollen.

Pierre Frigeri, der Substitut du Procureur, ein junger Staatsanwalt, der dem Procureur de la République unterstand, war ein guter Freund von Nadia und Laura. Nadia arbeitete viel mit ihm zusammen, traf ihn aber auch in ihrer Freizeit häufig. Vor allem sportelte sie gern mit Pierre.

Nachdem sie dem Kollegen zugewinkt hatte, der in seiner Glasbox den Eingang bewachte, hastete sie ins Commissariat. Ein Teil des Hôtel de Police war ein altehrwürdiger Bau aus dem siebzehnten Jahrhundert, der ursprünglich als Bischofspalast gedient hatte. Im zwanzigsten Jahrhundert, nachdem die Kirche enteignet und das Hauptkommissariat dort untergebracht worden war, hatte man einen modernen Teil angebaut. Inzwischen war die gesamte Anlage jedoch veraltet und baufällig. Es war geplant, das Präsidium, das außerdem zu klein wurde, in den kommenden Jahren woandershin zu verlegen.

Nadia stieg die Treppe zu ihrer Abteilung im ersten Stock hoch. Dort kam ihr Commissaire Blachet, der Leiter der Kriminalabteilung, auch Crim genannt, in dem schäbigen und düsteren Gang entgegen, der vom Treppenhaus zu ihrem eigenen winzigen Büro und dem Open Space ihres Teams führte.

»Hallo, Nadia«, sagte er. »Ich muss dich sprechen. Kannst du bitte in einer halben Stunde in mein Büro kommen?«

»Klar«, erwiderte Nadia. Vermutlich bekam sie einen neuen Fall zugeteilt. Im Moment ermittelte sie mit ihrem Team zu einer rumänischen Bande, die Raubüberfälle beging, aber auch Reisebusse und Autos aufbrach. Im Herbst war ein junger Mann bei einem Raubüberfall getötet worden, hinter dem mutmaßlich ebenjene Bande steckte, deshalb hatte die Kriminalabteilung, die sich hauptsächlich um Mord und Körperverletzung kümmerte, den Fall bekommen. Blachet wollte, dass die Sache bis zum Beginn der Tourismussaison geklärt war. Die Mörder dieses Mannes mussten gefasst und der Bande sollte das Handwerk gelegt werden. Doch er wusste, wie sie alle, dass es sich um ein riesiges Netzwerk handelte, das wahrscheinlich vom Ausland aus gesteuert wurde. Sie fassten vielleicht zehn Personen, doch dann würden sofort neue nachkommen und im Sommer weiter Leute ausrauben und Fahrzeuge aufbrechen. Das Einzige, was wirklich half, war eine verstärkte Polizeipräsenz auf den Busparkplätzen und in der Stadt. Doch das lag nicht in der Kompetenz der Kripo, dafür war die Police Municipale zuständig, die städtische Polizei. Und wie viele Beamte für die Überwachung der Stadt eingesetzt wurden, war ein politisches Thema.

Nadia ging ins Büro, wo ihre Kollegen schon vor den Aufnahmen der Überwachungskameras saßen, die sie sich an diesem Nachmittag vornehmen mussten. Ein Vorteil war, dass die Mörder des jungen Mannes höchstwahrscheinlich jene waren, die auch die Reisebusse auf den Parkplätzen aufgebrochen hatten und dabei gefilmt worden waren. Bald würden sie mehrere Gesichter identifizieren können.

»Mensch, das sind ja Stunden und Stunden an Aufnahmen«, stöhnte Kenny. »Das schaffen wir nie!«

»Nächste Woche kommt Verstärkung«, erklärte Nadia. »Eine neue Polizistin.«

»Ach, eine Frau!«, meinte Stéphane. »Ich hoffe, sie ist hübsch und nicht zu alt.«

Nadia hielt das Foto einer übergewichtigen Vierzigjährigen hoch, das sie im Internet gefunden und ausgedruckt hatte. Sie wollte ihren beiden Kollegen einen Streich spielen.

»So sieht sie aus!«

Stéphane und Kenny schauten sie mit langen Gesichtern an.

»Das ist wirklich gemein! Wir haben ohnehin kaum Frauen hier, und jetzt kommt da so ein Trampel!«, seufzte Stéphane.

Nadia vermied es, zu Florian hinzusehen, der sich das Lachen verbiss, da er eingeweiht war. Beinahe hätte sie losgeprustet.

Sie wandte sich ab und bemerkte nur: »Ich kann nichts dafür. Das entscheide nicht ich. Beschwert euch beim Commissaire!«

Als sie sich wieder gefangen hatte, sagte sie zu ihren drei Mitarbeitern: »Ich zähle auf euch, Fiona einen guten Empfang zu bereiten und sie richtig einzuarbeiten. Wir brauchen sie. Es ist wichtig, bei Zeugenvernehmungen auch eine Frau dabeizuhaben. Wahrscheinlich wirst du, Stéphane, hauptsächlich mit ihr im Zweierteam arbeiten.«

Kenny sah Stéphane feixend an, der unwillig den Mund verzog.

»Und, Jungs«, fügte Nadia hinzu, »gewöhnt euch an, nicht nur auf das Äußere einer Frau zu achten. Wie eine Kollegin aussieht, ist bei der Arbeit nicht wichtig.«

»Ja, aber, Nadia«, meinte Stéphane einschmeichelnd. »Das ist nicht so einfach. Du bist so perfekt, hübsch, anmutig und intelligent, eine Augenweide. Du hast uns einfach verwöhnt!«

Florian verdrehte die Augen.

Nadia musste jetzt doch lachen. »Du bist ein wahrer Charmebolzen, Stéphane! Aber, verwöhnt oder nicht, für mich zählt in erster Linie, ob Fiona mutig, kooperativ und kommunikativ ist und ob sie was voranbringt.«

Die beiden jungen Männer zuckten mit den Schultern. Florian grinste vor sich hin. Die echte Fiona würde für die beiden Casanovas eine angenehme Überraschung sein!

Nadia beantwortete ein paar Mails und begab sich dann ins Büro des Commissaire.

»Alles in Ordnung, Nadia?«, fragte er. »Kommst du mit den Kollegen zurecht?«

Nadia nickte. Sie hatte mit Blachet abgemacht, dass sie in den ersten Monaten ein kleineres Team leiten und nach sechs Monaten weitere Mitarbeiter erhalten würde. So wurde es zumeist gehandhabt, wenn ein Lieutenant ganz neu war. Nun würde Nadia bis zum Herbst für ein vierköpfiges Team verantwortlich sein.

»Ich wollte dich ganz kurz über deine neue Mitarbeiterin informieren«, begann der Kommissar.

Nadia horchte auf.

»Fiona Brante ist eine sehr gewissenhafte und fleißige Polizistin«, begann Blachet. »Sie ist seit sieben Jahren bei der Kripo in Lille und hat hervorragende Referenzen. Ihre Vorgesetzte lobt sie in den höchsten Tönen und bedauert es sehr, sie hergeben zu müssen.«

Der Commissaire brach ab und sah Nadia schweigend an. Er erwartete wohl, dass sie eine Frage stellte. Nadia machte ihm die Freude.

»Und warum verlässt Fiona Brante die PJ Lille?«

»Tja, das ist eine andere Geschichte. Fionas Arbeit ist

einwandfrei. Allerdings nicht ihr Privatleben. Es gab eine Anzeige gegen sie. Sie hat außerhalb der Arbeitszeit ihre Dienstwaffe verwendet und geschossen.«

»Ach!« Nadia erschrak. »Hat sie jemanden verletzt?«

»Nein. Sonst wäre sie nicht mehr bei der Polizei. Sie hat nur einen Schuss abgefeuert. Anscheinend handelte es sich um Notwehr. Aber mehr steht nicht in ihrer Akte.« Blachet räusperte sich, und Nadia sah ihn entsetzt an.

»Ihre Vorgesetzten in Lille haben die Sache nicht weiterverfolgt, weil es eindeutig Notwehr war. Da es sich um die Dienstwaffe handelte, bekam sie allerdings eine Verwarnung. Es ist ihre einzige Verwarnung.«

Nadia zuckte mit den Schultern. Sie konnte verstehen, dass eine Polizistin, die angegriffen wurde, sich mit ihrer Waffe verteidigte, auch wenn sie nicht im Dienst war. Sie selbst würde nicht zögern, zu ihrer Pistole zu greifen, wenn jemand sie auf dem Weg nach Hause oder daheim bedrohte.

»Nun, Nadia, es ist wichtig, dass du Bescheid weißt und anfangs ein Auge auf sie hast. Solltest du sehen, dass sie schnell ausflippt oder übermäßig ängstlich ist, würde ich dich bitten, mir das zu melden. Dann kann sie auch mit Céline sprechen.«

Céline war die Psychologin, die sich im Commissariat nicht nur um Opfer, sondern auch um Polizisten kümmerte, wann immer es nötig war. Nadia nahm sich vor, Fiona zu ermuntern, Céline aufzusuchen. Vorerst würde sie das Thema aber sehr vorsichtig angehen. Sie musste zuallererst das Vertrauen der neuen Kollegin gewinnen. Dann würde sie sicher bald erfahren, was Fiona Brante vor ihrer Versetzung nach Marseille widerfahren war.

Die beste Freundin

Christine lag zusammengekauert auf ihrem Bett und weinte bitterlich. Sie fühlte sich unendlich schuldig. Sie wusste ganz genau, dass sie am Selbstmord ihrer besten Freundin eine Mitschuld trug. Sie hatte Emeline im Stich gelassen, genau in dem Moment, als ihre Freundin sie am nötigsten gebraucht hätte. Sie hatte Angst gehabt und war abgehauen. Sie hatte Emeline ihren Peinigern überlassen, anstatt Hilfe zu holen. Christines Verzweiflung hatte sich in den vergangenen Monaten zunehmend gesteigert, als sie gemerkt hatte, dass keiner bereit gewesen war, ihnen zu helfen. Die Lehrer hatten sie belächelt, Emelines Problem kleingeredet, Christine beschwichtigt. Sie hatten nicht gewusst, wie weit die anderen es treiben würden. Und Emeline war daran zerbrochen.

Christine wollte nicht mehr in die Schule gehen. Nie mehr. Es war unmöglich für sie, weiterhin mit diesen teuflischen Mädchen in einer Klasse zu sitzen. Außerdem war es gefährlich, weil die anderen wussten, dass sie über alles im Bilde war, und vielleicht ahnten, dass ihre Eltern sich an die Polizei gewandt hatten. Doch ihre Eltern kannten nicht die ganze Wahrheit.

Als Maman vor zwei Tagen in ihr Zimmer gestürzt war, hatte Christine auf dem Bett gelegen und ihre Lieblingsmusik gehört. Sie war erschrocken hochgefahren.

Die Mutter hatte unter Tränen hervorgestoßen: »Christine, Chérie, es ist etwas Fürchterliches passiert. Emeline hat sich in ihrem Garten an der großen Magnolie erhängt. Lucie hat sie vor einer Stunde gefunden.« Die Stimme der Mutter war im Schluchzen untergegangen.

Christine hatte ihre Mutter wie zur Salzsäule erstarrt angesehen. Durch ihren Kopf waren tausend Gedanken gerast. *Das war zu erwarten … Aber warum hat sie nicht einen anderen Ausweg gewählt … Es ist deine Schuld, du hast sie im Stich gelassen … Sie haben ihr jegliche Würde geraubt … Sie haben ihr die Lust am Leben genommen … Warum hat uns denn nie jemand geholfen?*

»Christine … Schatz!« Die Mutter hatte ihre Hand berührt, und Christine hatte aufgeschluchzt. Da hatte Maman sie in die Arme genommen. Lange hatten sie geweint, dann hatte die Mutter Christine von sich geschoben, ihr in die Augen gesehen und gesagt: »Jetzt musst du reden, Christine. Es geht nicht mehr anders.«

Christine hatte genickt. Sie hatte geredet. Die Polizei war gekommen, und Christine hatte erzählt. Jedoch nur einen Teil. Das Schlimmste hatte sie nicht berichten können. Denn wenn sie es tat, steckte sie selbst genauso in der Patsche. Weil sie nicht gehandelt hatte, wie sie es hätte tun müssen.

Sie hatte erzählt, dass die Clique Emeline seit Anfang des Schuljahres gemobbt hatte. Sie, Christine, war bei diesen schicken, reichen Mädchen aus guten Familien ebenfalls nicht besonders beliebt, doch ihr Opfer war Emeline gewesen. Wahrscheinlich, weil Emeline übermäßig intelligent und von den Lehrern häufig für ihre Aufsätze und Arbeiten gelobt worden war. Und weil sie so gut hatte malen und zeichnen können, dass es Neid erregt hatte. Aber auch, weil sie anders angezogen gewesen war als alle anderen und ein wenig anders ausgesehen hatte. Sie, Christine, hätte mit wenig Mühe in die vorgegebene Schablone passen können. Jeans, Nikes, ein

Marken-T-Shirt, lange, glatte Haare, Wimperntusche und Lippenstift – und sie wäre eine der Ihren geworden.

Doch Emeline war ganz anders gewesen. Schon allein ihre Frisur, wundervolle lange, ungebändigte Locken, fiel aus dem Rahmen. Und ihr sehr blasses Gesicht, ihre etwas zu große Nase und ihr winziger Mund. Emeline war etwas Besonderes gewesen. Und deshalb war sie zum Opfer der Clique geworden. Die Mädchen hatten sie ständig aufgezogen, ihr häufig ein Bein gestellt, ihr auf den Kopf geschlagen, nach dem Turnunterricht ihre Kleider versteckt, ihre Schultasche ausgeleert, ihr Dinge entwendet … Immer neue Schikanen hatten sich diese bösartigen Furien für ihr Opfer ausgedacht.

Christine und Emeline hatten die Klassenlehrerin um Hilfe gebeten, doch diese hatte nicht reagiert. Dabei hatte sie ganz genau gesehen, was da tagtäglich geschah. Und auch die Direktorin, die Christine einmal allein aufgesucht hatte, hatte die Sache schöngeredet. Sie hatte zwar mal mit den betreffenden Mädchen gesprochen, aber keineswegs die Eltern verständigt, wie das sonst in solchen Fällen gehandhabt wurde.

Sehr bald hatte Christine herausgefunden, warum das so war: Bei der Clique handelte es sich um Mädchen aus sehr einflussreichen Familien. Ihre Eltern waren Anwälte, hohe Polizeibeamte, Manager und Politiker. Diese Mädchen glaubten schon im Alter von fünfzehn, über dem Gesetz zu stehen. Und sie waren relativ vorsichtig gewesen. Sie hatten Emeline immer so zugesetzt, dass ihnen ganz offiziell nichts nachgewiesen werden konnte. Auf Instagram und Tiktok hatten sie sie zwar angeschwärzt, aber so, dass niemand außer den Insidern wusste, worum es ging.

Doch was am Nachmittag vor Emelines Tod geschehen war, war kriminell und strafbar gewesen. Und der

Sohn des Procureurs, des Oberstaatsanwalts, sowie die Tochter des Chefs der Kripo waren darin verwickelt. Wie konnte unter diesen Umständen eine Ermittlung stattfinden? Christine wusste, dass die Sache vertuscht werden würde. Und sie selbst konnte nicht aussagen. Gegen Mittag hatte sie eine WhatsApp von Naomi erhalten.

Es ist dir wohl klar, dass du schweigen solltest. Sonst passiert dir etwas Schlimmes.

Naomi war sich sicher, dass Christine etwas gegen sie in der Hand hatte, und drohte ihr. Doch Naomi konnte unbesorgt sein. Denn wer würde Christine schon anhören? Der Procureur und der Polizeichef … wenn diese die Sache vertuschen wollten, dann würden sie das auch schaffen. Christine betete, dass irgendetwas geschehen möge, das sie davon erlösen würde, in die Schule zurückzukehren. Was das sein sollte, wusste sie nicht. Nur eines war gewiss: Sie konnte nicht mehr dorthin zurück.

Denn sie würde das nächste Opfer der Clique sein.

Der Staatsanwalt

Das Einkaufszentrum Les Terrasses du Port war zu Fuß nur wenige Minuten vom Commissariat entfernt. Nadia trat in den sonnigen Frühlingsabend hinaus, überquerte die Esplanade, auf der La Major stand, die riesige neoromanisch-byzantinische Kathedrale, und wandte sich Richtung Meer.

Nadia ging die Fährterminals entlang, wo eine schier endlose Autokolonne darauf wartete, auf ein Schiff nach Algerien fahren zu können, und den gesamten Verkehr blockierte. Man sah, dass es sich um Algerier handelte, die ins Bled, ihr Heimatdorf, zurückkehrten. Die Autos waren vollgepackt mit Hausrat, und sogar auf den Dächern hatten sie sehr behelfsmäßig Gepäck festgezurrt.

Kurz darauf betrat sie das große, helle und brandneue Einkaufszentrum, das am Meer lag und in dem, wohl aufgrund des schönen Wetters, nicht besonders viel los war. Sie nahm die Rolltreppe ins zweite Stockwerk zur besagten Bar auf der Südseite, durchquerte die Lounge, um zur Terrasse zu gelangen, und setzte sich an einen Tisch direkt an der Brüstung. Vor ihr erstreckte sich das Meer. Eine Fähre legte gerade ab, einige Segelschiffe tummelten sich weiter hinten, und die Frioul-Inseln leuchteten weiß in der Abendsonne.

Der Kellner kam und fragte Nadia, was sie trinken wolle. Sie beschloss, sich einen Kir mit Lavendellikör zu gönnen. Sie mochte den Lavendelgeschmack, den Laura ganz fürchterlich fand. Nadia aß gern Lavendeleis, lutschte Lavendelbonbons, buk sich Cookies mit Lavendelblüten und liebte diesen aufdringlich süßen Likör.

»Happy Hour«, meinte der Kellner. »Wenn Sie wollen, bekommen Sie für einen zusätzlichen Euro einen Kir Royal.«

»Ja danke, gern!«, sagte Nadia. Der Kir Royal, bei dem der Lavendellikör nicht mit Weißwein, sondern mit Champagner aufgegossen wurde, war ihr natürlich noch lieber als der einfache Kir.

Nadia las auf ihrem Smartphone die neuesten Nachrichten. Was sie erfuhr, gefiel ihr nicht. Es wurde hauptsächlich über das Corona-Virus berichtet. Nicht nur in Italien, auch im Osten Frankreichs gab es seit dem Vortag ziemlich viele Fälle. Anscheinend hatte bei Mulhouse ein Treffen einer evangelischen Kirchengemeinschaft stattgefunden, bei dem sich Dutzende Personen angesteckt hatten. Nadia war nicht klar, wie gefährlich dieses Virus tatsächlich war. War es wirklich so schlimm, oder wurde die Sache von der Presse nur aufgebauscht? Manche Leute behaupteten, es sei eine einfache Grippe, andere wieder warnten, bei jedem, ob jung oder alt, könne die Krankheit tödlich verlaufen. Die WHO hatte bereits die Pandemie ausgerufen, und es wurde befürchtet, dass auch die europäischen Länder nicht genügend Intensivbetten und Krankenhauspersonal haben würden. Die medizinische Versorgung konnte überall auf der Welt zusammenbrechen. Nadia fröstelte trotz der warmen Abendsonne. Doch sie hatte keine Zeit, sich länger mit Corona zu befassen, denn Pierre fegte über die Terrasse auf sie zu.

Wie immer war ihr Freund voller Energie und ziemlich hastig unterwegs.

»Salut, Nadia«, keuchte er, als er zu ihrem Tisch kam. »Désolé, Entschuldigung, ich habe dich warten lassen.

Bin im letzten Moment von meiner Sekretärin aufgehalten worden. Alles muss ich ihr zehnmal erklären. Oft mache ich die Dinge selbst, das geht schneller! Aber wie du weißt, suchen wir uns bei Gericht die Mitarbeiter nicht aus!«

Pierre küsste Nadia auf beide Wangen. Dann ließ er sich ihr gegenüber auf den Sessel plumpsen. Sein Blick schweifte über das Meer zu den Frioul-Inseln.

»Schön, dieser Abend. Schade, dass wir nicht zum Spaß hier sind!«

»Nun, wir können ja das Nützliche mit dem Angenehmen verbinden«, meinte Nadia. In dem Moment kam der Kellner mit dem Kir Royal.

»Ach ja, ich sehe, dass du das bereits machst«, erwiderte Pierre grinsend.

»Bonjour, Monsieur. Wollen Sie auch einen Kir Royal mit Lavendel?«, fragte der Kellner.

Pierre wehrte ab. »Nein, nichts so Exotisches. Ein ganz einfacher Pastis tut's auch.«

»Einen Pastis? Wir haben Happy Hour. Für einen Euro mehr bekommen Sie zwei Pastis.«

»Merci«, sagte Pierre, »das ist wirklich nett, aber ein Pastis genügt vollkommen. Ihre Happy Hour macht ja die Menschen zu Alkoholikern.«

»Monsieur, mit zwei Pastis ist man noch lange kein Alkoholiker«, entgegnete der junge Mann mit seinem breiten südfranzösischen Akzent und murmelte im Weggehen kopfschüttelnd: »Ah, diese Pariser!«

»Hat er mich eben einen Pariser genannt?«, fragte Pierre ungläubig.

»Ja, hat er. Musst dir einen südlichen Akzent zulegen!«

»Du hast ihn ja auch nicht und wirst nie beleidigt!«

»Aber mir sieht man nicht an, dass ich aus Paris bin.

Ich laufe auch nicht mit Hemd und Krawatte herum! Und wie du weißt, komme ich ursprünglich aus der Normandie.«

»Hab keine Wahl«, knurrte Pierre und lockerte seine Krawatte. »Ich würde auch lieber eine Lederjacke und Jeans tragen. Aber bei Gericht kommt das nicht so gut.«

»Wie geht's dir?«, fragte Nadia.

»Nicht so toll zurzeit«, meinte er. »Die Stimmung bei uns im Justizpalast kann als unheilverkündend bezeichnet werden. Es bahnt sich was an, was ganz und gar Unangenehmes. Es brodelt, es wird gemunkelt und intrigiert. Die Kommunalwahlen und die Corona-Geschichte tragen natürlich viel dazu bei. Wir leben in einer sehr politisierten Zeit.«

»Ich befürchte, du hast einen sehr politisierten Job«, warf Nadia ein.

»Das befürchte ich auch. Und ich bin gestresst. Ich musste dich unbedingt treffen, weil ich ein Problem habe. Ich wollte mich mit dir beraten. Die Situation ist sehr heikel.«

Der Kellner kam mit dem Pastis und stellte ihn mit einem gönnerhaften Grinsen vor Pierre hin. Er brachte auch Oliven und Erdnüsse.

»Santé!«

Die beiden stießen miteinander an und nahmen einen Schluck.

»Wow, der schmeckt wirklich super. Willst du probieren? Mit Lavendel?« Nadia hielt Pierre ihr Glas hin.

»Nein!« Pierre schüttelte sich. »Ich esse oder trinke keinen Lavendel. Komisches Getränk. Passt so gar nicht zu dir.«

»Natürlich, du denkst, Lesben trinken Whiskey, Wodka oder Pastis. Der Champagner und der Likör sind nur was für echte Frauen«, spottete Nadia.

»Aber nein, Chérie. Jeder nach seinem Geschmack, würde ich mal sagen.« Er wurde ernst. »Ich werde Probleme mit meinem Vorgesetzten bekommen. Und mit deinem. Und ich weiß, dass ich dir vielleicht Schwierigkeiten mache, wenn ich dir jetzt von der Sache erzähle. Aber ich muss deine Meinung hören.«

»Okay, schieß los!« Nun war Nadia wirklich neugierig.

Pierre holte einen kleinen Zeitungsausschnitt aus seiner Aktentasche und legte ihn vor Nadia hin. Es war ein kurzer Artikel der *Marseillaise* aus der Rubrik Lokales.

In Carry-le-Rouet hatte eine Schülerin des Lycée Saint Christophe, das sich im Marseiller Stadtteil L'Estaque befand, zwei Tage zuvor Selbstmord begangen. Die Mutter hatte das Mädchen im Garten an einem Baum hängend gefunden. Anscheinend sei die Fünfzehnjährige schon seit Monaten depressiv gewesen.

»Traurig«, meinte Nadia. »Ein junges Mädchen, das Selbstmord begeht. Aber was ist daran so besonders?«

Pierre schwieg einen Augenblick. »Freunde der Eltern, die einen meiner Freunde kennen, haben mich über die Sache informiert und mich gebeten, sie mir anzusehen. Emelines Eltern und ihre beste Freundin behaupten, sie sei von Mitschülerinnen gemobbt worden und habe sich wohl deshalb umgebracht. Die Eltern haben Anzeige erstattet. Doch«, er senkte die Stimme, »gestern wurde ihnen mitgeteilt, dass es in der Schule keine weitere Untersuchung geben wird. Die Sache wird vertuscht. Deswegen hat die Familie sich über mehrere Ecken an mich gewandt.«

»Nun, das ist die richtige Vorgehensweise. Du bist Staatsanwalt. Du kannst ermitteln.«

Pierre seufzte tief. »Theoretisch, ja. Aber praktisch, nein. Denn unter den beteiligten Schülern befindet sich der achtzehnjährige Sohn meines Chefs, des Procureurs Adriani. Und die Tochter deines höchsten Vorgesetzten, des Commissaire Divisionnaire Manson.«

Nadia verschlug es die Sprache. Ihre Hand begann zu zittern, und sie stellte das Glas ab.

»Oh nein!«, flüsterte sie. »Mon Dieu! Und sie nutzen ihre Positionen, um die Sache unter den Teppich zu kehren.«

Pierre nickte. »Wir wissen nicht, wie weit die Jugendlichen es getrieben haben, aber ich würde gern mit verschiedenen Personen sprechen. Ganz diskret. Und wenn da wirklich etwas Schlimmes geschah, muss ich eine Ermittlung einleiten.«

»Aber wie? Dein Vorgesetzter wird das nicht billigen.«

Pierre zuckte mit den Schultern. »Mein Vorgesetzter ist nicht Gott. Ich habe in Paris Beziehungen und kann das melden. Allerdings muss ich etwas Konkretes in der Hand haben. Doch anscheinend wird jegliche Art von Ermittlung in der Schule sofort unterbunden. Deshalb weiß ich nicht, was ich machen soll. Wenn ich ein vernünftiger Mensch wäre, würde ich einfach den Kopf in den Sand stecken, die Mafia-ähnlichen Praktiken unserer Chefs ignorieren und die Sache auf sich beruhen lassen. Aber das kann ich nicht. Ich bin Staatsanwalt geworden, weil ich Gerechtigkeit will. Und ich habe das Gefühl, dass in dieser Schule etwas Schlimmes geschehen ist. Sonst würden sie nicht so blocken. Was meinst du?«

Nadia war ratlos. Mit so einer Situation war sie noch nie konfrontiert worden! Es war absolutes Pech, dass sowohl der Sohn des Procureurs als auch die Tochter des Commissaire Divisionnaire in die Sache verwickelt waren.

Nadia wusste, warum Pierre sie kontaktiert hatte. Er

wollte, dass sie ermittelte. Doch sie konnte nicht einfach einen Fall bearbeiten, der ihr nicht offiziell zugeteilt worden war! Blachet war ihr Chef, und dieser unterstand der Direktion der PJ. Gewiss hatten Nadias Vorgesetzte bereits alles blockiert.

Nadia überlegte.

»Wir können vielleicht eine Weile ermitteln, bevor unsere Aktion abgewürgt wird«, meinte sie nachdenklich. »Wir können so ganz naiv und unwissend an die Sache herangehen. Du könntest Blachet über den Fall unterrichten und zugleich mich beauftragen, mich zu erkundigen. Du tust so, als wüsstest du nicht, welche Jugendlichen darin verwickelt sind. Du sprichst auch mit deinem Vorgesetzten darüber. Und inzwischen bin ich schon unterwegs.«

Pierre sah sie an. »Nadia, das kann dir fürchterliche Probleme machen. Das kann dich deine Karriere kosten, oder der Commissaire lässt dich strafversetzen«, meinte er schließlich.

»In den Norden?«

»In den Norden von Paris. Seine-Saint-Denis. Ärmstes Département Frankreichs. Die schlimmsten Banlieues. *Nur* Vorstadtviertel, keine Strände, keine Felsküsten, keine Felder und Wiesen. Für einen Lieutenant die Hölle.«

»Tja, da stehen wir vor einer Gewissensfrage. Sollen wir aus Bequemlichkeit gutheißen, was da geschieht, oder sollen wir dafür kämpfen, dass die Wahrheit ans Licht kommt?«

»So ist es. Es handelt sich um unsere Vorgesetzten, Nadia. Sie sind mächtiger als wir.«

»Ja, aber wir sind nicht allein. Wir können uns der Medien bedienen. Laura kann recherchieren. Wahrscheinlich haben sie sich die Presse noch nicht gefügig gemacht.«

»Das wissen wir nicht«, meinte Pierre. »Ich möchte herausfinden, was geschehen ist. Das ist wichtig. Vielleicht war das Mädchen wirklich depressiv. Aber es gab in den letzten Jahren viele Fälle von Mobbing an Schulen, die tödlich endeten. Mobbing darf nicht unbestraft bleiben.«

Nadia nickte. »Ich bin bei solchen Schulgeschichten sehr sensibel. Denn ich wurde als Vierzehnjährige auch gemobbt.«

»Du? Warum?«

»Weil ich gern als Junge auftrat. Mich wie ein Junge anzog. Wie jetzt. Ich war schon damals die Lesbe. Und das war vor fünfzehn Jahren auf dem Land nichts Alltägliches, das kann ich dir garantieren! Es war in der Mittelschule die Hölle. Und in der Oberstufe verkleidete ich mich deshalb als Mädchen. So wie heute manchmal, wenn ich abends mit Laura weggehe oder weiß, dass ich nur im Büro arbeite.«

»Ich weiß. Mit deiner Verkleidung hast du mir vor zwei Jahren das Herz gebrochen.«

»Stimmt! Und auch die Kollegen sabberten mir hinterher, als ich zum ersten Mal geschminkt und im Minirock auftrat. Wie gesagt, in der Oberstufe hatte ich keine Probleme mehr.«

»Ich habe es auch erlebt«, sagte Pierre leise. »Mit fünfzehn. Am Beginn der Oberstufe. Ich hatte zu gute Noten und redete gern mit den Lehrern. Die Mitschüler nannten mich den Schleimer mit der langen Nase. Sie quälten mich, schlugen mich, stahlen mir Dinge und machten Karikaturen. Immer mit meiner Nase!« Pierre seufzte. »Jugendliche können sehr grausam sein.«

»Was hast du gemacht?«, fragte Nadia.

»Ich musste raus aus der Situation. Ich habe meine Eltern gebeten, mitten im Schuljahr auf eine Eliteschule wechseln zu dürfen. Der Mathematiklehrer hat mitgekriegt, was los war, und hat mir geholfen. Er hat meine Eltern bearbeitet, meine Bewerbung für diese Eliteschule unterstützt, und da ich wirklich sehr gute Noten hatte, hat es geklappt. Dort war ich bei Weitem nicht mehr der Klassenbeste, sondern ziemlich mittelmäßig, aber ich hatte Freunde, die so waren wie ich, und wurde nicht mehr gequält. Und mein bester Freund hatte eine genauso spitze Nase wie ich! Wir zogen uns gegenseitig auf, und die anderen hörten höflich zu. Noch dazu war diese Eliteschule der erste Meilenstein für meine Karriere, ich habe dort gelernt, hart zu arbeiten, danach das Jurastudium mit Auszeichnung beendet und die Aufnahmeprüfung in die Ecole Nationale de la Magistrature geschafft, um Staatsanwalt zu werden. Wenn ich an meinem ersten Lycée geblieben wäre, hätte ich das alles nicht hingekriegt. Schlimmer, vielleicht wäre ich auch depressiv geworden und hätte mich umgebracht.«

Nadia nickte. Sie erinnerte sich an die Woche, in der sie vorgegeben hatte, krank zu sein, ganz einfach, weil ihre Mitschüler so gemein zu ihr gewesen waren. Sie erinnerte sich an die Jungs, die sie begrapscht hatten, um zu erfahren, ob sie nicht vielleicht doch ein Junge war, und an die Mädchen, die lachend zugesehen hatten. Doch Nadia hatte mit ihren Eltern nicht darüber sprechen wollen. Wie Emeline.

»Seltsam«, meinte Pierre. »Die Eltern schicken ihre Kinder in katholische Privatschulen, um die Garantie zu haben, dass sie dort mit anständigen Leuten zusammenkommen, aber diese Garantie gibt es nicht! Die Jugendlichen sind überall Gefahren ausgesetzt, und das Konto der Eltern schützt sie nicht vor Problemen!«

»Du hast recht. Das Milieu der Schulen ist immer schwierig. Vor allem in der Oberstufe. Ich würde um keinen Preis dorthin zurückwollen. Weder als Schüler noch als Lehrer.«

»Ich auch nicht. Aber ich frage mich derzeit, ob es in der Arbeitswelt um so vieles besser ist.« Er seufzte tief.

Nadia zuckte mit den Schultern. »Ich hatte bisher Glück. Ich habe drei nette Kollegen unter mir und bekomme ab Montag eine Frau dazu.«

»Ach ja?«, fragte Pierre interessiert.

Nadia nickte. Sie fragte sich, ob sie Pierre denselben Streich spielen sollte wie Kenny und Stéphane, verzichtete aber darauf.

»Ich bin froh, noch eine Frau zu haben. Du weißt ja, für die Zeugen.«

»Ich bin auch froh«, meinte Pierre. »Euer Commissariat ist doch ein wenig zu männlich. In Paris gab es viel mehr Ermittlerinnen.«

Nadia grinste. »Natürlich, Pierre. Ich finde, wir brauchen weibliche Ermittler. Und ich werde dafür kämpfen. Du wirst sehen, in den kommenden Jahren wird sich das grundlegend ändern. Eines Tages wirst du aufwachen und dir sagen, da sind zu viele Frauen.«

Er grinste. »Zu viele Frauen kann es für mich gar nicht geben. Ich mag euch. Junge, alte, hässliche, schöne, weibliche, lesbische. Und am liebsten mag ich dich. Privat und im Job. Weil ich weiß, dass ich auf dich zählen kann.«

Nadia lächelte ihn an. »Ich werde der Sache nachgehen. Wenn nicht offiziell, dann in meiner Freizeit. Denn keine Fünfzehnjährige bringt sich grundlos um! Ihre Mitschüler haben ihr sicher etwas Fürchterliches angetan. Und ich werde herausfinden, was!«

Der Lehrer

Er war schockiert. Noch nie in seinem Leben war er so entsetzt gewesen. Am liebsten hätte er alles hingeschmissen und gekündigt. Oder um Versetzung nachgesucht. Aber so plötzlich mitten im Schuljahr war das nicht möglich.

Als er beschlossen hatte, Englisch zu unterrichten, hatte er die Option der katholischen Privatschule gewählt. Er hatte sich nicht fähig gefühlt, sich vor eine Klasse Vorstadtrowdys zu stellen, die vielleicht bewaffnet waren und deren Eltern sich keinen Deut für die Ausbildung ihrer Kinder interessierten. Bei den Privatschulen hingegen konnte man sicher sein, dass man junge Leute aus *normalen* Verhältnissen unterrichtete.

Loïcs Karriere war bisher sehr glücklich verlaufen. Er hatte zu seinen Schülern seit jeher einen guten Kontakt gehabt und Freude am Unterrichten. Die Beziehung zur Direktion und zu den Kollegen war entspannt gewesen. Doch am Anfang dieses Schuljahres hatte sich alles verändert. Er hatte die 2B zu unterrichten begonnen und schnell gemerkt, dass sie äußerst schwierig war. Fünf Mädchen gaben dort den Ton an und waren unerträglich arrogant, auch ihm gegenüber. Sie zogen die anderen mit, und die Schüler lernten kaum. Loïc schaffte es nicht, in dieser Klasse die nötige Disziplin durchzusetzen, und musste zu sehr drastischen Maßnahmen wie Strafaufgaben und Überraschungstests greifen. Es gab aber auch drei sehr gute Schüler. Loïc war aufgefallen, dass die drei von der Clique und einigen anderen Schülern gemobbt und gehänselt wurden und es kaum mehr wagten mitzuarbeiten. Er hatte mit Kollegen darüber gesprochen. François, der Mathematik unterrichtete, hatte nur mit den Schultern gezuckt und gemeint: »Mir ist die Atmosphäre in der Klasse egal. Mein Fach ist so trocken, dass für atmosphärische Dinge kein Raum bleibt. Und Mathe macht zum Glück allen Angst, sodass ich keine Probleme habe.«

Loïc wäre froh gewesen, wenn sein Fach ebenfalls trocken wäre. Mit dieser Klasse machte er viel mehr Grammatik und Vokabeltests als mit den anderen, weil die Gruppenarbeiten und Diskussionen immer ausarteten. Meistens wurde irgendein Schüler gepiesackt, und Loïc musste hart durchgreifen. Der jungen Spanischlehrerin ging es genauso, und sie sagte, sie mache mit diesen *blöden Puten* auch nichts anderes mehr, während sie mit der Parallelklasse kleine Filme drehte und Rollenspiele organisierte. Andere Lehrer hatten Loïc zugestimmt, ihn aber etwas beschämt darauf hingewiesen, dass drei Störenfriede Töchter von sehr bedeutenden Marseiller Bürgern waren, die der Schule großzügig Geld gespendet hatten.

Naomi, die Loïc von allen am meisten hasste und fürchtete, war ein hübsches braunhaariges Mädchen, groß gewachsen und schlank, und sah aus wie siebzehn, obwohl sie erst fünfzehn war. Sie hing zumeist mit älteren Jungs herum. Doch sie war eine schlechte Schülerin und sehr faul. Noch dazu schien sie die guten Schüler zu hassen. Loïc war sich sicher, dass sie es gewesen war, die beschlossen hatte, vor allem Emeline Bernier zu piesacken. Es war alles von ihr ausgegangen. Ihre vier Freundinnen Mathilde, Vanessa, Mégane und Léane hatten mitgemacht, auch einige der Jungs und ältere Schüler aus anderen Klassen.

Loïc hatte versucht, mit Margot, der Klassenlehrerin, die Geschichte und Geografie unterrichtete, darüber zu sprechen, doch diese hatte resigniert gesagt, da sei nichts zu machen, jeder habe sein Kreuz zu tragen und diese Klasse sei das ihre. Die Schulleitung würde ihr nicht helfen, sondern sie vielmehr zurechtweisen, wenn sie die Störer bestrafte. Die Direktorin jedenfalls tat nichts, um Naomi und ihre Clique in ihre Grenzen zu weisen.

Loïc hatte keine Ahnung, ob das mit den Spenden zusammenhing oder mit etwas anderem. Er hatte seine Vorgesetzte Madame Franqui stets geschätzt, doch nun nahm er etwas wahr, was ihn zutiefst verunsicherte. Er spürte, dass Rosalie Franqui der Situation nicht gewachsen war. In ihrer Schule war eine Gruppe, die andere Schüler mobbte und bedrohte, doch sie unternahm nichts. Es kamen immer wieder Bemerkungen und Beschwerden von Eltern, aber die Sache wurde von ihr und der C.P.E. Madame Peters – der Erzieherin, die sich um organisatorische und disziplinäre Probleme kümmerte – heruntergespielt.

Aber nun hatte Emeline sich erhängt, und Loïc war sich sicher, dass dies wegen ihrer Mitschülerinnen geschehen war. Es hatte anscheinend am Nachmittag ihres Todes einen Zwischenfall gegeben. Richard, der Turnlehrer, hatte Emeline im Umkleideraum eingesperrt gefunden, wo sie in einer Ecke gekauert und geschluchzt hatte. Er hatte sie zu Maryline Peters gebracht, und Emeline hatte zitternd erzählt, dass das einige Mädchen getan hatten. Dem Sportlehrer nach hatte sie zutiefst traumatisiert gewirkt, und Loïc fragte sich, was ihr wirklich zugestoßen war.

Zeitgleich hatten auch die Jungs der Abiturklasse Terminale A Turnen gehabt, und Loïc vermutete, dass Naomis ältere Freunde irgendwie in der Sache mit drinsteckten. Die C.P.E. hatte Naomi und ihre Freundinnen zu sich geholt und sie bestraft. Doch die Mädchen hatten alles geleugnet. Als sie gegangen waren, sei Emeline noch in der Umkleide gewesen und habe sich die Mähne gekämmt, ohne viel Erfolg. Allerdings seien die Jungs im Umkleideraum nebenan gewesen. Auch die Befragung dieser Schüler hatte nichts ergeben. Die meisten wussten nicht einmal, wer Emeline war.

»Ach, die Komische mit der Nase und der Haarmähne«, hatten einige gegrinst.

Loïc hatte wahrgenommen, dass dem Turnlehrer bei seiner Schilderung nicht wohl gewesen war. Wahrscheinlich war etwas passiert, bei dem er die Kontrolle verloren hatte. Und nun schien er sehr verunsichert.

Loïc verspürte ein Ziehen in der Magengegend, als er an diesem Morgen, drei Tage nach Emelines Tod, vor seine Klasse trat.

Er registrierte sofort, dass Christine fehlte. Sie war sicher sehr schockiert und zutiefst deprimiert. Einige Schüler sahen betreten aus, doch die meisten benahmen sich, als wäre nichts geschehen. Loïc beschloss, mit der Klasse über Emelines Tod zu sprechen.

Wie immer wandte er sich auf Englisch an sie.

»Liebe Schüler, ich möchte euch mein Beileid aussprechen. Eine eurer Kameradinnen hat sich das Leben genommen.«

Er schrieb *Beileid* und *sich das Leben nehmen* als Vokabeln an die Tafel. Die Schüler sahen ihn schweigend an.

Dann meinte Naomi schnippisch: »Das Beileid muss man wohl Ihnen aussprechen. Sie haben Ihr Schätzchen, Ihre beste Schülerin, verloren.«

Einige Schüler kicherten, andere rissen erstaunt die Augen auf.

Loïc erschrak, beschloss jedoch, sich nichts anmerken

zu lassen. Ruhig sah er Naomi an und sagte auf Französisch, damit sie ihn ganz gewiss verstand: »Naomi, es geht nicht um Schulleistungen. Aber was dich betrifft, frage ich mich, ob du nicht einen Stein anstelle eines Herzens in der Brust hast.«

Naomis Freundinnen Mathilde und Léane prusteten los. Die anderen Schüler hielten den Atem an. Naomi runzelte die Stirn. Loïc wandte den Blick von ihr auf die andere Seite der Klasse. Er sprach auf Englisch weiter, langsam und mit einfachen Worten: »Ich weiß nicht, ob euch bewusst ist, dass das, was geschehen ist, schlimm ist. Sehr schlimm. Eure Mitschülerin wollte nicht mehr leben. Sie hat beschlossen zu sterben. Und jetzt möchte ich, dass wir eine Übung machen. Ich gebe euch kleine Zettel, und jeder von euch schreibt auf, warum er oder sie glaubt, dass Emeline sich umgebracht hat. Anonym.«

»He, was soll das?«, begehrte Naomi auf. »Wir sind hier im Englischkurs und nicht in der Psychologiestunde!«

Loïc bemühte sich, sie kalt anzusehen, auch wenn sich sein Herz bei ihrem Anblick zusammenzog. Dieses Mädchen hatte etwas unwahrscheinlich Grausames und Eiskaltes an sich, sie wirkte unmenschlich. Außerdem hasste Loïc ihre arrogante Art. Wieder wandte er sich auf Französisch an sie.

»Ich möchte, dass ihr lernt, zu überlegen und eure Gedanken auf Englisch auszudrücken. Wenn dir diese Übung nicht passt, dann geh einfach raus. Aber ich möchte, dass meine Entscheidungen als Lehrer nicht mehr ständig infrage gestellt werden. Ab jetzt will ich dich nur mehr hören, wenn du etwas konstruktiv zum Unterricht beizutragen hast. Ansonsten bekommst du eine Verwarnung.«

Naomi verzog spöttisch den Mund. Loïc wusste, dass

sie Verwarnungen nur so sammelte und ihr diese überhaupt nichts ausmachten, weil sie folgenlos blieben. Sie war Loïcs Meinung nach *un enfant roi*. Ein Kind, das sich wie ein tyrannischer König aufführt und von seinen Eltern auch als solcher angesehen wird. Und ihr Vater hatte die nötige Autorität und Macht, Naomi zu schützen.

Loïc teilte die Zettel aus, und die Schüler begannen zu schreiben. Nach einigen Minuten sammelte er ihre Kommentare ein.

Auf Englisch sagte er: »Ich lese jetzt vor, was geschrieben wurde, und wer will, kann etwas dazu sagen. *In English.*«

Der erste Zettel war leer. »In Ordnung«, meinte Loïc. »Wer den Zettel abgegeben hat, hat keine Ahnung, warum.«

Der zweite, dritte und vierte Zettel waren ebenfalls leer. Die Schüler schienen nicht kooperieren zu wollen. Loïc wurde nervös, doch er sagte ruhig: »Das ist der Tod. Er hinterlässt Leere und Sprachlosigkeit.«

Auf dem fünften Zettel stand auf Französisch: *Emeline hat sich umgebracht, weil sie von ungefähr zehn Schülern dieser Schule gemobbt wurde. Sie hat es nicht mehr ertragen.*

Loïc hielt inne und sah die Schüler nacheinander an. Die meisten wichen seinem Blick aus. Naomi verdrehte die Augen.

»Was sagt ihr dazu?«, fragte Loïc die Schüler.

»Mann«, ließ Naomi sich vernehmen, »als ob jemand sich umbringen würde, nur weil er manchmal aufgezogen wird.«

Ihre Freundinnen sahen Naomi mit großen Augen an, manche Schüler schüttelten den Kopf.

Loïc hatte Lust, es ihnen gleichzutun. »Nun«, begann er, »wenn man tagtäglich verspottet und gemobbt wird, dann kann das sehr belastend sein. Und ich weiß ganz genau, dass einige von euch nicht sanft mit ihren Mitschülern umgehen. Und ich frage mich, warum? Warum ist es lustig, jemanden zu verspotten und zu mobben? Was bringt das? Dass man manche nicht mag, ist klar, überall sind Leute dabei, die einem nicht so zusagen. Aber man muss sich trotzdem gegenseitig respektieren.«

Kein Schüler sagte etwas. Naomi verdrehte wieder die Augen, ihre Freundinnen blickten auf die Tischplatte. Loïc konnte genau sehen, wer schuldig und wer wie Emeline ein Opfer war. Er wusste schon seit Langem, wer von ihnen Täter, Opfer oder Mitläufer war.

»Nun, diejenigen, die Emeline tagtäglich verspottet haben, müssen das mit ihrem Gewissen ausmachen. Man kann Mitmenschen sehr wohl durch Bosheit in den Selbstmord treiben. Deshalb würde ich euch bitten, in Zukunft eure Kameraden besser zu behandeln.«

Loïc nahm den nächsten Zettel. *Sie war depressiv*, stand da.

»Ja, vielleicht«, meinte er. »Sie war es wahrscheinlich. Aber oft hat eine Depression einen Auslöser. Und der Auslöser könnte gut hier in der Schule liegen.«

Michael, ein großer, gut gebauter Junge, hob die Hand und sagte: »Es stimmt, wir waren nicht besonders nett zu ihr. Sie hatte super Noten, schaffte alles leicht, war ein bisschen komisch, und ich denke, viele waren neidisch. Denn wir sind viel dümmer als sie. Sie war uns haushoch überlegen.«

Michael war ein schlechter Schüler, hatte aber in Englisch ein erstaunlich gutes mündliches Niveau. Wahrscheinlich sah er sich viele Serien im Original an.

Naomi warf dem Jungen einen wütenden Blick zu. »Schleimer«, zischte sie.

Doch einige andere Jungen nickten und meinten: »Er hat recht.«

»Danke, Michael«, sagte Loïc. »Wenigstens gibst du es zu. Und bravo, du drückst dich in Englisch sehr gut aus.«

Der Junge zuckte mit den Achseln und senkte den Kopf. Loïc nahm den nächsten Zettel.

Sie war eine Nutte, die immer die Aufmerksamkeit auf sich lenken wollte.

»Glaubt ihr wirklich, dass jemand sich umbringt, nur um Aufmerksamkeit zu bekommen?«, fragte er, wobei er Naomi und ihre Freundinnen ansah.

»So viel zu anonym«, murmelte Mathilde.

»Sie war ein wenig psychopathisch«, erklärte Léane, »eine Künstlerin. Viele Künstler haben sich umgebracht. Van Gogh, Cézanne …«

»Cézanne hat sich nicht umgebracht«, widersprach Loïc. »Er starb an einer Lungenentzündung. Schau im Internet nach!«

Daraufhin tippte die Hälfte der Schüler gleich auf ihren Computern herum.

Es folgten noch einige Zettel mit den Worten *Emeline war depressiv*, einige leere, zwei Kommentare, dass viele nicht sehr freundlich zu ihr gewesen waren, und ein Zettel, auf dem stand: *Wegen dem, was am Dienstag geschehen ist.*

In zittrigen Blockbuchstaben. Auf Französisch.

Loïc fragte: »Also ist am Dienstag etwas geschehen? Etwas, worüber jeder Bescheid weiß, aber worüber keiner sprechen will?«

Niemand antwortete. Loïc beugte sich vor.

»Leute, wenn irgendwas geschehen ist, das kriminell war, dann wird die Polizei das irgendwann herausfinden, egal, was ihr oder eure Eltern unternehmt. Wenn ihr etwas wisst, ist es besser, jetzt zu reden. Wenn ihr etwas Schlimmes getan habt, ist es an der Zeit zu gestehen. Wenn ihr sehr gemein wart, solltet ihr euch bei Emelines Familie entschuldigen. Denn falls sie wirklich aufgrund von etwas gestorben ist, was ihr getan habt, dann seid ihr Mörder. Und müsst damit leben.«

Totenstille. Keiner sah Loïc an, keiner bewegte sich. Nicht einmal die Clique hatte eine Entgegnung parat. Sogar Naomi blickte auf ihre Fingernägel.

Loïc steckte den Zettel ein und wandte sich zur Tafel. »Am Montag will ich einen Aufsatz. Dreihundert Wörter. Warum bringen Menschen sich um? Schreibt eure Meinung dazu. Grammatik, Ausdruck und Fehler werden benotet. Gebt euch Mühe!«

Schnell kritzelte er die Hausaufgabe an die Tafel, dann raffte er seine Sachen an sich und verließ beim Gong das Klassenzimmer. Nicht eine Sekunde länger wollte er mit diesen Jugendlichen verbringen.

Bevor er ins Büro der C.P.E. trat, fotografierte er den Zettel mit den zittrigen Blockbuchstaben. Madame Peters saß am Schreibtisch und sah auf.

»Hallo, Loïc«, seufzte sie.

Er erzählte ihr von der Übung und knallte den Zettel auf ihren Schreibtisch.

»Was ist am Dienstag geschehen?«, fragte er streng.

Sie seufzte von Neuem. »Ein blöder Streich. Einige Mädchen haben Emeline in den Umkleideraum gesperrt. Dort hat Richard sie schluchzend und zitternd gefunden.«

Loïc schüttelte den Kopf. »Das ist nicht alles. Da ist was Schlimmeres passiert. Du solltest der Sache nachgehen.«

Sie senkte die Stimme. »Loïc, ich darf nicht. Rosalie hat es mir verboten. Wir müssen die Sache auf sich beruhen lassen. Und auch du solltest nicht im Englischunterricht mit den Schülern über Emeline sprechen. Geschweige denn so eine Übung machen!«

Loïc sah sie an. »Damit bin ich nicht einverstanden. Ich glaube, wir haben es mit kriminellen Jugendlichen zu tun, die ihre Mitschülerin in den Selbstmord getrieben haben. Und ich finde, die Sache sollte untersucht werden.«

»Emelines Eltern finden das auch. Sie waren bei der Polizei, um Anzeige gegen die Schule zu erstatten. Doch wir wissen, dass nichts geschehen wird. Zwei Polizisten waren gestern da und haben kurz Fragen gestellt, dann sind sie wieder gegangen. Anscheinend haben Naomi und Arthur damit zu tun. Es wird keine Ermittlung geben.«

Loïc zeigte mit dem Finger auf sie. »Das ist unverantwortlich. Unverantwortlich und mafiös. Und das weißt du ganz genau. Ich werde sagen, was zu sagen ist.«

Sie zuckte müde mit den Schultern. »Tu, was du willst, Loïc. Wenn du deinen Job verlieren möchtest …«

»Ich werde deshalb nicht meinen Job verlieren. Ich habe ein Gewissen. Und ich glaube, dass das Verhalten von Naomi und ihren Freundinnen bestraft werden sollte, Polizeidirektor und Oberstaatsanwalt hin oder her!«

Sie sah ihn ruhig an. »Wie gesagt, tu, was du willst. Aber wundere dich nicht, wenn du bei der Polizei auf taube Ohren stößt.«

Das Begräbnis

Es war Samstag. Nadia und Florian fuhren vom Commissariat aus der Stadt hinaus, an der Kathedrale, den ehemaligen Docks und dem Einkaufszentrum Les Terrasses du Port vorbei durch das Euromed-Stadtviertel mit seinen neuen Wolkenkratzern auf die Autobahn. Zwei riesige Kreuzfahrtschiffe ankerten an der Porte 4, dem Kreuzfahrtterminal, das im Westen Richtung L'Estaque lag. Dahinter bewegte sich eine Fähre von der Küste weg. Der Schiffsverkehr kam in Marseille niemals zum Stillstand.

»Kennst du das Lycée Saint Christophe?«, fragte Florian.

»Nein. Es ist keine besonders große Schule. Befindet sich am westlichen Stadtrand, gleich dort unten, und viele Schüler kommen aus Marignane, Martigues oder von der Côte Bleue, weil die Bus- und Zugverbindungen gut sind. Katholische Privatschule.«

»Diese Gymnasien scheinen sehr angenehm zu sein, der Direktor und die Lehrer geben sich Mühe, weil ja auch Schulgeld kassiert wird und die Schüler sich bewerben müssen, aber so ganz einwandfrei sind diese Schulen doch nicht.«

Nadia zuckte mit den Schultern. »Auch Kinder aus Familien der Mittel- oder Oberschicht können Psychopathen sein, nicht nur die aus armen Verhältnissen. Und manchmal entgleisen Situationen auch.«

Nadia hatte Florian, mit dem sie und Pierre auch privat befreundet waren, erzählt, was sie von Pierre erfahren hatte, und ihn gefragt, ob er mit ihr ganz diskret ermitteln wollte. Sie hatte ihn zudem auf die Risiken hingewiesen. Als Lieutenant würde natürlich sie dafür geradestehen, wenn sie eine Rüge von ihrem Vorgesetzten erhielten. Doch auch er konnte strafversetzt werden.

Florian war sofort dabei gewesen und hatte vorgeschlagen, sich an ihrem freien Samstag um die Sache zu kümmern. Pierre hatte erfahren, dass das Begräbnis der Schülerin an dem Tag in Carry-le-Rouet stattfand, und Nadia hatte beschlossen, mit Florian hinzugehen. Pierre hatte sie begleiten wollen, doch sie hatte ihm geraten, sich im Moment noch bedeckt zu halten.

Nadia wollte mit Emelines bester Freundin sprechen und eventuell auch mit einigen Lehrern, da sie ja nicht befugt war, die Leute in der Schule zu befragen.

Pierre hatte ihr Fotos von Emelines Lehrern geschickt, und sie besaß auch ein Klassenfoto, sodass sie wusste, an wen sie sich wenden musste. Ihre Lebensgefährtin Laura würde ebenfalls mit einem Kollegen zum Begräbnis kommen, allerdings völlig unabhängig. Laura war Journalistin bei der Zeitung *La Provence* und hatte ihren Chef davon überzeugt, über die Sache zu berichten. Dieser war anfangs nicht besonders angetan gewesen, denn im Moment gab es nur zwei Dinge, die die Franzosen interessierten: das Fortschreiten der Corona-Infektion in Europa und die anstehenden Kommunalwahlen, die in acht Tagen überall in Frankreich stattfinden würden. Doch dann lenkte er ein und gab ihr den erfahrenen Kollegen Daniel mit. Dieser sollte einen kurzen Artikel über die Persönlichkeit der verstorbenen Schülerin schreiben.

Laura und ihr Kollege Daniel würden beim Begräbnis diskret Leute befragen. Nadia und Florian würden sie bewusst nicht zur Kenntnis nehmen. Keiner sollte sehen, dass die beiden Paare sich kannten. Danach allerdings würden sie sich in einem Restaurant an der Küste treffen, in dem Nadia und Laura Stammgäste waren, und eine Fischsuppe essen. Florians Lebensgefährte Jérémie und der Staatsanwalt Pierre Frigeri würden ebenfalls dorthin kommen. Nadia freute sich auf die Fischsuppe und ein gutes Glas Weißwein, doch der Gedanke, beim Begräbnis Emelines Lehrer und Kameraden befragen zu müssen, stimmte sie nicht besonders glücklich.

Als Polizist bei einer Beerdigung aufzukreuzen, war immer schwierig. In Fällen von Mord und Selbstmord waren die Leute meistens traumatisiert und nahmen den Beamten ihre Anwesenheit und vor allem ihre Fragen übel. Noch dazu ermittelte Nadia in diesem Fall inoffiziell. Sie war neugierig, wie weit sie kommen würde, bis Commissaire Blachet sie aufhielt. Bisher hatte sie noch nie in einem Fall ermittelt, den ihr Vorgesetzter ihr nicht übertragen hatte.

In Carry-le-Rouet angekommen, fanden sie die Kirche auf Anhieb. Allerdings war alles voll geparkt, zu Emelines Begräbnis waren sehr viele Menschen erschienen.

Florian musste sein Auto weit entfernt von der Kirche abstellen, und sie gingen fast einen Kilometer zu Fuß. Als sie im Eilschritt beim Gotteshaus eintrafen, wurde soeben der Sarg hineingetragen. Nadia schluckte.

Sie dachte an den zarten Körper der Halbwüchsigen, der darin lag. Jugendliche begingen zuweilen Selbstmord, jedoch nicht aus heiterem Himmel. Emeline Bernier hatte entweder schon länger an Depressionen gelitten, oder es war etwas vorgefallen.

Nadia und Florian warteten eine Minute und betraten dann die volle Kirche. Laura und ihren groß gewachsenen Kollegen konnte Nadia nirgends sehen. Und auch sonst entdeckte sie niemanden, den sie von einem der

Fotos kannte. Die Kirche war zu voll. Wahrscheinlich war der ganze Ort anwesend. Emeline Berniers Selbstmord war ein lokales Drama.

Der Priester begann zu sprechen. Nadia fand ihn nicht schlecht.

Anstatt wortreich von Gott, Vergebung, Sünde und dem Paradies zu schwafeln, sprach er über ein unverständliches Drama, eine unvorhergesehene Tragödie und ein unbekanntes Unrecht, das sich hinter diesem Selbstmord verbarg.

Nadia war nicht religiös, sie hatte zwar als Kind den Cathéchisme, den privaten außerschulischen Religionsunterricht besucht und auch die Erstkommunion absolviert. Danach hatte sie allerdings kaum mehr die Messe besucht, war nur manchmal zu Weihnachten in die Kirche gegangen. Ihre Mutter, die als Muslimin groß geworden war und ihrer Religion und Familie komplett den Rücken gekehrt hatte, als sie Nadias Vater kennengelernt hatte, hatte darauf bestanden, dass ihre drei Kinder als Katholiken erzogen wurden. Doch Nadia hatte die christliche Religion nie besonders interessiert.

Sie wusste, dass Selbstmörder in früherer Zeit nicht auf dem Friedhof begraben werden durften. Selbstmord war eine Todsünde gewesen, genauso wie gleichgeschlechtliche Liebe. Der Papst hatte vor einigen Jahren gesagt, man könne junge homosexuelle Menschen heilen, wenn man sie rechtzeitig eine Therapie machen lasse.

Wenn ein Kirchenoberhaupt so etwas behauptete, dann konnte Nadia leider nicht Mitglied seiner Glaubensgemeinschaft sein. Aber diesen Priester mochte sie. Die Messe war kurz, der Pfarrer sprach zum Abschluss einige tröstliche Worte und sagte dann etwas sehr Bedeutsames: »Wir hoffen auf Gottes Hilfe, um zu klären, was Emeline zu dieser Verzweiflungstat getrieben hat.«

Ja, Nadia hoffte auch auf Hilfe, um ermitteln zu können, was geschehen war, und die Schuldigen zur Verantwortung zu ziehen. Wahrscheinlich würde es aber nicht Gott sein, der ihr half, sondern die Presse, wenn sie sich trotz Corona und Wahlen für diesen Fall interessierte, oder ein höherer Beamter, der sich weigerte, sich vom Commissaire Divisionnaire und vom Procureur einschüchtern oder bestechen zu lassen, oder ein Politiker, der eine Woche vor der Wahl positiv auffallen oder eine andere Partei anschwärzen wollte.

Als die Messe zu Ende war, wurde der Sarg aus der Kirche getragen. Nadia sah die Angehörigen, an die zehn Personen, die von Kummer gebeugt dem Sarg folgten. An der Hand einer älteren Frau gingen zwei blonde, ungefähr elfjährige Jungs, adrett in Anzüge gekleidet, deren Blicke ratlos waren. Da sie genau gleich aussahen, war Nadia klar, dass es sich um Emelines jüngere Zwillingsbrüder handelte. Sie dankte dem Himmel wieder einmal dafür, dass sie selbst bisher von diesem Schicksal verschont worden war. Sie hatte noch nie jemanden verloren, der ihr wirklich nahestand.

Als die Trauerfamilie draußen war und die Menge sich in Bewegung setzte, nahm Florian Nadias Arm, um sie nicht zu verlieren.

»Komm, wir gehen sofort nach rechts, halten uns ein wenig abseits und sehen zu«, murmelte er. Nadia nickte, und sie traten hinaus ins gleißende Sonnenlicht.

Nadia hatte Emeline Bernier nicht gekannt, dennoch empfand sie eine dumpfe Trauer, die der helle Frühlingstag nicht vertreiben konnte.

Sie blieben rechts vom Ausgang stehen und beobachteten die Menschen, die aus der Kirche kamen. Plötzlich drückte Florian Nadias Arm. Er deutete auf eine Gruppe von fünf Personen, die gerade ins Freie traten.

»Emelines Lehrer. Die junge Frau mit den roten Haaren. Und der groß gewachsene Glatzkopf. Leicht zu erkennen.«

Nadia hob anerkennend den Daumen. Sie erspähte auch den Bürgermeister von Carry-le-Rouet, einen sehr gepflegten, ziemlich alten Herrn, der mehreren Leuten die Hand schüttelte. Er trat am folgenden Sonntag nicht mehr an.

Im nächsten Augenblick kamen Laura und ihr Kollege heraus. Laura lächelte ihr zu, und Nadia dachte wie immer, wenn sie Laura unerwartet irgendwo sah, wie hübsch ihre Lebensgefährtin doch war. Sie hatte blonde gelockte Haare, ein ebenmäßiges rundes Gesicht und strahlend blaue Augen. Lauras Kollege Daniel, ein erfahrener Journalist Mitte vierzig, steuerte sofort auf den Bürgermeister zu, während Laura sich der Kandidatin für das Amt näherte, die eifrig Hände schüttelte.

Nadia überlegte, wie sie nun vorgehen sollten. Die Beileidsbekundungen hatten begonnen. Trauben von Menschen standen um die Trauerfamilie herum, die Lehrer hielten sich ein wenig abseits.

»Lass uns mit den Lehrern sprechen!«, sagte Nadia zu Florian. Er folgte ihr. Sie trat auf die Gruppe zu.

»Bonjour, PJ Marseille, Lieutenant Aubertin und Agent Blisset. Wir ermitteln im Fall von Emelines Tod und müssten Ihnen und Ihren Kollegen einige Fragen stellen. Ist das für Sie in Ordnung, oder sollen wir Sie später kontaktieren?«

Zwei der Herren sahen sich ungläubig an. »Aber es handelt sich doch um einen Selbstmord, nicht?«, fragte der Mann mit der Glatze.

»Allerdings«, erwiderte Nadia kühl. »Doch es besteht

der Verdacht, dass Emeline in der Schule Opfer von Mobbing wurde. Und die Eltern wünschen, dass diese Sache genau untersucht wird. Da ihre Tochter nie depressiv oder selbstmordgefährdet war, bevor sie auf diese Schule kam.«

Die fünf Lehrer schwiegen betroffen. Die beiden jungen Frauen schauten einander bedeutungsschwer an.

Nadia räusperte sich: »Haben Sie jemals bemerkt, dass Emeline von ihren Kameraden gehänselt oder gequält wurde?«

In diesem Moment traten zwei ältere Damen auf die Gruppe zu. Zwei der Herren zuckten zusammen.

Der groß gewachsene Glatzkopf sagte: »Das trifft sich gut. Ich möchte Ihnen unsere Direktorin Madame Franqui und unsere C.P.E. Madame Peters vorstellen. Diese beiden sind ein Lieutenant und ein Brigadier der PJ Marseille.« Er warf der älteren der beiden Damen einen vielsagenden Blick zu.

Wenn die Dame erstaunt war, dann ließ sie sich nichts anmerken. Sie streckte Florian die Hand hin: »Bonjour, Lieutenant, enchantée!«

»Bonjour … aber der Chef ist meine Kollegin.«

»Ach, sehr gut!« Die Dame schüttelte Nadia die Hand. »Bonjour, Lieutenant!«, wiederholte sie. Die andere Dame hielt ihnen ebenfalls die Hand entgegen.

»Worum geht es?«, wollte die Direktorin wissen.

»Es geht um eventuelles Mobbing in Emelines Klasse. Die Eltern befürchten, dass Emeline von ihren Kameraden in den Selbstmord getrieben wurde, und haben sich deshalb an uns gewandt.«

»An die PJ?«, fragte die Direktorin überrascht.

»Ja. Wie Sie wissen, hat es in den vergangenen Jahren in den Schulen mehrere Fälle von Mobbing mit darauf folgendem Selbstmord gegeben. Und solche Vorfälle müssen genau untersucht werden.«

»Selbstverständlich«, erwiderte die Direktorin. »Aber die Polizei war schon in der Schule und hat mit Lehrern und Schülern gesprochen. Die Ermittlung ist abgeschlossen.«

»Ach ja?« Nadia spielte die Überraschte. »Ich hatte keineswegs diesen Eindruck. Da muss ein Missverständnis vorliegen. Können Sie mir trotzdem schnell in ein paar Sätzen erklären, warum die Eltern glauben, dass Emeline gemobbt wurde? Ich möchte sie heute nicht belästigen.«

»Natürlich, gern.« Die Direktorin lächelte zuckersüß. »Emeline war ein hochbegabtes, sehr sensibles Mädchen. Und die Klasse ist schwierig. Die Jugendlichen sind oft nicht besonders nett zueinander. Viele waren neidisch auf Emeline. Ich musste öfter einschreiten, genauso meine Kollegen. Aber Emeline war nicht die Einzige, die verspottet wurde. Es stimmt, dass viele Schüler die Klassenbesten ärgern, was wir nicht gutheißen. Aber mehr hat die Polizei nicht herausgefunden.«

»Also glauben Sie nicht, dass etwas Schlimmeres passiert ist? Dass zum Beispiel Jungs Emeline zu nahe getreten sind?«

»Aber nein! Wir sind eine katholische Privatschule. Bei uns passiert so was nicht.«

»Ich kann mich an meine eigene Schulzeit erinnern. Ich war vierzehn, und die Jungs haben mich einmal angegriffen, um zu überprüfen, ob ich wirklich ein Mädchen bin, weil ich ihnen zu sportlich und jungenhaft erschien! So etwas ist heute strafbar. Das sind keine dummen Scherze. Das ist traumatisierend. Und das geschah damals ebenfalls in einer katholischen Privatschule.«

Die Dame wurde blass und wechselte einen Blick mit der anderen Frau.

»Also ... mir ist nichts Derartiges bekannt. Wie gesagt, die Polizei hat diesbezüglich Fragen gestellt, und kein Schüler hat irgendjemanden bezichtigt, so etwas getan zu haben.«

»Allerdings«, meinte die andere Dame, »war Emeline, wie schon gesagt, sehr sensibel. Es hat am Dienstag, am Tag ihres Todes, einen Zwischenfall gegeben. Anscheinend haben mehrere Schülerinnen Emeline in den Umkleideraum gesperrt, der Turnlehrer hat sie dort weinend gefunden.«

»Und was machen Sie, wenn so etwas geschieht?«, ließ Florian sich vernehmen.

»Ich habe die Mädchen zu mir geholt und sie bestraft. Sie mussten zwei Stunden nachsitzen, denn ich dulde solche Dinge nicht. Wahrscheinlich war diese Aktion für Emeline der Tropfen, der das Fass zum Überlaufen gebracht hat. Ich habe den betroffenen Schülerinnen Verwarnungen erteilt. Aber strafrechtlich gesehen kann man deshalb nicht Anklage erheben.«

»Nein. Aber wir wissen dennoch nicht, ob nicht etwas noch Schlimmeres geschehen ist«, erwiderte Florian. »Und genau deshalb sind wir hier.«

Er sah die Lehrer der Reihe nach an. »Sie haben Emeline unterrichtet. Welche Fächer? Und wie wirkte die Klasse auf Sie?«

Der Glatzkopf grinste. »Mathematik. Schwierige Klasse, faule Schüler, sehr unaufmerksam, schlechter Notendurchschnitt. Aber mein Fach ist trocken. Für mich ist es leicht, die Schüler zu bändigen. Die Kollegen in den Fremdsprachen haben da mehr Probleme.«

Florian wandte sich der rothaarigen jungen Frau zu.

»Ich unterrichte Spanisch«, erklärte diese. »Diese

Klasse ist mein Albtraum. Es gibt in jeder Unterrichtsstunde irgendeinen Zwischenfall. Vor allem untereinander sind die Schüler sehr boshaft. Und einige Schüler verspotten auch mich ständig …«

Die Direktorin warf ihr einen warnenden Blick zu, woraufhin die Lehrerin puterrot wurde und verstummte. Nadia beschloss, nicht nachzubohren, sondern die junge Frau noch einmal allein zu befragen.

Ein junger Mann mit dunklen Haaren und einem melancholisch wirkenden Blick nickte. »Bei mir in Englisch ist es genau dasselbe. Bei dieser Klasse ist nichts zu machen. Drei sehr begabte Schüler, die kaum mehr mitarbeiten, weil sie von den anderen bedroht und drangsaliert werden, und der Rest ist absolut uninteressiert.«

Die andere Dame sagte: »Ich unterrichte Geschichte und Geografie. Außerdem bin ich die Klassenlehrerin. Ich habe bemerkt, dass die Klasse sehr unruhig ist, ich bekomme oftmals Beschwerden von Eltern, deren Kinder über die Mitschüler klagen, doch ich habe gegen sie nichts Konkretes in der Hand.«

Der Einzige, der sich noch nicht geäußert hatte, räusperte sich. »Ich bin der Sportlehrer. Und ja, ich habe Probleme mit dieser Klasse. Vor allem mit den Mädchen. Unfälle, Einsperren und Beinstellen sind üblich und betrafen nicht nur Emeline. Ich habe häufig Verwarnungen erteilt. Aber es hat nicht viel genützt.«

»Und an dem besagten Nachmittag, was ist da genau vorgefallen?«, wollte Florian wissen.

»Wir hatten Sport, wie jeden Dienstagnachmittag. Es gab schon beim Volleyball einen Zwischenfall: Zwei Mädchen, Mathilde und Miranda, begannen zu raufen, und bald brach ein allgemeines Gerangel aus. Mathilde war sehr brutal und schlug Miranda ins Gesicht, die blutete ziemlich stark aus der Nase. Ich brach die Turnstunde ab, die ohnehin fast zu Ende war, schickte die Schülerinnen in die Umkleide und sah nach, ob Mirandas Nase gebrochen war. Zum Glück war das nicht der Fall. Ich gab dem Mädchen auch Eis, das sie sich auf die Nase legen sollte. Nach ungefähr fünfzehn Minuten, als die Blutung endlich aufhörte, ging Miranda, kam aber bald wieder. Sie meinte, der Umkleideraum sei zugesperrt, sie könne ihre Kleider nicht holen. Ich fand den Schlüssel nicht und holte den Ersatzschlüssel im Direktorat. Als ich zurückkehrte, verließen die letzten Jungs der Terminale A, die im Freien Leichtathletik gehabt hatten, ihren Umkleideraum. Miranda war im Duschraum und wusch sich noch einmal das Gesicht. Ich sperrte auf, und da saß Emeline weinend in einer Ecke. Sie zitterte, schluchzte und erklärte, einige Mädchen hätten sie eingesperrt ...«

Nun mischte sich die Direktorin wieder ein. »Wir haben die betreffenden Mädchen bestraft und verwarnt. Auch die Eltern wurden kontaktiert. Und diese Schülerinnen werden von jetzt an genauer überwacht.«

Florian wollte etwas sagen, doch Nadia brachte ihn mit einer Geste zum Schweigen. Sie sah einen nach dem anderen an.

»Gut. Danke! Das wäre so weit alles. Wenn Ihnen nichts anderes aufgefallen ist, wird auch nichts weiter geschehen sein.«

Florian und Nadia verabschiedeten sich von der Direktorin, der C.P.E. und den Lehrern.

»Entschuldigung, Florian«, meinte Nadia, »ich habe dich unterbrochen. Ich weiß, dass du die Namen der Störenfriede erfahren wolltest. Aber die geben sie uns sicher nicht. Wir werden sie von Mitschülern bekommen. Und auf diese Weise viel weniger Aufsehen erregen.«

Sie zeigte auf die andere Straßenseite.

»Dort drüben ist Emelines beste Freundin mit ihrer Mutter. Gehen wir hin!«

»Ja, Chefin. Ich folge dir, wohin auch immer.«

Sie überquerten die Straße. Ein sehr schlankes, blasses, blondes Mädchen mit geröteten Augen stand mit einer hübschen, dunkelhaarigen Frau einige Meter von der Kirche entfernt und sah zu dem Leichenwagen hin, in den gerade der Sarg geladen wurde.

»Bonjour! PJ Marseille, Lieutenant Aubertin und Brigadier Blisset. Wir ermitteln im Fall von Emelines Selbstmord. Und wir wollen wissen, ob sie von ihren Mitschülern gemobbt wurde. Du warst doch ihre beste Freundin?«

Das Mädchen schien zutiefst erschrocken, die Dame hingegen blickte Nadia voller Genugtuung an.

»Ach so«, meinte sie, »ich dachte, die Ermittlung wäre abgeschlossen. Ich fand das ja eine ziemliche Frechheit, dass das einfach so abgetan wurde.«

»Sie ist nicht abgeschlossen«, erwiderte Nadia. »Wir müssen wissen, was in der Schule tatsächlich geschehen ist.«

Sie sah das Mädchen an. »Wurdet ihr beide gemobbt? Hattest du auch Probleme?«

Das Mädchen nickte. »Sie mochten mich nicht. Aber ich wurde weniger gequält als Emeline. Ich habe keine so guten Noten. Es ging vor allem um die Noten. Emeline war eine auffallend gute Schülerin.«

»Was haben sie gemacht?«

Das Mädchen zuckte mit den Schultern.

»Emeline gehänselt. Wegen der Nase. Und der Haare. Ihr Dinge entwendet, ihr ein Bein gestellt, sie nachgeäfft, wenn sie in der Stunde etwas sagte, und sie am Dienstag vor ihrem Tod in den Umkleideraum gesperrt. Ich habe es nicht bemerkt, weil ich auf der Toilette war, während

Emeline sich kämmte, und als ich herauskam, glaubte ich, sie würde draußen auf mich warten. Dann habe ich sie bei den Spinden und im Sekretariat gesucht.« Betrübt senkte das Mädchen den Kopf.

»Waren es nur Mädchen, die Emeline gequält haben?«

»Hauptsächlich. Aber einige Jungs taten es ebenfalls, nannten sie *Freak*, und einige der älteren, die immer mit Naomis Clique herumhängen, machten auch mit.«

»Naomis Clique also?«

»Naomi, Mathilde, Léane, Vanessa und Mégane. Und die Jungs waren Arthur, Kevin, Charly und Ugo.«

»Könntest du mir bitte ihre vollständigen Namen und Wohnorte schicken? Damit ich mich mit ihnen unterhalten kann?« Nadia gab dem Mädchen eine Karte. »Per E-Mail, bitte!«

Christine nickte.

Die Mutter warf ein: »Ich weiß nicht, ob Ihre Vorgesetzten wollen, dass Sie sich mit Naomi und Arthur unterhalten. Ihre Väter sind der Procureur und Ihr Direktor.«

»Das habe ich gehört. Aber ich darf diese Jugendlichen als Zeugen befragen. Und wenn nicht ich es tue, dann sorge ich dafür, dass die Presse sich für sie interessiert.«

Die Frau sah Nadia und Florian schweigend an und meinte dann: »Sie haben recht. An dieser Sache ist was faul. Ich kannte Emeline seit vielen Jahren. Sie war nie depressiv oder selbstmordgefährdet. Sie war ein sehr glückliches Kind und eine ausgeglichene Jugendliche.«

Nadia nickte. »Vielen Dank Ihnen beiden, ich werde mich wahrscheinlich wieder melden.« Dann sah sie Christine an. »Bitte schick mir auch deine Telefonnummer. Und wende dich an mich, falls du irgendetwas brauchst. Oder falls dir noch etwas einfällt.«

Die Polizisten verabschiedeten sich von Christine und ihrer Mutter und wandten sich in die Richtung, in der ihr Auto stand.

»Mon Dieu, dieses Mädchen wirkt völlig traumatisiert und deprimiert. Ich glaube nicht, dass sie in diese Schule zurückkehren sollte«, meinte Florian.

»Ich auch nicht. Aber mitten im Jahr die Schule zu wechseln ist wohl nicht so einfach!«

Nadia wandte sich um und warf einen letzten Blick auf den Kirchplatz, der nun leerer geworden war. Laura und Daniel waren nirgends zu sehen. Nadia wählte Lauras Nummer. Sie hob nicht ab. Wahrscheinlich sprach sie noch mit irgendwelchen redseligen Politikern.

Es war mittlerweile sehr warm geworden.

»Mon Dieu«, stöhnte Florian, »ich kann mich nicht erinnern, so weit weg geparkt zu haben!«

Nadia lachte, doch dann wurde sie ernst. »Hast du bemerkt, die Direktorin? Sie hat versucht, ihre Lehrer zum Schweigen zu bringen, deren Aussagen zu steuern. Offensichtlich hält sie schützend ihre Hand über die Missetäter. Was für ein Saftladen!«

Florian schnaubte genervt. »Ein Saftladen, der von unserem höchsten Vorgesetzten mitfinanziert wird. Spenden, Bestechung, Straffreiheit!«

»Super!«, regte Nadia sich auf. »Genau so stellt man sich überall in Frankreich Marseille vor. Kriminell und korrupt. Einige Kollegen haben mich schon vor zwei Jahren gewarnt, als ich hierher versetzt wurde, doch ich hielt das für eine Legende.«

»Nun ist die Legende Wirklichkeit geworden. Kennst du unseren obersten Chef gut, den Commissaire Divisionnaire Manson? Man sieht ihn nicht oft bei uns in den

Büros. Ich kannte nur seinen Vorgänger Marlier etwas besser.«

Nadia schüttelte den Kopf. »Nein, er war vorher ganz woanders. Er ist erst seit wenigen Monaten Leiter der PJ. Und er hat fast nur mit den Kommissaren Kontakt. Ich habe noch nie mit ihm gesprochen. Aber wahrscheinlich verdanke ich es auch ihm, dass ich Mathieus Stelle bekommen habe.«

Neben Nadia blieb ein kleines Auto stehen. Ein Fenster wurde heruntergelassen.

»Soll ich Sie zu Ihrem Auto bringen?«

Es war einer der Männer, mit denen sie vorher gesprochen hatten, Emelines Englischlehrer.

»Es ist gleich da vorn!« Nadia zeigte zum Ende der Straße.

Doch Florian fragte: »Wollen Sie uns noch etwas mitteilen?«

Der Mann nickte. »Steigen Sie ein! Schnell, bevor die Direktorin irgendwo auftaucht!«

Es sollte ein Witz sein, doch Nadia hörte die Bitterkeit in der Stimme des Mannes.

Sie setzte sich auf die Rückbank, Florian auf den Beifahrersitz.

»Sie dürfen nichts sagen, nicht wahr?«, fragte sie.

»Genauso ist es«, erwiderte der Lehrer. »Übrigens, ich heiße Loïc. Ich bin Ihnen hinterhergefahren, weil ich noch Informationen für Sie habe. Sie ermitteln wahrscheinlich nicht offiziell, denn die Polizei war schon in der Schule und die Untersuchung gilt als abgeschlossen.«

»Nein«, gab Nadia zu. »Vermutlich wird am Montag ein Donnerwetter über mich hereinbrechen. Aber ich gebe vor, nichts zu wissen, und werde versuchen, die Presse für den Fall zu gewinnen.«

»Nicht ganz einfach«, seufzte Loïc. »Bei alldem, was derzeit los ist, kräht kein Hahn nach einer gemobbten Schülerin. Allerdings …« Er hielt in einer Parklücke und sah Florian und dann Nadia an. »… bin ich mir ziemlich sicher, dass am Dienstagnachmittag noch mehr geschehen ist. Und mein Kollege Richard hat es nicht verhindern können, weil er die verletzte Schülerin verarzten musste. Ich vermute, dass die Jungs der Abiturklasse da mit drinhängen.«

Nadia nickte. »Der Sohn des Procureurs.«

»Arthur Adriani. Ein Angeber und Blödmann. Wird sein Abitur nicht schaffen.«

Loïc zeigte ihnen ein Foto auf seinem Telefon. Ein Zettel, auf dem in zittrigen Blockbuchstaben geschrieben stand: *Wegen dem, was am Dienstag geschehen ist.*

Er erzählte ihnen von der »Übung« und den anonymen Kommentaren der Schüler.

Nadia fuhr hoch. »Dann ist sicher etwas Schlimmes passiert. Vielleicht ein sexueller Übergriff. Etwas Strafbares. Doch die Schulleitung will davon nichts wissen!«

»Ich befürchte, so ist es. Und ich denke auch, dass beide Klassen Bescheid wissen. Deshalb müssen Sie die Schüler bearbeiten. Irgendwer wird reden! Rufen Sie auch Richard an! Er ist ein zaghafter Mensch, aber vielleicht teilt er Ihnen mehr mit. Er ahnt sicher, dass etwas Schlimmes geschehen ist, das ihm entgangen ist, einfach weil er mit seiner verletzten Schülerin schon gestresst genug war! Ich gebe Ihnen seine Nummer.«

Loïc nahm sein Telefon, tippte darauf herum und sagte Nadia die Nummer, die diese in ihrem Handy speicherte. Seine eigene Nummer nannte er ihr ebenfalls.

»Könnten Sie uns auch die Nummern der anderen Kollegen geben?«, fragte Nadia. »Wir möchten sie alle einzeln kontaktieren, aber wir werden uns wahrscheinlich nicht in der Nähe der Schule blicken lassen dürfen.«

Loïc nickte und diktierte Nadja weitere Nummern, während er immer wieder auf sein Telefon tippte.

»Vielen Dank, Loïc!«, sagte Nadia. »Es hilft uns sehr, dass mindestens eine Person in der Schule wie wir die Wahrheit wissen will.«

Traurig lächelte der Lehrer sie an. »Ja. Wir tun, was uns möglich ist. Aber wir können dabei ziemlich heftig Federn lassen. Alle drei.«

»Wir haben auch einen Substitut du Procureur mit im Boot«, erklärte Nadia, »aber kein Wort zu irgendwem. Arthurs Vater ist sein Vorgesetzter. Er geht ein großes Risiko ein. Doch er hat Beziehungen in Paris. Und wir haben welche zur Presse. Wir halten einander auf dem Laufenden!«

Die Journalistin

Laura mochte Politiker nicht besonders. Sie fand sie falsch, machtgeil und geltungssüchtig. Wenn sie sie interviewte, wusste sie ganz genau, dass sie Versprechen gaben, die sie nicht zu halten gedachten. Doch bei den Kommunalpolitikern, vor allem in kleineren Orten, war Laura nachsichtiger gestimmt. Diese kümmerten sich konkret um die Probleme ihrer Gemeinde und wurden häufig wegen ihrer Persönlichkeit gewählt oder weil man sie kannte und nicht unbedingt wegen ihrer Partei. Viele waren sogar unabhängig, was Laura in der Lokalpolitik schätzte. Die zwei Kandidaten, mit denen Laura gesprochen hatte, hatten kurz ihr Programm und ihre Ziele dargelegt. Dabei war es vor allem um den Jachthafen von Carry-le-Rouet, den Küstenschutz, die Schulen, die Kinderbetreuung und Aktionen für alte Menschen gegangen.

Dann hatte Laura Emelines Tod angesprochen und beide über Nadias und Florians Ermittlung informiert. Sie hatte nicht verschwiegen, dass deren Vorgesetzte drauf und dran waren, die Untersuchung abzuwürgen.

»Wir vermuten, dass es um Mobbing gegangen ist, was von der Schule vertuscht wird«, hatte sie den zweien mitgeteilt. »Wir werden weitere Recherchen anstellen. Wenn die Polizei es nicht macht, müssen es die Medien tun!«

Beide Kandidaten waren überrascht und etwas bestürzt gewesen, und ein jeder hatte Laura seine Unterstützung zugesichert, falls er im April nach dem zweiten Wahlgang Bürgermeister sein würde.

Daniel und Laura schafften es auch, mit drei Mitschülern von Emeline zu reden. Die drei waren sehr zurückhaltend.

Philippe, ein schüchterner Jugendlicher mit dunklen Haaren und Brille, vertraute ihnen an, dass seine Klasse fürchterlich war. Mehrere von ihnen wurden wegen ihrer schulischen Leistungen verspottet und als *Intellos*, Streber, beschimpft. Auch er war ein Opfer der Clique, die aus Naomi, Mathilde, Léane, Mégane und Vanessa bestand.

Aber ein paar Jungs quälten ihn ebenfalls. Er hatte Emeline immer gern gemocht, sie war sehr fleißig gewesen und hatte wunderschön zeichnen und malen können.

»Eine Künstlerin«, meinte er. »Auch deshalb konnten die anderen sie nicht leiden. Man darf nicht besser als die anderen sein, keine besonderen Fähigkeiten haben. Man darf auch nicht anders aussehen. Und Emeline hatte diese wuscheligen Haare, das ist gar nicht *in*. Mir geht es genauso, wegen Mathe. Sie verachten mich, weil der Lehrer immer behauptet, ich sei ein Mathematikgenie. Und auch, weil ich so untypisch aussehe, schmächtig, mit Brille, während die meisten Jungs stark gebaut und sportlich sind.«

Dann hielt er plötzlich inne. »Bitte erwähnen Sie mich nicht in Ihrem Artikel. Schreiben Sie das nicht so hinein. Sonst wissen alle, dass ich es war, der Ihnen das erzählt hat, und sie werden sich rächen.«

»Natürlich«, versicherte Laura ihm. »Wir werden niemanden namentlich erwähnen, sondern nur ganz allgemein über die Sache berichten. Ich habe allerdings eine

Frage: Warum ist es nicht möglich, sich Hilfe zu holen, die Lehrer auf die Situation aufmerksam zu machen?«

Der Junge zuckte mit den Schultern. »Die Lehrer wissen ganz genau, was los ist. Einige werden von der Clique ebenfalls gemobbt – die Spanischlehrerin, die Geschichtslehrerin und der Turnlehrer. Die Direktorin hat immer wieder mit den Schülern gesprochen, doch die glauben, dass sie machen können, was sie wollen, weil ihre Eltern so wichtige Leute sind. Deshalb wurden sie noch nicht rausgeworfen.«

Also war in der Schule allgemein bekannt, dass die Clique unantastbar war.

Naomis Vater war der Leiter der PJ Marseille, Nadias allerhöchster Vorgesetzter. Mathildes Vater war ein wichtiger Politiker, der im Conseil Régional saß, in der Kommission, die über Gedeih und Verderb der Schulen entschied. Méganes Vater leitete in Fos sur Mer eine riesige Chemiefabrik. Léanes Mutter war eine der besten Rechtsanwältinnen von Marseille, und ihr Vater besaß mehrere Immobilienbüros. Vanessas Eltern hatten vor wenigen Jahren eine Hotelkette gegründet, die unter anderem auch ein Luxushotel am Alten Hafen führte.

Laura sprach noch mit zwei anderen Mädchen, die manchmal mit der Clique herumhingen. Sie zählten nicht zu den Reichen und Schönen der Schule, wurden von diesen aber geduldet.

»Es stimmt«, meinte Elise, eine der beiden, die sehr lange, dunkle Haare hatte und etwas molliger war. »Sie sind nicht nett zu ihren Mitschülern. Aber das ist häufig gar nicht so böse gemeint, denn sie beleidigen sich auch untereinander. Ich bin mit ihnen befreundet, und sie sagen oft, dass ich abnehmen soll. Mir macht das nichts aus. Aber Emeline hat alles persönlich genommen.«

Ihre Freundin Miranda fiel ihr ins Wort. »Ja, aber in

letzter Zeit haben sie es zu weit getrieben. Mich hat Mathilde am Dienstag ganz plötzlich beim Volleyball geschlagen. Ich hatte heftiges Nasenbluten. Meine Eltern wollten Anzeige erstatten, aber ich möchte das nicht. Sonst muss ich die Schule verlassen, weil mich die Clique mobbt.«

»Wisst ihr, was am Dienstag, an dem Emeline sich umgebracht hat, vorgefallen ist?«, fragte Daniel.

»Ja, Monsieur Bertin legte mir im Nebenraum der Turnhalle, wo auch ein Kühlschrank und der Verbandskasten sind, Eis auf die Nase, um die Schwellung zu lindern. Die Umkleideräume sind auf der anderen Seite der Halle, am Ende des Ganges. Naomi und ihre Freundinnen haben alle aus der Umkleide gejagt und Emeline mit Monsieur Bertins Schlüssel eingeschlossen. Den Schlüssel haben sie dann ins Sekretariat gebracht. Sie haben mich sozusagen aus- und Emeline eingesperrt. Sie wollten uns beiden eins auswischen. Und Monsieur Bertin hat dann den Zweitschlüssel geholt und aufgemacht. Emeline weinte in einer Ecke. Wir sind mit Monsieur Bertin zur Direktorin gegangen, und die Clique wurde bestraft. Sie mussten zwei Stunden nachsitzen und bekamen eine Verwarnung. Mathilde musste am folgenden Nachmittag noch mal länger dableiben. Aber ich habe keinen Schimmer, was genau sie davor mit Emeline gemacht haben.«

Daniel sah das andere Mädchen an. Dieses zuckte mit den Schultern.

»Keine Ahnung. Ich habe mich sehr schnell umgezogen, weil ich Miranda die Schulsachen in die Geschichtsstunde bringen wollte. Ich war schon weg, als es geschah.«

»Und es gibt keine Filme? Fotos?«, fragte Laura.

Das Mädchen sah sie erstaunt an. »Fotos und Filme?«

Laura nickte. »Mobbing wird häufig gefilmt, um die Opfer noch mehr zu demütigen. Haben sie Emeline nie gefilmt? Und die Filme auf Tiktok oder Instagram gestellt?«

Das Mädchen schüttelte den Kopf. »Das ist strafbar. Sie haben nie etwas Strafbares gemacht.«

»Wie fandet ihr beide Emeline?«, fragte Daniel.

»Sie war komisch, so eine Art Genie. An solche Mädchen kommt man nicht ran. Sie hatte nur eine Freundin. Christine. Und die Lehrer mochten sie alle.«

»Ist das ein Grund, jemanden zu mobben? Nur weil er komisch und bei den Lehrern beliebt ist und man nicht an ihn rankommt?«

»Natürlich nicht. Aber wir beide haben Emeline respektiert. Wir haben ihr nicht geholfen, weil das nicht unser Problem war und wir keine Schwierigkeiten mit der Clique wollten. Aber wir haben sie nicht gemobbt. Auch keine anderen Schüler.«

Daniel und Laura verabschiedeten sich bald darauf. Laura rief Nadia an, doch deren Telefon war auf Anrufbeantworter gestellt. Die beiden Journalisten fuhren aus dem Ort hinaus zur Straße, die sie durch die Hügelkette in den westlichsten Stadtteil Marseilles, nach L'Estaque, bringen würde.

»Mon Dieu«, meinte Daniel, »da ist sicher was dran, an dieser Mobbingsache. Sieht aus, als würde eine kleine Gruppe die ganze Schule terrorisieren. Und keiner wagt, etwas gegen sie zu unternehmen.«

»Polizeichef und Conseil Régional«, meinte Laura. »Ziemlich verständlich. Meinst du, dass du in der Richtung weiterrecherchieren könntest? Dir vertraut der Chef. Wenn du sagst, dass ein Thema interessant ist, akzeptiert er das. Du hast Erfahrung.«

Daniel seufzte tief. »Ich würde es sehr gern machen.

Der Zeitpunkt ist aber sehr ungünstig. Die Wahlen. Und dann Corona. Die Lage spitzt sich tagtäglich weiter zu, und die Redaktion will eigentlich nur darüber berichten.«

»Wir müssen Emelines Selbstmord irgendwie mit dem Wahlkampf verbinden«, sagte Laura nachdenklich.

»Nun, du erzählst von Carry-le-Rouet sowie der Reaktion der Kandidaten und des Bürgermeisters auf Emelines Tod, und ich schreibe über ihre Persönlichkeit und ihre Probleme in der Schule.«

»Was hat die Tante gesagt?«

Daniel war sehr stolz, es geschafft zu haben, kurz mit Emelines Tante zu sprechen.

»Sie ist total verunsichert. Niemals hätte sie gedacht, dass Emeline so etwas geschehen könnte. Emeline sei ehrgeizig, künstlerisch und musisch begabt und überhaupt eine sehr fleißige Schülerin gewesen. Sie kannte in Carry-le-Rouet viele Leute und war mit einigen ihrer früheren Mitschülerinnen befreundet. Ihre beste Freundin war Christine, mit der Nadia vorhin gesprochen hat. In der Schule allerdings hatte sie außer ihr keine Freundinnen, was ihre Mutter immer ein wenig beunruhigt hat. Lucie Bernier hat schon eine Weile gespürt, dass ihre Tochter sich in der Klasse alles andere als wohlfühlte. Und nun macht sie sich Vorwürfe, nicht rechtzeitig reagiert zu haben. Sie glaubt, dass die Mädchen Emeline langsam, aber sicher fertiggemacht haben. Und dass am Dienstag etwas ganz Banales geschehen ist, was Emeline den Rest gegeben hat.«

Laura schüttelte entschieden den Kopf. »Nein, Daniel. Sicher nicht. Am Dienstag ist etwas Schlimmes passiert. Vielleicht hat die Clique alles so geplant und Miranda absichtlich verletzt, um den Turnlehrer zu beschäftigen. Und Pierre und Nadia glauben, dass Jungs der Terminale A beteiligt waren.«

»Nun, wir schreiben unsere Artikel, und dann versuchen wir, weitere Informationen zu sammeln. Eins nach dem anderen.«

Laura seufzte. Sie hatte Journalistin werden wollen, um Missstände aufzuzeigen und die Welt zu verbessern. Doch sie hatte kaum Freiheiten. Der Chefredakteur sagte ihr genau, was er wollte, sodass sie nur sehr selten eigenständig recherchierte. Außerdem bekam sie immer eine ganze Flut an Artikeln, die sofort fertiggestellt werden mussten, und hatte keine Zeit, sich auf die Qualität zu konzentrieren. So hatte sie sich den Journalismus nicht vorgestellt.

Nadia ermunterte sie immer wieder, sich doch woanders zu bewerben. Sie konnte sich in einer Firma, einer Institution oder einem gemeinnützigen Verein um die Pressearbeit kümmern oder freiberufliche Journalistin werden. Doch Letzteres wagte Laura nicht. Sie fand, dass sie dafür zu wenig Erfahrung und nicht genug Beziehungen besaß. Außerdem war der Anfang als Freiberufler schwierig, und auch wenn Nadia nun seit ihrer Beförderung gut verdiente, wollte Laura ihr doch nicht auf der Tasche liegen. Vielleicht würde in den nächsten Wochen etwas vorangehen. Eine Pandemie war etwas noch nie Dagewesenes.

Daniel riss Laura aus ihren düsteren Gedanken.

»Wunderschön, diese Straße«, meinte er. Sie kamen von Westen in den malerischen, von Kalkfelsen umgebenen Hafen L'Estaque, der bereits mit der Großstadt zusammengewachsen war. Inzwischen war der Ort ein Bezirk von Marseille.

Viele Maler waren Ende des neunzehnten und Anfang des zwanzigsten Jahrhunderts hierhergekommen, um das Fischerdorf und den Blick auf die Bucht von Marseille zu verewigen. Damals war diese natürlich noch nicht so industrialisiert, die kleinen Häuschen und das Grün hatten dominiert, während nun große Bauten, Hafenanlagen und Autobahnen die Landschaft beherrschten. Der berühmteste Maler, der in L'Estaque einen Zweitwohnsitz besessen hatte, war der in Aix-en-Provence geborene Impressionist Paul Cézanne gewesen.

Laura hätte gern in jener Zeit gelebt, als Marseille und Umgebung noch nicht so verschmutzt und zugebaut waren. Trotz allem musste sie zugeben, dass die Côte Bleue, die Küste zwischen La Couronne und L'Estaque, noch immer sehr pittoresk war. Die Straße führte oben durch das Estaque-Massiv. Am Meer gab es nur noch eine eingleisige Bahntrasse und einen *sentier côtier*, einen Wanderweg, den Laura mit Nadia schon gegangen war. In kleinen Calanques, Felsbuchten, in denen die Kalkfelsen weiß in den Himmel ragten und die von dem beschaulichen Bahn-Viadukt überquert wurden, lagen winzige Häfen. Es war seltsam, dass sich der knapp dreißig Kilometer lange Küstenstrich zwischen dem riesigen Industriegebiet von Fos sur Mer und der Großstadt Marseille hinzog, aber dass man sich dort wie am Ende der Welt fühlte, vor allem an milden Wintertagen. Im Sommer allerdings war in diesen Felsbuchten die Hölle los, viele Einwohner aus Marseille, Fos sur Mer und Martigues pilgerten dorthin.

In L'Estaque selbst ging es an diesem warmen Frühlingstag sehr geschäftig zu. Das Restaurant La Marmite du Pêcheur lag am Ortsrand auf einer Anhöhe mit einem wunderbaren Blick auf die Felsküste und das Meer. Pierre und Jérémie saßen bereits auf der Terrasse und tranken einen Pastis. Laura begrüßte jeden mit zwei Küsschen und stellte ihnen Daniel vor. Die Männer schüttelten einander die Hände.

»Es hat etwas länger gedauert«, erklärte sie. »Es ist uns gelungen, mit einigen Leuten zu sprechen.«

»Umso besser«, erwiderte Pierre. »Wir haben hier in Ruhe Pastis getrunken, die Sonne genossen und darüber geredet, dass die Tourismussaison vielleicht abgesagt wird.«

»Na ja«, meinte Daniel, »wir haben hier in Marseille noch unsere samstäglichen Riesenschiffe.« Er zeigte nach Westen zum Anleger Porte 4.

»Sind vielleicht die letzten«, meinte Jérémie. »Mal sehen, was nächste Woche geschieht.«

»Nicht besonders viel«, mutmaßte Daniel, »wir haben landesweit Kommunalwahlen, die müssen durchgezogen werden. Und wenn sich Tausende anstecken.«

Pierre zuckte mit den Schultern. »Das kann sehr schnell gehen. Sobald die Zahlen der Infizierten nach oben schnellen, muss etwas getan werden. In Mailand sind bereits die Restaurants und Cafés geschlossen, und in ganz Italien machen die Schulen ab übermorgen dicht. Und die Gerichte.«

»Wenn das auch hier kommt, bist du arbeitslos«, bemerkte Laura.

»Nun, arbeitslos wohl nicht. Aber wahrscheinlich gibt es weniger zu tun. Abwarten.«

Da traten Nadia und Florian auf die Terrasse. Es wurde geküsst, und Hände wurden geschüttelt. Obwohl das eigentlich wegen des Virus nicht mehr ratsam war. Doch sie waren wohl alle zu jung, um sich deshalb Gedanken zu machen.

»Warum kommt ihr erst jetzt?«, wollte Laura wissen.

»Ach, wir sind eine sehr schöne Straße gefahren und

haben mehrmals angehalten. Fotostopps, wie die Touristen!« Florian zwinkerte Jérémie zu.

»Blödsinn«, sagte Nadia. »Wir hatten ganz unverhofft die Gelegenheit, etwas ausgiebiger mit Emelines Englischlehrer zu sprechen, der uns extra nachgefahren ist.«

Marius, der Besitzer des Restaurants, den Laura und Nadia gut kannten, eilte herbei, um sie zu begrüßen.

»Ah, salut!«, rief er mit seinem breiten Marseiller Akzent. »Ja, welche netten Jünglinge bringt ihr mir denn heute? Ich hoffe, sie essen und trinken gern.«

»Ja, wir haben einen Riesenhunger!«, behauptete Florian.

»Nun, es gibt heute Bouillabaisse. Frischer Fisch von hier.«

»Hier, nicht von dort vorn, oder?« Jérémie deutete auf die Kreuzfahrtschiffe und die Fähren.

Der Besitzer machte eine Handbewegung zur Felsküste. »Da rechts! Gleich am Fuß der Felsen. Gerade eben gefischt. Von mir höchstpersönlich.«

Er zwinkerte Laura zu.

»Ach, Sie sind auch ein Multitasker?«, fragte Florian.

»Ein Multiwas?«

»Jemand, der mehrere Dinge gleichzeitig erledigen kann. Fischen, Kochen, Gäste begrüßen ...«

»Ja, das bin ich. Wir verwenden in Marseille keine englischen Wörter. Sie arbeiten sicher in der Werbebranche, so wie Sie aussehen. Da spricht man nur Englisch.«

»Nein, ich arbeite bei der Kripo. Mit Nadia. Wir sprechen viel Arabisch.«

»Ah, Peuchère! Sie Armer!« Marius schlug sich an die Stirn. »Keine einfache Arbeit, so was.«

»Ja, aber krisensicher. Viele Kunden. Wie bei Ihnen.«

»Ah, ja, für uns hat die Saison sehr gut begonnen. Super Wetter! Viele Leute. Fast hätte ich für euch keinen

Tisch mehr gefunden. Das war nur möglich, weil Mademoiselle Nadia versprochen hat, mir dann ihre blonde Chérie hierzulassen.« Er zwinkerte Laura zu.

Laura lachte. »Ach so?«, fragte sie. »Muss ich hier den Abwasch machen?«

»Nein«, meinte Marius verschmitzt. »Ich wüsste schon was Besseres mit Ihnen anzufangen … wenn meine Frau nicht hier wäre!«

»Meine Frau ist auch hier!« Laura deutete auf Nadia.

»Mon Dieu, peuchère, was für Zeiten!« Marius schüttelte den Kopf. »Das soll einer verstehen. Diese Jugend! Da haben Sie fünf wunderbare Männer …« Er zeigte auf sich selbst und in die Runde. »… und dann …« Er hob in gespielter Verzweiflung die Hände.

»Wem sagen Sie das!«, seufzte Pierre. »Die beiden sind das Drama meines Lebens. Eine Tragödie!«

»Peuchère! Ich bringe Ihnen gleich was zu trinken, dann können Sie Ihren Kummer wenigstens im Alkohol ersäufen. Und was wollen Sie essen? Sechsmal Fischsuppe, oder will jemand was anderes?«

Sie bestellten die Bouillabaisse, die mit geriebenem Gruyère, Rouille – scharfer, mit Tomaten gefärbter Knoblauchmayonnaise – und Croûtons serviert wurde, dazu den besonders guten Weißwein aus Cassis, das nur zwanzig Kilometer südöstlich von Marseille lag.

»Ein netter Mann«, meinte Pierre. »Sehr leutselig.«

»Ja«, erwiderte Nadia. »Vor allem flirtet er für sein Leben gern mit Laura. Seine Frau, die Köchin, ein richtiges Marseiller Fischweib, war anfangs ein bisschen eifersüchtig, aber sie hat schnell gemerkt, dass ihr Mann bei Laura nicht die geringste Chance hat.«

»Sicher nicht einfach, als Paar ein Restaurant zu führen«, bemerkte Jérémie.

»Aber rentabel«, meinte Daniel. »Am besten laufen

Familienbetriebe. Bei den hohen Abgaben muss man erfinderisch sein, um rentabel zu bleiben.«

Marius brachte bald den eisgekühlten Weißwein und Moules à la provençale, Miesmuscheln mit Tomatensoße, Knoblauch und Petersilie.

»Genießt euren Aperitif!«, rief er und wandte sich dann dem Nachbartisch zu.

Sie tranken ihren Wein, aßen die Muscheln, lachten und plänkelten noch eine Weile herum. Dann kamen Pierre und Daniel auf den Fall Emeline zu sprechen. Alle erzählten, was sie am Morgen herausgefunden hatten.

»Also ist es so, wie Pierre befürchtet hat. Am Dienstag ist irgendwas geschehen. Etwas Strafbares«, meinte Nadia. »Der Englischlehrer hat uns geraten, die Schüler zu bearbeiten. Ich möchte auch schauen, was so auf Instagram und anderen Social-Media-Kanälen umläuft. Vielleicht hat jemand gefilmt. Vielleicht kann Christine uns helfen. Oder einer von uns erstellt sich ein Fake-Konto mit dem Namen einer der Schnepfen und folgt allen.«

»Das wird nicht lange unentdeckt bleiben«, meinte Florian besorgt. »Die sind ja ständig auf Instagram, Tiktok, SnapChat und weiß der Teufel was.«

»Egal. Hauptsache, wir erfahren irgendetwas.«

»Wenn sie wirklich vorsichtig sind, haben sie eine WhatsApp-Gruppe oder so.«

Nadia meinte: »Diese jungen Leute sind nicht wirklich vorsichtig. Sie wissen, dass der Arm ihrer Väter sehr weit reicht.«

Pierre sah alle der Reihe nach an. »Ich habe beschlossen zu ermitteln. Und euch mit hineingezogen. Ihr riskiert auch eine Menge. Ich würde es verstehen, wenn ihr aufhören wollt.«

Laura sah ihn an. »Ich mache weiter. Und ich versuche auch, Kollegen aus Paris dafür zu interessieren. Ich habe nicht besonders viel zu verlieren.«

Daniel nickte. »Ich ebenso. Ich versuche, meinen Chef bei der Stange zu halten. Allerdings brauche ich ein wenig Zeit. Ich veröffentliche nicht immer alles, was ich in Erfahrung gebracht habe, sondern serviere die Informationen gern häppchenweise. Denn ich weiß, wie man einen Skandal am besten inszeniert. Und was wir hier brauchen, ist ein Skandal. Aber ich bin mir nicht sicher, ob vor den Wahlen oder danach. Das muss ich noch überlegen. Aber ich halte Laura auf dem Laufenden.«

Nadia sah Pierre an. »Du weißt, dass ich dabei bin.«

Pierre nickte. »Ja, aber dir ist sicher klar, dass ich dich nicht schützen kann. Wenn dein Chef dich absägen will, wird er es schaffen. Und du kannst auch Florian nicht schützen. Deshalb muss jeder für sich selbst entscheiden.«

»Wir sind dabei«, meinte Florian. »Vielleicht müssen wir lange kämpfen, aber am Schluss wird sicher die Gerechtigkeit siegen. Vor allem, wenn wir die überregionale Presse einschalten. Und unsere Beziehungen in Paris.«

Pierre sah Laura bang an. Sie wusste, was er dachte. Wenn wirklich wegen Corona das Chaos ausbrach, dann krähte kein Hahn nach Emeline Bernier und nach Gerechtigkeit. Und ihre Vorgesetzten konnten sie sehr leicht loswerden. Doch sie alle wussten, dass sie der Sache nachgehen mussten. Dass sie auf eine unglaubliche Schweinerei gestoßen waren und diese aufdecken wollten.

Die Polizistin aus dem Norden

Das Navi zeigte nur mehr eine halbe Stunde Fahrtzeit an. Fiona war müde. Sie hatte sehr gewissenhaft alle zwei Stunden Pause gemacht, Kaffee und Orangensaft getrunken, aber sie war es trotzdem nicht gewöhnt, so lange hinterm Steuer zu sitzen. Obwohl sie die Nacht bei Verwandten in Dijon verbracht und so die Strecke geteilt hatte, fand sie die Fahrt anstrengend. Und die Tatsache, dass das Auto so voll war, machte es nicht einfacher. In ihrem Opel Corsa befand sich ihr gesamtes Hab und Gut, alles, was sie für ihr neues Leben brauchte.

Einige Möbel hatte sie bei Freunden in einer riesigen Garage untergestellt, davon abgesehen hatte sie ihren gesamten Hausrat dabei. Fürs Erste würde sie in Marseille in einer möblierten Wohnung im Euromed-Viertel unterkommen, die sie wochenweise bezahlte. Ihre neue Vorgesetzte Nadia Aubertin hatte ihr die Unterkunft vermittelt. In dem Haus wurde Beamten und Angestellten ein Mietnachlass gewährt, wenn sie länger als vier Wochen blieben. In den kleinen Garçonnieres war alles vorhanden, eine Kochnische mit Geschirr und Besteck, ein Bügeltisch, eine Mikrowelle und sogar ein Föhn. Es handelte sich um ein funkelnagelneues Boarding-Haus, das auch von Touristen und Geschäftsreisenden genutzt wurde. Doch die Leitung versuchte hauptsächlich an Leute zu vermieten, die dort längere Zeit wohnten.

Fiona wollte sich später eine Wohnung in Marseille suchen. Aber sie hatte es nicht eilig. Sie musste die Stadt zuerst kennenlernen, um herauszufinden, welche Viertel ihr gefielen. Sie war noch nie in Marseille gewesen, kannte im Süden nur Montpellier, Narbonne und die Côte d'Azur. Aber sie hatte über Marseille viel gehört. Die Stadt war im Norden Frankreichs berühmt-berüchtigt, vor allem bei der Polizei. In Marseille gab es einige der ärmsten Banlieues mit der höchsten Kriminalitätsrate des Landes und immer wieder Korruptionsskandale. Doch die Stadt hatte sich in den letzten Jahren auch zu einer Tourismusmetropole entwickelt. Ganze Stadtteile waren renoviert worden, so wie das Quartier, in dem Fiona nun wohnen würde.

Die Gegend um Marseille war eine der wichtigsten Tourismusregionen Frankreichs. Die Stadt lag im Herzen der Provence, einer Region, die einige der schönsten Landschaften und viele Kulturgüter bot. Die Menschen sprachen hier angeblich mit einem lustigen Akzent und waren relativ unverbindlich und chaotisch, doch davon hatte Fiona am Telefon nichts bemerkt. Sie vermutete, dass weder ihre neue Vorgesetzte noch der Commissaire aus dem Süden waren.

Auch in Lille waren sie ein Team gewesen, dessen Mitglieder aus dem ganzen Land gekommen waren. Fiona selbst stammte aus Zentralfrankreich, wo ihre gesamte Familie lebte. Die meisten ihrer Freunde und Bekannten befanden sich in Lille. Dort hatte sie sieben Jahre lang gewohnt und gearbeitet. Ihr Herz schnürte sich zusammen, wenn sie daran dachte, dass sie ihr ganzes Leben hinter sich gelassen hatte. Ihre hübsche Wohnung, die sie allein gestaltet hatte, hatte sie Brice überlassen, nur alle von ihr gekauften Möbel mitgenommen. Ihre Vorgesetzte Catherine, mit der sie sich so gut verstanden hatte, und ihr Team würde sie nun nicht mehr jeden Tag sehen. Ihre drei besten Freundinnen und ihre Bekannten ließ sie zurück.

Allerdings blieb ihr keine Wahl. Nach dem, was geschehen war, hatte sie nicht mehr dortbleiben können. Catherine hatte das verstanden und Fionas Antrag auf Versetzung nach Kräften unterstützt. Die letzten Wochen in Lille, in denen Fiona ihre Wohnung und Brice bereits verlassen hatte, waren nicht einfach gewesen. Trotz der Hilfe der Freunde und des komfortablen Appartements, das ein Kollege ihr sehr billig vermietet hatte, hatte Fiona sich in ihrer Stadt nicht mehr zu Hause gefühlt. Vor allem aber hatte sie Angst gehabt.

Catherine hatte gesehen, dass es Fiona nicht gut ging, und alles getan, um ihr zu helfen. Eines Tages hatte sie ihr mitgeteilt: »Bei der PJ Marseille ist eine Stelle frei. Du bekommst die Versetzung, wenn du willst. Was meinst du? Eine neue Stadt? Ein neues Umfeld? Marseille, die Hauptstadt des Verbrechens?«

Fiona hatte genickt. Marseille war genau das, was sie brauchte, um über ihr schlimmes Erlebnis hinwegzukommen. Catherine war traurig gewesen, sie hergeben zu müssen.

Vor einer Woche hatte Fiona mit ihrer neuen Vorgesetzten Nadia Aubertin telefoniert. Nadia war in Fionas Alter und hatte soeben die interne Prüfung zum Lieutenant bestanden. Alle anderen in ihrem künftigen Team waren Männer. Fiona fand es komisch, eine Vorgesetzte zu haben, die in ihrem Alter war. Catherine war schon fünfundvierzig und hatte sehr viel Erfahrung. Aber über die neuen Kollegen machte sich Fiona nicht besonders viele Gedanken.

Fiona blinzelte die Tränen aus den Augen und beschloss, sich auf die Landschaft zu konzentrieren. Neben der Autobahn sah sie Olivenhaine und Weinberge, die Gegend wurde immer mediterraner. Du fährst ans Mittelmeer, Mädchen, sprach sie sich selbst gut zu. Freu dich! Du wirst einen tollen Sommer haben!

Als sie Kalkfelsen mit der spärlichen Vegetation sah, wusste sie, dahinter lag die Küste. Sie war nur noch fünfzehn Minuten von ihrem Ziel entfernt. Im nächsten Augenblick konnte sie ein schmuckes Dörfchen am Fuß der Felsen und dahinter das Meer erkennen. Die Temperatur betrug nun zweiundzwanzig Grad. Fiona lächelte. In Lille hatte es geregnet, in Dijon war der Himmel grau gewesen und hier schien die Sonne. Zumindest das Licht und die Wärme würde sie in Marseille genießen können.

Sie fuhr durch einen Tunnel, und als sie ihn verließ, hielt sie den Atem an. Vor ihr erstreckte sich die Stadt. Mächtig, majestätisch, wunderbar und zugleich furchterregend und hässlich lag die Hafenstadt von Hügelmassiven umgeben direkt am Meer. Zwischen der Autobahn und der Küste waren die Schiffswerften, die Containerfirmen und Hafenanlagen. Auf der anderen Seite der A 55 standen riesige Wohnblöcke, wahrscheinlich handelte es sich um die berüchtigten Quartiers Nord, die ärmlichen und gefährlichen Vorstädte. Hinter den Hafenanlagen glitzerte das Meer in der Sonne des Spätnachmittags, und nicht weit von der Küste entfernt lag eine Gruppe von Inseln, deren Kalkfelsen weiß leuchteten. Das mussten die Frioul-Inseln mit dem berühmten Château d'If sein.

Unmittelbar vor sich sah Fiona mehrere moderne Hochhäuser. Das Euromed-Viertel, das erst in den letzten zehn Jahren entstanden war. Dahinter erhob sich auf einer Anhöhe mitten in der Stadt das Wahrzeichen Marseilles, die Basilika Notre Dame de la Garde, eine Kirche, die zu Ehren der Muttergottes auf dem höchsten Punkt erbaut worden war und alles überragte.

Fiona fuhr von der Autobahn ab, an Hafenanlagen

und am höchsten Turm des Euromed-Viertels vorbei. Er war aus Glas, zu seinen Füßen stand eine bunte Skulptur, die zwei Sumoringer darstellte, die einen Container in die Luft stemmten. Fiona hatte gelesen, dass im Glasturm der Hauptsitz einer der weltweit größten Container-Reedereien untergebracht war.

Nun kam sie in ein brandneues Viertel. Sie war froh, dass Sonntag war und nicht besonders viel Verkehr herrschte. Die Verkehrssituation schien chaotisch, und die Autofahrer waren wie in allen Großstädten eher ungeduldig. Fiona bog in eine kleine Straße zwischen sehr modernen Gebäuden ein, und kurz darauf zeigte ihr das Navi an, dass sie ihr Ziel erreicht hatte.

Es war ein ultramoderner Bau mit abgesperrtem Parkplatz. Anscheinend gab es keine Rezeption, man hatte durch per E-Mail erhaltene Codes Zugang zum Gebäude. Sie tippte den Code für den Parkplatz ein, dann die Ziffern für die Haustür und die PIN für die Schlüsselbox. Das Gebäude war neu und sauber. Fionas Garçonnière befand sich im vierten Stock. Sie nahm den Aufzug und fand schließlich ihre Tür. Sie atmete tief ein und sperrte auf.

In dieser winzigen Wohnung würde sie in den kommenden Wochen ihre Freizeit verbringen. Erleichtert stellte sie fest, dass der Raum sehr hell und bestens ausgestattet war: eine hübsche kleine Küche, eine Theke mit zwei Hochstühlen, eine kleine Wohnzimmerecke mit einem Tischchen und einem Flatscreen-Fernseher und hinter einer Trennwand ein breites Bett mit modernen Nachtkästchen zu beiden Seiten. Das Badezimmer war weiß gekachelt und blitzblank, die Toilette vom Bad getrennt. Fiona musste siebenmal hinunterfahren, um ihre Taschen und Kartons aus dem Auto zu holen. Zum Glück funktionierte der Aufzug bestens. Es war sehr ruhig in dem Gebäude, sie traf keinen Menschen, sah nur von Weitem zwei ältere Leute auf dem Parkplatz in ein Auto steigen.

Als endlich alles im Eingangsbereich ihrer Wohnung stand, war Fiona erschöpft. Deshalb beschloss sie, nur das Wichtigste auszupacken. Sie fühlte sich wie gerädert. Sie war froh, angekommen zu sein, verspürte aber auch Trauer, weil sie alles ganz allein in Angriff nehmen musste.

Jetzt saß sie mutterseelenallein in einer fremden Stadt.

»Besser allein als in schlechter Gesellschaft«, sagte sie sich. »Ich schaffe das.«

Doch als Fiona den Salat aß, den sie sich in einer Raststätte gekauft hatte, kamen ihr trotzdem die Tränen. Sie kannte in Marseille niemanden. Würde sie schnell Freunde finden? Wie würden die neuen Arbeitskollegen sein? Bei dem Gedanken an den nächsten Morgen wurde ihr flau im Magen, und sie schob ihn weg, indem sie sich auf die Couch vor den Fernseher setzte. Doch das war keine besonders gute Idee, denn auf allen Kanälen wurde nur über den Lockdown in Italien berichtet. Es gab eine Ausgangssperre, die Leute machten Home-Office und durften nur mehr zum Einkaufen nach draußen. Ein Wissenschaftler prophezeite, dass innerhalb von vierzehn Tagen überall in Europa dieselbe Situation herrschen würde. Die Gesundheitsministerin, die Fiona als nicht besonders intelligent einstufte, meinte jedoch, das Virus sei eingedämmt und Frankreich bestens vorbereitet. Masken, Tests, Intensivbetten, alles sei zur Genüge vorhanden. Ein Lockdown sei in Frankreich aber trotzdem nicht ausgeschlossen.

Und wenn ich nun wochenlang ganz allein hier eingesperrt leben muss?, fragte sich Fiona bang. Doch der

Kommentar der Nachrichtensprecherin ließ sie aufatmen: »Der Lockdown gilt nicht für alle. Einige Berufe müssen im Gegenteil Überstunden in Kauf nehmen. Für Ärzte, Krankenschwestern, Sanitäter, aber auch die Polizei ist der Lockdown mit viel Mehrarbeit verbunden.«

Fiona waren Überstunden egal. Hauptsache, sie musste nicht allein Trübsal blasen und an ihre Fehler denken.

Montagmorgen

Nadia küsste Laura, bevor sie das Haus verließ.

»Es kann heute spät werden«, sagte sie. »Ich muss die neue Kollegin einweisen und werde auch versuchen, mit unserer Sache weiterzukommen.«

»Ach, die hübsche Dame kommt heute«, meinte Laura. »Ich werde eifersüchtig!«

»Keine Sorge! Die Jungs werden sich um sie kümmern. Wie Bienen um den Honigtopf werden sie um sie kreisen. Ein jeder wird den anderen überbieten wollen!«

Lachend ging Nadia nach draußen und startete ihr Motorrad. Sie war sehr glücklich, nicht im Auto unterwegs zu sein, denn so entging sie den Staus. Laura, die ebenfalls auf der anderen Seite der Stadt arbeitete und mit dem Wagen ins Büro fuhr, jammerte ständig über den zähen Verkehr, wollte sich aber kein Bike zulegen. Sie fand es viel zu gefährlich. Nadia war schon mehrmals gestürzt, hatte sich zum Glück jedoch nie verletzt.

Nadia fuhr die Küste entlang und kürzte dann bald über die Hügel ab, um zum Alten Hafen zu gelangen. Auf der Nordseite des Hafenbeckens hinter dem Fort Saint Jean, der ehemaligen Festung aus dem siebzehnten Jahrhundert, rollte sie an der großen Esplanade mit den neuen Museen vorbei zur Kathedrale und zum dahinterliegenden Hôtel de Police. Sie stellte das Motorrad auf dem Parkplatz ab und betrat das Commissariat. Einige Kollegen waren schon da und grüßten sie freundlich. Nadia kannte längst nicht alle, sie waren sehr zahlreich.

In ihrer Abteilung war es noch ruhig, nur Florian saß bereits vor seinem Computer.

Er begrüßte sie und raunte: »Ich habe mit der Arbeit begonnen. Das falsche Profil auf Instagram. Ich habe die Initiative ergriffen und mir ein Fake-Konto angelegt.«

»Ja? Für wen hast du dich ausgegeben?«

»Flavio Baruc. Ein absoluter Schönling der Terminale A, dem alle Mädchen hinterherrennen. Ist nicht mit der Clique unterwegs, aber ihnen nicht abgeneigt. Er ist ziemlich selbstständig und wird von allen respektiert. Der ideale Typ! Jérémie hat mir beim Anlegen des Profils geholfen. Und wir haben zu Hause auf Jérémies Laptop gearbeitet. So kann mir keiner etwas nachweisen. Flavio hatte natürlich schon ein Profil. Jetzt hat er zwei.«

»Bravo, Florian, super! Mal sehen, was dabei herauskommt. Vielleicht bekommst du Einblick in irgendwelche Filme oder Fotos, die sie von Emeline gemacht haben. Oder in gemeine Beleidigungskampagnen.«

»Ich halte dich auf dem Laufenden.«

»Sehr gut. Im Moment kein Wort zu den beiden anderen. Und zur neuen Kollegin schon gar nicht. Wir teilen es ihnen erst mit, wenn wir ihre Hilfe brauchen. Nicht vorher.«

Florian nickte. »Klar. Je weniger Leute wir einweihen, desto besser. Vor allem für sie.«

Nadia stimmte ihm zu. »Wir machen heute offiziell mit den Aufnahmen der Videoüberwachung weiter. Den Rumänen. Stéphane hat einen bärtigen Mann identifiziert, der immer wieder auftaucht. Und der auch schon in der Nähe des Commissariats gesehen wurde. Wir haben einen Namen und Adressen, die mit ihm in Verbindung gebracht werden können. Wir konzentrieren uns auf ihn und die Frau, die du am Freitag in den Aufnahmen gesehen hast. Ich werde heute Fiona einweisen.«

»Ach ja, Fiona. Die Überraschung für Kenny und Stéphane.«

»Besser so als umgekehrt, findest du nicht?«

Florian grinste.

In diesem Moment kam Stéphane ins Büro. »Morgen!«, rief er und sah sich um. »Ist sie noch nicht da?«, fragte er neugierig. Er hatte die neue Kollegin nicht vergessen.

»Nein, aber sie wird sicher bald kommen«, meinte Nadia. »Ich erkläre ihr alles, ihr macht mit den Rumänen weiter. Es geht darum, den Bärtigen zu finden. Bravo, gute Arbeit am Freitag.«

Stéphane stöhnte. »Ich habe das ganze Wochenende davon geträumt. Habe sogar im Schlaf noch den Bildschirm mit dem Busparkplatz gesehen.«

»Wow, was für ein gewissenhafter Polizist!«, feixte Florian. »Hast am Samstagabend nicht mal gefeiert?«

»Doch, ich war bei Freunden. Eine Bierfete. Das hat ein wenig geholfen.«

In diesem Moment kam Lisa, eine der Sekretärinnen, mit einer jungen Frau im Schlepptau in den Open Space.

»Ah, unsere neue Kollegin Fiona ist da«, sagte Nadia. »Danke, Lisa, dass du sie herbegleitet hast.«

Sie schüttelten Fiona die Hand. Stéphane schien vollkommen von den Socken zu sein.

»Das ist … Fiona?«, fragte er ungläubig.

Fiona sah ihn etwas verunsichert an. Sie fand sein Benehmen bestimmt ziemlich daneben und fragte sich wahrscheinlich, was mit ihr oder mit ihm nicht stimmte. Nadia bereute es beinahe, Stéphane und Kenny den Streich gespielt zu haben.

»Fiona, das sind Stéphane und Florian. Kenny kommt auch gleich. Ich bin Nadia, wie du dir sicherlich denken kannst. Wir duzen uns, wenn es dir nichts ausmacht.«

»Nein, natürlich nicht«, erwiderte Fiona.

»Bist du gut in Marseille angekommen? Alles klar mit der Wohnung?«

Fiona nickte. »Ja danke, es ist wirklich eine super Adresse. Vollkommen neu, sauber und komfortabel.«

»Wir bringen dort oft Leute unter, die mehrere Wochen bei uns im Kommissariat bleiben. Bisher waren immer alle sehr zufrieden. Und so hast du Zeit, dich in Ruhe nach einer Wohnung umzusehen.«

Kenny hastete in den Open Space. »Morgen allerseits!«, rief er.

»Kenny«, sagte Nadia. »Das ist Fiona. Kenny ist unser Sonnyboy! Vor allem heute.« Sie grinste ihm zu.

In der Tat hatte Kenny einen Sonnenbrand. Er war rotblond, seine Haut war sehr hell, und er hatte wohl das Wochenende im Freien verbracht.

»Salut!« Kenny schüttelte Fiona die Hand. »Sie sehen aber ganz anders aus als auf dem Foto.«

»Ach so?«, fragte Fiona erstaunt. »Das Foto wurde erst vor zwei Monaten gemacht. Ich verstehe nicht …«

Nadia lachte. »Ich habe den Jungs einen Streich gespielt. Habe ihnen ein falsches Foto gezeigt, weil ich sie zu erziehen versuche. Nicht ganz einfach. Wir holen uns jetzt einen Kaffee, und dann erkläre ich dir schon mal das Wichtigste. Leute, wir bleiben bei unserem Fall. Die Kameras. Die Rumänen. Die Tourismussaison steht vor der Tür. Es eilt also. Obwohl man ja nicht weiß, ob die tatsächlich stattfinden wird. Seltsame Zeit …«

In diesem Moment trat Blachet in den Open Space. Er lächelte nicht, grüßte nicht, und seine Stirn war in Falten gelegt.

»Nadia, ich muss dich sofort sprechen!« Er klang streng.

Fiona, Stéphane und Kenny sahen erschrocken auf, Florian warf Nadia einen vielsagenden Blick zu. Beide wussten ganz genau, was los war.

»Christian, ich komme sofort. Ich möchte dir nur vorher unsere neue Mitarbeiterin Fiona vorstellen. Heute ist ihr erster Tag.«

Der Commissaire gab Fiona die Hand, ohne sie wirklich anzusehen. »Bonjour, Mademoiselle«, sagte er zerstreut.

Nadia schämte sich ein wenig für diesen Empfang. Außerdem verwendete man die Anrede Mademoiselle schon seit Jahren nicht mehr. Vor allem bei der Polizei war diese einer Mitarbeiterin gegenüber als sexistisch geltende Anrede verpönt. Blachet stand an diesem Morgen wirklich neben sich. Er drehte sich um und ging durch den Korridor auf sein Büro zu.

»Trinkt inzwischen mit Fiona einen Kaffee und erklärt ihr schon mal das Wichtigste«, meinte Nadia schnell. »Wenn du Fragen hast, Fiona, die Kollegen sind für dich da!«

Mit weichen Knien begab sie sich ans andere Ende des Ganges. Als sie in das Büro des Commissaire trat, sah dieser sie mit einem Blick an, den sie bei ihm noch nie erlebt hatte. In seinen Augen las sie unbändige Wut. Nadia beschloss, die naive Neue zu spielen.

»Ja, Christian?«, fragte sie ihn. »Du musst mich dringend sprechen?«

»Nadia, was hast du dir bloß dabei gedacht?«

»Wobei?« Nadia hoffte, er würde ihr die Naivität abkaufen.

»Carry-le-Rouet. Die Befragungen von Emeline Berniers Umfeld.«

»Ach, das. Ich wollte … ich wollte die Initiative ergreifen und in meiner Freizeit schon etwas voranbringen. Da die Sache mit den Rumänen eilt. Und ich will wirklich mit meinen Fällen vorwärtskommen und dafür auch am Wochenende arbeiten, wenn nötig.«

Der Kommissar unterbrach Nadia. »Dieser Fall ist dir nie übertragen worden, Nadia. Dazu hast du von mir nie den Befehl erhalten.«

Er betonte jedes Wort und sah sie eindringlich an.

»Ja, Christian, das stimmt, aber ich war mir sicher, dass du ihn mir diese Woche übertragen würdest, weil Pierre mir davon erzählt hat. Und ich habe mich schon schlaugemacht. Das Begräbnis schien mir der geeignete Moment.«

»Aha, das Ganze geht von Frigeri aus. Und woher hat der das?«

»Keine Ahnung. Woher schon? Er ist der Staatsanwalt.«

»Nein. Irrtum. Er ist nur der Substitut, der Assistent. Der Procureur, der Oberstaatsanwalt, hat ihn nicht mit dem Fall betraut.«

Nadia sah ihren Vorgesetzten mit offenem Mund an. Sie hoffte, eine ausreichend talentierte Schauspielerin zu sein. »Bist du dir sicher? Aber … ich verstehe nicht«, stammelte sie.

»Frigeri hat dich benutzt. Er wollte in dem Fall ermitteln, doch sein Vorgesetzter hat es ihm nie befohlen. Pierre Frigeri hat das selbstständig gemacht.«

»Aber warum?« Nadia bemühte sich, so ratlos wie möglich auszusehen.

»Ich weiß nicht, welcher Teufel ihn reitet. Er versucht wohl, aufzusteigen und Adriani zu überholen. Ein sehr ehrgeiziger Typ. Ein Pariser.«

Der Commissaire schnaubte. Er wusste nichts von

Nadias Freundschaft mit Pierre. Und er kam aus der Gegend von Bordeaux und mochte die Leute aus Paris wohl nicht sonderlich.

»Nein … ja … aber warum soll in dem Fall nicht ermittelt werden? Anscheinend wurde das Mädchen gemobbt, und Mobbing ist heutzutage strafbar. Deshalb hat Pierre es vielleicht wie ich gemacht und wollte schon mal mit der Arbeit beginnen.«

Der Commissaire richtete sich auf.

»Der Fall wurde schon untersucht. Das Mädchen war depressiv. Der Staatsanwalt wünscht keine Ermittlung. Und unsere Vorgesetzten ebenfalls nicht. Weil es verlorene Zeit wäre und wir im Moment Wichtigeres zu regeln haben. Die Drogen- und Diebstahlsprobleme.«

»Okay«, sagte Nadia langsam. »Allerdings … ich verstehe die ganze Geschichte nicht. Mir scheint, wir haben es mit kriminellen Jugendlichen zu tun, die die gesamte Schule tyrannisieren und eine Mitschülerin in den Selbstmord getrieben haben.«

»Ja, vielleicht. Weil sie nicht nett waren. Das kommt vor. Doch eine Straftat konnte man ihnen nicht nachweisen. Die Polizei war wie gesagt schon dort. Und wir, die PJ, haben den Fall nicht bekommen. Außerdem ermittelst du nur, wenn ich, dein direkter Vorgesetzter, dir einen Fall übertrage. Du kannst mir schlimme Probleme machen, wenn du eigenmächtig handelst. Ich kann mit meinem Vorgesetzten Schwierigkeiten kriegen. Wir haben eine Hierarchie, die entscheidet, wer was macht. Und im Rahmen dessen haben wir einiges an Freiheit. Jeder von uns hat nur einen Ansprechpartner. Deiner bin ich. Und nicht dieser Emporkömmling aus Paris, der sich über den Procureur hinwegsetzt. Außerdem müssen wir nicht überlegen, ob sich eine Untersuchung lohnt oder nicht oder ob irgendwo überhaupt ermittelt werden sollte. Das ist nicht unsere Aufgabe. Unsere Aufgabe ist es, unseren Vorgesetzten zu folgen und wiederum die Befehle so genau wie möglich weiterzugeben. Also bitte keine Initiativen deinerseits mehr …«

Er hatte sehr scharf gesprochen. Nadia schob die Unterlippe vor und senkte den Kopf.

»Es tut mir leid, Christian«, sagte sie leise. »Ich wollte dir zeigen, dass ich eine gute Ermittlerin bin, doch der Schuss ist wohl nach hinten losgegangen.« Sie schniefte. Blachet sah sie prüfend an. Er kannte Nadia bereits gut genug, um zu wissen, dass sie keine Frau war, die bei einer Rüge in Tränen ausbrach. Vielleicht übertrieb sie es mit ihrer Zerknirschtheit.

»Nun, Carry-le-Rouet ist für euch abgehakt. Der Fall existiert nicht. Und sollte euch jemand diesbezüglich kontaktieren, dann sagt ihr, ihr seid mit einem anderen Fall betraut worden und sie sollen sich an mich wenden. In Ordnung?«

Nadia nickte, ohne die Augen zu heben. »In Ordnung.«

»Gut. Also versucht, diese Rumänen zu schnappen, und dann haben wir morgen mit Goldstein und Franck von den Stups – der Drogenbrigade – eine Besprechung wegen der Cité la Busserine. Sie brauchen vielleicht in den kommenden Tagen unsere Hilfe. Es geht um die Beschattung von Drogenhändlern.«

»Okay.« Nadia erhob sich. »Bis später!«

Der Commissaire hatte sich seinem Bildschirm zugewandt und antwortete nicht. Er schien wirklich sehr sauer zu sein. Nun, das war zu erwarten gewesen. Ein Beweis mehr für die Tatsache, dass der Mobbingfall vertuscht werden sollte. Nun musste sie heimlich weiterermitteln und konnte nur Zeugen vernehmen, die auch wirklich mit ihr sprechen wollten. Die Lehrer, die Clique und die Jungs der Abiturklasse zu befragen, würde nicht möglich sein. Und Pierre würde ebenfalls Probleme mit seinem Vorgesetzten haben.

Als Nadia seufzend die Tür zum Open Space ihrer Mitarbeiter öffnete, hielt sie erstaunt inne. Dort standen ihr Kollege, Capitaine Luc Garnier, mit seinem gesamten Team sowie drei junge Männer aus anderen Abteilungen. Alle tranken Kaffee, redeten und lachten. Fiona schien im Mittelpunkt des allgemeinen Interesses zu stehen.

»Hallo«, sagte Nadia. »Was ist denn hier los? Ein Notfall?«

Luc erhob sich. »Nein, keineswegs, Nadia. Wir sind nur gekommen, um unsere neue Kollegin zu begrüßen. Du weißt ja, wie das bei uns ist. Neue Leute müssen gebührend empfangen werden!«

»Ach so!«, erwiderte Nadia. Luc interessierte sich für neue Kollegen absolut nicht, wenn diese Männer waren. Doch eine junge, attraktive Polizistin zog die Kerle natürlich magisch an.

»Willst du einen Kaffee, Nadia? Soll ich dir einen holen?«, fragte André, einer ihrer ehemaligen Kollegen, sie eifrig.

»Nein danke«, erwiderte Nadia. Sie war so schon nervös genug. Nach und nach kehrten die Kollegen in ihre Abteilungen zurück.

André meinte an Fiona gewandt: »Mein Angebot gilt. Ich zeige dir Marseille, sobald du möchtest. Am Abend oder am Wochenende. Oder in der Nacht.« Er zwinkerte Fiona zu, dann winkte er den anderen und verließ den Raum.

Stéphane und Kenny sahen sich an und verzogen den Mund. André war ein blonder, gut aussehender junger Mann und hatte sich über die Jahre im Commissariat einen soliden Ruf als Casanova erarbeitet. Er liebte Frauen und wechselte jeden Monat die Freundin. Nadia vermutete, dass er gern verführte, einer richtigen Beziehung jedoch nicht gewachsen war. Er war einer von den dreien, die nicht gewünscht hatten, mit ihr als Lieutenant zu arbeiten.

»André ist unser Don Juan hier im Präsidium«, erklärte Florian grinsend.

»Er ist sehr sympathisch, hält aber nicht viel von Treue«, fühlte Kenny sich verpflichtet hinzuzufügen. »Während Treue mir sehr wichtig ist. Sie ist der Grundstein einer Beziehung.«

Nadia sah Kenny an und hatte Lust loszulachen. Florian und Stéphane feixten.

»Mensch, Kenny, so ein geschwollenes Zeugs hast du noch nie von dir gegeben«, meinte Stéphane.

Kenny sah ihn verächtlich an. »Bist ja bloß neidisch, weil ich so intellektuell bin.«

Stéphane verzog spöttisch den Mund.

»So«, schritt Nadia ein, »Kenny und Stéphane, ich möchte, dass ihr Fiona jetzt unseren derzeitigen Fall erklärt und sie auf den neuesten Stand bringt. Ich muss mich kurz mit Florian besprechen.«

Sie bedeutete Florian, in ihr winziges Büro zu kommen, und schloss die Tür hinter ihm. Florian sah sie besorgt an.

»Er war stinksauer«, begann Nadia. »Und er hat mir meine Geschichte nicht abgekauft. Die naive, eifrige Polizistin, die aus Überehrgeiz zu ermitteln beginnt, bevor sie den Fall zugeteilt bekommt …«

»Natürlich. Er kennt dich mittlerweile. Er weiß, dass du einer der intelligentesten Lieutenants hier im Haus bist und dass du so etwas nie tun würdest. Er ahnt, dass du der Geschichte auf der Spur bist.«

»Vielleicht sollte ich offen mit ihm reden.«

»Noch nicht. Du brauchst erst noch mehr Beweise.«

»Er wirkte sehr gestresst. Anscheinend wird er von oben unter Druck gesetzt.«

»Ja. Das wird er. Vergiss nicht, es handelt sich um den Commissaire Divisionnaire, Blachets direkten Vorgesetzten. Und eventuell auch um den Procureur. Doch wir werden weiterermitteln. *Undercover.*«

»Jérémie hat dir wohl viel Englisch beigebracht. Du verwendest immer mehr englische Ausdrücke.«

»Ja klar. In der Werbebranche sprechen sie so. Und hier finde ich das auch ganz toll. FBI-Slang. Das motiviert.«

»Klar«, seufzte Nadia.

»Was soll ich jetzt tun?«, wollte Florian wissen.

»Nichts. Wir müssen ein paar Tage Ruhe geben. Es kann sein, dass sie unsere Telefone überwachen, um sicherzugehen, dass keiner der Zeugen uns kontaktiert. Wir kümmern uns vorerst um unsere Rumänen und versuchen, da Ergebnisse zu erzielen. Du überwachst die Instagram-Seiten der Jugendlichen so gut und lange es geht. In Ordnung?«

»Oui, Chef!«

»Und, Florian, beschütze die arme Fiona. Sie wird ja von den Männern regelrecht belagert.«

Florian lachte. »In Ordnung!«

Die beiden kehrten zurück in den Open Space, wo Kenny und Stéphane Fiona die Kameras und den Fall mit der rumänischen Bande erklärten.

Sie hielten zu fünft eine kurze Absprache ab. Florian, Kenny und Stéphane sollten zu drei Adressen fahren, die mit dem bärtigen Mann in Verbindung gebracht wurden. Das Ziel war, diesen Mann in den nächsten Tagen zu ergreifen. Nadia würde mit Fiona eine junge Frau beschatten, die ebenfalls in den Aufnahmen aufgetaucht war und allem Anschein nach eine Adresse in Nouailles hatte, mitten im Zentrum. Doch bis Mittag wollte Nadia Fiona die praktischen Aspekte ihrer Arbeit erklären. Außerdem stellte sie die neue Kollegin den Sekretärinnen und den anderen Lieutenants und Capitaines vor und zeigte ihr ihren Computer.

Gegen Mittag rief Pierre an. »Ich muss dich dringend sprechen, Nadia. Aber ich bin im Moment noch in Aix-en-Provence. Ich kann zwischen eins und halb zwei am Hafen sein.«

»In Ordnung. Ich esse dort mit meiner neuen Kollegin. Ich schicke dir den Namen des Cafés, in dem wir sitzen, per SMS oder WhatsApp, und du kommst dorthin.«

»Ja … es ist vertraulich. Wegen unserer Sache.«

»Ich weiß. Ich hatte bereits Probleme.«

»Ich ebenfalls. Deshalb ist es mir wichtig, mit dir allein zu sprechen.«

»Ja, das kriegen wir hin. Keine Sorge. Bis dann!«

Fiona sah Nadia prüfend an. Die neue Kollegin schien ziemlich scharfsinnig zu sein und hatte natürlich bemerkt, dass an diesem Morgen zwischen ihrer Vorgesetzten und dem Commissaire etwas Unliebsames vorgefallen war.

Wie es aussah, würde Nadia ihr Team doch in die Sache einweihen müssen.

Am Alten Hafen

Fiona war erleichtert. Ihr erster Arbeitstag in Marseille hatte gut begonnen. Sie war von ihren Kollegen sehr freundlich empfangen worden, und die neue Vorgesetzte hatte ihr viel Zeit gewidmet und ihr sogar vorgeschlagen, mit ihr zu Mittag zu essen. Allerdings wimmelte es im Kommissariat von Männern, die offenbar allesamt ledig waren. Denn sie hatten Fiona angehimmelt, als wäre sie das Goldene Kalb. Sie wusste, dass sie ein hübsches Gesicht, schöne Haare und eine gute Figur hatte. Noch dazu waren die Männer im Süden Frankreichs ein wenig italienisch und flirteten gern. Fiona hatte bereits drei Einladungen fürs Wochenende bekommen. Alle wollten ihr die Stadt zeigen.

Nadia erklärte Fiona alle wichtigen die Arbeit betreffenden Dinge und bot ihr dann an, am Alten Hafen etwas zu essen.

»Wenn wir Zeit haben, dann gern«, meinte Fiona.

»Natürlich. Wir sind hier im Süden. Wir haben immer Zeit. Tranquille – immer mit der Ruhe.«

Fiona lachte. »Etwas anders, die Mentalität hier.«

»Ja. Obwohl wir selbstverständlich auch manchmal Fälle haben, bei denen wir durcharbeiten müssen. Wir essen nicht jeden Mittag am Alten Hafen in der Sonne. Doch hier in der Provence nimmt man sich Zeit zum Genießen und zum Leben. Musste ich auch erst lernen.«

»Woher kommst du?«

»Normandie. Am Anfang meiner Karriere war ich in Paris, dann kam ich nach Lyon und vor drei Jahren hierher nach Marseille. Dann habe ich die Aufnahmeprüfung zum Lieutenant bestanden und letztes Jahr meine Weiterbildung gemacht. Und nun hatte ich das außergewöhnliche Glück, in mein Commissariat zurückzukehren.«

»Wirklich außergewöhnlich«, stimmte Fiona zu.

Kurz darauf traten sie vor das Hôtel de Police, und Nadia zeigte auf die große Kathedrale. »Du weißt sicher, dass unser Präsidium früher der Bischofspalast war. Deshalb nennt man es noch heute L'Evêché. Und das ist die Major, unsere Kathedrale. Man hat sie parallel zum Meer gebaut, damit sie vom Wasser aus gut sichtbar sein würde.«

Sie deutete auf die Esplanade auf der anderen Seite der Straße, welche die beiden Frauen entlanggingen.

»Und dort hinten ist die Esplanade J4. Sie wurde 2013 geschaffen, als Marseille europäische Kulturhauptstadt war. Das berühmte MuCem, das Völkerkundemuseum, und die Villa Méditerranée, in der in den nächsten Jahren ebenfalls ein Museum entstehen soll, wurden damals gebaut, und das Dach des MuCem wurde mit dem Fort Saint Jean und dem Altstadtviertel auf dem Hügel durch Stege aus ultrahochfestem Beton verbunden.«

»Wow!« Fiona blieb beeindruckt stehen. »Eine tolle Anlage.«

»Ja. Hat auch bemerkenswert viel gekostet!« Nadia verzog den Mund. »Aber sie hat das Viertel sehr aufgewertet. Auf dem Dach des MuCem befindet sich eine wunderschöne Terrasse mit Garten, die öffentlich zugänglich ist. Moderne und alte Bauten sind hier wirklich harmonisch aneinandergefügt worden.«

Fiona sah bewundernd auf den quadratischen gläsernen Bau des MuCem, der der mit seiner schwarzen ziselierten Umhüllung sehr elegant wirkte. Die Villa Méditerranée bestand ebenfalls aus Glas, war aber in Weiß gehalten. Sie zeichnete sich durch einen sehr hohen, freitragenden Vorsprung über einem Wasserbecken aus. Dahinter leuchtete hellrosa der Kalkstein des Fort Saint Jean. Es passte alles zusammen, obwohl jedes Gebäude ganz anders war. Und die Stege, die die Sehenswürdigkeiten miteinander verbanden, hatten etwas sehr Anmutiges an sich.

»Nun«, meinte Nadia, »das ist einer der schönsten Teile der Stadt. Ich werde dir in den kommenden Tagen leider auch weniger hübsche Quartiers zeigen müssen.«

»Das kann ich mir denken«, erwiderte Fiona. »Lille ist auch relativ groß, und wir haben dort nicht nur schöne, reiche Stadtteile.«

»Marseille ist wie der Tag und die Nacht. Das Paradies und die Hölle. Ganz eng beisammen. In Lyon war das nicht so. Lyon besitzt ein schönes Zentrum und ärmliche, schwierige Banlieues. Klassisch. Doch Marseille ist unendlich charmant und dann wieder unglaublich hässlich, oft haben wir von einer Straße zur nächsten riesige Unterschiede, und es ist ein so buntes Gemisch aus verschiedenen Nationen. Multikulti. Eine Hafenstadt eben.«

Sie gingen die Straße entlang, die zum Alten Hafen führte. Diese verlief zwischen dem Fort Saint Jean und dem Kalkfelsen mit der Altstadt. Hier parkten Reisebusse.

»Viele der Kameraaufnahmen, die wir uns ansehen, stammen von hier«, erklärte Nadia. »Die Reisebusse werden häufig aufgebrochen. Von unseren Kunden. Man fragt sich natürlich, warum hier nicht einfach den ganzen Tag ein Polizeiauto steht, doch das ist laut der Kommunalpolitiker nicht nötig.«

»Oh, hier sind schon viele Touristen für Anfang

März«, meinte Fiona erstaunt. Sechs Reisebusse standen in der Kurve gegenüber dem Fort Saint Jean.

»Die Kreuzfahrtschiffe«, meinte Nadia. »Sie kommen ganzjährig und ankern etwas außerhalb. Und die Leute werden in Bussen hierher gekarrt.«

Hinter der Kurve lag bereits der Hafen. Das Hafenbecken war riesig und bot Platz für unzählige Schiffe. Fiona hatte sich das alles nicht so groß vorgestellt. Obwohl sie bereits Bilder von Marseille gesehen hatte, hatte sie an einen kleinen, malerischen Fischerhafen mit bunten Häuschen rundherum gedacht.

»Hier sind wir nun im Herzen der Stadt. Der berühmte Alte Hafen. Marseille ist die älteste Stadt Frankreichs, die Griechen haben genau hier, wo wir gerade entlanggehen, im sechsten Jahrhundert vor Christus geankert.

Allerdings wurde im Zweiten Weltkrieg viel zerstört. Deshalb haben wir hier so moderne Wohnblöcke. Doch weiter oben findet man ein typisch mediterranes Altstadtviertel. Wir durchqueren es nach dem Mittagessen, auf dem Rückweg.«

Der Alte Hafen wirkte in der Tat nicht alt. Sie gingen den Pier entlang, und Nadia zeigte Fiona das barocke Rathaus aus dem siebzehnten Jahrhundert, das direkt am Wasser stand und nicht zu übersehen war. Dahinter befand sich auf dem Hügel ein prunkvolles Gebäude, das ein Luxushotel war.

»Das Luxushotel Intercontinental«, erklärte Nadia. »Früher war es mal ein Krankenhaus. Es steht unter Denkmalschutz und wurde 2013 umgebaut.«

Nicht weit vom Rathaus lag direkt am Hafen das kleine Restaurant *Mimi,* in das Nadia gehen wollte. Sie hatte Fiona erklärt, dass es dort gute Salate und jeden Mittag ein anderes Tagesgericht gab.

Die beiden Kolleginnen setzten sich auf die Terrasse.

»Schön«, seufzte Fiona. »In Lille sitzt man im März fast nie in der Sonne.«

»Hier kann man sogar an einigen Wintertagen draußen sitzen, weil es so mild ist. Allerdings gibt es auch kalte Tage. Der Nordwind kann schon mal kräftig blasen. Der eiskalte Mistral. Nun, du wirst ihn sicher bald zu spüren kriegen.«

Fiona hatte von diesem starken Wind gehört, der die Leute verrückt machte, aber einen besonders blauen Himmel und saubere Luft mitbrachte. Er blies in der Provence anscheinend hundert Tage im Jahr!

»Schön. Es ist so ruhig hier. Kein Verkehr.«

Nadia nickte. »Wir haben auf dieser Seite des Hafens eine riesige Fußgängerzone. Früher war es hier sehr laut und verschmutzt, mit all den Autos. Heute dürfen nur Fahrräder, Busse und Notdienste hier durch. Dort vorn …« Sie zeigte zum Ende des Hafens. »… ist der Quai des Belges mit seinem Fischmarkt jeden Morgen. Und 2013, als man die Fußgängerzone geschaffen hat, hat man auch das Schattendach entworfen. Ein moderner Schattenspender, denn wie du siehst, haben wir hier überhaupt keine Bäume, und im Sommer ist es sehr heiß.« Sie deutete auf das große, in der Sonne glitzernde Gestell, das am Kai zwischen der Straße und dem Hafenbecken stand.

Fiona blickte auf das Gewimmel am Hafen. Es war ein geschäftiger Mittag, und auch im Becken selbst war einiges los. Eine Fähre des Frioul-If-Express legte gerade ab.

»Und natürlich hast du bereits vom Wahrzeichen der Stadt gehört«, meinte Nadia und wies mit dem Kinn auf den Hügel nicht weit vom Hafen. »Die Basilika Notre Dame de la Garde. La Bonne Mère, die gute Mutter. Die

Marienkirche dort oben wurde im neunzehnten Jahrhundert auf dem höchsten Punkt der Stadt erbaut und die Muttergottes mit Kind, die an die zehn Meter hoch ist, wacht über uns alle.«

In der Tat leuchtete ihnen die vergoldete Statue im Sonnenlicht entgegen.

»Die Terrasse dieser auf einer ehemaligen Befestigungsanlage erbauten Kirche ist ein Muss für alle Besucher«, erklärte Nadia, »denn von dort oben kann man die gesamte Stadt überblicken. Und das Innere der Basilika ist besonders prachtvoll mit Mosaiken ausgestattet. Aber ich würde dir raten, früh am Morgen oder gegen Abend hinaufzupilgern, weil tagsüber dort zu viele Menschen sind.«

»Da habe ich viel zu entdecken«, meinte Fiona. Sie freute sich darauf, die Stadt zu erkunden.

»Ja, und du hast genug Fremdenführer. Unsere Kollegen sind das ganze Wochenende rund um die Uhr für dich da.« Nadia lächelte vielsagend.

»Ist das immer so ein Auflauf, wenn eine neue Kollegin kommt? Gibt es in Marseille nicht genug Frauen?«, wagte Fiona zu fragen.

Nadia grinste. »Na ja, wie du gesehen hast, ist unser Kommissariat vorwiegend männlich besetzt. Vor allem unsere Abteilung. Und eine Kollegin, die jung ist und noch dazu gut aussieht, kommt selten. Das spricht sich sofort herum. Außerdem bist du im Süden. Die Männer sind hier besonders galant. Und du bist sehr hübsch.«

»Sicher haben sie dir genauso einen Empfang beschert«, mutmaßte Fiona.

»Nicht wirklich. Als ich vor drei Jahren ankam, war ich noch etwas maskuliner als jetzt. Ich habe meine Frisur ein wenig verändert und schminke mich nun auch. Aber damals wollte ich sein wie sie. Ein junger Mann.

Sie haben natürlich sofort erkannt, dass ich eine Lesbe bin. Somit hatte ich meine Ruhe.«

Fiona hatte es schon vermutet. Sie hatte jedoch in Lille eine Kollegin gehabt, die Nadia ähnlich sah, sportlich und jungenhaft wirkte, aber einen Mann und zwei Kinder hatte. Deshalb hatte sie sich nicht getraut, Nadia direkt darauf anzusprechen.

Der Kellner kam und meinte: »Bonjour, angenehm, wenn man schöne Frauen sieht, die guter Laune sind. Was darf ich bringen?«

Sie bestellten Salate und Mineralwasser mit Kohlensäure.

»Hier trinkt man schon mal mittags ein Glas Wein zum Essen«, meinte Nadia. »Aber das tun wir, wenn wir uns besser kennen. Heute will ich noch einen guten Eindruck auf dich machen.«

Fiona lachte. »Mir macht das nichts«, meinte sie. »Wir können gern was trinken. Bei uns im Norden tun wir es auch.«

»Also ein Glas Rosé aus der Gegend? Zum Probieren?«

»Okay«, stimmte Fiona zu. Sie mochte Wein, trank jedoch selten mehr als zwei Gläser, weil sie den Alkohol sehr schnell spürte. Als der Kellner zurückkam, bestellten sie zwei Gläser Rosé.

Fiona fand die Menschen in Marseille sehr entspannt. Sie redeten gern und machten häufig Späße. Außerdem gefiel ihr der örtliche, leicht singende Akzent. Sie glaubte, sich in einem Film von Marcel Pagnol zu befinden.

»Und nun«, fragte Fiona, »lebst du allein oder bist du in einer festen Beziehung?«

Die Kollegin lächelte. »Seit über zwei Jahren lebe ich mit Laura zusammen. Ich bin wirklich glücklich mit ihr.

Wir wollen bald heiraten. Etwas Dauerhaftes schaffen. Wir wissen, dass wir zusammenbleiben werden.«

Bei ihren Worten zog sich Fionas Herz zusammen. Sie spürte eine Überzeugung, die ihr selbst fremd war. Fiona hatte so etwas nie gekannt.

»Aber als ich hierherkam, war ich ganz allein, wie du«, meinte Nadia. »Doch ich habe hier sehr schnell Leute kennengelernt. Es gibt in Marseille auch viele Vereine, und wenn du Leute außerhalb der Arbeit kennenlernen willst, ist das relativ einfach. Außerdem findest du Menschen aus ganz Frankreich, Europa und der ganzen Welt hier. Bunt gemischt. Vorläufig kannst du ja die Einladungen derjenigen annehmen, die dir am besten gefallen!«

Fiona schüttelte den Kopf. Sie beschloss, ehrlich zu sein.

»Ich habe im Moment überhaupt keine Lust auf Männerbeziehungen. Ich habe vor Kurzem meinen Freund verlassen, der gewalttätig war.«

Nadia nickte. »Ich vermutete so was. In deiner Akte stand, dass du deine Waffe außerhalb des Dienstes verwendet hast, und da dachte ich sofort an häusliche Gewalt.«

Fiona schluckte. Also war es im Commissariat bekannt. Nadia legte Fiona beschwichtigend eine Hand auf den Arm. »Nur der Commissaire und ich wissen Bescheid. Und das bleibt unter uns.«

»Danke! Es war wirklich schwierig, ihn zu verlassen. Dabei bin ich Polizistin! Und rate einer jeden Frau, die von ihrem Partner misshandelt wird, schleunigst das Weite zu suchen. Während ich geblieben bin.« Sie schüttelte den Kopf und spürte, wie ihr Tränen in die Augen stiegen.

Nadia sah sie an. »Das ist verständlich. Du hast mit

ihm gelebt. Du hast gehofft, dass er sich wieder bessern würde. Mehrere Jahre gemeinsames Leben kann man nicht so einfach zur Seite schieben.« Sie seufzte.

Fiona nickte. Ja, sie hatte vor allem Angst davor gehabt, allein zu sein.

»Er hat unsere Trennung nicht akzeptiert. Ich befürchte, er wird irgendwann hier auftauchen und mich zurückfordern.«

Nadia sah sie ruhig an. »Wenn er das tut, dann werden wir ihn empfangen, wie es sich gehört. Wir haben ein sehr gutes Hotel für Touristen wie ihn. Les Baumettes.«

»Les Baumettes?«

Fiona erinnerte sich, diesen Namen bereits gehört zu haben.

Nadia lachte. »Das berüchtigte Gefängnis von Marseille.« Dann wurde sie wieder ernst. »Fiona, ich würde dir raten, mit jemandem darüber zu sprechen. Mit einer Fachfrau. Wir haben eine sehr gute Psychologin, Céline. Du kannst zu ihr gehen, wann du willst. Sie kümmert sich um Opfer und ihre Angehörigen, um Polizisten, die im Dienst ein Trauma erlebt haben, aber auch um solche, die private Probleme haben.«

Fiona nickte. Vielleicht brauchte sie tatsächlich Hilfe, um diese schwierige Zeit in ihrem Leben aufzuarbeiten.

In diesem Moment kamen die Salate und der Wein. Die beiden Frauen stießen miteinander an.

»Ich bin froh, dass du da bist«, sagte Nadia. »Ich brauche in meinem Team eine Frau. Und ich bin mir sicher, dass wir uns sehr gut verstehen werden.«

»Aber die Männer akzeptieren deine Autorität, oder nicht?«, fragte Fiona.

»Kein Problem. Als ich die Abteilung übernommen habe, wurde sie verkleinert, weil ich gerade erst Lieutenant geworden war. Und einige meiner ehemaligen Kollegen wechselten zu einem Mann. Florian, Kenny und Stéphane haben schon zuvor unter meinem Lieutenant Mathieu mit mir gearbeitet, dann noch André, der Blonde, Damien, der jetzt bei den Stups ist, und ein sehr junger Polizist namens Laurent. Er ist aus Marseille weggezogen. Die drei, die ich jetzt habe, sind sehr gute Polizisten, gewissenhaft, arbeitsam, und haben kein Problem damit, dass ich eine Frau und kaum älter als sie bin.«

»Ich finde Florian von allen am attraktivsten und am sympathischsten«, meinte Fiona.

Nadia hob in gespielter Verzweiflung die Hände. »Das ist der Einzige, den du nicht haben kannst«, sagte sie. »Er ist homosexuell und wie ich in einer festen Beziehung. Er und sein Freund Jérémie sind meine und Lauras beste Freunde. Florian ist meine Perle.«

Fiona nickte. »Auf den ersten Blick scheint die Atmosphäre in deiner Abteilung recht entspannt«, meinte sie. »Allerdings hattest du heute Morgen etwas Stress. Mit deinem Commissaire.«

Nadia hielt inne. Fiona sah, dass ihre Bemerkung sie aus dem Gleichgewicht gebracht hatte.

»Du musst es mir nicht erzählen«, schob sie schnell nach.

Sie sah, dass Nadia einen Moment lang zögerte.

»Ich kenne dich noch nicht gut«, sagte Nadja dann langsam. »Ich weiß nicht, ob ich dir das erzählen kann.« Sie atmete tief ein und legte Messer und Gabel beiseite. »Aber ich befürchte, ich muss euch alle einweihen, wenn ich daran arbeiten will. Ich will deine Meinung hören. Aber es bleibt unter uns.«

Fiona nickte, und Nadia berichtete ihr von dem Fall, den sie nicht bearbeiten sollte.

Fiona hörte ihr wie erstarrt zu. Sie war sprachlos.

Ganz vage erinnerte der Sachverhalt sie an die Mafia: Richter, die unter Druck gesetzt, Polizisten, die zum Schweigen gebracht werden, und Staatsanwälte, die geheim ermitteln.

»Passiert … so was hier öfter?«, stammelte sie schließlich.

Nadia schüttelte den Kopf. »In meiner Karriere hatte ich das noch nie. Und auch mein früherer Vorgesetzter Mathieu hat noch nie so etwas erlebt, dabei war er ein Pechvogel, hatte immer besonders viele unliebsame Zwischenfälle. Aber auf dich muss das wie eine Parodie wirken. Genauso stellt man sich im Norden Marseille vor!«

»Ja, das stimmt. Einer meiner Kollegen hat mich gewarnt. In Marseille kannst du nicht richtig arbeiten, da sind sogar deine Vorgesetzten korrupt, das ist wie in Italien, hat er gemeint. Und ich habe gelacht und über das Klischee gespottet.«

»Nun, in unserem Fall ist das Klischee leider die Realität. Und das Pech ist, dass sowohl der Staatsanwaltschaft als auch meiner Direktion daran gelegen ist, die Sache zu vertuschen. Natürlich könnte das überall in Frankreich geschehen. Aber in Marseille, wo chaotischere Zustände herrschen, geht vielleicht keiner der Sache nach. Vor allem derzeit, wo es genügend andere Probleme gibt.«

»Und was machst du jetzt?«, fragte Fiona.

»Jetzt ermitteln Florian und ich heimlich. Undercover, wie Florian sagt. So gut es geht.«

»Ich helfe euch«, meinte Fiona entschieden.

Nadia sah sie skeptisch an. »Bist du dir sicher, Fiona? Es ist gefährlich, und du hattest in den letzten Monaten bereits Schwierigkeiten. Wir riskieren eine Versetzung oder die Suspendierung.«

Fiona zuckte mit den Achseln. »Ich vielleicht weniger

als ihr. Denn ich bin ganz neu und weiß nicht so gut Bescheid. Außerdem kann ich im Gegensatz zu dir sehr gut das naive Frauchen spielen.« Fiona sah Nadia mit einem dackelhaften Blick an.

Diese lachte. Dann wurde sie wieder ernst. »Danke dir, Fiona, es tut mir leid, dass deine Arbeit bei uns so beginnt.«

»Das ist nicht deine Schuld.«

»Doch, weil ich die Entscheidungen meiner Vorgesetzten in Zweifel ziehe.«

»Weil du selbst überlegst.«

»Ja, aber der Commissaire hat es mir verboten.«

»Ich hingegen folge meiner Vorgesetzten«, meinte Fiona.

Nadia hob den Daumen, sie stießen mit den Weingläsern an und nahmen einen Schluck, bevor sie ihre Salate fertig aßen.

Kurz darauf trat ein junger, gut gekleideter Mann mit Hemd und Krawatte an ihren Tisch.

»Nadia«, sagte er atemlos, »ich bin wieder einmal verspätet, aber ...«

Nadia winkte ab. »Kein Problem. Schau, wir haben noch nicht einmal unseren Wein ausgetrunken. Pierre, das ist Fiona, meine neue Mitarbeiterin. Fiona, das ist Pierre, ein guter Freund und Staatsanwalt, der Substitut, mit dem wir häufig zusammenarbeiten.«

Fiona schüttelte Pierre die Hand, während Nadia am Nebentisch einen Stuhl holte, damit Pierre sich zu ihnen setzen konnte. Der Staatsanwalt war ungefähr in Fionas Alter, er hatte dichte, dunkle Haare, eine spitze Nase und einen etwas stechenden Blick.

»Hast du gegessen, Pierre?«, fragte Nadia den Staatsanwalt.

Er nickte gestresst. »Musste ein Sandwich hinunterschlingen. Aber ich trinke einen Kaffee mit euch. Mann, mir tut von gestern noch alles weh. Du hast mich fertiggemacht.«

Nadia lachte. Sie sah Fionas erstaunten Blick.

»Es ist nicht, was du denkst«, gluckste sie.

»Ich denke nichts«, entgegnete Fiona.

»Pierre und ich klettern gemeinsam«, erzählte Nadia. »In der Gegend östlich von Marseille. Den Calanques. Ein Nationalpark, Wander- und Kletterparadies. Gestern haben wir eine sehr schwierige Kletterroute in der Calanque En Vau bezwungen.«

Fiona hatte keine Ahnung, was eine Calanque war, doch sie beschloss, geduldig zu sein. Sie würde es mit der Zeit erfahren. Sie spürte, dass der Staatsanwalt zur Sache kommen wollte.

»Gut«, meinte Nadia, die auch zu bemerken schien, dass Pierre es eilig hatte. »Fiona ist über die Sache auf dem Laufenden.«

Pierre sah sie erschrocken an. »Aber, Nadia, ich denke nicht, dass das gut ist.«

»Fiona ist keine Petze«, sagte Nadia. »Und ich kann vor meinem Team so etwas nicht verstecken.«

»Ich bin sehr loyal«, beeilte sich Fiona zu sagen. »Wir kennen uns zwar noch nicht, aber ich bin auf eurer Seite.«

»Ich misstraue Ihnen nicht, Fiona«, meinte der Substitut, »doch es ist Ihr erster Tag, und ich möchte auf keinen Fall, dass Sie wegen mir Probleme bekommen. Die Mitarbeit bei einer inoffiziellen Ermittlung ist ja kein guter Anfang.«

Fiona zuckte mit den Schultern. »Es passt ins Klischee.«

Pierre lachte. »Klar. Genauso stellt man sich in Paris die Arbeit hier in Marseille vor. Aber etwas würde mich interessieren, Fiona. Warum wollen Sie mitmachen, wo Sie uns doch gar nicht kennen und wissen, dass wir mit unseren Chefs Probleme haben?«

Fiona sah ihn an. Dieser junge Mann schüchterte sie ein. Er war zwar Nadias Freund, aber ein Staatsanwalt, und er hatte etwas an sich, was ihn viel älter erschienen ließ. Man erkannte, dass er trotz seiner Jugend Erfahrung hatte. Er wirkte unheimlich intelligent und scharfsinnig. Beinahe etwas schulmeisterlich. Vielleicht wegen dieser spitzen Nase und der stechenden Augen.

Fiona antwortete nach kurzem Überlegen: »Ich bin Polizistin geworden, um darüber zu wachen, dass das Gesetz respektiert wird. Und hier scheint mir, dass mehrere Personen, die eigentlich dieselbe Arbeit machen wie wir, sich über das Gesetz stellen. Und das gefällt mir nicht. Außerdem bin ich aus dem Norden und will, dass alles ordentlich zugeht. Gegen Mafia-ähnliche Praktiken lehne ich mich auf. Ist das eine zufriedenstellende Antwort?«

»Sehr zufriedenstellend«, meinte der junge Mann und lächelte. »Sie sind eine äußerst wortgewandte junge Dame.«

»Und Sie? Warum widersetzen Sie sich Ihren Vorgesetzten?«, wagte Fiona zu fragen.

»Aus demselben Grund wie Sie. Doch bei mir ist noch etwas anderes im Spiel. Freunde haben mich gebeten, mir die Sache anzusehen. Und sie haben mir die Verzweiflung der betroffenen Familie geschildert, angesichts der Tatsache, dass die Ermittlung ganz einfach abgewürgt wurde. Das Opfer wurde als depressiv hingestellt. Doch wir wissen, dass es Schuldige an ihrem Tod gibt. Und diese müssen bestraft werden.«

Der Kellner kam, und sie bestellten drei Kaffee.

Nadia berichtete ihrem Freund und Fiona von der

Reaktion des Commissaire am Morgen. Pierre schilderte Nadia und Fiona das Gespräch mit seinem Chef.

»Ich bin wie ein Elefant in den Porzellanladen geplatzt«, erzählte er. »Ich habe vorgegeben, nicht zu wissen, wer die betroffenen Jugendlichen sind, habe aber gemeint, es müsse ermittelt werden, irgendetwas sei an der Sache faul und die Familie gebe keine Ruhe, sie habe bereits die Presse kontaktiert. Deshalb habe ich mir erlaubt, schon mit der Ermittlung zu beginnen.

Ich habe Adriani zwei Artikel der *Provence* über die Sache gezeigt. Er ist zusammengezuckt, hat mir aber dann befohlen, sofort mit den Ermittlungen aufzuhören, weil die Schule keine weitere Untersuchung wünsche. Adriani hat alles auf die Schule und deren Ruf geschoben. Er konnte natürlich nicht zugeben, dass sein eigener Sohn in die Sache verwickelt war und dass er ebenfalls die Tochter des Leiters der PJ schützt. Ich tat so, als wüsste ich nicht, dass sein Sohn in diese Schule geht, und habe gesehen, dass er zu schwitzen begann. Irgendwann sagte er: ›Pierre, du bist jung und motiviert, das mag ich an dir, aber du bist im Moment nur mein Vertreter. Und ich entscheide, in welchen Fällen ermittelt wird und welche wir bleiben lassen. Die Ermittlung gilt dort in der Schule als abgeschlossen, und ich befehle dir offiziell, dich nicht mehr darum zu kümmern. Außerdem haben wir genug anderes zu tun.‹

›Und wenn die Presse uns überholt und zu ermitteln beginnt?‹, habe ich gefragt.

›Das lass nur meine Sorge sein‹, hat er geantwortet und gemeint, die Presse habe derzeit andere Prioritäten. Darauf zählen sie natürlich alle. Dass der Wahlkampf und Corona das Interesse an dem Fall verdrängen. Es ist genau die richtige Zeit, um so einen Skandal zu vertuschen …«

Er schlug mit der Faust auf den Tisch. Fiona sah, dass er zornig war. Er war sogar bereit, seine Karriere dafür zu opfern, dass die Wahrheit ans Licht kam.

»Nun«, meinte Nadia, »wir machen ganz diskret weiter. Undercover. Und schlimmstenfalls ermitteln Laura und Daniel für uns.«

Sie wandte sich an Fiona. »Laura arbeitet als Journalistin bei der *Provence.* Ihr Kollege Daniel ist relativ erfahren und hilft uns. Die beiden haben die Artikel geschrieben, mit denen Pierre seinen Chef heute Morgen geschockt hat.«

»Sehr gut«, sagte Fiona. »Wir sind also nicht allein.«

»Nein, das sind wir nicht. Und in der Schule gibt es mehrere Leute, die mit uns reden wollen. Es muss uns nur gelingen, sie diskret zu kontaktieren. Pierre, ich befürchte, dass unsere Telefone schon bald überwacht werden. Unsere Vorgesetzten wollen sicher sein, dass wir Ruhe geben. Kauf dir ein Kartenhandy für die Zeugenbefragung, und ruf auch mich nur mit diesem Telefon an. Ich habe eines daheim und schicke dir dann die Nummer!«

Christines Schultag

Christine fuhr mit dem Zug von der Schule zurück nach Carry-le-Rouet. Viele Touristen nahmen diese Bahn wegen der Schönheit der Landschaft, aber Christine hasste die Strecke. Der Zug fuhr zu langsam, zuckelte an der Küste dahin, doch Christine wollte die Schönheit der Welt an diesem Tag nicht sehen. Alles war Schmerz, denn sie konnte sich Emelines Tod nicht vergeben. Sie hatte nicht gehandelt, als es nötig gewesen wäre, hatte der Panik nachgegeben. Und nun war alles zu spät. Christine dachte an die beiden Polizisten, die mit ihrer Mutter und ihr gesprochen und sie ermutigt hatten, sich wieder zu melden. Sie wollten herausfinden, wer schuld an Emelines Tod war. Und Christine konnte ihnen helfen. Sie wusste allerdings noch nicht, ob sie es tun würde.

Der Schultag war ein Spießrutenlauf gewesen.

Nun war Christine allein.

Allein in der Kantine, allein in den Pausen und in den Schulstunden. Sie hatte sie gefühlt, die bohrenden Blicke der Mitschüler, und hatte sie gehört, die bösartigen Bemerkungen der Clique. Im Moment war Christine geschützt, das, was sie Emeline zugefügt hatten, würden sie nicht sofort wieder tun. Aber wie lange? Und sie waren gemein, denn sie hatten Angst vor ihr. Sie wusste zu viel. Und würde vielleicht reden.

Christine war nach dem Unterricht sofort aus der Klasse gestürzt und zum Bahnhof gelaufen. Dort kamen sie nicht hin. Sie fuhren alle Bus. Deshalb nahm Christine nicht mehr den Bus.

Naomi hatte ihr ein weiteres Mal gedroht: »Du weißt, wer mein Vater ist. Und wer Arthurs Vater ist. Es hat keinen Sinn, uns zu verraten. Denn die Polizei gehört ihnen.«

Christine war erst fünfzehn, doch sie wusste, dass es nicht möglich war, dass die Polizei jemandem gehören konnte. Allerdings war ihr bekannt, dass Naomis und Arthurs Väter sehr bedeutende Leute in Marseille waren. Sie nahm ihr Telefon und ging auf Instagram. Sie zuckte zusammen. Flavio Baruc, der Schwarm der Schule, wollte ihr Follower sein. Was mochte das nun wieder zu bedeuten haben? War das eine Falle der Clique?

Doch sie beschloss, seine Anfrage zu akzeptieren. Sie stutzte. Seine Insta-Seite war fast leer. Flavio schien nicht besonders viel zu erzählen zu haben. Aber das war Christine ziemlich egal, sie gehörte ohnehin nicht zu den Mädchen, die sich für diesen Schönling interessierten. Es gab Tage, da war Christine gar nicht erst auf Instagram gegangen, weil sie gehört hatte, dass man sie und Emeline beleidigt hatte.

Die beiden Lesben, hatte Mathilde, Naomis Freundin, geschrieben und Emeline und sie von hinten fotografiert, als sie Seite an Seite durch die Gänge der Schule gelaufen waren.

Die Hässliche, hatte Léane einmal unter ein Foto von Emeline beim Umkleiden gesetzt, das sie von hinten geschossen hatte. Andere Schüler waren ebenfalls beschimpft und beleidigt worden.

Philippe, der eine Brille trug und etwas schmächtig war, wurde *l'intello* genannt, der Streber. Ruben, ein anderer Junge, der etwas dicker war, *le gros*, der Fette.

Vielleicht sollte ich das der Polizei zeigen, dachte

Christine. Denn Leute über Instagram zu beleidigen, konnte strafbar sein.

Einmal hatten sie Emeline im BH fotografiert und nur ihre Brust auf Insta gezeigt. Mit dem Titel: *Miss Moche France,* Miss France der Hässlichkeit. Alle hatten gewusst, dass es sich um Emeline handelte.

Sie ging auf Emelines Seite, wo diese mehrere Fotos von kurz vor ihrem Tod angefertigten Zeichnungen und Malereien ausgestellt hatte. Emeline war verdammt begabt gewesen, eine richtige Künstlerin. Tränen tropften auf Christines Hand, die das Telefon hielt. Es tat ihr so leid. *Warum sind wir nur in diese Schule gegangen?*, fragte Christine sich. *Wären wir doch bloß in Martigues geblieben, dann wäre das alles nicht geschehen!*

Sie hatte Angst vor der nächsten Zeit. Davor, Emelines Peinigerinnen, die nun auch sie, Christine, hassten, begegnen zu müssen. Sie hatte ihre Eltern gebeten, ab sofort in eine andere Schule gehen zu dürfen, doch diese hatten sie dazu angehalten, bis zu den Osterferien im Lycée Saint Christophe zu bleiben, und ihr versprochen, dann im Lycée in Martigues anzufragen. Doch es war nicht so einfach, im letzten Trimester ohne triftigen Grund die Schule zu wechseln. Wahrscheinlich würde es erst ab September möglich sein.

Das Alleinsein und die Angst waren fürchterlich, die Stimmung in der Klasse und in der gesamten Schule schrecklich, und bis auf den Englischlehrer, der anscheinend in Christines Abwesenheit mit der Klasse über Emeline geredet hatte, hatte niemand mit ihnen über die Tragödie gesprochen. Die Direktorin hatte scheinheilig gemeint, es sei sehr schlimm, wenn jemand von Depressionen in den Tod getrieben wurde, und sie würden alle für Emeline beten. Sie hatte die Mitschüler aufgefordert, zum Begräbnis zu gehen, die meisten waren gekommen.

Von Naomi, Arthur und der Clique war bei Emelines Beerdigung keine Spur zu sehen gewesen. Naomi hielt sich seit Emelines Tod ein wenig zurück, so ganz wohl schien ihr nicht zu sein. Doch sie hatte noch immer ihre Bewunderer um sich, und die meisten fürchteten sich vor ihr und ihrem Gefolge. Daran hatte sich nichts geändert. Die Lehrer waren ratlos, aber für sie war die Sache abgehakt. Emelines Tod war eine riesige Tragödie, doch die Erwachsenen hatten andere Probleme.

Wären wir bloß in Italien, dann hätten wir Homeschooling!, dachte Christine. Dort waren die Schulen ab diesem Montag wegen Corona bis auf Weiteres geschlossen. Doch die Regierungssprecherin hatte gemeint, das in Frankreich ebenfalls zu machen, sei keine Option. Es gab keinen Ausweg für Christine. Nur die Polizei konnte ihr jetzt noch helfen. Doch dabei durften die anderen sie nicht erwischen, sonst würden sie sie töten. Christine stieg in Carry-le-Rouet aus dem Zug. Ihre Mutter wartete vor dem Bahnhof im Auto.

Sie fragte Christine sofort, ob es ohne Emeline nicht zu schwierig gewesen sei. Doch Christine ging nicht auf die Frage ein. Sie wusste, was sie zu tun hatte.

»Maman, wir müssen zu Lucie, ich will ihr die Karte der Polizistin geben. Denn sie hatte am Samstag nicht die Möglichkeit, mit ihr zu sprechen. Und Lucie braucht Hilfe.«

Ihre Mutter starrte Christine an.

»Bist du dir sicher, Chérie? Ich glaube nicht, dass Lucie uns derzeit sehen möchte. Sie ist völlig fertig. Ich will sie nicht stören.«

Du bist feige, du weißt nicht, was du ihr sagen sollst, dachte Christine, doch sie sprach es nicht aus.

»Maman, diese Mädchen haben Emeline fertiggemacht. Und die Polizei hat Lucies Erklärungen und meine einfach ignoriert. Nur diese Polizistin interessiert sich dafür. Und ich möchte, dass Lucie mit ihr redet und ihre Bedenken mitteilt.«

»Ich verstehe dich, und ich bin damit einverstanden, aber sollen wir wirklich heute ...?«

»Ja, Maman, bitte. Wir dürfen keine Zeit verlieren. Wenn du nicht mitgehen willst, dann setz mich einfach ab und fahr heim. Ich gehe zu Lucie und komme dann zu Fuß!«

Die Mutter sah Christine ratlos an und seufzte dann. »Okay. Ich komme mit dir. Irgendwann werde ich sie sowieso einmal besuchen müssen.«

Aber sie schien nicht glücklich. Der Tod macht den Erwachsenen fürchterliche Angst. Sie wissen nicht, was sie trauernden Menschen sagen sollen, dachte Christine.

»Wie war es heute?«, fragte die Mutter von Neuem.

Christine schüttelte den Kopf. »Es war schrecklich. Ich bin ganz allein. Alle starren mich an. Ich bin die Freundin von der, die sich an einer Magnolie erhängt hat. Keiner spricht mit mir. Es wird nicht darüber geredet. Die Lehrer sind zwar nett zu mir, aber keinen interessiert, was Emeline geschehen ist.« Christine schluchzte.

Die Mutter blieb am Straßenrand stehen und sah Christine lange an. »Ich kann es nicht fassen. Deine Freundin ist tot, du bist ganz allein, und keiner bekundet irgendwelches Mitgefühl?«

Christine schüttelte schluchzend den Kopf.

»Ja, was ist denn mit diesen Leuten los?«

»Sie haben alle Angst vor der Clique. Und ich habe auch Angst.«

»Liebes, ich kann dich so gut verstehen! Im Moment musst du noch in die Schule. Aber ich verspreche dir, dass du so bald wie möglich nach Martigues gehen kannst. Wir treffen am Anfang der kommenden Woche den Direktor.«

»Danke, Maman!«, rief Christine erleichtert. Mit ein wenig Glück würde er sie sofort nehmen!

»Ich hoffe nur, dass es dir in Martigues besser gehen wird«, murmelte die Mutter. »So mitten im Schuljahr …«

Und Christine dachte daran, dass sie am liebsten überhaupt nicht mehr zur Schule gehen würde. Nie mehr. Sie war keine schlechte Schülerin, sie könnte den Lehrplan zu Hause erarbeiten. Manche Jugendlichen machten das. Mit dem CNED, dem Nationalen Zentrum für Fernstudien.

»Es tut mir so leid, mein Kleines«, murmelte die Mutter.

Christine sah, wie besorgt sie war. Christine hatte Schwierigkeiten, ihre Tränen zurückzuhalten, doch sie wollte vor der Mutter nicht weinen.

Bei den Berniers angekommen, läuteten sie am Gartentor.

Emelines Vater öffnete. Sein Gesicht war grau, und er ging wie ein alter, gebückter Mann.

»Wir sperren ab, weil Presseleute die Magnolie fotografieren und filmen möchten«, sagte er mit zitternder Stimme. »Aber wenn wir ihnen erklären wollen, was in der Schule geschehen ist, hört keiner zu.«

»Deshalb sind wir gekommen, Nicolas«, erklärte Christines Mutter. »Wir haben die Telefonnummer einer Polizistin der PJ, die in der Sache ermitteln will.«

Emelines Vater lachte bitter. »Ja, die Frau ist vielleicht motiviert. Aber was soll sie denn ausrichten, wenn ihr höchster Chef die Ermittlung verbietet? Wir haben einen Staatsanwalt gefragt, den Freunde von Freunden kennen, doch sein Vorgesetzter will das Ganze im Keim ersticken, weil sein Sohn irgendwie darin verwickelt ist, und ich frage mich, was wirklich geschehen ist. Aber es ist gut, dass ihr da seid. Christine, ich will mit dir sprechen. Kommt!«

Die Mutter sah Christine mit einem bangen Blick an, folgte aber Emelines Vater in den Garten. Christines Herz zog sich zusammen, als sie auf die Haustür zugingen. Wie viele Stunden hatte sie mit Emeline in diesem Garten unter den Bäumen gesessen? Wie oft war sie im Pool der Familie Bernier geschwommen? Im vergangenen Sommer hatte sie mehr Tage bei Emeline und ihrer Familie verbracht als bei sich zu Hause.

Christine wollte nicht zur Magnolie hinsehen. Emeline hatte diesen Baum geliebt und ihn sehr oft gezeichnet. Warum hatte sie diesen Ort zum Sterben gewählt?

Sie betraten das Haus. Lucie Bernier saß mit roten Augen am Küchentisch und knetete ein Taschentuch.

»Danke, dass ihr gekommen seid, Christine. Du bist eine echte Freundin!«, stammelte sie mit zittriger Stimme.

Nein, sagte sich Christine im Stillen, wenn ich eine echte Freundin wäre, hätte Emeline sich niemals umgebracht. Doch das durfte sie nicht aussprechen. Nicht deren Eltern gegenüber.

»Ich bin gekommen, weil ich etwas für euch habe«, erklärte sie. »Eine Beamtin der PJ Marseille hat mich nach dem Begräbnis ausgefragt. Sie möchte herausfinden, ob Emeline sich nicht wegen der Schikanen der anderen Mädchen umgebracht hat. Sie will dafür Beweise finden. Es wäre gut, wenn ihr sie anrufen könntet.«

Emelines Mutter nahm die Karte. »Vielleicht ist das die Frau, die mit dem Staatsanwalt zusammenarbeitet, den unsere Freunde kontaktiert haben.«

Ihr Mann seufzte. »Lucie, das ist ein Kampf. David gegen Goliath. Diese Frau und der Staatsanwalt arbeiten für die Leute, die die Sache vertuschen wollen. Was Emeline zugestoßen ist, wird totgeschwiegen, es wird keine Ermittlung geben!«

Lucie schluchzte auf. »Ja, aber erinnere dich, wer gewonnen hat, David oder Goliath? Ich gebe nicht auf. Ich fühle mich zu schuldig, um aufzugeben. Ich will nicht, dass meine Tochter als verrückte Depressive hingestellt wird. Es ist etwas geschehen, was sie dazu bewogen hat, das zu tun, was sie getan hat, da bin ich mir sicher!«

Emelines Vater wandte sich an das Mädchen. »Christine, du hast schon mit der Polizei gesprochen, aber kannst du mir noch mal genau schildern, was am Dienstag vor Emelines Selbstmord geschehen ist?«

Christine hatte gewusst, dass diese Frage kommen würde. Sie schluckte. Dann erzählte sie stammelnd von diesem fürchterlichen Dienstag.

»Ich habe nichts mitgekriegt, weil ich sofort nach dem Umziehen auf die Toilette gegangen bin. Und als ich wiederkam, stand Elise vor dem geschlossenen Umkleideraum und sagte, Emeline wäre schon gegangen. Aber Emeline war weder bei den Spinden noch im Geschichtsunterricht. Es fehlten viele Mädchen, die gesamte Clique, Miranda, Elise und Emeline. Die anderen kamen zehn Minuten später in die Geschichtsstunde, weil die Direktorin sie sprechen wollte. Die Mädchen der Clique haben eine Strafe bekommen und mussten nachsitzen. Aber Emeline hat mir nichts weiter erzählt. Sie sah verweint aus und war sehr wortkarg, ich konnte sie nicht aufheitern. Im Bus starrte sie nur aus dem Fenster. Dann sagte sie an der Haltestelle, als wir uns trennten: *Adieu, Christine!*«

Wenn Christine daran dachte, musste sie wieder weinen.

Adieu – das war ein Wort, das man in der heutigen

Zeit nicht mehr verwendete. Adieu sagte man, wenn man wusste, dass man einander nie mehr wiedersah. Doch Christine hatte nicht darauf geachtet. Sie hätte nie gedacht, dass Emeline sich etwas antun würde. Trotz allem.

Aber sie wusste ja auch nicht, wie schlimm es für Emeline gewesen war. Und ob Emeline verstanden hatte, dass sie, Christine, sie im Stich gelassen hatte.

»Ich hätte sie begleiten, bei ihr bleiben sollen. Dieses Wort hätte mich stutzig machen müssen«, schluchzte Christine. »Es tut mir so leid.«

»Du hast getan, was du konntest, Christine«, flüsterte Lucie. »Du warst eine tolle Freundin. Du warst immer bei ihr. Auch wir haben nicht rechtzeitig gehandelt. Wir hätten es kommen sehen müssen.«

»Vielleicht haben sie ihr was angetan«, sagte der Vater, »vielleicht etwas, was sie nicht verkraftet hat, am Dienstag. Oder es war einfach plötzlich zu viel. Sie haben sie immer gehänselt, nicht wahr?«

Christine nickte. »Sie haben uns beide drangsaliert. Uns Lesben genannt, weil wir immer zusammen waren. Aber Emeline bekam viel mehr ab als ich. Weil sie eine so gute Schülerin war. Und so toll malte und zeichnete. Es war Neid. Der blanke Neid.«

Sie wusste, dass Naomi sehr neidisch gewesen war. Einmal hatte Christine sie beobachtet, wie sie mit verzerrtem Gesicht vor einem von Emelines Bildern gestanden hatte. Sie hätte wohl selber gern so gut malen wollen. Doch Naomi hatte für nichts ein Talent und war eine erbärmliche Schülerin. Nur die Jungs, die hatten sie sehr gemocht, vor allem die älteren. Christine hatte in der Schule gehört, dass Naomi und ihre Freundinnen mit Arthur und seinen Mitschülern schliefen, mit allen, die es wollten.

»Was … kannst du uns noch mal sagen, was sie getan haben?«

»Sie haben Emeline und mir auf den Kopf geschlagen, uns Dinge entwendet, uns die Taschen ausgeleert, uns an den Haaren gezogen, Emeline gehänselt, wenn sie im Unterricht etwas sagte, und auch einmal mehrere ihrer Bilder zerstört. Sie drangsalieren sogar die Lehrer und bedrohen sie. Vor allem die Männer. Dem Turnlehrer hat Naomi einmal gedroht, sie würde ihren Eltern gegenüber behaupten, er habe sie unsittlich angefasst. Deshalb sagt er nichts mehr, gibt ihr keine Verwarnungen, und im Turnunterricht herrscht immer Chaos. Viele Schüler werden von der Clique verletzt.«

Ihre Mutter starrte Christine an. »Deshalb … deshalb hattest du damals den riesigen blauen Fleck.«

Christine nickte. Léane und Mathilde hatten ihr eine Keule auf den Arm geschmettert. Dabei war das nichts Besonderes. In den vergangenen Monaten hatte es viele blaue Flecken und zwei von Mathilde verschuldete Brüche gegeben.

»Einige Eltern haben Anzeige erstattet, doch es wurde immer alles vertuscht. Wegen Naomis Vater. Und Mathildes Vater. Die beiden sind die Schlimmsten, am boshaftesten ist Naomi, doch Mathilde hat im Turnunterricht die meisten Unfälle verursacht.«

Christines Mutter sagte leise, aber bestimmt: »Wir dürfen das nicht dulden. Wir müssen etwas tun. Ruft unbedingt die Polizistin an!«

Der Anruf

Nadia und ihr Team waren in dieser Woche gut vorangekommen. Sie hatten den bärtigen Rumänen gefasst, er saß in U-Haft. Sie vermuteten, dass er einer der Drahtzieher des Netzwerks war. Der Commissaire und Pierre Frigeri hatten beschlossen, ihn am nächsten Tag dem Untersuchungsrichter vorzuführen. Die Durchsuchung der Wohnungen, die mit dem Mann in Verbindung gebracht wurden, hatte nicht viel ergeben. Doch Fiona und ihre Kollegen folgten der Frau, die gefilmt worden war und anscheinend für ihn arbeitete. Im Moment wurde sie lediglich beschattet, doch auch sie riskierte eine Verhaftung.

»Wir haben in Lille auch solche Diebesbanden«, seufzte Fiona, »und sie sind sehr verzweigt. Keiner verrät die anderen, deshalb ist es sehr schwierig, ihnen dauerhaft das Handwerk zu legen. Außerdem kommen häufig neue Komplizen aus dem Ausland nach.«

»Allerdings«, meinte Nadia. Sie senkte die Stimme. »Doch es geht momentan gar nicht darum, denen das Handwerk zu legen. Was der Commissaire und die Politiker wollen, sind Ergebnisse. Noch vor der Wahl. Verhaftungen. Egal, ob das etwas bringt oder nicht.«

Nadia seufzte. Die Kollegin wusste nun, dass die Situation in Frankreichs größter Hafenstadt ein wenig komplizierter war als in Lille. Sie hatten die Frau in dem Viertel verfolgt, in dem eineinhalb Jahre zuvor zwei alte Wohnhäuser eingestürzt waren. Es hatte sogar Tote gegeben. Diese Gebäude waren schon seit Langem baufällig gewesen, doch keiner hatte sich um sie gekümmert.

»Weißt du«, hatte Nadia der Kollegin erklärt, »es wurde irrsinnig viel Geld in bestimmte Quartiers gesteckt. Aber andere verkommen total, man mag kaum glauben, dass man sich in einem europäischen Land befindet.«

Sie hatte Fiona die Lage in den schwierigen Vorstädten beschrieben, den Quartiers Nord, die nun außer Kontrolle waren und wo zwischen Polizei und Drogenhändlern ein Deal galt: Solange es keine Verletzten, Toten oder Unruhen gab, wurde der Drogenhandel geduldet. Die Polizei sah weg und betrat kaum noch diese Viertel. Doch es kam immer wieder zu Bandenkriegen, und sehr oft mussten die Kripo und die Stups dort wegen Mordes ermitteln. Das alles kannte Fiona natürlich auch von Lille. Doch Marseille war eine Hafenstadt und ein Ort, wo die Situation sich verschlimmerte, während sie sich anderswo in den letzten Jahren etwas verbessert hatte.

Der rechtskonservative Bürgermeister hatte jedoch über zwanzig Jahre lang eine Politik betrieben, die gewisse Quartiers bevorzugt und die Misere an den Stadtrand zu drängen versucht hatte. Aber die Strategie bewährte sich nicht. Die Probleme waren damit nicht gelöst worden. Die arme Bevölkerung wurde in Vierteln zusammengedrängt, in denen es immer stärker brodelte.

»Viele Leute verachten den Bürgermeister«, hatte Nadia erklärt, »er tut zwar alles für den Tourismus, die Geschäfte, die Innenstadt, aber sozial passiert nichts. Seine mutmaßliche Nachfolgerin will wohl so weitermachen. Außerdem wird sie bezichtigt, korrupt zu sein und den Wahlsieg mit illegalen Methoden erzwingen zu wollen. Ihnen gegenüber steht eine Partei, die sich Le Printemps

Marseillais, der Marseiller Frühling nennt, ein Bündnis mehrerer linker Parteien, die ganz auf das Soziale setzen. Integration, Beihilfen, Wohnungen für die Obdachlosen, Asyl für diejenigen, die illegal im Land sind. Vielleicht auch etwas zu radikal. Weil es schlicht nicht möglich ist. Ich weiß jedenfalls nicht, wen ich am Sonntag wählen soll!«

»Nadia, du bist ein wandelndes Lexikon«, hatte Fiona nur gesagt. »Was du mir alles über Marseille erzählt hast! Ob Politik, Geschichte, Kunst … du weißt so viel!«

»Vielleicht achte ich darauf, weil ich nicht von hier bin«, hatte Nadia erwidert. »Oder weil meine Chérie Journalistin ist und mir einiges berichtet. Ich habe auch mit einem von Florians Kumpeln eine Stadtführung gemacht und dabei vieles erfahren.« Nadia wusste, dass sie ein gutes Gedächtnis hatte und Dinge, die sie interessierten, sehr leicht behielt. Dies hatte ihr bei der Weiterbildung zum Lieutenant sehr geholfen.

»Nun, heute Nachmittag werden dir Kenny und Stéphane noch viel mehr erzählen, da du ja mit ihnen unterwegs sein wirst.«

Die beiden Kollegen wetteiferten um Fionas Gunst. Beide wollten ihr am Morgen einen Kaffee spendieren, sie zum Mittagessen einladen, mit ihr vor dem Computer sitzen, sie am Abend zu ihrem Auto begleiten. Zugleich versuchten sie, Luc und André abzuwimmeln, die ebenfalls immer urplötzlich dort auftauchten, wo Fiona gerade war.

Sie beschworen Nadia, eine *gerechte* Einteilung zu machen, damit jeder einmal mit Fiona im Tandem arbeiten durfte. Fiona hielt sich jedoch am liebsten an Florian und Nadia. Zu den Männern war sie freundlich, aber distanziert. Nadia fiel auf, dass Fiona sehr konzentriert arbeitete und beim Durchforsten der Kameraaufnahmen schnell vorankam.

Nadia und Commissaire Blachet bearbeiteten an diesem Nachmittag immer wieder den Rumänen, der so tat, als verstünde er kaum Französisch. Wenn sie ihm Bilder von anderen mutmaßlichen Komplizen zeigten, dann sagte er immer dieselben Worte: jamais vu – noch nie gesehen. Und natürlich hatte er keine Ahnung, wer der junge Mann war, der einige Monate zuvor bei einem Raubüberfall erstochen worden war.

Doch Nadia war sich sicher, dass der Bärtige über diesen Mord bestens informiert war und alle Personen kannte, die sie ihm auf den Fotos zeigte, weil sie für ihn arbeiteten. Wo seine Komplizen sich im Moment aufhielten, ob in Frankreich oder im Ausland, war ihnen allerdings schleierhaft.

Blachet verlor kein Wort mehr über das, was am Montagmorgen geschehen war. Er lobte Nadia für die gute Arbeit bei den Rumänen, schimpfte über den unkooperativen Verdächtigen und konzentrierte sich den Rest des Nachmittags darauf, den Dienstplan in den Quartiers Nord für die folgenden Wochen aufzustellen.

Nadia und Luc sollten ihren Kollegen Franck und Rachid von den Stups helfen, einen riesengroßen Einsatz am Ende der Woche in einer der Vorstädte zu koordinieren. Nadia hatte zwar mit den Rumänen alle Hände voll zu tun, doch sie widersprach nicht, als sie die Weisung erhielt, ab Freitag in der Cité la Busserine mit ihren Kollegen Wohnungen zu durchsuchen und Leute zu verhaften. Die CRS, die Bereitschaftspolizei, würde sie unterstützen und schützen. Nadia schluckte. Sie wusste, dass man in der Banlieue nie wirklich geschützt war. Je zahlreicher die Polizisten dort auftauchten, desto gewalttätiger reagierten die Jugendlichen. Die Drogenbosse hetzten dann die gesamte Vorstadt gegen die Polizei auf. Die Polizisten wurden des Rassismus bezichtigt, weil in diesen Vierteln fast nur Nordafrikaner und Schwarze lebten. Doch andererseits war so eine Aktion genau richtig, um Blachet abzulenken, da sie nicht mehr viel Raum für anderes ließ. Was für Nadia ideal war, denn so konnte sie nebenbei weiter in Carry-le-Rouet und L'Estaque ermitteln.

Gegen Ende der Einsatzbesprechung, die ihr Chef an diesem Spätnachmittag mit den Kollegen von den Stups einberufen hatte, läutete Nadias Telefon. Eine unbekannte Nummer, die sie wegdrückte. Als sie wenig später vom Konferenzraum in ihr Büro zurückkam, hörte sie sich die Nachricht an. Eine erstickte Stimme.

»Madame Aubertin, hier spricht Monsieur Bernier. Bitte rufen Sie mich zurück. Es geht um den Tod meiner Tochter Emeline. Wir haben Ihnen einiges mitzuteilen.«

Nadia atmete tief durch. Es war klar, dass die Leute dort an der Côte Bleue mit ihr sprechen wollten. Sie würde Monsieur Bernier anrufen. Aber von zu Hause und erst dann, wenn sie ihr Kartentelefon aufgeladen hatte. Sie beschloss, auch die Internetrecherchen bezüglich dieser Ermittlung von daheim aus zu machen. Der Informatiker des Commissariats war sehr gewieft und konnte sicher problemlos auf ihre Daten zugreifen.

Florian war als Flavio auf Instagram bereits enttarnt worden. Der echte Flavio hatte geschrieben: *Vorsicht, mein Profil ist gefakt worden, bitte mich als Follower nicht akzeptieren!*

Allerdings hatte der Junge erst nach zwei Tagen reagiert. Da hatte Florian einiges herausgefunden, nämlich was Emeline und andere Schüler von der Clique auch auf Instagram hatten erdulden müssen. Denn es war ihm gelungen, sich mit Naomi zu befreunden.

Unter anderem hatte er Fotos von Brüsten in BHs gefunden, mit Kommentaren: *Miss superhässlich, Madame Superbusen, Brett mit Warze, Hängebusen, BH Museumsmodell.*

Es war ein *Spiel:* Die Clique hatte fast alle Mädchen der Klasse beim Umkleiden fotografiert und Kommentare dazugeschrieben. Die Jungs mussten raten, zu welchem Mädchen welche Brust gehörte. Emeline war *Miss Frankreich der Hässlichkeit* genannt worden. Ihre Freundin Christine war *Das Brett mit Warze.*

Naomi hatte noch andere Bilder auf Instagram gestellt, mit denen sie Mitschülerinnen und Mitschüler bloßstellte. Unter das Bild eines Vogels mit einem Riesenschnabel, den sie während ihres Urlaubs in Zentralamerika fotografiert hatte, hatte sie geschrieben: *Emeline ist auch hier in Costa Rica.* Offenbar hatten sich die Mädchen ständig über Emelines recht große Nase lustig gemacht.

Oder sie hatte den Hintern einer anderen, relativ pummeligen Schülerin in einer engen Jeans fotografiert und hinzugefügt: *Vorsicht! Nilpferd in Marseille!*

Naomis Freundinnen hatten Ähnliches auf ihren Insta-Seiten gepostet. Nadia wusste, dass sie damit etwas gegen die Mädchen in der Hand hatten. Leute auf diese Weise darzustellen war strafbar. Wenn Emelines Familie sich einen Anwalt nahm, konnte dieser durch einen *Huissier,* einen beeidigten Gerichtsvollzieher, bezeugen lassen, dass diese Inhalte auf den Instagram-Accounts der Mädchen gefunden worden waren, und Klage wegen Internet-Mobbing erheben.

Doch Nadia und Florian suchten nach etwas anderem. Sie wollten wissen, was am Dienstag vor Emelines Tod geschehen war. Und darüber stand auf Instagram nicht das Geringste.

Florian hatte berichtet, die Mädchen hätten Fotos von sich selbst auf ihren Seiten, auf denen sie nur sehr spärlich bekleidet waren. In Unterwäsche und sehr kurzen Tops. Einige hatten sich auch mit älteren Jungs ablichten lassen. Beim Küssen und beim Kuscheln. Es waren keine pornografischen Fotos, aber nicht besonders weit davon entfernt. Nadia fröstelte.

Leider war es Florian nicht gelungen, in die Seiten der Jungs Einblick zu bekommen. Denn diese waren schon längst Flavios Follower und wahrscheinlich diejenigen gewesen, die den Jungen auf den Fake-Account aufmerksam gemacht hatten.

Nadia seufzte. Sie hatte nicht genügend Zeit, sich um diese Sache zu kümmern!

Die Kollegen kamen zurück ins Commissariat. Sie hatten neue Adressen der Rumänen-Bande in Erfahrung gebracht. Der nächste Tag versprach ziemlich hektisch zu werden. Man würde die junge Frau und drei weitere Personen verhaften. Nadia rief Florian und Fiona zu sich ins Büro und erzählte ihnen vom Anruf von Emelines Vater.

»Es ist klar, dass die Eltern eine richtige Ermittlung wünschen. Bitte nutzt nur eure Kartenhandys, wenn wir wegen dieses Falles telefonieren.«

»Mann, Chefin, du denkst aber auch an alles«, meinte Florian bewundernd.

»Das ist meine Aufgabe als Chefin«, seufzte Nadia. »Manchmal wünschte ich, Mathieu wäre noch da. Ich vermisse ihn.«

»Aber nein, Nadia, du machst das super!«, beschwichtigte Florian sie.

Doch Nadia spürte, wie sehr die Verantwortung auf ihr lastete. Als Lieutenant musste sie auch eine effiziente Managerin sein! Das hatte Mathieu ihr mitzuteilen vergessen, als er ihr diesen Karrieresprung erläutert hatte. Sie beschloss, ihn diese Woche noch anzurufen, um ihn um Rat zu fragen.

Nadia schob ihre Gedanken beiseite und konzentrierte sich wieder auf ihre Mitarbeiter.

»Und wie geht es dir, Fiona?«, fragte sie ihre neue Kollegin.

»Gut«, antwortete diese. »Ich fühle mich im Team und im Commissariat wohl und arbeite gern mit den Kollegen zusammen. Marseille gefällt mir.« Fiona lächelte. »Allerdings habe ich im Moment nicht viel Freizeit und muss auch nach der Arbeit jeden Abend noch irgendetwas für meine Wohnung besorgen und all meine Habseligkeiten verstauen, damit die Garçonnière richtig wohnlich wird.«

»Melde dich, falls du etwas brauchst. Wir helfen gern«, sagte Nadia zu ihr.

»Danke, das haben mir alle schon angeboten«, erwiderte sie, »aber ich muss nur aufräumen und ein paar Sachen besorgen. Das kann ich allein. In der Wohnung ist ja alles vorhanden.«

»Gut, sonst sagst du Bescheid. Wir helfen gratis. Im Gegensatz zu einigen anderen«, meinte Florian, und Fiona lachte.

Als Nadia ein paar Stunden später heimkam, war Laura beim Kochen.

»Ich hoffe, du hast Hunger, Trésor – mein Schatz. Es gibt Fisch.«

»Mmmh, du bist ein Genie, Chérie. Es riecht himmlisch.«

Laura konnte sehr gut kochen, sie war auch sonst sehr häuslich und bestens organisiert. Wenn sie putzte, sah danach alles blitzblank aus. Nadia selbst war zwar ebenfalls keine unordentliche Person, aber keine so perfekte Hausfrau wie Laura. Nadia wusste, dass es Lauras sehnlichster Wunsch war, Kinder zu haben. Viele lesbische Paare hatten Kinder. Mit der künstlichen Befruchtung stand dem Kinderwunsch nichts entgegen. Doch Laura konnte kein Kind gebären. Vor drei Jahren war sie von einem jungen Mann, der sie auch hatte erwürgen wollen, äußerst brutal vergewaltigt worden. Ihre inneren Verletzungen waren so schlimm gewesen, dass sie kein Kind mehr austragen konnte. Dagegen vermochten auch die modernste Medizin und Chirurgie nichts auszurichten. Nun gab es noch zwei Optionen: Nadia gebar das Kind, oder sie adoptierten eines. Nadia konnte sich jedoch nicht vorstellen, ein Kind auszutragen. Sie liebte Laura, aber eine Schwangerschaft hatte sie nie ins Auge gefasst. Außerdem bereitete ihr auch die Frage Probleme, wer der Vater des Kindes sein sollte, ob sie einen der Freunde bitten oder auf einen anonymen Samenspender zurückgreifen sollten. Wahrscheinlich war sie ganz einfach keine mütterliche Person, obgleich Laura das Gegenteil behauptete. Doch Nadia konnte und wollte in ihrem Beruf nicht schwanger werden und vielleicht sogar einige Monate aussetzen müssen! Sie verspürte nicht wirklich den Wunsch nach einem Kind, war aber auch nicht strikt dagegen, vor allem, weil sie wusste, wie sehr Laura sich danach sehnte. Laura war erst siebenundzwanzig, sie bereits einunddreißig. Nadia fand, dass sie noch Zeit hatten. Im Augenblick wollte sie sich ihrer Karriere widmen, dem Sport und in der Freizeit Laura. Sie wollte mit ihr noch einige schöne Reisen machen, bevor sie tatsächlich eine Familie gründeten. Nadia umarmte Laura.

»Wie war's in der Arbeit?«, fragte sie die Freundin.

Laura runzelte die Stirn. »Stressig. Hab mir was aufgehalst mit diesen Artikeln über Cassis, Marignane und

Carry. Und François will nicht, dass zu der Sache in Carry recherchiert wird. Nicht vor den Wahlen. Wir sollen uns jetzt auf das Wesentliche konzentrieren, meint er. Nicht einmal Daniel konnte ihn überzeugen.«

Nadia seufzte. »Na gut, das war zu erwarten. Es gibt genug andere Sensationen, und wir haben nichts wirklich Neues bezüglich Emeline. Wir machen verdeckt weiter. Und wenn wir etwas finden, wird der liebe François sicher etwas kooperativer sein. Ich habe mir schon eine Karte für das alte Telefon gekauft. Emelines Vater hat mich kontaktiert. Vorsichtshalber telefoniere ich nur noch mit diesem Handy. Kann ich Monsieur Bernier vor dem Essen noch anrufen?«

»Ja, mach das. Dann können wir später unser Abendessen in Ruhe genießen! Der Fisch kann warten.«

Nadia lud ihr Gesprächsguthaben auf und wählte Monsieur Berniers Nummer. Fast hoffte sie, er würde sich nicht melden. Der Klang seiner Stimme, aus der man tiefe Verzweiflung hörte, brach ihr das Herz.

Doch der Mann hob sofort ab. Wahrscheinlich saß er ohnehin nur daheim und starrte vor sich hin.

»Bonjour, Monsieur, hier ist Lieutenant Aubertin.«

»Bonsoir. Danke! Ich habe auf Ihren Anruf gewartet.«

»Ich musste das Telefon wechseln. Ich muss Ihnen leider die Wahrheit sagen. Ich bin nicht befugt, in diesem Fall zu ermitteln. Doch ich mache es trotzdem, weil ich spüre, dass da etwas ganz und gar nicht mit rechten Dingen zugeht. Nun habe ich ein Kartenhandy. Bitte kontaktieren Sie mich nur unter dieser Nummer. Vergessen Sie die Nummer und Mailadresse auf meiner Visitenkarte! Ich schicke Ihnen dann auch meine private E-Mail-Adresse.«

»So schlimm ist es also«, entgegnete der Mann mit zitternder Stimme. »Wir ahnten von Anfang an, dass die

Ermittlung abgewürgt wurde, weil man uns trotz unserer Einwände nie wirklich angehört hat. Die Polizei hat keine Fragen gestellt. Wir erstatteten zwar Anzeige gegen die Schule, aber man hat uns am nächsten Tag schon zu verstehen gegeben, dass sie nicht weiterverfolgt würde.«

»Wir haben Beweise dafür gefunden, dass Naomi und ihre Clique Emeline und andere Schüler mobbten. Doch wir suchen nach etwas Tragischen, das am Dienstag vor Emelines Tod geschehen ist. Denn warum sonst wird die Ermittlung so schnell abgewürgt, wenn nicht irgendjemand etwas Wichtiges zu verbergen hat?«

»Nicht irgendjemand, sondern die Kinder von sehr einflussreichen Bürgern.«

»Genau. Und es gilt herauszufinden, was passiert ist. Monsieur Bernier, eine sehr wichtige Frage: Ist Emeline obduziert worden?«

»Ja, scheint so. Denn es ging ja auch darum, sicherzugehen, dass sie Selbstmord begangen hat und nicht ermordet wurde.«

»Und in welchem Zustand waren ihre Geschlechtsorgane?«

»Ich … ich weiß nicht. Warum?«

Nadia räusperte sich. »Ich will sicher sein, dass sie nicht vergewaltigt oder verletzt wurde. Bei Mobbing geht es oft um sexuelle Gewalt. Und eine Vergewaltigung kann eine psychisch gesunde junge Frau in den Selbstmord treiben. Damit zu leben ist sehr schwer.« Nadia dachte wieder an Laura.

»Also … wie kann das sein? In der Schule, von Mitschülern …« Die Stimme des Mannes brach.

»Das passiert leider viel häufiger, als man denkt«, erklärte Nadia. »Und oft handelt es sich um Gruppenvergewaltigungen. Es muss aber nicht das sein. Die Mitschüler könnten Emeline auch gewürgt, gefesselt, mit einem Messer bedroht oder sogar verletzt haben, bevor sie sie einsperrten. Es gibt unzählige Arten, als Gruppe einem Opfer wehzutun. Deshalb meine Frage. Ich wüsste gern, ob auf ihrem Körper Verletzungen gefunden wurden.«

»Man hat uns diesbezüglich nichts mitgeteilt. Was haben Sie bisher herausgefunden?«, wollte Herr Bernier wissen.

Nadia erzählte von den Berichten des Englisch- und des Turnlehrers, ebenso von Christines Aussage.

Der Mann schluchzte auf. »Christine hat uns schon einiges erzählt. Wie konnte es nur so weit kommen? Was sollen wir jetzt tun?«

»Wir versuchen die Presse dafür zu interessieren. Und wir, Staatsanwalt Frigeri, zwei meiner Kollegen und ich, ermitteln diskret weiter. Aber wir dürfen uns der Schule und der Clique nicht nähern. Unsere Chefs haben das ausdrücklich verboten. Wir versuchen trotzdem auch noch mit anderen Schülern und Lehrern zu sprechen und solide Beweise gegen die Clique zu sammeln. Sie sollten sich vielleicht einen Anwalt nehmen, um die Schule und bestimmte Personen wie Naomi Manson zu verklagen.«

»Ja. Aber was kann ein Anwalt schon machen, wenn der Oberstaatsanwalt die Sache unter den Teppich kehren will?«

Nadia überlegte. »Sie brauchen einen verdammt guten Anwalt. Einen Star.«

Sie dachte an den Prozess, der eineinhalb Jahre zuvor wegen des Mordes an dem Schüler Fabrizio Ricci stattgefunden hatte und bei dem drei französische Staranwälte die verschiedenen Kläger vertreten hatten. Bernier brauchte einen der drei. Castini, Rivière oder Humblet.

Aber würde einer von ihnen sich dazu herablassen, in Emeline Berniers Namen gegen eine katholische Privatschule, die Tochter des Leiters der PJ Marseille und eventuell auch den Sohn des Procureurs Klage zu erheben? Doch, das würden sie ohne Zweifel wagen, weil sie gern für Aufsehen sorgten. Aber um einen von ihnen für die Sache zu gewinnen, mussten Pierre und sie selbst zunächst handfeste Beweise für die Schuld der Clique an Emelines Tod haben.

Allerdings kannte Nadia Maître Castini, den besten Anwalt der Stadt, sehr gut, weil sie selbst schon seine Mandantin gewesen war. Sie hatte Klage gegen einen Dealer aus der Banlieue erhoben, der ihr zwei Jahre zuvor beinahe die Kehle durchgeschnitten hatte. Der Drogenhändler hatte schon unzählige andere Delikte begangen und war zu fünfzehn Jahren Haft verurteilt worden, dank Pierre Frigeri und Castini, die herausgefunden hatten, dass er bereits einen Menschen auf dem Gewissen hatte. Castini hatte es außerdem geschafft, für Nadia siebzigtausend Euro Schmerzensgeld auszuhandeln, die ihr vor Kurzem, nach der Pfändung der Konten des steinreichen Dealers, überwiesen worden waren.

Nun konnten Laura und Nadia dank Castini daran denken, sich in Marseille oder der Umgebung ein kleines Häuschen zu kaufen, da sie die Anzahlung besaßen und bei der Bank somit kreditwürdig waren.

»Hören Sie«, sagte sie. »Ich wüsste jemanden, der sicher Erfolg hat, wenn er den Fall annimmt. Allerdings muss ich ihm den erst schmackhaft machen. Er ist ein Staranwalt. Und das Ganze ist natürlich auch eine finanzielle Frage, denn …«

»Wir würden die nötigen Mittel aufbringen«, unterbrach Monsieur Bernier sie. »Unsere Familien würden etwas beisteuern. Und auch Christine möchte Klage erheben.«

»Sehr gut, ich sehe, was ich machen kann«, versprach Nadia, »und sage Ihnen in ein paar Tagen Bescheid. Bitte denken Sie daran: Kontaktieren Sie mich nur unter dieser Nummer. Und schreiben Sie mir niemals eine Mail an meinen Dienstaccount.«

»Verstanden. Ich danke Ihnen. Ich weiß, dass Sie Ihre Karriere für uns riskieren. Warum tun Sie das?«

Nadia seufzte. »Es ist meine Pflicht. Ich bin Polizistin. Und ich höre auf mein Gewissen, nicht auf meine Vorgesetzten. Womöglich ist das ein Fehler. Ich werde vielleicht bald nicht mehr Lieutenant sein. Aber zumindest werde ich mir morgens im Spiegel in die Augen blicken können.«

Als sie mit Laura beim Abendessen saß und zu einem Glas Rosé den frischen Fisch mit Pommes de terre à la provençale, kleinen Kartoffeln mit frischem Thymian, Rosmarin und Olivenöl, genoss, bemerkte sie: »Es ist ein Albtraum. Ich hätte nie gedacht, dass so etwas geschehen kann, sonst wäre ich wahrscheinlich nicht Lieutenant geworden!«

Laura pflichtete ihr bei. »Aber ich denke, dass sie damit nicht durchkommen«, meinte sie. »Sie werden versuchen, uns zum Schweigen zu bringen, aber wenn die Familie Bernier sich wirklich einen Anwalt nimmt und die Presse sich für die Sache zu interessieren beginnt, dann gibt es einen Riesenskandal.«

»Blachet glaubt, dass Pierre einen Skandal auslösen will, um in der Hierarchie aufzusteigen. Ich kenne Pierre gut genug, um zu wissen, dass er es nicht deshalb macht.«

Laura schüttelte den Kopf. »Pierre macht es, weil er das, was hier geschieht, nicht erträgt. Er hasst Korruption und Vetternwirtschaft. Natürlich ist er ehrgeizig, aber er würde nie versuchen, seinen Vorgesetzten abzusägen, nur weil er nach oben will. So dumm ist er nicht!«

»Ich vertraue ihm völlig. Außerdem ist ein Freund wegen der Sache an ihn herangetreten, und so ist er auch emotional beteiligt.«

»Das sind wir alle. Auch wir beide. Vor allem, wenn Emeline sexuell belästigt wurde. Wir haben noch keinen Beweis dafür, aber so, wie die Clique drauf ist, erscheint mir das nicht abwegig.«

Sie ließen das Thema Emeline kurz darauf fallen und sprachen über das Problem, das in diesen Tagen in aller Munde war: das Fortschreiten der Corona-Pandemie, der Mangel an Masken, Tests und Intensivbetten und die Regierung, die bei Corona keine klare Linie zu verfolgen schien.

Nadia seufzte. Vor einem Jahr hatte es im Zuge der Proteste der Gilets Jaunes, der Gelbwesten, sehr viele Demos der Krankenhausangestellten gegeben, die Macron vorwarfen, das Gesundheitswesen kaputtzusparen. Diese Demos waren teilweise gewaltsam unterdrückt worden, obwohl die Pfleger und Ärzte wirklich von der gesamten Bevölkerung unterstützt wurden.

Nun würde die Regierung zeigen müssen, dass sie diese nie da gewesene Situation in den Griff bekam. Denn die Einsparungen im Gesundheitswesen konnten ihr sehr wohl auf die Füße fallen.

Laura meinte: »Es ist eine seltsame Zeit. Diese Pandemie, und dann euer Fall. Es geschehen Dinge, die man sich nie hätte träumen lassen. Von denen man glaubte, dass sie heute nicht mehr passieren könnten.«

Nadia nickte. Sie schenkte ihnen beiden Wein nach. Die Flasche war fast leer.

»Oje!«, rief Laura. »Wir haben heute viel getrunken.«

»Es ist eine Ausnahmesituation. Und ein Bandol!«

Laura lachte. »Ja. Er soll uns helfen, diese düsteren Gesprächsthemen zu ertragen.«

Nadia nahm ihre Hand. »Chérie, das Wichtigste ist, dass wir zusammen sind. Solange ich dich habe, fühle ich, dass mir nichts Schlimmes widerfahren kann.«

Laura blickte sie mit ihren blauen Augen ernst an. »Mir geht es genauso. Obwohl ich dich natürlich nicht beschützen kann. Du mich schon eher!«

»Es geht nicht ums Beschützen. Vielmehr darum, dass ich weiß, dass ich nie allein sein werde, egal, was auch passiert.«

Laura erhob sich und kam um den Tisch zu ihr. Sie umarmte Nadia von hinten und küsste sie. »Ich liebe dich«, flüsterte sie ihr ins Ohr.

»Ich dich auch.«

Sie waren nun seit zwei Jahren, die wie im Flug vergangen waren, zusammen. Aufgrund von Nadias Weiterbildung zum Lieutenant hatten sie ein Jahr eine Wochenendbeziehung geführt. Doch diese Zeit hatten sie gut bewältigt. Ihr Verhältnis hatte sich vertieft, doch ihre Verliebtheit war noch so stark wie am Anfang. Das prickelnde Gefühl war noch immer da. Die Lust auf Lauras Körper. Der Wunsch, ihr jeden Tag zu sagen, wie sehr sie sie liebte. Laura war das Beste, was Nadia in ihrem Leben geschehen war. Doch tief in ihr drin war da auch diese Sorge wegen der kommenden Wochen, die Angst vor der Krankheit und wegen der inoffiziellen Ermittlung. Nadia fürchtete nicht um sich selbst, sondern vielmehr um Laura. Sie hatte Angst davor, ihre Partnerin in Gefahr zu bringen und sie nicht so beschützen zu können, wie sie es sollte.

Die Erlösung

Jeder neue Schultag war eine Folter. Noch immer redete keiner mit Christine, nicht einmal die Schüler, die sie eigentlich mochte und die wie sie Opfer der Clique waren.

Wahrscheinlich hatten sie alle Angst, von Naomi und deren Freunden verfolgt und gepiesackt zu werden. Am Donnerstag nach der Englischstunde sagte Monsieur Moltet: »Christine, kannst du bitte kurz zu mir kommen?«

Mathilde und Léane lachten hämisch. Sie machten sich über Moltet gern lustig. Doch dieser ließ sich nichts gefallen. Er hatte den Mädchen sehr schlechte Noten aufgebrummt und gab den Störenfrieden häufig Strafaufgaben.

Diesmal ignorierte er die beiden und sagte zur Klasse: »Die Grammatikübungen sind für Montag.«

»Alle?«, wollte René wissen.

»Ja, alle.«

»Putain, so eine Scheiße, das sind ja vier Seiten!«

»Ja, es sind vier Seiten, aber ihr habt drei Tage Zeit.«

Einige Schüler murrten, doch Moltet sagte: »Keine Diskussionen. Die Übung wird abgegeben und benotet.«

Als alle Schüler draußen waren, ging Christine mit zitternden Knien nach vorn.

»Wie geht es dir, Christine?« Moltet sah sie besorgt an.

Sie zuckte mit den Schultern. »Es ist schwierig. Am liebsten würde ich nicht mehr in die Schule kommen.«

Er seufzte. »Glaub mir, ich auch.« Er schwieg einen

Moment, dann meinte er: »Christine, lasst euch nichts gefallen. Du und noch ein paar andere. Ihr müsst euch wehren. Lasst euch nicht mobben! So kann es nicht weitergehen. Sieh nur, wohin das mit Emeline geführt hat.«

Christine stiegen Tränen in die Augen.

»Natürlich, aber Sie sehen ja, dass alle straffrei ausgehen. Die Polizei interessiert sich überhaupt nicht für das, was mit Emeline geschehen ist«, gelang es ihr, mit zittriger Stimme zu erwidern.

Er sah sie an. »Doch. Denk an die junge Polizistin. Sie ermittelt. Du bist nicht allein, Christine. Aber du musst die Wahrheit sagen. Was ist am Dienstag nach dem Turnunterricht vorgefallen?«

Christine stockte der Atem. Monsieur Moltet wusste Bescheid!

Sie stammelte. »Ich … ich weiß es nicht! Emeline war traumatisiert und hat mir nichts erzählt.«

»Und wo warst du?«

Sie senkte den Kopf. »Auf der Toilette. Ich war nicht da, als sie mich gebraucht hätte.«

Er sah sie lange schweigend an. Dann sagte er langsam und eindringlich: »Wenn du mehr weißt, als du zugibst, Christine, dann musst du reden. Denn dann bist du eine wichtige Zeugin und kannst der Ermittlerin weiterhelfen.«

Christine senkte den Kopf. Sie konnte es nicht erzählen. Es war zu fürchterlich.

»Alles Gute, Christine, wir sehen uns am Montag!«

Moltet verließ das Klassenzimmer, und Christine blieb allein zurück. Sie ging aus der Klasse den Gang entlang, als plötzlich eine Hand nach ihr griff und sie in einen Raum zog. Ihr Herzschlag setzte vor Schreck beinahe aus. Die gesamte Clique war da! Mit den vier

Jungs, Arthur und seinen Freunden Ugo, Kevin und Charly.

Sie stellten sich im Kreis um sie.

Sie werden mit mir dasselbe machen wie mit Emeline, fuhr es Christine durch den Kopf. Hilfe suchend sah sie zur Tür.

»Keine Sorge«, feixte Arthur. »Du bist heute noch nicht dran. Aber vielleicht nächste Woche. Untersteh dich, mit irgendjemandem darüber zu reden. Moltet spielt gern den Sheriff. Aber wir werden dafür sorgen, dass er rausgeworfen wird, wenn er keine Ruhe gibt! Und was dich betrifft, wenn du den Mund aufmachst, bist du tot! Verstanden?«

Christine starrte ihn an.

»Verstanden?«, brüllte er. Naomi und Mathilde lachten hämisch. Naomi versetzte Christine einen Stoß. Christine nickte zitternd. Auf einmal waren sie fort, und sie stand allein in dem Raum. Sie konnte nicht begreifen, dass ihre Mitschüler sie mit dem Tod bedroht hatten. Doch sie wusste, dass sie es ernst meinten. Arthur war ein hartgesottener Kerl. Und sein Vater ein korrupter Staatsanwalt.

Die letzte Stunde, Physik, lief an Christine vorbei, als wäre sie nicht anwesend. Die Worte des Lehrers drangen nicht zu ihr durch. Sobald es läutete, rannte sie nach draußen und kam fünf Minuten später atemlos am Bahnhof an. Sie wollte nicht mehr in diese Schule gehen. Sie konnte nicht mehr. Es musste etwas geschehen. Sie sah aus dem Zugfenster. Tränen rannen über ihre Wangen. Manchmal schluchzte sie auf. Das Leben war ganz einfach unerträglich. Sie wollte sterben. Wie Emeline. Oder weglaufen. Doch ihr fehlte für beides der Mut.

Beim Abendessen stocherte Christine lustlos auf ihrem Teller herum. Ihr kleiner Bruder war noch beim Tennistraining, ihre jüngere Schwester saß neben ihr und sah ratlos von einem zum anderen. Zwischen den Eltern herrschte dicke Luft. Sie hatten am Vorabend gestritten, weil die Mutter dem Vater mitgeteilt hatte, dass sie mit den Berniers einen Rechtsanwalt engagieren und die Schule verklagen würde.

»Auf keinen Fall«, hatte der Vater gemeint. »Weißt du, was das kostet? Und willst du im Mittelpunkt der öffentlichen Aufmerksamkeit stehen? Und Christine? Das Beste ist, wir nehmen sie stillschweigend aus der Schule und vergessen das Ganze so schnell wie möglich.«

»Du Egoist«, hatte die Mutter gefaucht. »Du Feigling! Emeline ist gestorben, weil diese Schnepfen sie gemobbt haben. Es hätte auch Christine treffen können.«

Die Eltern hatten keine Ahnung. Es war noch lange nicht vorbei. Christine konnte es nicht mehr ertragen. Sie beschloss, sich zu vergiften, um zumindest krank zu werden. Die Eltern setzten sich vor den Fernseher. Staatspräsident Macron hielt eine Ansprache zur Corona-Epidemie.

Christine war alles egal. Sie suchte in der Küche nach etwas, was sie essen oder trinken könnte, um sich den Magen zu verderben. Wovon bekam man Durchfall? Was erbrach man?

Christines Plan war, zum Arzt zu gehen und sich mehrere Tage krankschreiben zu lassen. Dann würde sie weitersehen.

Plötzlich stand die Mutter neben ihr. »Was machst du, Chérie? Komm ins Wohnzimmer. Hör dir den Präsidenten an!«

Der Präsident interessierte Christine nicht die Bohne, doch sie setzte sich folgsam hin, obwohl ihre Gedanken noch immer bei den Lebensmitteln waren.

Die Worte des Präsidenten gingen an ihr vorbei.

Sie spürte, dass die Eltern sie ansahen. »Na so was. Das hat es noch nie gegeben! Was sagst du dazu, Chérie?«, fragte der Vater.

Christine zuckte zusammen. Sie wusste nicht, wovon er sprach.

Da hörte sie Macron sagen: »Die Schüler werden zu Hause am Computer unterrichtet. Die Schulen bleiben mindestens bis zu den Osterferien geschlossen, und das ab morgen Abend.«

Christine konnte es kaum glauben. Sie spürte, wie sich unglaubliche Erleichterung in ihr ausbreitete. Noch nie im Leben war sie so froh gewesen. Sie war gerettet! Sie würde ab dem übernächsten Tag nie wieder in diese fürchterliche Schule gehen müssen. Denn nach den Osterferien würde sie, falls überhaupt wieder Unterricht stattfand, das Lycée in Martigues besuchen. Sie liebte Emmanuel Macron!

»Das ist super«, sagte sie und sah die Eltern an. »Nie mehr L'Estaque.«

Der Vater warf der Mutter einen eindringlichen Blick zu. »Siehst du, so hat sich alles von selbst geregelt. Wir brauchen keinen Rechtsanwalt!«

Doch in den Augen der Mutter bemerkte Christine eine eiserne Entschlossenheit. Diese Beobachtung und die Tatsache, dass das Ende ihrer Qualen nahte, verliehen Christine Flügel. Sie würde tun, was zu tun war, bevor sie diese Schule für immer verlassen würde.

Die Drohung

Loïc war erleichtert. Die Schulen wurden auf unbestimmte Zeit geschlossen. Obwohl das für sie, die Lehrer, Mehrarbeit bedeutete, denn sie mussten trotzdem einige Stunden pro Tag in der Schule verbringen, den Schülern ein Lernprogramm zusammenstellen und teilweise auch auf Zoom oder Skype ansprechbar sein. Es war eine ganz neue Situation. Die Lehrer waren ziemlich überrumpelt.

Zwei Tage zuvor war von einer Schließung der Schulen noch keine Rede gewesen, und nun war plötzlich dieser Freitag der letzte Schultag vor den Osterferien, und wenn es ganz schlimm kam, sogar der letzte des Schuljahres! Ob das Virus wirklich so tödlich und gefährlich war, bezweifelte Loïc. Er befürchtete, dass die Presse die ganze Sache aufgebauscht hatte. Warum schickte man nicht einfach nur alte und kränkliche Personen in Quarantäne? Doch eine wissenschaftliche Berechnung zeigte anscheinend, dass alle Krankenhäuser hoffnungslos überfüllt sein würden, sollte man keine Maßnahmen ergreifen.

Er war auf jeden Fall sehr glücklich, die Schüler nicht mehr in den Klassen vor sich zu haben und vor allem der 2B entronnen zu sein. Naomi und ihre Freunde heckten offenbar etwas gegen ihn aus. Und welche Methoden sie dabei angewandt hätten, konnte er nur erahnen.

Naomi hatte am Anfang des Jahres den ehemaligen Physik- und Chemielehrer Nathan Merle eines sexuellen Übergriffes bezichtigt, dieser war seitdem aus der Schule verschwunden. Sie hatte seine Karriere ruiniert. Er konnte in keiner Schule Frankreichs mehr unterrichten. Loïc wusste, dass sein Kollege von Naomi zu Unrecht beschuldigt worden war. Er hatte sie zuvor bestraft, weil sie Philippe, einen der fleißigen und naturwissenschaftlich begabten Schüler, in der Unterrichtsstunde gepiesackt hatte. Sie hatte nachsitzen müssen, und das hatte ihr nicht gefallen. Deshalb hatte sie die Karriere von Loïcs Kollegen zerstört. Und Loïc hatte befürchtet, dass sie in der kommenden Woche dasselbe mit ihm tun würde, weil es ihr nicht gepasst hatte, wie er ihr und ihren Mitläufern ins Gewissen geredet hatte.

Er war äußerst nervös gewesen, als er sich mit seiner Frau, die gerade ihren kleinen Sohn stillte, vor den Fernseher gesetzt hatte, um zu hören, was Macron ankündigte. Und der Staatspräsident hatte Loïc gerettet. Er würde die Klasse 2B vorerst nicht mehr sehen. Er würde ihnen Arbeit schicken, mit einigen Schülern in Kontakt sein und die Clique in Ruhe lassen. Er hoffte, dass Naomi ihn vergessen würde.

Sehr zufrieden begab er sich in den Kopierraum, um einige Unterlagen für die Terminale C vorzubereiten. Als er am Kopiergerät stand, spürte er, dass jemand neben ihn trat, und fuhr zusammen.

»Entschuldigung, Monsieur, ich habe Sie erschreckt.«

Mit Erstaunen sah er, dass es Christine Perrin, Emelines beste Freundin, war. Sie sprach etwas hektisch weiter. »Ich brauche Ihre Hilfe. Um der Polizistin einen Beweis zu liefern. Die Clique hat mich gestern bedroht. Ich will sie dazu bringen, es noch einmal zu tun. Und ich möchte Sie bitten, dass Sie das Gespräch mit Ihrem Telefon aufnehmen.«

Loïc hielt verwundert inne. Christine erschien ihm

nicht mehr verstört und verängstigt wie am Vortag, sondern kampfeslustig und mutig.

Sie schien seine Gedanken lesen zu können und erklärte: »Ich fürchte mich nicht mehr vor ihnen, weil wir ab heute Nachmittag keinen Unterricht mehr haben und vielleicht sogar eine Ausgangssperre bekommen. Dann kann mir keiner mehr etwas antun.«

Hoffentlich, dachte Loïc. Er hatte keine Ahnung, wie weit diese Jugendlichen gehen würden, ob sie ihre Bosheiten auf die Schule beschränkten oder ihre Opfer bis nach Hause verfolgten.

»Bleiben Sie hier im Kopierraum! Wenn jemand kommt, gehen Sie gegenüber in die Toilette! Und ich versuche, die anderen hier im Gang zu treffen. In drei Minuten!«

Und schon war Christine wieder draußen. Loïcs Hand zitterte so stark, dass er keine Kopien mehr machen konnte. Er nahm das Telefon aus seiner Hosentasche und tippte auf das Icon der Kamera. Dann öffnete er die Tür des Kopierraums einen Spaltbreit und wartete. Bald waren Stimmen zu hören. Christine, Naomi, Mathilde, Léane, Mégane und Vanessa.

»Nun, Madame Lesbienne, was willst du uns sagen?«, fragte Naomi und versetzte Christine einen Stoß. Loïc gelang es, das zu filmen.

»Um euch ist es schlimm bestellt. Meine Eltern und Emelines Eltern werden sich einen Rechtsanwalt nehmen, einen der besten.«

»Die beste ist meine Mutter«, sagte Léane. »Und die verteidigt uns. Außerdem interessiert sich kein guter Rechtsanwalt für so eine Sache. Und erinnere dich. Wir haben nichts getan. Du erinnerst dich doch, nicht wahr?«

Leider verschwanden die Mädchen aus Loïcs Blickfeld.

»Au, ihr tut mir weh!«, rief Christine. »Hör auf, du könntest mir den Arm brechen!«

»Na, Christine, was hast du denn heute, so warst du noch nie«, ließ sich Naomi vernehmen. »Extrem wehleidig. Spielst Theater. Christine, du hältst den Mund. Denn es ist nicht vorbei.«

»Was geschieht sonst?«, fragte Christine.

»Sonst bringen wir dich um. Dich und deine Eltern. Du weißt, dass wir das tun können, ohne uns die Hände schmutzig zu machen. Denn wir haben Verbindungen in die Banlieue. Dort findet man immer jemanden, der für ein paar Hundert Euro mal kurz ein Verbrechen begehen will.«

»Dein Vater …?«, fragte Christine. Loïc hörte, dass sie das Zittern in ihrer Stimme zu verbergen versuchte.

»Ja, mein Vater. Wenn er Vorstadtrowdys braucht, findet er welche. Er tut alles für mich. Er verhandelt mit den Typen. Kann freilassen, wen er will.«

»Ich habe keine Angst vor euch. Ihr wollt mich nur einschüchtern.«

»Und pass auf, dass dir nicht dasselbe passiert wie Emeline.«

»Was ist Emeline denn passiert?«

»Das weißt du ganz genau. Lesben müssen auch mal gefickt werden. Treffpunkt nach der Schule, Christine? Wir wissen, dass du zum Bahnhof gehst, jeden Abend. Und heute gehen wir auch dorthin. Mit den Jungs. Bis dann, Lesbi!«

Die fünf Mädchen verschwanden. Loïc bekam beinahe keine Luft mehr. Er hoffte, dass der Film nicht zu zittrig geworden war. Christine wartete, bis Naomi und ihr Gefolge am Ende des Korridors verschwunden waren. Dann trat sie ins Kopierkämmerchen. Sie war blass, erschien Loïc jedoch ruhig und gelöst. Er sah sie sprachlos an.

»Sie haben es zugegeben!«, stammelte er schließlich.

Christine nickte. »Bitte schicken Sie den Film der Polizistin!«

Sie hielt ihm einen Zettel mit einer Telefonnummer und einer E-Mail-Adresse hin.

»Sie ist unter dieser Nummer erreichbar. Ein Kartenhandy. Und den Film will sie auf diese E-Mail-Adresse bekommen. Schicken Sie ihn mir bitte auch! Meine Eltern suchen einen Rechtsanwalt.«

Zitternd tat Loïc, wie ihm befohlen wurde.

»Merci beaucoup, Monsieur«, sagte Christine. »Ich muss jetzt los. Wir bleiben in Kontakt. Und gutes Homeschooling!«

Loïc wollte sie noch warnen, wegen des Abends, doch er brachte kein Wort heraus. Er kopierte, immer noch zitternd, weiter. Sein Kollege Michel, ein Geschichtslehrer, kam in den Raum. Er schien vollkommen aus dem Häuschen.

»Mon Dieu, Loïc, ich kenne mich mit dem ganzen Internet-Zeugs überhaupt nicht aus, und jetzt soll ich auf diese Art unterrichten. Zoom und Skype und YouTube und weiß der Teufel was noch. Ich hasse die Informatik. Meine Spezialität ist Napoleon!«

Loïc lächelte. Dann meinte er beruhigend: »Michel, wir sind alle hier in der Schule. Ich helfe dir. Versprochen.«

»Danke, Loïc!«

Loïcs Telefon läutete. Es war die Polizistin. Madame le Lieutenant. Sie hatte den Film bereits gesehen. Loïc trat einige Schritte zurück und überließ Michel das Kopiergerät.

Nadia Aubertin klang hektisch. »Ich melde mich am

Abend bei Ihnen. Wenn ich noch lebe. Ich bin in der Banlieue. Ich brauche Ihre Hilfe. Bitte, Sie müssen Christine aus der Schule verschwinden lassen, denn die anderen haben sie bedroht. Ich möchte nicht, dass ihr am letzten Schultag etwas geschieht. Bringen Sie sie zum Bahnhof, damit sie einen früheren Zug nimmt. Sie soll einfach vor dem Ende des Schultages gehen. Haben Sie Zeit?«

»Ja, kein Problem, ich finde eine Lösung.«

»Danke. Bis später!«

Loïc atmete tief durch. Dieser Tag ähnelte einem seltsamen, sehr hektischen Traum. Er beschloss, Christine in der Mittagspause aus der Schule zu bringen. In der Unterrichtsstunde vor der Pause war er sehr zerstreut. Den Schülern der 1 A war das ziemlich egal, sie befanden sich alle in einer riesigen Euphorie, denn für sie war Homeschooling wie Ferien. Halbherzig ermahnte Loïc sie zu arbeiten, es würden Tests stattfinden. Doch er war mit den Gedanken woanders. Am Ende der Stunde eilte er davon und suchte Christine.

Er fand sie. Sie kam aus der Spanischstunde, als eine der Letzten, und zuckte zusammen, als sie ihn sah.

»Christine, bitte komm kurz mit. Ich muss dir im Konferenzzimmer die Papiere geben, um die du mich gebeten hast. Für das Englisch-Camp.«

Hinter Christine gingen Miranda, Elise und drei Jungs.

»Au revoir, Monsieur!«, posaunten sie.

»Bye, kids. Und vergesst nicht. Am Montag um zehn haben wir Englisch. Am Computer.«

»Ach ja, wirklich? Um zehn? Keine Ahnung, ob wir da schon wach sind!« Die Jungs lachten.

»Ja. Ich zähle auf euch. Ich gebe euch Arbeit, die zu machen ist. Es sind keine Ferien!«

»Ach«, einer der Jungs winkte ab, »nehmen Sie's locker, Monsieur!«

Loïc lachte. »Und du, nimm es nicht zu locker. Das rächt sich sonst nächstes Jahr.«

Die Jugendlichen zogen ab, und Christine ging neben Loïc den Gang entlang.

»Englisch-Camp? Es handelt sich wohl um Madame le Lieutenant?«, raunte sie.

»Ja. Madame Aubertin möchte, dass du sofort aus der Schule verschwindest. Um auf Nummer sicher zu gehen. Damit dir nicht heute Abend etwas passiert. Ich soll dich zum Bahnhof bringen.«

Sie sah ihn erschrocken an. »Und was sage ich, wenn ich einfach so verschwinde? Ich muss eine glaubwürdige Erklärung finden. Sie wissen ja, wie streng die Direktion bei Abwesenheit ist.«

»Hm, dass du krank bist? Oder zum Arzt musst? Dass dir übel ist?«

»Übelkeit, eine gute Idee. Denn letztens hat Marcel Lagnon Madame Peters in ihr Büro gekotzt. Sie lässt jetzt jeden Schüler, dem schlecht ist, sofort gehen.«

»Du sagst es ihr, und ich bringe dich zum Bahnhof. Ich muss sicher sein, dass du gut von hier wegkommst.«

»Danke, Monsieur!«

»Nichts zu danken. Wir arbeiten zusammen. Mit Madame Aubertin.« Er seufzte. »Geh zu Madame Peters, melde dich ab, hol alle deine Sachen. Ich warte im Auto hinter der Schule auf dich. In Ordnung?«

Christine nickte.

Loïc setzte sich in sein Auto und stellte sich hinter das Gebäude.

Christine kam nach fünf Minuten.

»Schnell, fahren wir! Ich kann es nicht erwarten, von diesem Ort wegzukommen. Monsieur, ich werde nicht mehr hierher zurückkehren. Ich werde nach den Osterferien aufs öffentliche Lycée nach Martigues gehen.«

Loïc nickte. »Das war zu erwarten. Ich würde auch gern woanders arbeiten. Aber ich muss das Schuljahr fertig machen. Und dann suche ich um Versetzung nach.«

»Die Direktorin ist wirklich eine feige Kuh«, meinte Christine.

Loïc musste ihr recht geben. Er war sehr enttäuscht. Enttäuscht von der Schulleitung, von seinen Kollegen, die nicht mit ihm über die Sache sprechen wollten, und von der korrupten Situation im Allgemeinen.

»Also glaubst du, dass sie Emeline vergewaltigt haben?«, fragte Loïc vorsichtig. »Naomi hat so eine Bemerkung gemacht.«

Er wollte vor seiner Schülerin den Satz »Lesben müssen auch mal gefickt werden« nicht aussprechen.

»Ich befürchte es.« Christine kaute an ihrer Unterlippe und Loïc hatte das Gefühl, dass sie viel mehr wusste, als sie ihm sagte. Wahrscheinlich hatten sie Christine aus dem Weg geschafft, während sie sich um Emeline gekümmert hatten. Und nun drohten sie ihr mit dem Tod, damit sie nicht redete.

Als sie zum Bahnhof kamen, fuhr der Zug aus Marseille in Richtung Carry-le-Rouet gerade ein.

»Schnell! Versuch ihn zu erwischen!«, befahl Loïc, und Christine nahm ihre Taschen, sprang aus dem Auto, winkte ihm zu und verschwand. Kurz darauf sah er sie hinter dem kleinen Bahnhofsgebäude in den Zug steigen. Die Tür schloss sich, und der Zug fuhr an.

Loïc atmete auf. Christine war in Sicherheit. Aber konnte man vor diesen Leuten jemals in Sicherheit sein, trotz Lockdown und Homeschooling? Er hatte kein gutes Gefühl. Trotz allem.

Pressearbeit

Laura wusste nicht, was sie von dem Ganzen halten sollte. Sie fand die Ereignisse der Woche sehr chaotisch. Zwei Tage zuvor hatte die Regierung versichert, man würde die Schulen keinesfalls schließen, doch nun wurden sie geschlossen und Treffen von mehr als fünfzig Personen verboten. Doch man bestand weiter darauf, dass Masken nutzlos wären, während man sie in anderen Ländern vorschrieb.

Der Präsident hatte drastische Maßnahmen angekündigt, die vielleicht Anfang der Woche noch einmal verschärft würden. Eine Ausgangssperre wurde im Moment nicht erwogen, doch das konnte noch kommen. In Norditalien stieg die Zahl der Corona-Toten mit jedem Tag an, und die Krankenhäuser wurden immer voller. Andere Länder wie Österreich und Teile Deutschlands hatten ebenfalls Maßnahmen ergriffen. In Großbritannien wurde nichts unternommen; der Premierminister meinte, die Leute müssten sich alle anstecken, um immun zu werden. »Es wird Tausende Tote geben«, hatte er gewarnt.

Laura spürte, wie Nervosität sich ihrer bemächtigte. Die Stimmung in der Redaktion war seltsam. Es herrschte ungewöhnliche Geschäftigkeit, aber zugleich wirkten alle ziemlich resigniert. Wahrscheinlich bereitete sich der eine oder andere schon aufs Sterben vor. Laura, die jung und gesund war, machte das Virus keine Angst. Doch einige ihrer Kollegen schienen sich vor einer Infektion sehr zu fürchten. Die meisten hatten nun Fläschchen mit Desinfektionsmittel auf ihrem Schreibtisch stehen und rieben sich alle paar Minuten die Hände damit ein. Manche hatten auch Masken mit, die sie zum Einkaufen und in den öffentlichen Verkehrsmitteln trugen.

Die Tatsache, dass die Wahlen trotzdem stattfinden sollten, machte die meisten Journalisten ziemlich ratlos. Man schloss die Schulen, untersagte Zusammenkünfte, stellte die Leute auf Home-Office um, aber hielt Kommunalwahlen in engen Wahllokalen ab?

»Die Verschiebung der Wahl wäre zu teuer«, erklärte François in der Redaktionssitzung. »Außerdem muss gewählt werden. Ein Drittel aller Bürgermeister wird die absolute Mehrheit erlangen und bereits im ersten Wahlgang gewinnen. Allerdings wissen wir nicht, ob der zweite Wahlgang, der bekanntlich zwei Wochen nach dem ersten stattfinden muss, möglich sein wird.«

Er erklärte, dass nun alle Journalisten im Home-Office arbeiten und ihre jeweiligen Recherchen von daheim aus durchführen sollten. Laura frohlockte. Das passte ihr gut, so hatte sie Zeit, sich um die Sache in Carry-le-Rouet zu kümmern. Sie schrieb ohnehin am liebsten zu Hause, in ihrem hellen Wohnzimmer, wo es sehr ruhig war. Das war viel einfacher als in der Redaktion, wo sie in einem Open Space saß und ständig gestört wurde. Allerdings würde die Zusammenarbeit mit den Kollegen nicht so einfach sein. François musste alles koordinieren, die kommende Woche schien ihm Sorgen zu bereiten. Er verteilte die Aufgaben fürs Wochenende, das wegen der Wahl sehr arbeitsreich sein würde. Außerdem sollte es jeden Tag eine Videokonferenz mit dem gesamten Team geben.

Laura sollte sich um die kleinen Orte kümmern, zu denen sie bereits einmal recherchiert hatte. Sie sollte weiterverfolgen, was außerhalb von Marseille los war. Das traf sich gut, denn auch Carry-le-Rouet war dabei. Daniel grinste Laura zu. Er las ihre Gedanken. Er selbst musste einen Artikel über den Noch-Bürgermeister von Marseille und dessen Nachfolgerin schreiben. Lizzy sollte über den Printemps Marseillais berichten, die Union der Linken, und Georges über die rechtsextreme Partei Rassemblement National sowie den Kandidaten der Regierungspartei. Michelle, die neu war, sollte sich mit den restlichen Parteien befassen.

Am Sonntagabend sollte Laura eine Darstellung der allgemeinen Wahltendenzen in Frankreich liefern. Daniel sollte Marseille bearbeiten, Lizzy die Wahlbedingungen in Corona-Zeiten und Georges die Stimmung im ganzen Land.

»Es wird eine sehr niedrige Wahlbeteiligung erwartet«, erklärte François. »Und hier in Marseille gelten der rechtsextreme Rassemblement National und die Rechtskonservativen als Favoriten.«

Laura bemerkte Lizzys finsteren Blick. Ihr Mann stand auf der Liste der Linken ziemlich weit vorn, und Lizzy gefiel es nicht, dass man ihn und seine Partei bereits als Verlierer abstempelte.

»Es wird eine Überraschung geben«, prophezeite sie, als sie und Laura nach der Konferenz den Raum verließen. »Die Leute haben genug vom Bürgermeister und seiner korrupten Partei, und der RN nervt sie auch schon. Der RN hat kein Programm. Bloß Ausländer raus. Und dann geht es uns um so vieles besser?« Lizzy schnaubte wütend und stampfte zu ihrem Computer. Sie war eine kleine, stämmige Fünfundvierzigjährige, die vor Energie nur so strotzte.

Laura seufzte. Sie wusste nicht, ob sie zur Wahl gehen würde. Sie hatte noch nicht entschieden, wen sie wählen sollte.

Am Sonntag wollten sie mit Florian, Jérémie und Pierre in die Calanques wandern und dort ein Picknick machen, bevor sie ab dem Spätnachmittag arbeiten musste.

Nadia hatte auch ihre neue Kollegin eingeladen.

»Sie kennt die Gegend überhaupt nicht«, hatte sie gemeint.

»Und so ist Pierre nicht ganz allein«, hatte Laura gelacht.

Doch Nadia hatte ihr erzählt, dass Fiona im Moment von Männern nicht viel wissen wolle. Sie hatte sich soeben von einem gewalttätigen Lebensgefährten getrennt. Laura seufzte.

Ihr Handy läutete. Es war Nadia.

»Laura«, sagte diese atemlos, »bei uns geht alles drunter und drüber. Aber ich habe einen Film bekommen. Die Clique hat heute Christine bedroht, Emelines Freundin. Und der Englischlehrer hat es aufgenommen und teilweise gefilmt. Wir haben einen Beweis! Schau mal, was du damit bei der Zeitung machen kannst. Ich schicke dir den Film.«

Laura seufzte wieder. François, den die Home-Office-Geschichte und die Wahlen ohnehin schon stressten, würde für den Fall nur schwer zu begeistern sein.

Doch sie musste es trotzdem versuchen. Das schuldete sie Pierre, Nadia, Emeline und deren Freundin. Und dass sie eine Aufnahme als Beweis hatten, war auf jeden Fall eine sehr gute Nachricht. Es würde Rechtsanwalt Castini, den Nadia anheuern wollte, motivieren, den Fall zu übernehmen. Laura hörte sich die Aufnahme an. Bildmaterial gab es nicht viel, doch man konnte deutlich sehen, wer dabei war. Und die Qualität der Aufnahme war gut. Man hörte, dass Christine bedroht wurde.

Wenn du den Mund aufmachst, bist du tot, sagte Naomi.

Sie meinte auch, es wäre für sie sehr leicht, jemanden zu eliminieren, weil ihr Vater Kontakte in den Banlieues hatte. Eine interessante Information!

Und dann sprachen sie davon, dass *Lesben auch mal gefickt werden müssen.*

Laura atmete scharf ein. Das klang wie ein Beleg dafür, dass einer der Jungs Emeline vergewaltigt hatte. Wahrscheinlich hatte es sich sogar um eine Gruppenvergewaltigung gehandelt.

François brummte vor sich hin, als Laura in sein Büro trat. Sie spielte ihm die Aufnahme vor, die er sich etwas ungeduldig anhörte.

»Laura«, meinte er ziemlich herablassend, »sei nicht naiv, das ist blödes Geplänkel. Die jungen Leute reden so. Bellende Hunde beißen nicht. Daraus kann ich keinem einen Strick drehen. Und noch weniger einen Artikel in eine ohnehin proppenvolle Zeitung einbauen. Vor allem derzeit.«

Laura seufzte. Sie hatte es ja gewusst. Doch sie sagte: »François, dieses Mädchen ist in Gefahr. Und die Polizei will sie nicht schützen. Nadia darf nicht ermitteln.«

»Laura, wir sehen in ein paar Tagen weiter! Im Moment haben wir wirklich anderes zu tun. Ich will davon jetzt nichts mehr hören. Ich … verdammt, was für eine *merde*, diese Gesundheitskrise!«

Er wischte sich über die Stirn. Laura erkannte, dass er mit der Situation ziemlich überfordert war. Was sie gut verstehen konnte. Sie hätte nicht an seiner Stelle sein wollen.

»Kann ich dir irgendwie helfen, François?«, fühlte Laura sich verpflichtet zu fragen.

»Nein, im Moment nicht. Aber es kann natürlich sein, dass ich dir noch mehr Arbeit gebe. Bleib bitte das ganze

Wochenende erreichbar! Und am Sonntag um fünf am Abend haben wir ohnehin unsere Videokonferenz.«

Entmutigt verließ Laura das Büro ihres Vorgesetzten. Vorläufig würde sie es nicht schaffen, ihre Zeitung für den Fall Emeline Bernier zu interessieren.

Am Abend

Es war ein anstrengender Tag gewesen, sie hatten bis zum Abend in der Cité gearbeitet. Nadia hatte mit anderen Ermittlern und ihren Teams mit der Hilfe und dem Schutz der CRS mehrere Wohnungen in La Busserine durchsucht.

Sie hatten einige Leute verhaftet, und am Montag würden diese bereits dem Staatsanwalt und dem Untersuchungsrichter vorgeführt werden. Es war zu keinen gewalttätigen Zusammenstößen mit der Bevölkerung gekommen, weil sie vor Ort sehr zahlreich aufgetaucht waren. Am Montag sollten sie jedoch erneut nach La Busserine fahren, um weitere Leute zu befragen – und Nadia wusste nicht, wie sie dann empfangen werden würden. Commissaire Blachet war sehr zufrieden und hatte Nadia gelobt.

»Mann, ihr legt ja ein Mordstempo vor«, meinte Pierre, als Nadia ihn anrief, um ihm von dem Film zu erzählen, den der Englischlehrer ihr geschickt hatte. »Wir hatten heute nicht einmal Zeit fürs Mittagessen, dabei waren wir zu zweit!«

»Ja, das ist der Druck vor den Wahlen! Obwohl sich eigentlich keiner für die gefangenen Rumänen, die Einbrüche, Überfälle und den Mord vom Herbst interessiert. Jeder überlegt nur, ob er zu den Wahlen gehen soll, weil er Angst vor Ansteckung hat.«

»Hm, ich weiß gar nicht, ob ich überhaupt wählen soll. Obwohl … ich hab ja bei Gericht heute schon mehrere Dutzend Leute getroffen. Da kommt's dann auch nicht mehr drauf an.«

»Wir machen am Sonntag ein Picknick in den Calanques. Mit Florian, Jérémie und Fiona. Du kommst doch auch?«

»Gern. Ein wenig Freizeit werde ich mir trotz allem gönnen!«

»Wir werden nicht so lange bleiben. Laura muss am Abend auch arbeiten.«

»Super. Sag mir, wann und wo wir uns treffen!«

Dann erzählte Nadia ihm vom Gespräch der Clique mit Christine, das der Englischlehrer aufgenommen hatte.

Pierre wirkte sehr aufgeregt. »Wie es scheint, haben sie Emeline also wirklich vergewaltigt.«

»Ja. Aber wir brauchen mehr Beweise. Castini ist nicht interessiert.«

Der Anwalt, den Nadia schon mehrmals zu erreichen versucht hatte, hatte ihr am Vorabend eine knappe Nachricht auf ihrem Anrufbeantworter hinterlassen. Er hatte nur gemeint, er habe im Moment überhaupt keine Zeit, sich um diesen Fall zu kümmern, und würde sich eventuell in einigen Tagen, wenn er seine Kanzlei auf Home-Office umgestellt habe, bei ihr melden. Besonders motiviert hatte Castini nicht geklungen. Wahrscheinlich war er wie alle im Stress wegen dieser ungewohnten Arbeitssituation.

Als Nadia nach Hause kam, war Laura noch nicht da. Das war nicht erstaunlich, sie hatte angekündigt, dass sie viel Arbeit haben würde.

Nadia beschloss, für sie beide das Abendessen zuzubereiten. Es war schon spät, und sie würden zu ihrem traditionellen Glas Wein nur etwas Kleines essen. Ein gemischter Salat mit Tomaten, Karotten, Thunfisch, Mais und Eiern würde reichen. Außerdem hatte Nadia ein gutes Vollkornbrot aus der Bäckerei geholt, die nur drei Minuten von ihrer Wohnung entfernt war. Als alles fertig und der Tisch gedeckt war, beschloss Nadia, Loïc anzurufen. Er meldete sich sofort.

»Wie geht es Ihnen?«, fragte Nadia.

»Nun, eigentlich gut, weil ich die Schüler nicht mehr sehen werde. Aber ich muss trotzdem einige Stunden pro Woche in die Schule und meine Direktorin treffen. Darauf könnte ich verzichten.«

»Verständlich. Mir geht es wie Ihnen. Ich danke Ihnen für die Aufnahme. Sie wird mir helfen, den Anwalt, mit dem ich zusammenarbeiten will, zu motivieren, sich des Falles anzunehmen. Doch im Augenblick ist er etwas im Stress.«

»Alle sind im Stress. So was ist noch nie vorgekommen. Schließung der Schulen, Einschränkung des öffentlichen Lebens … aber wie Sie sehen, gibt Naomi einiges zu. Und sie drohen Christine ganz offen.«

»Ja. Ich hatte von Anfang an den Verdacht, dass Emeline vergewaltigt worden ist. Denn warum sonst sollte sie sich umbringen? Ich weiß aus Erfahrung, dass eine Vergewaltigung etwas ist, worüber eine Frau sehr schwer hinwegkommt.«

In diesem Moment klickte die Tür, und Laura betrat die Wohnung. Nadia winkte ihr zu und beschloss, das Thema zu wechseln.

»Was meinen Sie, welchen Ihrer Kollegen könnte ich morgen anrufen, damit er oder sie mir ein wenig mehr erzählt? Den Turnlehrer?«

Loïc schwieg kurz. »Probieren Sie es mit dem Turnlehrer, mit der Geschichts- und der Spanischlehrerin. Vielleicht sind sie jetzt, da die Schule auf Notbetrieb heruntergefahren wurde und sie die Schüler der 2B nicht mehr jeden Tag vor sich sitzen haben, bereit, mit Ihnen zu sprechen.«

»Gut, das werde ich tun. Ihnen ein schönes Wochenende. Wir halten einander auf dem Laufenden!«

Nadia legte auf und trat auf Laura zu, die sich gerade die Hände gewaschen hatte.

»Mann, bin ich müde! Und ich soll fast das ganze Wochenende arbeiten!« Laura umarmte Nadia und lehnte sich an sie.

»Komm, jetzt essen wir erst mal. Danach wirst du ein wenig mehr Energie haben.«

Laura erzählte, dass sie von nun an zu Hause arbeiten würde.

Nadia zuckte mit den Schultern. »Gut für dich.«

Für sie selbst würde Home-Office allerdings nicht möglich sein. Nadia fragte sich, wie sie ermitteln sollten, wenn das öffentliche Leben wirklich eingeschränkt war und ein Kontaktverbot bestand.

Bald darauf saß Nadia vor dem Fernseher, und Laura lag auf dem Sofa, ihr Kopf auf Nadias Knien. Nadias Hände spielten mit Lauras goldenen Locken. Sie sahen sich die Nachrichten an, aber sie bemerkte, dass Laura immer wieder wegdöste.

»Geh doch duschen, Chérie!«, meinte sie irgendwann.

»Ja, das werde ich machen!« Langsam erhob sich Laura.

Nadia wollte die Nachrichten zu Ende schauen, auch wenn sie das, was gerade geschah, zutiefst beunruhigte. Fast hätte sie zu weinen begonnen. Eine Woche zuvor hätte das alles keiner erwartet, und jetzt schien plötzlich die ganze Welt auseinanderzufallen. Schwankend vor Müdigkeit erhob Nadia sich vom Sofa und schleppte sich ins Badezimmer. Da wurde ihr erst bewusst, wie müde sie war. Es war ein langer Tag gewesen.

Der letzte Tag in der Sonne

Sie waren in die Calanque en Vau gewandert, die Perle aller Calanques, eine Felsbucht, in der sich schneeweiße Kalkfelsen über einem Sandstrand mit türkisblauem Meer erhoben.

Der Parc National des Calanques befand sich südöstlich von Marseille. Es handelte sich um einen zwanzig Kilometer langen Landstrich mit Felsküste und einer ganzen Reihe lieblicher Buchten. Einige davon reichten ziemlich weit ins Landesinnere hinein. Ein Wanderweg verband die Buchten untereinander, man konnte aber auch von der Route de la Gineste, einer Straße, die circa vier Kilometer nördlich des Meeres durch die Hügel führte und Marseille mit dem im Osten des Nationalparks liegenden Ferienort Cassis verband, bis in die Calanques wandern, wie sie es an diesem Morgen taten. Der Weg nach En Vau ging von einem Parkplatz an der Straße durch einen Kiefernwald und ein enges Tal bis zum Meer. En Vau hieß auf Provenzalisch »im Tal«. Der *National Geographic* hatte diese Calanque als einen der weltweit schönsten Strände eingestuft, worauf die Marseiller mächtig stolz waren.

Laura liebte diesen Ort. Sie war in der Provence geboren und aufgewachsen, deshalb waren ihr die Naturschönheiten Südfrankreichs nicht unbekannt. Doch erst seit sie ihr vierjähriges Studium in Paris beendet hatte und wieder in ihrer Heimat arbeitete, war ihr bewusst, wie glücklich sie im Süden lebten.

Die Sonne schien, es war noch etwas kühl, doch es versprach ein relativ warmer Frühlingstag zu werden.

Außer ihnen waren einige andere Gruppen unterwegs, meistens mehrere Familien mit kleinen Kindern und Hunden jeder Größe.

Am Vorabend hatte die Regierung beschlossen, die Restaurants, Bars und Cafés ab diesem Sonntagmorgen zu schließen.

»Irgendwo ist da etwas nicht logisch«, meinte Jérémie. »Die Wahllokale sind proppenvoll, die Leute gehen in Massen picknicken, aber die Restaurants und Bars müssen zumachen. Putain!«

Die Ankündigung der Schließung der Gastronomie hatte Nadia bewogen, am Samstagabend unbedingt ein letztes Mal zu Chez Marcel zu gehen. Sie hatten angerufen und sofort einen Tisch bekommen. Nadia hatte dann die Idee gehabt, Pierre und Fiona zu fragen, ob sie auch mitkommen wollten. Florian und Jérémie waren bei Freunden eingeladen. Es war ein angenehmer Abend geworden. Laura hatte Fiona auf Anhieb sympathisch gefunden und musste zugeben, dass Nadias neue Kollegin außergewöhnlich hübsch war. Sie war schon beinahe eifersüchtig auf die Polizistin.

Sie hatte anfangs bemerkt, dass Pierre Fiona etwas einschüchterte, doch nach einem Glas Wein hatte diese wohl vergessen, dass er Staatsanwalt war. Fiona hatte sich sogar von ihm nach Hause bringen lassen und war damit einverstanden, dass er sie zur Wanderung abholte.

»Nun ist er auch im Rennen. Fiona hat eine unglaubliche Auswahl. Vom einfachen Polizisten über Lieutenants und Capitaines bis zum Staatsanwalt ist alles dabei«, hatte Nadia lachend gemeint.

Im Moment ging Pierre mit Fiona voran und erklärte ihr die politische Situation in Marseille. Laura seufzte, wenn sie daran dachte, dass sie später noch einen Artikel über die Wahlen ausbrüten musste. Sie sollte darstellen, wie die Situation in ganz Frankreich war. Nicht ganz einfach, wenn man bedachte, dass jedes Dorf auch eigene Parteien hatte. Doch allgemeine Tendenzen waren die geringe Wahlbeteiligung, der immer größer werdende Erfolg des rechtsextremen RN, und der schwindende Erfolg der regierenden LREM und der Sozialisten.

»Mon Dieu, ist es hier schön!«, rief Fiona bewundernd, als sie ein enges, mit Kiefern bestandenes Tal durchquerten. »Wie im Paradies.«

»Wart ab, bis wir erst am Wasser sind!«, erklärte Nadia.

Bald schon kamen sie zum Strand von En Vau. Vor sich sahen sie die türkisblaue Bucht mit den hohen Felsen. Laura erinnerte sich an die Woche zuvor. Sie waren auch nach En Vau gewandert, allerdings hatten sie selbst, Florian und Jérémie zwei Flaschen Rosé getrunken, während Nadia und Pierre eine recht schwierige Kletterroute absolviert hatten. In dieser Calanque gab es mehr als hundert gesicherte Kletterrouten, sie war für Sportler das absolute Paradies. Auch andere Felsbuchten boten schöne Routen, und Nadia war fast jedes Wochenende zum Klettern im Nationalpark. Laura ging häufig mit und setzte sich mit einem Buch oder ihrem Laptop ein wenig in die Sonne, während ihre Freundin die steilen Wände bezwang.

Vor einer Woche waren sie alle mehr oder weniger zum Auto getorkelt, drei von ihnen, weil sie zu viel getrunken hatten, die beiden anderen, weil der Klettersteig ihnen alles abverlangt hatte. Lachend erzählten sie Fiona von der Begebenheit und meinten, sie müsse nun bald ihr Team wählen. Die Sportlichen oder die Gemütlichen!

Fiona lächelte und blickte mit leuchtenden Augen

aufs Meer. »Wirklich wunderschön, diese Calanque. Ich wusste überhaupt nicht, dass es so was in Frankreich gibt.«

»Ich wusste es auch nicht, bevor ich hierherkam«, meinte Pierre.

Florian schüttelte den Kopf. »Diese Leute aus dem Norden!«, seufzte er. Er selbst stammte aus der Gegend von Toulouse.

Sie setzten sich an den Strand und packten ihr Picknick aus. Florian, Jérémie und Pierre hatten Rosé mitgebracht.

»Im Süden gibt es eine einfache Regel«, erklärte Florian. »Kein Picknick ohne Rosé!«

»Das gefällt mir«, meinte Fiona lachend.

Laura hatte kleine Cakes mit Oliven und Speck gebacken, die sie jetzt auf Teller legte. Dann stießen sie mit Plastikbechern an.

Fiona, Nadia und Jérémie wateten schon bald ins seichte Wasser.

»Ist es kalt?«, fragte Laura, als sie zurückkamen.

»Ich würde mal sagen, dreizehn oder vierzehn Grad«, meinte Jérémie. »Ideal für die Füße. Es erfrischt.«

»Ich glaube, ich geh schwimmen«, meinte Fiona.

Die anderen sahen sie erstaunt an.

Fiona zog sich das T-Shirt über den Kopf, schlüpfte aus der Hose und stand im Bikini vor ihnen. Bevor noch irgendjemand etwas sagen konnte, lief sie schon ins Wasser.

»Mon Dieu!«, ließ Pierre sich vernehmen.

Jérémie sah ihn an. »Was schockiert dich jetzt mehr? Dass sie so einen perfekten Körper hat oder dass sie in das kalte Wasser einfach hineinläuft?«

Er zeigte auf Fiona, die bereits schwamm.

»Beides«, meinte Pierre. »Wahrlich beides.«

Laura unterdrückte ein Lachen. Fiona hatte tatsächlich einen perfekt proportionierten Körper. Ihre Brüste waren fest und hoch, ihr Hinterteil war muskulös und ohne jegliche Zellulite. Sie hatte ziemlich lange, schlanke Beine und schien nicht wie Laura selbst gegen Übergewicht kämpfen zu müssen. Pierre, der ohnehin eine Frau suchte und sich leicht verliebte, war bestimmt vollkommen hingerissen.

Jérémie deutete mit dem Kopf zum Wasser. »Du solltest vielleicht auch schwimmen«, meinte er, »um ihr zu zeigen, dass du ein Mann bist.«

»Meinst du?«, fragte Pierre zweifelnd.

Jérémie nickte. »Das beeindruckt sie sicher.«

Pierre zögerte, stand dann jedoch auf, zog sich bis auf die Unterhose aus und ging aufs Wasser zu.

»Mon Dieu, er tut es wirklich«, meinte Florian, »dabei hat er nicht mal eine Badehose mit. Bin ich froh, nicht beweisen zu müssen, dass ich ein Mann bin. Diese Kälte … brrrrr!«

Alle lachten.

»Ich hätte nicht gedacht, dass er auch reingeht«, meinte Nadia. »Er scheint schon ziemlich auf sie abzufahren.«

»Vielleicht hat er diesmal Glück. Wir lassen uns inzwischen den Aperitif schmecken!« Jérémie rieb sich die Hände und prostete den anderen zu.

Nach zehn Minuten kehrten Pierre und Fiona aus dem Wasser zurück. Fiona trocknete sich ab und verschwand hinter den Kiefern, um sich umzuziehen.

»Mensch, ist das kalt!«, meinte Pierre, als er sich trocken rubbelte.

Florian und Jérémie grinsten. »Nun, du weißt ja, warum du es getan hast. Hat sie sich gefreut?«, fragte Florian.

Pierre zuckte mit den Schultern. »Ich denke, es war ihr ziemlich egal. Bei einem so hübschen Mädchen wie ihr habe ich ohnehin keine Chance.«

»Aber nein, Pierre!«, widersprach Nadia. »Was sagst du da?«

»Ach, ich bin kein schöner Mann. Meine Nase ist viel zu groß und spitz.«

»Nein!«, entgegnete Laura.

»Die hübschen Frauen wollen mich alle nicht.« Pierre sah sie trübsinnig an. »Ihr beide seid ein gutes Beispiel dafür.«

»Wir sind Lesben!«, rief Laura. »Wir wollen überhaupt keine Männer!«

»Ich denke, bei Fiona ist es gar nicht eine Frage der Nase«, erklärte Nadia.

»Pierre, wenn ich dir einen Rat geben darf«, sagte Florian, »wenn du ihr Herz erobern willst, dann musst du dich im Moment in der *Friendzone* positionieren.«

»Ja? Und in normaler Sprache heißt das?« Pierre sah ihn stirnrunzelnd an.

»Ihr ein guter Freund sein. Ohne jegliche Zweideutigkeiten«, sagte Nadia. »Ohne irgendwelche Versuche, mit ihr zu flirten. Behandle sie wie deine Schwester. Hast du eine Schwester, Pierre?«

»Nein!« Er schüttelte den Kopf. »Ich habe nur zwei fürchterliche jüngere Zwillingsbrüder, die alle Leute auf den Arm nehmen. Sie sehen komplett gleich aus und nützen das schamlos aus. Sie haben gemeinsam eine Anwaltskanzlei. Frigeri & Frigeri, in Reims. Und sie teilen sich alles. Sogar ihre Familien. Keiner weiß, mit wem er es zu tun hat. Nicht einmal unsere Eltern. Außer mir. Sie nehmen sich vor mir in Acht, weil ich sie erkenne. Bei mir ist das intuitiv.«

»Wow!« Laura war beeindruckt. »Wie Figuren aus einem Roman.«

Pierre seufzte. »Ich hätte tatsächlich lieber eine Schwester. Ich finde das, was sie machen, nicht unbedingt korrekt.«

Fiona war zurückgekommen und sah ihn fragend an. »Worum geht's?«

»Um meine Brüder. Eineiige Zwillinge.«

»Oh, das ist sicher anstrengend. Eineiige Zwillinge sind oft eng miteinander verbunden. Ich hatte lange Zeit zwei solche Freundinnen. Sie waren fast wie eine Person. Wenn eine etwas machte, fragte sie immer die andere, was sie davon hielt. Sie teilten sich lange den Freund. Wobei natürlich nicht alle eineiigen Zwillinge so sind.«

»Meine Brüder sind es sehr wohl. Es war sehr anstrengend«, seufzte Pierre. »Aber jetzt bin ich hier in Marseille, und sie sind in Reims.«

Sie setzten sich im Kreis in den Sand. »Wir essen!«, rief Nadia. Alle lobten Lauras und Nadias Nudel- und Fionas griechischen Salat. Pierre hatte Fougasses, lockeres, typisch provenzalisches Olivenbrot gekauft und Florian mit Jérémie einen Kuchen als Nachtisch gebacken.

Während des Essens ließ es sich nicht vermeiden, dass sie sich wieder über Emeline Bernier unterhielten.

Nadia hatte am Samstagvormittag mit einigen Lehrern gesprochen. Die Spanischlehrerin, eine sehr junge, etwas schüchterne Frau, hatte ihr bestätigt, dass die Clique mehrere Schüler und auch Lehrer mobbte.

»Sie sind so unendlich boshaft, so abgrundtief gemein und grausam, sie haben mich des Öfteren zum Weinen gebracht. Und die Direktorin ist ihnen nicht gewachsen.«

Sie hatte zudem gesagt, dass die Initiative meist von

Naomi ausging, aber auch Mathilde und Léane den Unterricht störten, wann immer sie konnten.

»Und einige Jungs sowie andere Mädchen machen natürlich mit«, hatte sie Nadia erklärt. »Das schaukelt sich in der Klasse so auf, dass man kaum mehr Unterricht halten kann.«

Die Geschichtslehrerin, die noch dazu die Klassenlehrerin war, hatte Ähnliches erzählt und gemeint, dass nicht nur diese Klasse, sondern auch die Terminale A, die Arthur Adriani besuchte, Probleme bereitete. Sie war sich sicher, in der Schule treibe ein Netzwerk von kriminellen Schülern aus guten Familien ihr Unwesen. Anscheinend handelten sie auch mit Drogen und hatten Kontakte zur Banlieue, vor allem die Abiturienten.

Der Turnlehrer war sehr zurückhaltend gewesen. Er hatte zugegeben, dass er mit der 2B regelmäßig Probleme hatte. Außerdem hatte die Terminale A zeitgleich mit dieser Klasse Sport, sie waren immer abwechselnd im Freien und in der Halle, doch die Umkleideräume lagen nicht weit voneinander entfernt und die beiden Klassen hetzten sich gegenseitig auf.

»Als Sie sich um die verletzte Schülerin kümmerten, wo war da der Sportlehrer der Terminale A?«

»Meine Kollegin war schon weg. Sie unterrichtet dienstags noch in einer anderen Schule und kann daher nie bleiben, um auf die Schüler aufzupassen. Aber mit siebzehn oder achtzehn sollte man in der Lage sein, sich ohne Aufsicht eines Lehrers umzuziehen. Außerdem dürfen wir gar nicht in die Umkleideräume hinein.«

Der Lehrer hatte geseufzt, und Nadia hatte Laura nach dem Telefongespräch gesagt: »Ich glaube, diese Jugendlichen müssen ständig überwacht werden, mehr noch als irgendwelche sechsjährigen Erstklässler. Und vor allem beim Umkleiden!«

Cassis

Fiona war entspannt und glücklich. Sie liebte das Meer und fand die Calanques wundervoll. Vor allem genoss sie die Gesellschaft von Nadia und deren Freunden. Dass ihre Vorgesetzte sie gleich am ersten Wochenende privat einlud, hatte Fiona angenehm überrascht. Inzwischen konnte sie sich durchaus vorstellen, die kommenden Jahre im Süden zu verbringen. Gegen halb vier brachen die Freunde auf, nachdem Fiona noch einmal geschwommen war.

»Wirklich eine super Landschaft!«, meinte Fiona bewundernd auf dem Rückweg.

»Und du hast noch gar nicht alles gesehen«, erklärte Florian. »Es gibt noch andere wundervolle Calanques. Und der Ferienort Cassis ist sehr hübsch. Den zeigen wir dir bald mal.«

»Wir können jetzt gleich hinfahren, wenn du willst, Fiona«, bot Pierre an. »Wir können am Hafen parken und dort einen Kaffee trinken. Dann hast du das auch gesehen.«

»Nein, könnt ihr nicht«, widersprach Florian. »Du weißt doch, alle Cafés sind geschlossen!«

»Ach ja, hatte ich vergessen«, seufzte Pierre. »Man kann es sich kaum vorstellen! Aber wir können trotzdem zum Hafen oder an den Strand gehen. Wer will mit?«

Die anderen lehnten dankend ab, sie hatten noch zu tun. Fiona hatte an diesem Abend nichts mehr vor, deshalb war es ihr egal, wann sie heimkam. Dennoch zögerte sie. Wenn sie nun mit Pierre nach Cassis fuhr, würde er sich dann so wie ihre Kollegen im Commissariat verhalten? Würde er sie anzubaggern versuchen? Allerdings war er nicht dumm und hatte sich, falls sie ihn interessierte, sicher bei Nadia über seine Chancen bei ihr erkundigt. Außerdem schien es ihm Freude zu machen, den Fremdenführer zu spielen, und so nahm Fiona das Angebot an.

Sie verabschiedeten sich von den anderen und fuhren in Pierres Auto die Route de la Gineste weiter nach Osten. Die Straße führte zwischen Kalkfelsen durch, auf denen Büsche, Kräuter und einige Kiefern wuchsen. Fiona erkannte, dass es sich um eine sehr trockene Gegend handelte. Bald schon sah sie rechts unter sich die Bucht von Cassis mit dem hübschen Hafen, der von bunten mediterranen Häusern umgeben war, und weiter oben einige modernere Wohnanlagen.

»Ach, das ist schön!«, seufzte sie.

»Cassis ist einer der schönsten Orte der Region«, erklärte Pierre. »Allerdings für unsereins nicht erschwinglich.«

»Nicht einmal für dich?«, wagte Fiona zu fragen.

Er lachte. »Ich werde nicht besonders gut bezahlt. Für die vielen Stunden, die ich im Büro verbringe ... ich bin nur der Substitut, nicht der Procureur, der Oberstaatsanwalt!«

Er deutete auf den Felsen an der anderen Seite des Ortes. Eine steile und mächtige Felswand, die im Gegensatz zu den Felsen von En Vau Rot- und Gelbtöne aufwies.

»Das ist das Cap Canaille«, erklärte Pierre. »Einer der höchsten Meeresfelsen Europas. Fast vierhundert Meter hoch. Auch ein beliebtes Klettergebiet. Man kann über eine winzige und sehr kurvenreiche Straße ganz nach oben fahren und hat dort einen schönen Blick auf die

Bucht von Cassis, den Nationalpark und den Ort La Ciotat im Osten des Cap Canaille.«

Sie fuhren durch enge Straßen in die Bucht von Cassis hinunter. Pierre erinnerte sie daran, dass der gute Weißwein, den sie am Vorabend zu ihrer Fischsuppe genossen hatten, aus diesem Ort kam. Weinberge bedeckten die Hänge oberhalb des Hafenstädtchens.

Trotz der geschlossenen Cafés und Restaurants waren viele Menschen unterwegs. Pierre hatte Glück und fand dennoch sofort einen Parkplatz, weil ein Auto wegfuhr.

Durch enge Gässchen zwischen bunten Häusern spazierten sie zum Meer. Der Hafen von Cassis hatte ein italienisches Flair. Auf der Südostseite stand ein ziemlich hässliches, modernes Gebäude, das nicht ins Bild passte.

»Der Tourismusverband und die Hafenverwaltung«, meinte Pierre. »Nicht gerade der einheimische Stil. Keine Ahnung, was sie sich bei dem Bau gedacht haben! Und dort oben ist das Schloss von Cassis.«

Er zeigte auf eine Burg, die sich über dem Ort auf einem Felsen erhob und zweifelsohne renoviert worden war. »Heute ein sehr teures Gästehaus. Ein Zimmer kostet an die sechshundert Euro.«

»Wow«, meinte Fiona. »Wohl was Besonderes!«

Nur zwei Cafés waren offen, da es sich um Tabaktrafiken handelte. Doch sie durften nur Getränke in Dosen verkaufen. Pierre und Fiona gingen um den Hafen zu dem kleinen Strand, auf dem viele Leute in der warmen Nachmittagssonne saßen.

Keiner schien sich wegen des Virus Gedanken zu machen. Fiona befürchtete, dass es noch schärfere Lockdown-Maßnahmen geben würde, weil die Menschen sich so sorglos verhielten und die Warnungen der Regierung, Abstand zu halten, offensichtlich in den Wind schlugen. Sie setzten sich ganz an den Rand, wo es weniger voll war.

»Kommst du oft hierher?«, fragte Fiona.

»Ja, vor allem an milden Wintertagen, im Herbst und im Frühling. Im Sommer ist mir zu viel los. Zum Baden fahre ich lieber nach Westen, wo es breite Sandstrände gibt. In die Camargue.«

»Aber auch in den Calanques muss es zum Baden im Sommer schön sein«, bemerkte Fiona.

»Ja, aber an manchen Tagen sind die Wanderwege geschlossen. Wegen der Waldbrandgefahr. Deshalb sind einige Calanques in den heißesten Wochen des Jahres nur per Schiff zugänglich. Wie En Vau zum Beispiel. Doch da hinten«, er deutete nach Westen, »wo der Nationalpark beginnt, liegt die Halbinsel mit schönen Felsplatten, auf denen man sich im Sommer sonnen kann.«

Es war wirklich eine wundervolle Gegend. Pierre erklärte Fiona, dass die Calanques eigentlich Flusstäler waren, die sich nach der Eiszeit mit Schmelzwasser gefüllt hatten. Es gab auch eine Höhle unter dem Meeresspiegel, die Grotte Cosquer, die ein Taucher namens Henri Cosquer in den Achtzigerjahren entdeckt hatte. In dieser Höhle befanden sich Handabdrücke und Tierdarstellungen aus der Steinzeit. Doch der Gang, der unter Wasser zur Höhle führte, war zu gefährlich, man hatte ihn mit einer riesigen Eisenplatte versperrt. Die Politiker der Region hatten vor, in der Villa Méditerranée, nicht weit von Fionas Arbeitsplatz, eine Rekonstruktion der Höhle zu zeigen.

»Schade, ich hätte gern die echte Höhle besichtigt«, meinte Fiona.

»Warum? Bist du Taucherin?«

»Nein, nicht wirklich, aber jetzt lebe ich am Mittelmeer und kann es werden.«

»Welche Sportarten treibst du?«

»Ich jogge, schwimme und mache Muskeltraining und Aerobic. Ich möchte mir hier einen Fitnessclub suchen.«

»Nicht so einfach derzeit. Die Fitnessclubs müssen auch alle schließen. Aber wenn du willst, können wir joggen gehen.«

»Okay, gern. Mal sehen, wann ich diese Woche aus der Arbeit komme. Joggst du viel?«

»Ja, fast jeden Tag. Ich brauche diesen Ausgleich.«

»Und du kletterst auch?«

»Ja, seit einem Jahr. Könntest du ebenfalls versuchen. Unser Club ist super. Toller Kletterlehrer, sehr nette Leute. Aber«, er seufzte, »wahrscheinlich geht es bei uns auch erst weiter, wenn diese Corona-Geschichte vorbei ist.«

»Ja, seltsam. Keiner weiß, wo uns das hinführt. Aber wenn es lange dauert, werden die wirtschaftlichen Auswirkungen fürchterlich sein!«

»Klar. Denk an den Tourismus. Und an die Gastronomie.«

»Aber anscheinend ist es nötig, das öffentliche Leben einzuschränken.«

»Anscheinend.«

Sie spazierten wieder zurück zum Auto. Fiona wurde bewusst, dass sie Pierre gern mochte. Er hatte am Anfang sehr steif gewirkt, war aber sympathisch und nett. Er fuhr mit ihr weiter zum westlichen Ortsrand und hinauf zur Halbinsel, wo es einen Parkplatz gab. Nach einigen Minuten Wanderung durch einen Kiefernwald blickten sie auf eine schöne Küste mit Felsterrassen hinab.

»Können wir hinuntersteigen?«, fragte Fiona.

»Klar«, meinte Pierre. Vorsichtig gingen sie auf einem der kleinen Pfade nach unten. Bald standen sie auf einer

Steinplatte direkt am Meer. Einige Leute lagen in der Sonne, im Vergleich zum Strand von Cassis war auf der Halbinsel wenig los.

Pierre erklärte: »Man hat hier an der Küste Kalkstein abgebaut, und wo wir jetzt stehen, waren früher steile, ungefähr vierzig Meter hohe Felswände. Der Kalkstein von Cassis ist wegen seiner Härte sehr begehrt. Doch ab den Neunzigerjahren wurde der Abbau verboten und ein Nationalpark eingerichtet.«

Nachdem sie einige Minuten in der Sonne gesessen und aufs Wasser geschaut hatten, dessen Gischt am Rand der Felsplatten leckte, stiegen sie wieder nach oben und gingen auf die andere Seite der Halbinsel, wo sich die längste Calanque, Port Miou, befand. Pierre erklärte Fiona, dass diese Felsbucht eineinhalb Kilometer ins Landesinnere hineinreichte. Fiona sah unter sich steile Kalkfelsen und tiefblaues Wasser. Gegenüber entdeckte sie einen Weg, der oben auf der Steilküste durch einen Kiefernwald an der Bucht entlangführte. Ganz hinten in der Calanque ankerten Schiffe.

»Das ist der Jachthafen Port Miou, in dem ungefähr fünfhundert Schiffe Platz haben.«

»Wunderschön«, hauchte Fiona. »Ein Traum.«

Sie spürte, dass Pierre sie von der Seite ansah. »Ich bin das erste Mal genau vor zwei Jahren hierhergekommen«, erzählte er weiter. »Ich war erst wenige Wochen zuvor von Marne la Vallée nach Marseille versetzt worden. Das war auch an einem Sonntag. Ich war gerufen worden, weil ein Hund dort hinten, auf der anderen Seite der Calanque Port Miou, etwas oberhalb des Wanderweges ein Skelett ausgegraben hatte. Bei diesem Fall lernte ich Nadia, Laura und Florian kennen.«

»Grausam«, meinte Fiona. »Eine so schöne Landschaft und ein so makabrer Fund!«

»Ja«, pflichtete Pierre ihr bei.

Sie sahen noch ein paar Sekunden schweigend auf die Boote hinunter, dann fragte Pierre: »Fahren wir zurück?«

Fiona nickte lächelnd. »Danke für die kompetente Führung!«

»Gern. Nächste Woche wieder, wenn du willst. Es gibt in der Region noch viele schöne Orte. Wenn wir nicht bis dahin eine totale Ausgangssperre haben!«

Fiona hoffte, dass das nicht der Fall sein würde. Sie wollte weiterhin mit Pierre die Gegend erkunden. Sie war gern mit ihm zusammen, er wusste sehr viel über seine Wahlheimat, und sie mochte seine Art zu sprechen. Sogar wenn er irgendetwas Banales erzählte, drückte er sich sehr gewählt aus.

Wenig später saßen sie im Auto und fuhren zurück nach Marseille. Fiona spürte, dass ein Gefühl der Unwirklichkeit sich ihrer bemächtigte. Ihr Start in Marseille war seltsam. Da war diese spezielle Situation mit dem Corona-Virus. Dann diese eigenartige inoffizielle Ermittlung. Und nicht zuletzt fand sie es ungewöhnlich, mit einem Staatsanwalt befreundet zu sein. In Lille hatten die Staatsanwälte mit den Polizisten niedrigen Dienstgrads nichts zu tun haben wollen. Nicht einmal die Lieutenants und Capitaines hatten sie beachtet, nur die Commissaires.

»Wo wohnst du?«, fragte sie.

»Im Prado-Viertel. Nicht weit von den Stränden. In einer schönen Wohnanlage. Ich habe vor, dort eine Wohnung zu kaufen.«

»Willst du in Marseille bleiben?«

»Ja, würde ich gern. Aber auch ich kann versetzt werden.«

»Vor allem, wenn du dir hier Feinde schaffst.«

»Ganz genau. Du hast es erfasst. Ich gehe ein Risiko ein. So wie ihr alle.«

In der Stadt war nicht viel Verkehr, und bald standen sie vor Fionas Boarding-Haus.

Sie überlegte, ob sie Pierre noch auf einen Drink nach oben bitten sollte, verwarf aber den Gedanken sofort wieder. Sie kannte ihn noch nicht gut genug und wollte das Risiko, dass er es falsch verstehen könnte, unbedingt vermeiden. Doch sie merkte, dass sie sich nur ungern von ihm trennte.

»Hast du meine Nummer?«, fragte er.

Sie nickte. »Die vom Kartenhandy. Für unseren inoffiziellen Fall.«

»Ich gebe dir meine andere auch. Die offizielle.« Sie speicherten die Nummern in ihren Handys ab. »Wenn du Lust hast, mit mir joggen zu gehen, dann melde dich!«

Sie nickte, bedankte und verabschiedete sich, stieg aus, winkte ihm zu und ging in ihre Wohnung.

An diesem Sonntagabend war weitaus mehr los als die Woche zuvor. Die zwei Appartements neben Fionas waren nun belegt, und sie sah zwei junge Frauen ihres Alters, die ihre Habseligkeiten vom Parkplatz holten. Sie grüßten freundlich.

»Braucht ihr Hilfe?«, fragte Fiona, die sich noch gut an die sieben Male erinnerte, die sie hinuntergefahren war, um ihre Kartons, Koffer und Taschen aus dem Auto zu holen.

»Danke, das ist nett«, sagte die eine, die kurze blonde Haare hatte. »Aber wir haben nicht viel Gepäck. Es ist ja wirklich alles in der Wohnung!« Sie winkte Fiona zu. »Ich bin Sandy. Unter normalen Umständen würde ich dir die Hand geben, aber das ist im Moment nicht ratsam!«

Fiona stellte sich vor.

»Ich bin Rosie«, sagte die zweite. »Wir sind hier als Krankenschwestern für zwei Monate hier im IHU, der Uniklinik, angestellt. Auf der Infektiologie. COVID.«

»Ach, da werdet ihr sicher genug zu tun bekommen«, sagte Fiona. »Aber ... woher kommt ihr?«

»Aus den Südalpen. Wir sind selbstständig. Doch wir wurden gebeten, während der Krise in Marseille zu helfen. In den großen Städten werden mehr Fälle erwartet als bei uns oben. Wir haben uns freiwillig gemeldet.«

Fiona fröstelte. Wenn aus ganz Frankreich Personal in die Großstädte geholt wurde, war die Sache ernst! »Das ist sehr mutig und selbstlos von euch«, meinte sie bewundernd.

Rosie zuckte mit den Schultern. »Wir werden nur durch diese Krise kommen, wenn jeder etwas beiträgt. Was machst du?«

»Ich arbeite bei der Kripo.«

»Da musst du sicher auch durcharbeiten. Wahrscheinlich mit Überstunden, weil ganz Marseille kontrolliert wird.«

Ja, das befürchtete Fiona auch. Aber es war ihr egal. Je weniger Zeit sie allein verbrachte, umso besser war es für sie. Sie war gern mit ihren Kollegen unterwegs. Und sie hatte keine Angst, krank zu werden.

Rosie und Sandy luden Fiona ein, später in Sandys Garçonnière ein Glas Wein zu trinken. »Denn in den kommenden Wochen werden wir uns vermutlich nicht besonders oft sehen«, meinte Sandy.

Fiona sagte gern zu. Sie konnte es kaum glauben. Sie war nun gerade einmal eine knappe Woche in Marseille und hatte schon drei Einladungen bekommen, und das nicht einmal von Männern, die mit ihr anbändeln wollten! Es hieß, die Leute im Süden seien offener. Aber die meisten, mit denen sie zu tun hatte, stammten nicht einmal aus der Gegend, nur Jérémie und Laura waren sozusagen Einheimische.

Fiona war glücklich und erleichtert, auch wenn dieses Gefühl der Unwirklichkeit sie nicht losließ und sie sich auf eine sehr außergewöhnliche Woche gefasst machte.

Die Anschuldigung

Loïc ging an diesem Montagmorgen ohne irgendwelche negativen Gefühle zur Arbeit.

Es war zwar aufwendig, das Homeschooling zu organisieren, doch das war ihm viel lieber, als die 2B zu unterrichten! In der Schule herrschte trotz der Abwesenheit der Schüler ungewöhnliche Geschäftigkeit, viele Kollegen waren in Panik, weil sie sich den Anforderungen der neuen Unterrichtsbedingungen nicht gewachsen fühlten. Mehrere Lehrer fürchteten sich vor dem Erstellen und Herumschicken der Dokumente. Zoom, Skype, YouTube und andere Online-Software wollten sie schon gar nicht verwenden. Die Direktorin hatte für elf Uhr eine Konferenz angesetzt. Bis dahin konnten die Lehrer ihre Laptops oder die PCs im Computerraum der Schüler benützen. Loïc saß mit Michel, Napoleon-Spezialist und Informatikniete, im Konferenzzimmer, als die Direktorin und die C.P.E. hereinkamen.

»Loïc, wir müssen dich sofort sprechen«, sagte die Direktorin, und Loïc erschrak über den eisigen Klang ihrer Stimme. Hatte sie gemerkt, was er für Christine getan hatte?

Loïc erhob sich und ging mit weichen Knien in ihr Büro. Sie schloss die Tür und bedeutete ihm und Madame Peters, sich hinzusetzen.

»Loïc, du bist bis auf Weiteres suspendiert.«

»Suspendiert? Was soll das?«, fuhr Loïc auf.

»Die Anschuldigung ist ernst.« Sie sah ihn an, und Loïc sank das Herz. Es ging wohl wieder um Naomi

Manson. Er konnte sich schon fast denken, was nun kommen würde.

»Naomi beschuldigt dich, die Schülerinnen zu belästigen und unsittlich zu berühren. Außerdem hat sie gesehen, wie Christine Perrin, die sich bei Maryline krankgemeldet hat, in dein Auto gestiegen ist.«

»Lass mich erklären ...«, begann Loïc, doch sie unterbrach ihn.

»Solche Anschuldigungen kommen nicht von ungefähr. Das muss untersucht werden. Bis dahin will ich nicht, dass du in die Schule kommst. Oder Fernunterricht machst.«

»Einverstanden. Doch jetzt hört ihr beide mir mal zu. Es geht um Naomi. Die schon Nathan Merle der sexuellen Belästigung bezichtigt hat. Weil er sie bestraft hat. Sie hat mir nicht verziehen, dass ich ihr und ihren Freundinnen wegen Emelines Tod ins Gewissen geredet habe. Und was Christine betrifft, so hast du, Maryline, sie einfach gehen lassen. Es ging ihr nicht gut, und ich habe sie zum Bahnhof gebracht. Eigentlich hättet ihr euch darum kümmern müssen!«

»Sie wollte nicht, dass ich ihre Mutter anrufe. Sie meinte, sie könne selber heimfahren«, verteidigte sich die C.P.E.

Die Direktorin fiel ihr ins Wort: »Und es ist verboten, Schüler ins Auto einsteigen zu lassen, Loïc. Das zusammen mit der Anschuldigung Naomis ist wohl etwas zu viel. Du wirst wahrscheinlich deinen Job verlieren.«

Loïc konnte nicht mehr an sich halten. Er sprang auf.

»Du suspendierst mich, in Ordnung! Aber wenn das, was hier mit Emeline geschehen ist, herauskommt, dann seid ihr es, die ihren Job verlieren. Denn ihr schützt Mörder und wahrscheinlich Vergewaltiger. Emelines Familie will sich einen Anwalt nehmen und ich ebenfalls. Weil du für Naomis Anschuldigungen keine Beweise hast!«

Die Direktorin schob ihm ihr Telefon hin, und Loïc erkannte, dass es sich um ein Foto handelte, das von oben gemacht worden war. Man sah Christine, die in sein Auto stieg, und es war eindeutig, dass er am Lenkrad saß.

Loïc schnappte nach Luft. Die Clique war tatsächlich nicht zu unterschätzen!

»Sehr gut!«, fauchte er. »Wenn du mir nicht vertraust und lieber diesem Pack glaubst, na schön. Aber denk an Nathan! Er wurde auch von Naomi zu Unrecht beschuldigt. Und ich werde ihn ausfindig machen. Damit er sich gegen das, was ihr ihm angetan habt, wehrt!«

Damit fegte er aus dem Raum, bevor die beiden noch etwas erwidern konnten. Unter Michels erstauntem Blick raffte er seinen Laptop an sich, nahm seine Aktentasche und räumte in Windeseile sein Fach aus. Nie wieder wollte er in diese Schule zurückkehren.

»Adieu!«, rief er seinem verdatterten Kollegen zu und rannte so schnell er konnte durch die Flur zu seinem Auto. Er warf alles hinein, startete und raste zum Tor des Parkplatzes hinaus. Das würde er sich nicht mehr gefallen lassen! Er würde jetzt zum Angriff übergehen. An die Diözese schreiben, Nathan ausfindig machen, sich mithilfe der Ermittlerin einen Anwalt suchen und Emelines und Christines Eltern kontaktieren.

Er würde nicht länger schweigen. Denn das, was die Direktion zusammen mit Naomis und Arthurs Eltern trieb, war inakzeptabel. Wütend trat Loïc aufs Gaspedal. Je näher er jedoch seinem Häuschen kam, desto ratloser wurde er. Er war suspendiert, das hieß wahrscheinlich, dass er nicht einmal mehr sein Gehalt bekam. Und wie sollte er die Situation seiner Frau erklären? Noch dazu hatten sie ein Baby. Sie konnten nicht einfach sagen: *Wir verlassen die Gegend* oder *Wir nehmen uns eine kleine Garçonnière.* Er konnte an die Verwaltung der Diözese schreiben, doch würden sie ihm glauben? Als er vor seinem Häuschen im Stadtviertel oberhalb von L'Estaque parkte, ließ Loïc verzweifelt den Kopf aufs Lenkrad sinken. Würde Amélie es verstehen? Er gefährdete seine Familie, um ein Unrecht aufzudecken, das eine seiner Schülerinnen betraf! Mit schweren Schritten betrat er sein Haus. Amélie saß im Wohnzimmer, David, ihren kleinen Sohn, auf den Knien.

Erfreut sah sie ihn an. »Ach, du bist schon da! Homeoffice auch für dich?«

Er schüttelte den Kopf. »Nein, Amélie. Ich bin suspendiert.«

Sie starrte ihn mit offenem Mund an. »Aber … das geht doch nicht. Du bist doch fest angestellt! Sie können nicht einfach sagen, wir suspendieren unsere Lehrer, weil kein Unterricht mehr ist!« Ihre Worte überschlugen sich beinahe.

»Ich habe ein Riesenproblem in der Schule. Bitte, hör mir zu. Ich erzähle dir alles der Reihe nach.«

Und er schilderte ihr genau, was geschehen war. Er hatte ihr bereits von Emelines Selbstmord erzählt und von seinem Verdacht, dass sie gemobbt worden war, aber seine Zweifel bezüglich der Schuldirektion hatte er ihr verschwiegen.

Als er endete, presste sie sich die Hand auf den Mund und sah ihn unter Tränen an. »Das ist unglaublich! Und deine Kollegen … keiner sagt etwas? Und diese Jugendlichen treiben es immer übler?«

»So ist es«, sagte er leise. »Alle haben Angst. Auch die Direktorin. Diese Leute haben sie vollkommen in der Hand.«

»Du hast das Richtige getan«, meinte sie und streichelte seine Hand. »Wir werden darüber hinwegkommen. Wir werden es schaffen. Wir haben zum Glück noch Ersparnisse.«

Loïc drückte ihre Hand.

»Danke, Amélie«, flüsterte er. »Ich werde sofort loslegen.« Er rief Nadia Aubertin an, doch ihr Telefon war auf Anrufbeantworter gestellt. Loïc hinterließ ihr eine Nachricht. Sie würde ihn sicher am Abend zurückrufen. Dann schilderte er in einer langen E-Mail an die Schulverwaltung der Diözese alles, was geschehen war. Und er schrieb Nathan eine SMS, in der er um Rückruf bat. Loïc hoffte, dass sein ehemaliger Kollege seine Nummer nicht geändert hatte.

Den Rest des Nachmittags verbrachte er damit, mit dem Kleinen zu spielen. Den unliebsamen Gedanken, dass er nun keine Arbeit und wahrscheinlich kein Einkommen mehr hatte, verdrängte er.

Die Banlieue

»Fickt euch!«, brüllte der Nordafrikaner und wand sich in Lucs und Andrés eisernem Griff. »Ich hab damit nichts zu tun!«

»Ach so?«, fragte Luc. »Und wie erklärst du dir die Pistole in deiner Wohnung? Wir glauben, dass es die Waffe ist, mit der die vier Opfer getötet wurden. Deshalb nehmen wir an, dass du darin verwickelt bist. Du und dein Kumpan.« Er deutete mit dem Kopf auf die Wohnung gegenüber, wo Lucs Kollege von den Stups, der Capitaine Rachid Fandouli, mit einem seiner Männer ebenfalls einen jungen Mann festhielt. Rachid war mit den Commissaires für die Aktion verantwortlich. Er kannte die Banlieues sehr gut, denn er war selbst in einer aufgewachsen.

Nadia zuckte zusammen, als sie von gegenüber Gebrüll hörte: »Du elender Verräter! Du bist einer von uns, und jetzt hilfst du denen! Wir legen dich um! Eines Tages kommen wir in die Stadt und knallen dich ab!«

Luc sah Nadia seufzend an. Die Arbeit in den Vorstädten war die Kehrseite ihres Berufes. Alle hassten es, in diese Viertel zu gehen.

Nadia hielt die Situation in den Vororten für unumkehrbar. Man konnte für diese Stadtteile nichts mehr tun. Sie waren verloren. Dort dominierte der Drogenhandel, bekämpften sich verfeindete Banden und gab es immer mehr radikalisierte Muslime. Die meisten Menschen lebten unter der Armutsgrenze, Infrastrukturen existierten kaum mehr. Man hatte diese Viertel aufgegeben. Gewisse Leute hegten jedoch die Hoffnung, dass es mit einem neuen Bürgermeister anders werden könnte.

Mit Erstaunen hatten Nadia und Laura am Vorabend erfahren, dass die stimmenstärkste Liste in der Stadt der Printemps Marseillais war, die Union der Linken. Der rechtsextreme RN hatte stark verloren und weniger Stimmen als die Liste des Bürgermeisters, die an zweiter Stelle stand. Für Nadia war das eine gute Nachricht, dem Rechtsextremismus war erstmals der Weg versperrt. Und die Partei des Bürgermeisters, die bislang eine zweifelhafte Politik betrieben und außerdem durch Korruption die Wahlen zu gewinnen versucht hatte, war von der neuen Partei überholt worden. Allerdings hatte Nadia keine Ahnung, wie die Union der Linken in den Banlieues vorgehen wollte. Gegen den Drogenhandel und den religiösen Radikalismus kam man auch mit Beihilfen und Lernprogrammen für Jugendliche nicht an. Außerdem würde erst der zweite Wahlgang, der in zwei Wochen stattfinden sollte, entscheiden, welche Partei wirklich den Bürgermeister stellte.

Draußen vor dem Wohnblock wurde geschrien. Die CRS waren da, um Luc und Rachid zu helfen und die Lieutenants, Capitaines sowie deren Teams zu schützen. Doch sie wurden wahrscheinlich mit Steinen beworfen. Das war nichts Ungewöhnliches, in den Banlieues wurden sogar der Notarzt und die Feuerwehr tätlich angegriffen.

Ein Schuss knallte. Fiona neben Nadia fuhr zusammen. »Merde …«, stieß sie hervor. »Florian, Kenny und Stéphane sind da draußen.«

»Keine Sorge«, meinte Nadia beruhigend, »es wird hier sehr oft geschossen, um die Übeltäter zu warnen.«

Luc und André zerrten den Typen nach draußen, der

sich noch immer wehrte und sie beschimpfte. Rachid und sein Kollege folgten ihnen mit dem anderen.

»Gehen wir!«, sagte Nadia zu Fiona und nahm eine schwere Tasche mit Beweismaterial. »Nimm du bitte die zwei anderen!« Sie hatten in beiden Wohnungen Drogen und Waffen sichergestellt.

Als sie vor den Wohnblock traten, standen zu Nadias Erleichterung Florian, Stephane und Kenny vor der Tür. Und zehn Wagen der CRS. Fünfzehn junge Männer waren festgenommen worden und wurden nun in Polizeiautos verfrachtet.

Aus den oberen Stockwerken sahen ältere Leute dem Treiben zu. Alle Frauen trugen Hijabs.

»Er wollte auf uns schießen«, erklärte Franck und zeigte auf ein Polizeiauto, in dem ein Schwarzer saß. »Hat einfach drauflosgeballert. Zum Glück hat einer meiner Männer ihn von hinten umgerissen, sonst hätte er wohl jemanden getroffen. Putain, das sind keine Menschen. Nicht mal Tiere, würde ich sagen ...«

Nadia konnte Franck verstehen. Er war ständig in den Banlieues unterwegs, deshalb war er schon abgebrüht, aber auch verbittert. Denn die Aufgaben der Stups waren eine Sisyphusarbeit: Ein Mörder wurde erwischt, und ein Netzwerk aufgedeckt. Doch der Drogenhandel und die Bandenkriege gingen trotzdem weiter. Diese Vorstädte waren sogenannte Zones de non-droit, rechtsfreie Räume. Die Polizei kam nur bei Mord.

Diese riesigen Wohnblöcke, die sogenannten Cités, waren in den Sechzigerjahren entstanden, als die Wirtschaft geboomt hatte und sehr viele Arbeitskräfte aus Nord- und Schwarzafrika gekommen waren. Damals hatten die Kolonien ihre Unabhängigkeit erlangt, und viele Menschen aus dem Maghreb waren nach Frankreich gezogen. Man hatte sie in diesen Vorstädten untergebracht, in denen auch Franzosen, Italiener und Spanier wohnten. Am Anfang hatte das Zusammenleben auf so engem Raum gut geklappt. Die Wohnblöcke waren modern und komfortabel gewesen. Doch über zwei Generationen hinweg hatte sich die Situation verschlechtert. Die Vorstädte waren zu Ghettos verkommen, die Europäer weggezogen, und nun lebten dort fast nur mehr Schwarz- und Nordafrikaner.

Sie fuhren zurück zum Commissariat, Nadias Arbeit war vorerst beendet. Rachid, Franck und ihre Chefs würden die jungen Männer vernehmen und sie wahrscheinlich dem Staatsanwalt sowie dem Untersuchungsrichter vorführen. Bestimmt hatte Pierre alle Hände voll zu tun! Doch die Sache mit den Rumänen war noch nicht abgeschlossen, Nadias Team würde an dem Fall weiterarbeiten.

Im Büro angekommen, sah Nadia, dass sie auf ihrem Kartenhandy eine Nachricht erhalten hatte. Von Loïc, dem Englischlehrer. Er bat um Rückruf. Nadia schloss die Tür und rief ihn an.

»Bonjour«, begrüßte er sie. Seine Stimme klang müde.

»Bonjour, Loïc. Haben Sie Neuigkeiten für mich?«

»Tja, allerdings. Ich wurde suspendiert.«

Er erzählte Nadia, was geschehen war. Sie erschrak und bekam ein schlechtes Gewissen. Es war ihre Schuld, dass Loïc fotografiert worden war, als Christine in sein Auto stieg.

»Das tut mir wirklich leid«, sagte sie. »Ohne diese Sache mit Christine hätte Naomi Sie vermutlich auch beschuldigt, aber es hätte das Foto nicht gegeben.«

»Ach«, erwiderte er, »sie wollte mir schaden, und das hat sie geschafft. Aber ich werde die Schule und Naomi verklagen.«

Nadia erzählte ihm von Castini und versprach, diesen in den kommenden Tagen zu kontaktieren. Vielleicht würde sie Mathieu bitten, ihn anzurufen und ihm gut zuzureden.

Als Loïc aufgelegt hatte, ließ sie den Kopf in die Hände sinken. Sie war wütend auf sich selbst, weil sie ihn in diese Sache hineingezogen hatte. Jetzt war er suspendiert. Doch er musste eine Familie ernähren, er hatte ein kleines Kind! Es war nun sehr wichtig, mit dieser inoffiziellen Ermittlung voranzukommen. Wenn nur Castini sie alle vertreten würde! Nadia beschloss, dem Anwalt eine Mail zu schicken. Vielleicht würde er demnächst Zeit haben, sich um ihr Anliegen zu kümmern.

Die gesamte Situation wurde langsam etwas kompliziert. Es wurde gemunkelt, die Gerichte würden schließen, es würde eine Ausgangssperre verhängt und überall Kontrollpunkte geben.

Da platzte Philippe, einer von Nadias Kollegen und ebenfalls Lieutenant, in Nadias Büro. Sie klickte schnell die Mail weg.

»Nadia, hast du es schon gehört? Präsident Macron wird heute Abend wieder sprechen. Und falls er den Lockdown verkündet, sollen wir, das Commissariat, ganze Stadtviertel abriegeln und bewachen. Blachet hat das angedeutet.«

Nadia dachte an die Gerüchte, die sie in den vorangegangenen Tagen gehört hatte. Sie seufzte tief. »Mann, das können wir gerade brauchen! Wir haben auch so schon genug zu tun.«

Philippe senkte die Stimme. »Die meisten Ermittlungen werden auf Eis gelegt. Damit wir uns um den Lockdown kümmern können. Nur die dringendsten Fälle sollen noch bearbeitet werden.«

Nadia seufzte wieder und dachte an die Rumänen

und La Busserine. Diese Banden würden von der chaotischen Situation profitieren! Und sie selbst hatte überhaupt keine Lust, irgendwelche Straßen, Plätze, Strände oder Vorstädte zu überwachen. Das hatte ihr gerade noch gefehlt!

Lockdown

Nadia und Laura saßen vor dem Fernseher und hörten sich die Rede von Präsident Macron zu Corona an. Die Lage war ernst.

»Nous sommes en guerre«, sagte er. »Wir haben Krieg. Es stimmt, es geht um die Gesundheit, aber es ist trotzdem ein Krieg. Und ich bitte Sie alle, besondere Anstrengungen zu unternehmen.«

Er erklärte, dass ab dem folgenden Tag für mindestens zwei Wochen eine vollkommene Ausgangssperre galt.

Man durfte sich maximal einen Kilometer von seiner Wohnung entfernen, und das nur für eine Stunde, um Sport zu treiben, sich die Beine zu vertreten oder Lebensmittel einzukaufen. Es galt ein absolutes Kontaktverbot. Alle Angestellten, die daheim arbeiten konnten, mussten auf Home-Office umsteigen, und die anderen, deren Anwesenheit am Arbeitsplatz unbedingt nötig war, sollten nun Masken oder Visiere tragen.

Nadia fuhr auf: »Der spinnt doch!«

Laura sah sie von der Seite an: »Das war zu erwarten. Mehrere Länder haben bereits Ausgangssperren wegen Corona. In Norditalien sind sie bei über fünfhundert Toten täglich. Und in Paris steigt die Zahl der Toten auch rasant an.«

»Ja, vielleicht, aber andere Länder hatten nicht gerade am Vortag Kommunalwahlen, und dort hat man ihnen auch nicht gesagt, dass Masken nichts bringen. Außerdem gibt es keine Masken zu kaufen. Bei uns wollten einige Polizisten welche für den Einsatz in der Vorstadt, aber die Apotheken haben keine! Die Regierung ist wirklich völlig konfus.«

»Wahrscheinlich mit der Situation überfordert …«, meinte Laura.

»Und warum muss er so eine martialische Inszenierung veranstalten. Wir haben keinen Krieg. Mensch, ein Krieg ist was anderes!«

Das war auch Lauras Meinung. Doch sie konnte sich trotzdem nicht über den französischen Präsidenten aufregen. Die Situation war ernst, und er tat, was er konnte.

»Nun, Chérie, für dich gilt die Ausgangssperre sicher nicht. Du wirst normal weiterarbeiten«, beschwichtigte sie ihre Freundin.

Nadia seufzte tief. »Ja, ich befürchte, sogar mit Überstunden! Und eher mehr als normal!«

»Du Arme!«

Laura drückte Nadias Hand. Die Situation war beängstigend, auch wenn sie in Südfrankreich noch nicht besonders viele Fälle hatten. Doch im Nordosten, in Paris und vor allem im Norden Italiens war es bereits so schlimm, dass die Krankenhäuser zunehmend in Bedrängnis gerieten.

»Und testen will er wohl nicht, um wenigstens die Infizierten in Quarantäne zu schicken?«, zeterte Nadia weiter. »Haben wohl auch keine Tests …«

So aufgebracht hatte Laura ihre Lebensgefährtin selten gesehen. Sie selbst war neugierig, wie sie nun arbeiten würden. Denn sie sollten ja kaum mehr hinausgehen, um zu recherchieren. Nun, ihr Chef würde ihnen bei der Redaktionssitzung über Zoom bestimmt mehr dazu erklären. Diejenigen, die über die Situation in Marseille berichteten, mussten wohl oder übel vor Ort sein. Doch die anderen würden ihre Recherchen im Internet und am Telefon machen. Es störte Laura nicht, daheim mehr oder weniger eingesperrt zu sein. Sie mochte ihre Wohnung und hatte immer etwas zu tun. Um Frischluft zu tanken, hatte sie auch einen recht geräumigen Balkon und konnte sich in die Sonne setzen. Doch die Situation war noch nie da gewesen. Es war ein komisches Gefühl, die Freunde plötzlich nicht mehr treffen zu dürfen, nicht einfach so einen Kaffee trinken gehen oder einkaufen zu können. Nur die Lebensmittelgeschäfte sollten geöffnet bleiben.

Und dann dachte sie auch an die Krankheit. Sie wusste über die Symptome Bescheid – Husten, Fieber, Gliederschmerzen, wie bei einer Grippe. Manche Menschen hatten kaum Beschwerden, und bei anderen endete die Erkrankung tödlich, weil sie Atemprobleme bekamen. Einige mussten intubiert werden. Anscheinend waren auch jüngere Menschen betroffen, weshalb nun die Regierung diesen kompletten Lockdown beschlossen hatte.

Viele Angestellte würden in Kurzarbeit gehen, viele Selbstständige Beihilfen erhalten. Die Gesellschaft wurde in zwei Teile geteilt: in jene, die daheim eingesperrt waren, Home-Office machten und Däumchen drehten, und in jene, die doppelt so viel arbeiten mussten, wie Ärzte, Krankenpfleger, Sicherheitskräfte und Mitarbeiter von Lebensmittelgeschäften. Die Landesgrenzen wurden geschlossen, der Reiseverkehr fast vollkommen eingestellt.

Es war für Laura wie ein sonderbarer Traum. Ein Albtraum, denn das schöne, bunte, geschäftige Marseille, das sie kannte, war nun plötzlich stillgelegt. Und all die Leute, die Geschäfte, Cafés, Bars und Hotels besaßen oder im Tourismus arbeiteten, wovon sollten sie leben? Die Situation war in ganz Frankreich und in großen Teilen Europas dieselbe! Es war unglaublich, dass so etwas im einundzwanzigsten Jahrhundert geschehen konnte. Aber einige Wissenschaftler hatten vor Jahren schon vorhergesagt, dass eines Tages eine Pandemie die Welt zum Stillstand bringen würde.

Laura hatte bereits an diesem Tag im Home-Office zu arbeiten begonnen. Sie hatte es genossen, daheim bleiben zu können, war etwas später aufgestanden, hatte sich viel Tee gekocht und in ihrer Wohnküche einen gemütlichen Arbeitsplatz geschaffen. Um elf hatte die Videokonferenz stattgefunden. In der Redaktion befanden sich nur ihr Chef François und zwei oder drei Sekretärinnen. François hatte den Journalisten ihre Arbeit zugeteilt, und Laura hatte die drei geforderten Artikel sehr schnell fertiggestellt. Dann hatte sie für Nadia, die müde und genervt nach Hause gekommen war, gekocht und sich auf einen gemütlichen Abend gefreut.

Nadia schien jedoch nicht gemütlich drauf zu sein. Ihre Partnerin fühlte sich gewiss von allen Seiten bedrängt, und Laura beneidete sie nicht. Sie selbst durfte dank ihres Presseausweises dennoch jederzeit nach draußen. Vielleicht konnte sie Nadia nützlich sein.

Polizeiarbeit

Fiona konnte kaum glauben, was geschah. Die Situation erschien ihr irreal, vor allem, wenn sie von ihrem Fenster auf die Straße sah, auf der kaum noch Autos fuhren. Das sonst so quirlige Marseille wirkte urplötzlich ausgestorben und still.

Ihre neuen Nachbarinnen waren bereits zu Freundinnen geworden, und Fiona hatte mit Sandy am Vorabend Macrons Rede im Fernsehen angeschaut. Die beiden Krankenschwestern hatten ihr genau erklärt, welche Risiken ein schlimmer Verlauf der Krankheit barg. Sie hatten auch gemeint, dass man noch nicht genug über das Virus wisse, doch dass in ihrem Krankenhaus ein sehr wichtiger Forscher arbeite, der Oberarzt der Infektiologie.

Auch wenn Fiona im Prinzip vor einer Infektion Angst hatte, dachte sie im Stillen, dass die Situation ihr eigentlich gelegen kam, denn Brice würde es dank des Lockdowns nicht schaffen, nach Marseille zu kommen. Er schrieb ihr manchmal Textnachrichten über SMS oder WhatsApp und versuchte sie anzurufen. Fiona hatte jedoch vor Kurzem seine Nummer blockiert. Sie wollte sich trotz allem keine neue Telefonnummer zulegen, weil das mit vielen Scherereien verbunden war.

Andererseits fand sie es schade, ihre neuen Freunde nicht treffen und auch die wundervolle Küste von Marseille nicht mehr erkunden zu können. Allerdings wurde in dieser Krisensituation jeder Polizist gebraucht, weshalb sie ohnehin Nadia und Florian regelmäßig sehen würde.

Als Fiona an diesem Morgen ins Commissariat kam, herrschte dort bereits Krisenstimmung. Der Commissaire Divisionnaire wollte, ungeachtet des Versammlungsverbotes, alle Commissaires, Commandants, Capitaines und Lieutenants sprechen. Das waren mit Sicherheit mehr als dreißig Personen. Fiona, Florian, Stéphane und Kenny tranken Kaffee und warteten auf die Ergebnisse der Besprechung. Bald darauf kam Nadia in den Raum.

»Leute, jetzt ist es offiziell. Wir stellen all unsere Ermittlungen ein. Sogar die Kerle, die gestern in La Busserine festgenommen wurden, werden erst mal laufen gelassen. Und gegen unsere Rumänen wird nicht weiter vorgegangen. Zum Glück haben wir die meisten schon eingelocht. Die Gerichte fahren auf Notbetrieb herunter. Und wir stehen voll auf der Matte. Wir müssen zusehen, dass der Lockdown eingehalten wird. Wir, die Lieutenants und Capitaines, müssen mehrere Trupps beaufsichtigen, und ihr dürft irgendwo Wache stehen und Leute kontrollieren.«

»Putain, mach keine Witze!« Kenny starrte Nadia entsetzt an.

Sie wandte sich ihm schulterzuckend zu und seufzte.

»Und«, fuhr sie fort, »das Allerlustigste ist: Wir kriegen einen Einsatzplan. Fürs Erste ist es vorbei mit unseren mehr oder weniger geregelten Arbeitszeiten. Es gibt Nachtschichten und Wochenenddienste. Der Plan wird gerade von den Commissaires und ihren Sekretärinnen ausgearbeitet.«

Die Kollegen sahen Nadia erschrocken an.

»Wir brauchen sehr viele Einsatzkräfte«, meinte sie. »Aber wir haben Glück. Mein Sektor sind anscheinend die Strände und die Corniche. Also könnt ihr euch den schönsten Platz aussuchen.«

»Warum die Strände?«, fragte Stéphane.

»Die Strände«, erklärte Nadia, »sollen geschlossen werden. Sie sind nicht mehr zugänglich.«

»Was? Warum darf man nicht mehr in die freie Natur?«, begehrte Kenny auf.

»Am Wochenende haben die Leute bewiesen, dass sie sich trotz der Schließung der Gastronomie zusammenfinden. Zu Hunderten haben sie an den Stränden gesessen. Und nun darf eben keiner mehr hin. Auch der Nationalpark der Calanques ist gesperrt«, meinte Nadia und warf Fiona einen wehmütigen Blick zu. Fiona wusste, dass sie ans Klettern dachte. »Aber ihr wisst ja, man darf sich nicht weiter als einen Kilometer von zu Hause entfernen. Wer sich nicht daran hält, wird bestraft.«

»Merde! Und das sollen wir machen?«, fragte Florian.

»Ich fürchte, ja …«

»Aber das ist nicht unsere Aufgabe. Wir sind die Kriminalpolizei! Wir haben mit alldem nichts zu tun.«

»Das ist dem Staat egal. Es wird Personal gebraucht, deshalb werden wir von unseren Ermittlungen abgezogen.«

»Verdammt!«

»Für euch geht es noch«, meinte Nadia. »Aber ich werde wirklich ganz unmögliche Arbeitszeiten kriegen. Denn ich soll die ganzen Trupps überwachen und einteilen. Zusammen mit einem anderen Teamleiter. Und soll kräftig Überstunden schieben.«

Sie seufzte erneut.

Eine Stunde später bekamen sie bereits die Bestätigung, dass sie sich um das Stadtviertel Prado am Meer und die Corniche, die Küstenstraße, kümmern sollten. Mit ihnen zusammen arbeiteten CRS und uniformierte

Polizisten. Nadia sollte mit ihrem älteren Kollegen, dem Capitaine Luc Garnier, im Zweierteam unterwegs sein.

»Aber Uniform brauchen wir keine, oder?«, fragte Florian sarkastisch.

Nadia schüttelte den Kopf. »Nur eine Warnweste und die Armschleife, auf der *Police* steht.«

Am selben Nachmittag begannen Fiona, Kenny, Stéphane und Florian bereits mit der Überwachung der Corniche. Nadia und ihr Kollege Luc fuhren die Kontrollpunkte ab und sahen zu, dass alles funktionierte. Fiona fand es nicht schlecht, auf der Esplanade an der Corniche zu stehen, die ihr eine schöne Aussicht auf die kleine Insel gewährte, auf der sich das berühmte Château d'If erhob. Die Porte d'Orient, die direkt am Meer errichtet worden war, stellte ein Denkmal zu Ehren der Orientarmee dar und bestand aus einem Bogen mit einer Statue in der Mitte, zu deren Füßen Fiona und ihre Kollegen sich aufhielten. Auf der anderen Seite der Straße sah man hinunter ins Vallon des Auffes, einen kleinen Fischer- und Jachthafen, in dem bunte Cabanons standen, ehemalige Fischerhütten, die heute als Wochenendhäuser genutzt wurden. Es gab dort einige gute Fischrestaurants, die nun jedoch allesamt geschlossen waren.

Das Vallon des Auffes war die malerischste Bucht der Stadt. Oberhalb standen zwar zwei große Wohnblocks, die das Gesamtbild etwas störten, doch unten, wo die Schiffe ankerten, schien man sich wirklich in einem winzigen Hafen zu befinden. Eine Brücke mit drei Bögen überquerte das Vallon des Auffes, dahinter befand sich das Meer.

Fiona und ihre Kollegen sorgten für eine gerechte Einteilung. Sie wechselten stündlich, jeder arbeitete einmal mit jedem. Zwei von ihnen durften jeweils ein wenig herumspazieren, um zu sehen, ob nicht irgendwelche Leute illegal auf die Steine am Meer oder an die paar kleinen Strände gingen. Die beiden anderen standen auf der Straße und kontrollierten zusammen mit mehreren CRS Passanten und Autos. Es hatte an diesem Tag bereits einige Konflikte gegeben. Fiona und ihre Kollegen schrieben einige Strafzettel und wurden hin und wieder beschimpft. Doch das angenehme Wetter, die schöne Gegend und die netten Kollegen, die durchweg sehr charmant waren, erleichterten Fiona die Arbeit, und das Schimpfen der Leute hörte sie kaum. Florian erklärte ihr die Geschichte der Frioul-Inseln.

»Die berühmteste Insel ist die vorderste, If«, erklärte er. »Hinter der kleinen If siehst du die beiden großen Inseln Ratonneau und Pomègues, die durch einen Damm verbunden sind. Auf Ratonneau befindet sich ein Feriendorf mit einem Jachthafen, Port du Frioul. Im Winter ist es ausgestorben, im Sommer proppenvoll. Aber die Touristen wollen hier vor allem das Château d'If besuchen. Es wurde durch den Roman *Der Graf von Monte Christo* von Alexandre Dumas bekannt. Der Held der Geschichte, Edmont Dantès, landet durch eine Verschwörung von Neidern dort im Gefängnis, schafft es aber, von der Insel zu fliehen und sich an seinen Feinden zu rächen.«

»Ach«, warf Fiona ein, »das ist wohl Marseille. Verschwörungen hat es hier schon immer gegeben.«

»Allerdings«, stimmte Florian ihr zu. »Alexandre Dumas hat mit seinem Roman das Château d'If zum berühmtesten Gefängnis Frankreichs gemacht. Ursprünglich war das im sechzehnten Jahrhundert erbaute Schloss von If eine Festung, die sehr bald in ein Gefängnis umfunktioniert wurde. Heute ist es ein Museum.«

Am Abend gegen sieben wurden sie abgelöst. Nadia kam und erklärte ihnen, dass sie sich am selben Abend noch kurz im Commissariat mit den Kollegen treffen und am nächsten Tag ihre Dienstpläne bekommen würden.

»Ihr werdet wahrscheinlich nicht immer alle vier zusammenarbeiten, sondern wir werden mit Lucs Team gemischt und haben auch einige Leute von den Stups dabei.«

Kenny und Stéphane motzten, Florian grinste Fiona an.

»Das hat Luc sicher eingefädelt, damit er dich auch manchmal sehen kann«, raunte er Fiona zu. »Aber er unterschätzt André, den Casanova. Bin ich froh, dass ich unter der Haube bin!«

»Nun, ich hätte dich wahrscheinlich ohnehin nicht interessiert«, mutmaßte Fiona.

»Nein, ich habe lieber Jungs, aber sollte ich eines Tages hetero werden, dann wirst natürlich du an erster Stelle stehen!«

»Danke, Florian! Mon Dieu, was für ein Kompliment!« Sie lachte.

Im Commissariat angekommen, fand sofort eine Konferenz mit Luc und seinen Leuten statt.

»Wir sind jetzt sozusagen ein Team«, meinte Luc.

»Und Luc ist der Boss«, fügte Nadia hinzu. Sie schien erleichtert, die Situation nicht allein managen zu müssen.

»Nein, Nadia, damit bin ich nicht einverstanden. Wir sind beide der Boss«, sagte Luc.

»Nein, Luc, du bist Capitaine. Und du hast die Erfahrung.«

»Nicht wirklich. Für das, was wir tun, gibt es keine Erfahrungen. Außer man hat bereits bei der Gendarmerie gearbeitet. Also gut, Leute, wir haben es mit einer vollkommen neuen Situation zu tun. Wir müssen die Arbeit der Gendarmes oder Police Municipale machen,

Straßen und Kreuzungen bewachen, Leute kontrollieren und Strafzettel schreiben. Dabei haben wir es diese Woche noch gut, denn wir überwachen die angenehmsten Stadtviertel. Meer, Sonne, wenig Verkehr, wenig Dreck … Morgen gibt es den Dienstplan, leider haben wir auch manchmal Nachtschicht. Allerdings geht es in der Nacht nicht darum, irgendwo zu stehen oder Streife zu laufen, das übernehmen die CRS und die Gendarmes, sondern ihr werdet zu zweit im Commissariat Telefondienst machen. Okay?«

André meldete sich. »Dürfen wir uns aussuchen, mit wem und wann wir arbeiten?«

Luc lachte. »Nein, das nicht. Es ist schon so schwierig genug. Wir versuchen, euch nicht mehr als einmal jede fünfte Nacht einzuteilen. Und danach habt ihr vierundzwanzig Stunden frei. Und wir vertragen uns doch alle sehr gut, also ist es egal, mit wem wir arbeiten, nicht wahr, André?«

André verzog unwillig das Gesicht, und Fiona bemühte sich, neutral dreinzuschauen. Sie wusste, dass sowohl André als auch Luc auf sie abfuhren. Bestimmt würde Luc häufig mit ihr arbeiten, was André, Stéphane und Kenny grämen würde. Allerdings fand sie Luc ziemlich nett, er war fast wie Pierre, höflich-beiläufig und nicht so anhänglich wie ihre jüngeren Kollegen. Und er wusste immer etwas Interessantes zu erzählen.

»Eins noch«, meinte einer von Lucs Männern, dessen Namen Fiona nicht behalten hatte. »Wir bräuchten Masken. Es ist nicht normal, dass wir keine Masken haben. Oder zumindest Visiere.«

Luc schüttelte den Kopf. »Nicht erlaubt«, erklärte er. »Die Entscheidung kommt von ganz oben. Paris.«

»Diese Schweinehunde«, begannen alle sich aufzuregen. »Wollen die, dass wir krank werden?«

»Leute«, sagte Luc, »wir arbeiten im Freien. Und wir halten uns die Menschen auf Distanz. Es ist nicht angenehm, mit Maske oder Visier in der Sonne zu stehen oder herumzugehen. Wir brauchen die nicht wirklich.«

Nadia zwinkerte Fiona zu und machte eine Handbewegung, mit der sie andeuten wollte, dass ihr die Reaktion der Kollegen übertrieben schien. Ihr selbst war die Sache mit den fehlenden Masken wohl ziemlich egal. Auch Fiona war nicht unbedingt erpicht darauf, eine Maske oder ein Visier zu tragen.

Luc sprach noch über die Mittagspause, über die Möglichkeiten, sich an der Corniche und im Prado-Stadtviertel Sandwiches zu kaufen, und ermahnte sie, stets mindestens zu zweit zu arbeiten, niemals allein Streife zu gehen. Er warnte sie, einige Leute seien aggressiv, sie würden Strafen wegen Widerstandes gegen die Staatsgewalt erhalten, doch die Möglichkeit, sie sofort in U-Haft zu schicken, hatten sie nicht. Diese blieb schlimmen Straftätern vorbehalten. Denn das Ziel war ja, dass ein jeder schleunigst nach Hause ging. Er sprach auch über die Obdachlosen, um die sich eigentlich ein Verein kümmern sollte. Sollte ihnen ein Obdachloser unterkommen, dann sollten sie diesen Verein kontaktieren. Obwohl natürlich an der Corniche und im Prado-Viertel kaum Bettler waren.

Dann sagte Nadia noch ein paar Sätze und munterte das Team auf. »Es wird anstrengend«, meinte sie, »aber versucht, in der freien Zeit, zu Hause auszuspannen. Und wir sind ein Team. Wenn jemand den Dienst tauschen muss, weil er müde ist, darf er das. Wir helfen uns gegenseitig. Einverstanden?«

Sie sah dabei André und Damien an. Fiona wusste, dass es sich bei den beiden um die Kollegen handelte, die Nadia verlassen hatten, um unter Luc und Franck zu arbeiten. Und nun wurden sie doch von ihr befehligt!

Als die Konferenz beendet wurde, war es schon acht, und die meisten verließen den Raum, um endlich heimzugehen. Fiona wartete mit Florian auf Nadia, die noch mit Luc sprach. Sie wollten wissen, ob sie Carry-le-Rouet betreffend irgendetwas tun sollten. Da platzte Rachid von den Stups in den Raum.

»Luc, hast du schon gehört? Merde! Die beiden Kunden, die wir gestern verhaftet haben, Omar Kaslibi und Amir Moammar, haben sie einfach laufen lassen. Keine Vorladung beim Staatsanwalt, kein Richter, nichts! Einfach heimgeschickt!« Seine Stimme überschlug sich beinahe.

Luc sah ihn ruhig an. »Natürlich. Sie haben es uns erklärt. Die Gerichte schließen, die Staatsanwälte und Richter kümmern sich nur noch um Dinge, die den Lockdown und die Corona-Situation betreffen.«

Wütend entgegnete Rachid: »Und das findest du gut? Solche gemeingefährlichen Typen laufen zu lassen? Die unter Mordverdacht stehen? Warum behalten sie sie nicht im Gefängnis? Die zwei werden uns noch Probleme machen, das sag ich dir!«

»Ich weiß«, sagte Luc müde, »aber das kommt von oben. Vom Commissaire Divisionnaire.«

»Putain, dieser Blödmann!«, fluchte Rachid. »Werden alle, die gestern verhaftet wurden, freigelassen?«

»Anscheinend. Wir dürfen die Gefängnisse nicht noch mehr belasten. Die Situation wird eh schon sehr schwierig mit den ganzen Infektionen. Man überlegt, Häftlinge, die bald ihre Zeit abgesessen haben, freizulassen. Doch sie stehen alle unter Überwachung.«

»Überwachung, was du nicht sagst!« Wütend schlug Rachid auf den Tisch und stürmte hinaus.

Luc hob beide Arme und grinste Nadia und Fiona müde an.

»Da kann man nichts machen. Nun, ich gehe auch. Bis morgen!«, rief er. »Schönen Abend!« Damit verließ er den Raum.

»Komisch, dass der Commissaire Divisionnaire diese Vorstadtjungs laufen lässt, obwohl die Beweise gegen sie sprechen«, bemerkte Fiona. »Er scheint nicht sehr zuverlässig zu sein.«

Nadia schnaubte nur. »Ich kenne ihn nicht wirklich, denn nur die Commissaires haben direkt mit ihm zu tun, aber wenn man sieht, was seine Tochter macht und dass er das vertuscht, kann man sich vorstellen, wie wenig Moral der Mann hat!«

»Allerdings kommt wahrscheinlich auch diese Weisung von ganz oben«, mutmaßte Florian. »Paris.«

Nadia, Florian und Fiona gingen zusammen zum Parkplatz.

»Im Moment können wir nichts für Emelines Familie, Christine und den Englischlehrer tun«, erklärte Nadia. »Wir müssen warten, bis sich die neue Situation eingespielt hat. Dann kann ich auch Laura und Pierre bitten zu recherchieren. Pierre wird in der nächsten Zeit nicht besonders viel zu tun haben. Er ist im Home-Office.«

»Ah, das wird ihm nicht gefallen, allein zu Haus«, meinte Florian mit einem vielsagenden Blick.

»Nun, das kann man nicht ändern. Doch er kann hinaus. Wie Laura. Er ist befugt, durch die Stadt zu fahren und Marseille sogar zu verlassen.«

»Der Einzige, der wirklich daheim gefangen ist, ist Jérémie«, meinte Florian. »Doch er hat viel zu tun.«

Jérémie war Grafiker in einer Modefirma. Er war anscheinend erfolgreich und kreativ. Laut Florian war es kein Problem für ihn, zu Hause zu sitzen, weil er immer irgendwelchen künstlerischen Aktivitäten nachging und sehr gern malte und zeichnete.

»Außerdem habt ihr ja eine schöne Wohnung mit Terrasse«, bemerkte Nadia.

»Oh ja«, meinte Florian, »wir sind wirklich dankbar dafür. Vor allem jetzt, wo das Wetter so schön, doch Jérémie zu Hause gefangen ist. Ich darf ja netterweise am Meer Streife gehen.« Er grinste schief.

Nadia wandte sich an Fiona. »Ich denke, Luc hat den Commissaire und seine Sekretärinnen bearbeitet, damit du morgen mit ihm Nachtdienst machen kannst.«

Fiona seufzte. »Das habe ich beinahe erwartet.«

»Er ist kein übler Typ. Und er ist professionell. Wird dir nicht zu nahe treten. André ist wesentlich anstrengender, und Luc will ihn von dir fernhalten.«

Fiona meinte: »Am liebsten bin ich mit euch beiden unterwegs.«

»Keine Sorge«, erwiderte Nadia. »ich kenne Roseline, Blachets Sekretärin, gut und habe da auch ein Wörtchen mitzureden.«

Dann verabschiedeten sie sich voneinander. Alle waren müde.

Fiona fuhr durch die dunkle Stadt nach Hause. Marseille war wie ausgestorben. Ein seltsames Gefühl überkam sie. Alle Menschen waren in ihren Wohnungen eingesperrt. Doch sie konnte frei herumfahren. Die Stadt gehörte ihr. Marseille war auch ohne Menschen wunderschön. Oder wirkte es vor allem so ausgestorben besonders attraktiv? Fiona wusste es nicht, dafür war sie noch nicht lang genug hier.

Kurz vor ihrem Wohnhaus wurde sie von der Police Municipale kontrolliert. Sie gab ihnen ihren Ausweis.

»Ich bin eine Kollegin. Ich mache dasselbe wie ihr«,

erklärte sie. Die Polizisten winkten sie durch, und sie wünschten sich gegenseitig alles Gute.

Als sie daheim ankam, war sie von der frischen Luft und vom vielen Herumgehen und -stehen erschöpft. Ihre beiden Nachbarinnen schienen noch Dienst zu haben. Kein Laut drang aus ihren Wohnungen. Fiona atmete tief durch. Was für eine seltsame Zeit!

Die Familie Manson

Vater, Mutter und Tochter saßen beim Abendessen. Caroline wusste, dass zwischen ihrem Mann und ihrer Tochter etwas vorging, von dem sie ausgeschlossen war. Sie hatten hinter ihrem Rücken getuschelt und konspiriert. Caroline durfte nicht hören, worum es ging, aber das war keine Überraschung für sie. Schon lange fühlte sie sich in ihrer eigenen Familie wie eine Fremde. Naomi und ihr Vater waren ein Team, und sie wurde beiseitegeschoben.

Ihr Mann und sie waren sich bezüglich der Erziehung ihrer einzigen Tochter von Anfang an nicht einig gewesen. Alexandre hatte seit jeher darauf bestanden, dass Naomi eine Prinzessin war, die alles bekommen sollte, was sie wünschte. Caroline war damit nicht einverstanden gewesen. Sie hatte ihre Tochter erziehen wollen, wie ihre Eltern sie selbst erzogen hatten. Ihr Prinzipien, Rechte und Pflichten beibringen wollen. Doch in Alexandres Augen hatte Naomi keine Pflichten, nur Rechte. Prinzipien gab es auch keine. Seltsam, wenn man bedachte, dass er Leiter der PJ Marseille war.

Naomi war ein schwieriges Kind gewesen. Wenn sie etwas nicht bekommen oder sie etwas gestört hatte, hatte sie fürchterliche Tobsuchtsanfälle inszeniert, vor denen jeder Angst gehabt hatte. Vor allem die Großeltern väterlicherseits, die oft auf Naomi aufpassten, hatten ihr alles durchgehen lassen. Nun war sie arrogant und oft bösartig, auch ihrer Mutter gegenüber. Naomi verachtete ihre Mutter und zeigte es ihr. Wenn Naomi mit Caroline redete, dann nur, um sich über irgendwas zu beschweren oder etwas einzufordern. Wenn Caroline mit ihr ein Gespräch beginnen wollte, dann ignorierte Naomi ihre Fragen einfach, ging weg oder antwortete mit einer bissigen Bemerkung.

Carolines Tochter hatte außerdem den Platz der Mutter an der Seite ihres Mannes eingenommen. Wenn sie zu dritt irgendwohin gingen, dann benahm Naomi sich so, als wären ihr Vater und sie das Paar. Caroline wurde von beiden einfach links liegen gelassen. Mit Naomi konnte Caroline nicht darüber sprechen, sie war erst fünfzehn, aber sie hatte die Sache ihrem Mann gegenüber erwähnt. Er hatte nur ungeduldig gemeint, sie sei paranoid und depressiv. Ihre Gefühle waren Alexandres geringste Sorge.

Caroline wusste, dass sie eine schwache Person war. Sie hatte es nicht geschafft, sich gegen Alexandre durchzusetzen und Naomi so zu erziehen, wie sie es gewollt hatte. Und nun sahen Naomi und Alexandre auf sie herab. Die beiden waren Alphatiere, sogenannte Leader. Sie selbst war schüchtern und zurückhaltend. Was Caroline am meisten Sorgen bereitete, war jedoch nicht ihre Stellung in der Familie. Damit konnte sie sich abfinden. Sie plante ohnehin bald zu gehen. Sie verzichtete gern auf das schöne Haus im Nobelviertel von Marseille auf den Hügeln von Roucas Blanc. Es machte ihr auch keine Angst, ohne Alexandres komfortables und sicheres Gehalt zu leben. Sie konnte das Leben an seiner Seite nicht mehr ertragen.

Im Moment machte sie sich vor allem Sorgen um Naomis Umfeld. Die Bösartigkeit ihrer Tochter verletzte sie selbst jeden Tag, aber vor allem wusste sie, dass auch andere darunter leiden mussten. Naomi hatte bereits zwei Lehrer des sexuellen Übergriffes bezichtigt, die Sache mit dem Englischlehrer war erst eine Woche her. Der Physik- und Chemielehrer, den sie im Herbst angeschwärzt hatte, war aus der Education Nationale entlassen worden, der Englischlehrer im Moment suspendiert. Caroline kannte Monsieur Moltet und war sich todsicher, dass Naomi in Bezug auf ihn gelogen hatte. Er war ein sehr ernsthafter Mann, der eine hübsche Frau und ein süßes Baby zu Hause hatte. Aber Caroline wusste auch, dass Moltet ein strenger Lehrer und Naomi eine faule Schülerin war. Wahrscheinlich hatte er ihr kurz vor dem Lockdown zugesetzt und sie bestraft. Außerdem hatte Naomi in Englisch noch schlechtere Noten als in den anderen Fächern. Caroline ahnte, dass ihre Tochter sich an ihrem Lehrer gerächt hatte und dabei von ihrem Vater unterstützt worden war. Genau wie im letzten Herbst bei dem Physik- und Chemielehrer. Wie konnte Naomi nur zu solch bösartigen Mitteln greifen, um einem Lehrer eine wahrscheinlich verdiente Strafe heimzuzahlen? Und wie konnte Alexandre so verblendet sein, ihr zu glauben?

Mehr noch als die Sache mit Moltet setzte Caroline jedoch der Selbstmord von Naomis Mitschülerin zu. Die Direktorin des Lycée Saint Christophe hatte Caroline und Alexandre zwei Wochen zuvor mitgeteilt, dass Naomi und ihre Freundinnen eine Schülerin in den Umkleideraum gesperrt hatten und dafür nachsitzen mussten. Sie hatte auch gemeint, dass sie so etwas nicht dulde und Naomi bei noch so einem Vorfall der Schule verwiesen würde.

Am nächsten Tag hatte Caroline erfahren, dass die besagte Mitschülerin sich noch am selben Abend umgebracht hatte. Und einige Tage später hatte sie in der Zeitung gelesen, dass dieses Mädchen wohl von ihren Mitschülern gemobbt worden war. Ihre Kehle hatte sich vor

Angst zugeschnürt. Und wenn Naomi schuldig am Tod dieses Mädchens war? Mobbing war anscheinend in ihrer Klasse gang und gäbe, denn die Direktorin hatte Caroline diesbezüglich schon einmal kontaktiert. Naomi und ihre Clique hatten einen Jungen gemobbt, dessen Eltern Anzeige erstattet hatten. Alexandre hatte sich um die Sache *gekümmert*, und der besagte Mitschüler war bald sang- und klanglos aus der Schule verschwunden. Naomi war nie für diese Sache belangt worden. Wenn sie aber nun eine Mitschülerin in den Selbstmord getrieben hatten, dann würden deren Eltern sicher nicht lockerlassen. Naomi hatte dazu sehr wenig zu sagen. Caroline hatte sie gefragt, ob sie das nicht schockiere, aber sie hatte nur mit den Achseln gezuckt und gemeint: »Die war so was von komisch …«

Caroline hatte ausnahmsweise einmal eine Antwort von ihrer Tochter bekommen, die weder aggressiv noch bissig war. Trotzdem hatte sie bei Naomis Erwiderung einen unangenehmen Schauer gespürt, der ihr durch den ganzen Körper gelaufen war. War dieses kalte und gefühlslose junge Mädchen wirklich ihre Tochter?

Und nun hatte sie anscheinend irgendwelche Probleme, so viel schloss Caroline aus Alexandres und Naomis Getuschel. Hingen diese Schwierigkeiten etwa mit dem Selbstmord der Mitschülerin zusammen? Caroline hatte die Worte *Film* und *erpressen* gehört. Sie beschloss, so zu tun, als würde sie sich nicht dafür interessieren, den beiden aber später unbemerkt zuzuhören. Das Abendessen verlief ziemlich schweigsam, hin und wieder gab Alexandre Naomi Ratschläge zum Homeschooling. Caroline ignorierte er. Alexandre und sie sprachen kaum mehr miteinander.

»Du musst regelmäßig mitlernen«, sagte er zu seiner Tochter. »Sonst wächst dir alles über den Kopf.«

»Schon gut, Papa«, erwiderte Naomi, »es lernt ohnehin kaum einer was im Homeschooling, außer den Strebern.«

Alexandre seufzte: »Es wäre wirklich gut, wenn du dich ein bisschen um deine Zukunft kümmern würdest, Princesse. Der Notendurchschnitt ist wichtig.«

Alexandre legte viel Wert auf gute Zensuren. Naomi aber hatte in den meisten Fächern schlechte Noten, was häufig für Zoff zwischen ihm und seiner Princesse sorgte. Trotz allem ging Alexandre nie so weit, Naomi dafür zu bestrafen.

Naomi verzog nur den Mund und sah an ihrem Vater vorbei.

Caroline wusste, dass ihre Tochter die meiste Zeit mit ihren Freundinnen chattete oder telefonierte und keinen Strich für die Schule tat. Zum Glück aber blieb sie in ihrem Zimmer. Caroline, die in einer Druckerei als Grafikerin arbeitete, war ebenfalls im Home-Office. Naomis ständige Anwesenheit verursachte ein gewisses Unbehagen bei ihr. Zugleich schämte sie sich, weil sie ihre Tochter kaum mehr ertrug. Was war sie nur für eine Mutter?

Als sie fertig gegessen hatten, erhob sich Alexandre und meinte, er müsse telefonieren. Naomi verließ wortlos den Tisch.

Alexandre telefonierte im Arbeitszimmer. Caroline ging ins Wohnzimmer. Dort war es war sehr einfach, sein Gespräch mitzuhören. Die Räume waren schlecht schallisoliert.

»Ja, die beiden. Kaslibi und Moammar. Ihr habt sie freigelassen, nun müssen sie für uns arbeiten. Der Erpresser heißt Théo Bianucci. Er wohnt in L'Estaque. Ich schicke dir die genaue Adresse und seine Telefonnummer. Er dealt häufig. Sie sollen ihn kontaktieren, ihm auftragen, für sie Gras zu verkaufen, ihn mit einer Lieferung vor die Tür locken und ihn so eliminieren wie ihre Kumpanen in der Banlieue.«

Caroline hielt den Atem an. Sie hatte verstanden, dass ihr Mann einen Mord in Auftrag gab.

»Wir haben keine Wahl, Marc. Er erpresst unsere Kinder. Er will den Film öffentlich machen. Sie sollen auch seinen Computer und sein Handy mitnehmen. Damit der Film auf keinen Fall gefunden wird. Und dann sollen sie der besten Freundin von dieser Emeline drohen. Naomi befürchtet, dass sie reden will. Sie soll kapieren, dass sie das auf keinen Fall tun darf. Dass sie auch zu Hause nicht in Sicherheit ist. Die beiden sollen sich was einfallen lassen.«

Caroline hielt sich an der Wand fest. Um sie begann sich alles zu drehen. Sie hatte verstanden. Naomi und ihre Freunde waren am Tod ihrer Mitschülerin schuld. Und ihr Mann hatte natürlich alle Hebel in Bewegung gesetzt, um zu verhindern, dass eine Ermittlung stattfand. Doch nun gab es einen Typen, der sie alle mit einem Film erpressen wollte. Und den Alexandre beseitigen ließ. Dann war das Telefongespräch zu Ende.

Alexandre fegte aus dem Arbeitszimmer, durchquerte das Wohnzimmer, ohne Caroline eines Blickes zu würdigen, und stampfte die Treppen hinauf zu Naomis Zimmer.

Bald hörte Caroline die zwei reden. Sie schlich zur Treppe.

Sie verstand ein paar Wortfetzen wie … *dieser Christine noch einmal eine SMS oder WhatsApp schreiben … Goldstein kümmert sich darum … Arthur soll auf jeden Fall Ruhe geben.*

Es war nicht schwer zu erraten, wer bei der Aktion alles dabei war. Arthur Adriani, einer von Naomis Freunden, war drei Jahre älter als sie und ging in die Abiturklasse. Caroline mochte ihn nicht. Sie fand ihn arrogant und narzisstisch und befürchtete, dass er einen sehr schlechten Einfluss auf Naomi und ihre Freundinnen ausübte. Er war der Sohn des Procureurs. Mit seinem Onkel, Commissaire Goldstein, hatte Alexandre soeben telefoniert, dieser leitete seit einer Weile die Drogenbrigade. Gewiss mischte auch der Procureur mit. Die Mobbinggeschichte war sicher von Naomi und Arthur ausgegangen. Was hatten sie mit ihrer Mitschülerin gemacht? Und wie weit würden Alexandre und Georges Adriani gehen, um die Schandtaten zu vertuschen?

Der Stein

Christine schaffte es in dieser ersten Woche der Ausgangssperre nach und nach, sich zu entspannen. Am Montagmorgen hatte sie zu ihrem Entsetzen erfahren, dass Monsieur Moltet suspendiert worden war. Seine Kollegen würden nun seine Klassen mitbetreuen und ihnen die Aufgaben schicken.

Christine wusste ganz genau, was geschehen war. Moltet war von Naomi bezichtigt worden, ihr zu nahe getreten zu sein, genau wie damals der Physik- und Chemielehrer Monsieur Merle. Und die Direktorin hatte nicht einmal versucht, mehr herauszufinden, sondern Moltet sofort suspendiert.

Christine hatte ihm eine SMS geschrieben, er hatte kurz geantwortet, dass Madame Aubertin ihm einen Rechtsanwalt suchen würde und er Nathan Merle, der im Herbst entlassen worden war, ausfindig gemacht hatte. Christine wusste, dass Madame Aubertin einen Staranwalt kannte, den ihre Mutter zusammen mit Emelines Eltern anheuern wollte. Ihr Vater war noch immer dagegen, doch Christine war sicher, dass ihre Mutter nicht nachgeben würde. Sie fand unerhört, was Emeline und Christine geschehen war, und war schockiert darüber, dass sich Emeline das Leben genommen hatte, weil die Schulleitung sie nicht vor ihren boshaften Mitschülern geschützt hatte. Sie wollte die Schule sowie die Täter zur Verantwortung ziehen.

Der Vater wollte von der Sache nichts mehr hören, er meinte, er habe so schon genügend Schwierigkeiten. Er arbeitete in einer Chemiefabrik in Fos sur Mer als Produktionsleiter und hatte wegen der Corona-Situation sehr schwierige Auflagen. Er verbrachte viel mehr Zeit als sonst in der Firma.

Die Mutter ging nicht mehr zur Arbeit, sie war wie Emeline und deren Geschwister im Home-Office. Sie arbeitete als Exportassistentin bei einem Pharmakonzern in Martigues und konnte ihre gesamte Arbeit zu Hause erledigen. Allerdings hatte sie Stress mit Christines jüngerer Schwester, die mit ihren Schulaufgaben nicht allein zurechtkam. Christine half der zwölfjährigen Marianne jeden Tag mindestens eine Stunde und überwachte auch die Arbeit ihres kleinen Bruders Olivier, der erstaunlich selbstständig war. Sie selbst kam mit ihren Schulaufgaben bestens voran und stellte fest, dass sie so viel mehr lernte als in der Schule.

Es war Donnerstagabend, der Vater war noch nicht von der Arbeit zurück, sie hatten gerade gegessen, und Christine saß in ihrem Zimmer am Computer. Sie wollte eine Arbeit, die sie am nächsten Tag der Französischlehrerin schicken sollte, noch einmal durchlesen und eventuell korrigieren.

Draußen war es bereits dunkel.

Es geschah urplötzlich.

Das Glas ihres Fensters zersplitterte, und es flog ein ziemlich großer Stein in ihr Zimmer, der neben ihrem Bett landete. Zugleich hörte Christine, wie vor dem Haus ein Motorrad anfuhr. Sie schrie laut auf und sprang in Panik Richtung Tür. Ihr Herz klopfte zum Zerbersten. Im nächsten Moment stürzte ihre Mutter ins Zimmer.

»Chérie, was …?« Sie sah mit offenem Mund zum zersplitterten Fenster und zu den Glasscherben, die im ganzen Zimmer verteilt waren.

»Fehlt dir auch nichts, Chérie …?«, schluchzte sie.

Christine schüttelte den Kopf.

»Jemand … hat einen Stein hereingeworfen«, gelang es ihr zu stammeln. Sie zeigte auf den Boden.

»Mon Dieu«, stotterte ihre Mutter und legte einen Arm um Christine. »Hat das etwas mit der Schule zu tun?«

Christine hob nur die Schultern.

Naomi hatte ihr am Vortag geschrieben: *Du wirst einige Warnungen kriegen. Wenn du redest, kommt keine Warnung mehr. Dann stirbst du.*

Christine hatte die WhatsApp nicht den Eltern gezeigt, damit diese nicht in Panik verfielen, sondern sie sofort an Nadia Aubertin weitergeleitet. Die Ermittlerin hatte sich bedankt, sie war dabei, den Anwalt zu bearbeiten, damit er sie, Emelines Eltern und Monsieur Moltet vertreten würde. Und vielleicht sogar die Polizistin selbst und ihre Kollegen, wenn die Vorgesetzten herausfanden, dass sie sich noch immer mit Emelines Fall befassten, und sie suspendierten oder zwangsversetzten.

»Langsam finden wir immer mehr Beweise gegen deine Mitschüler«, hatte sie gemeint. »Allerdings kannst du dir wohl vorstellen, dass der Augenblick nicht der günstigste ist. Die Gerichte sind geschlossen, die Anwälte in Panik, alle Angestellten im Home-Office. Und die Presse interessiert sich nur für Corona.«

Christine mochte diese Frau. Sie war jung, sportlich, hübsch und unerschrocken. Genau so stellte man sich eine moderne Heldin vor. Madame Aubertin hatte Christine erklärt, dass sie nun mit ihrem Team den Lockdown überwachen musste. Christine war die Ausgangssperre ziemlich egal, sie wollte nirgendwohin. Bisher hatte sie sich in ihrem Haus in Sicherheit gefühlt. Doch jetzt? War die Clique wirklich hinter ihr her?

Mit zitternden Händen rief die Mutter die Gendarmes, die nach wenigen Minuten eintrafen. Sie sahen sich an, was geschehen war, baten die Mutter aber trotzdem, in der Brigade, der Polizeiwache, vorbeizukommen, um Anzeige zu erstatten, und fragten Christine: »Sie sind sich also sicher, dass Sie ein Motorrad gehört haben?«

Christine bejahte. Sie zitterte noch immer am ganzen Leib.

»Hm … wir haben vorhin erfahren, dass ein Motorrad mit zwei Personen den Hafen entlanggefahren ist und der Beifahrer Steine auf parkende Autos geworfen hat. Wir haben vier Autos, deren Scheiben zertrümmert wurden. Und eine Windschutzscheibe. Seltsam, dass so etwas passieren kann, wo wir doch fast überall stehen.«

»Es gibt genügend kleine Straßen und Wege, die man mit dem Motorrad nehmen kann«, knurrte sein Kollege. »Wir können nicht überall sein. Doch vielleicht ist das Motorrad am Hafen von einer Kamera gefilmt worden. Wir sehen nach und sagen Ihnen dann Bescheid.«

Christine erzählte den Gendarmes von ihren Problemen in der Schule und den Drohungen der Mitschüler. Die beiden hörten ungläubig zu. Doch dass Lieutenant Aubertin inoffiziell ermittelte, verschwieg sie, und auch die Mutter erwähnte es nicht.

Die beiden sahen sich bedeutungsschwer an.

»Das wundert mich nicht«, meinte der eine mit seinem breiten Marseiller Akzent. »Die Polizei in Marseille ist ein korrupter Haufen. Bei uns ist das nicht so, denn wir sind der Armee unterstellt. Aber wenn auch der Staatsanwalt mitmischt, dann dürfen nicht einmal wir ermitteln. Melden Sie sich trotzdem bei uns, wenn Sie einen Beweis dafür finden, dass die Sache damit zusammenhängt. Denn das Ganze ist in unserem Gebiet geschehen. Allerdings kann es wie gesagt auch etwas vollkommen anderes sein, weil wir ja schon die Beschädigung der Autos am Jachthafen haben.«

Als die beiden gegangen waren, machte die Mutter sich daran, die Scherben aufzukehren, und sagte Christine, sie solle im Arbeitszimmer auf dem Sofa schlafen und ihr Bettzeug dorthin bringen.

Christine sah auf ihr Telefon. Keine Nachricht von Naomi oder der Clique. Vielleicht hatten sie nichts damit zu tun. Aber warum sonst sollte jemand einen Stein ausgerechnet in ihr Fenster schleudern? Doch die Antwort war einfach. Das Fenster ihres Zimmers ging direkt auf die kleine Straße hinaus, die an der Seite des Hauses entlangführte, während die Eltern und die Schwestern auf der Gartenseite schliefen. Es war sicher sehr einladend, jemandem, der gerade am Computer arbeitete, einen Stein ins Zimmer zu werfen. Vielleicht waren es wirklich irgendwelche Rowdys gewesen, die zufällig gerade mit dem Motorrad vorbeigekommen waren.

Nadias Kreuzweg

Nadia fühlte sich aufs Äußerste gestresst. Ihre Dienstzeiten waren schwierig, die Arbeit anstrengend. Sie war meistens mit Luc unterwegs, manchmal mit Philippe, und hatte alle vier Tage Nachtschicht. In der Nacht blieb sie im Commissariat, um alles zu koordinieren. Sie war die erste Anlaufstelle bei Problemen. Tagsüber musste sie nicht Streife gehen oder irgendwo Wache stehen, sondern organisierte mit Luc die gesamte Überwachung des Stadtviertels am Meer. Überwiegend fuhren sie die Wachposten ab. Teilweise unterstanden ihnen auch städtische Polizisten und CRS.

Die Franzosen durften eine Stunde pro Tag ins Freie. Dazu mussten sie eine Ausgangserlaubnis ausfüllen, in der sie unter mehreren Gründen auswählten, warum sie aus dem Haus gingen, und notierten, wann sie es verlassen hatten. Zusätzlich mussten sie ihre Adresse angeben und den Personalausweis vorlegen. Hatten sie die betreffenden Papiere nicht dabei, war der Grund für den Ausgang fadenscheinig, oder waren sie viel zu weit von zu Hause weg, mussten sie hundertfünfunddreißig Euro Strafe bezahlen. Wurden sie handgreiflich, kam es zu einer Anzeige. Nadia wusste, dass andere Länder wie Italien oder Spanien einen noch strengeren Lockdown hatten. Dort durften die Leute nicht einmal hinaus, um spazieren zu gehen oder Sport zu treiben, doch in Großbritannien oder Deutschland war man ein wenig lockerer, in London waren sogar die Parks geöffnet.

Es gab nun in Frankreich offiziell knapp fünfzehntausend Infizierte, doch da man nicht besonders viel testete, konnte die Zahl sehr viel höher sein.

Bisher kannte Nadia niemanden, der an Corona erkrankt war. Die Polizisten hatten noch immer keine Masken. Manche Passanten schon, jedoch längst nicht alle. Denn die Apotheken verkauften keine, es herrschte ein Riesenmangel, sogar in den Krankenhäusern. Die Bevölkerung war sauer auf die Regierung, weil diese die Gefahr unterschätzt hatte. Es fehlte an Masken, Tests und Intensivbetten, und das hatte zur Folge, dass man ganz Frankreich einsperren musste! Nadia wusste, dass der Lockdown für viele schwierig war, vor allem in der Großstadt. Die Wohnungen waren zum Teil sehr klein, und man lebte auf engstem Raum zusammen. Die meisten besaßen weder Garten noch Balkon.

Nadias Team musste ein ruhiges und relativ reiches Stadtviertel überwachen, doch es gab trotzdem Leute, die ihre Kollegen tätlich angriffen. Meistens wollten Hundebesitzer an die Strände, was untersagt war. Damien und Kenny waren von einem Kampfhund, einem Staffordshire-Terrier, angefallen worden, den ein aufgebrachter Besitzer, ein junger muskulöser Mann mit Tattoos auf dem kahlen Schädel, auf sie gehetzt hatte. Zum Glück hatte Damien das Tier rechtzeitig mit seinem Elektroschocker abwehren können, die beiden Polizisten waren mit dem Schrecken davongekommen. Der Hund war in ein Tierheim gebracht worden, und der Mann hatte eine Anzeige bekommen, er würde nach dem Lockdown vor Gericht erscheinen müssen. Seinen Hund würde er nicht zurückerhalten, doch es war in Frankreich sehr leicht, sich einen neuen Kampfhund zu beschaffen.

Ein anderes Mal waren Florian und Stéphane abends von Jugendlichen aus der Banlieue bedroht worden und hatten die CRS rufen müssen. Die Jugendlichen hatten am Strand ein Feuer machen wollen und auf die Tatsache, dass die Strände gesperrt waren, sehr aggressiv reagiert; sie waren allesamt ins Commissariat zu Luc und André gebracht worden. Doch dann hatte man sie mit einer Strafe wieder laufen lassen müssen. Mit einer Strafe, die sie niemals bezahlen würden!

Nadia erfuhr erstmals, wie der Alltag der Gendarmes und Stadtpolizisten aussah. Sie war bisher immer nur Ermittlerin gewesen und hatte niemals kontrollieren und Strafen verhängen müssen. Leider hatte die Polizei im Allgemeinen keinen guten Ruf, und nun wusste Nadia, warum. Sie hatte bisher immer die nobelste Arbeit gemacht, ermittelt, befragt, Straftäter gesucht. Sie war natürlich auch Risiken eingegangen, aber nie als *die Böse* angesehen worden. Sie hatte eher die Rolle einer Beschützerin innegehabt. Obwohl sie die Situation nicht im Geringsten genoss, musste sie zugeben, dass es keinem von ihnen schadete, vorübergehend mal in der Haut ihrer uniformierten Kollegen zu stecken.

Am Vorabend hatte Christine Perrins Mutter Nadia vollkommen verstört angerufen. Ins Zimmer ihrer Tochter war ein Stein geworfen worden, das Fenster war zersplittert, und Christine hatte sich zu Tode erschrocken. Natürlich hatte sie sofort an ihre Klassenkameraden gedacht, und auch Nadia hatte den Verdacht, dass die Sache damit zusammenhing, doch dann hatte die Mutter ihr an diesem Morgen wieder geschrieben.

Mittlerweile hatten die Gendarmes mehr über die beiden Übeltäter mit dem Bike herausgefunden. Die Überwachungskamera einer Bank nicht weit vom Hafen in Carry hatte das Nummernschild des vorbeifahrenden Motorrads erfasst. Man vermutete Jugendliche aus der Vorstadt, denn das Bike war nicht weit von der Cité la

Busserine als gestohlen gemeldet worden. Nadia war sich sicher, dass Christines Mutter über diese Nachricht erleichtert war. Das Fenster war eingeschlagen worden, weil es sich so schön angeboten hatte, nicht, weil jemand Christine drohen wollte.

Nadia kam mit dem Fall nicht voran. Sie hatte keine Zeit mehr, in Carry-le-Rouet oder L'Estaque herumzuschnüffeln, und auch Laura war vollkommen mit Arbeit eingedeckt, musste manchmal in die Stadt, saß vor allem jedoch viele Stunden an ihrem Computer. Nur Pierre hatte etwas Zeit, denn viele seiner *Kunden* waren freigelassen worden, bei anderen hatte man die Verhandlung verschoben. Er behandelte hauptsächlich Verstöße gegen den Lockdown oder Fälle schwerer Körperverletzung. Bei Gericht herrschte Minimalbetrieb. Und so hatte er sich mit Loïc Moltet und dessen Kollegen Nathan Merle in Verbindung gesetzt. Merle arbeitete inzwischen im Labor einer Chemiefabrik und war sehr glücklich darüber, weil er dort fast das Doppelte verdiente und sich nicht mehr mit jugendlichen Rotznasen herumplagen musste, wie er sarkastisch meinte. Allerdings wollte er rehabilitiert werden und der Schule sowie Naomi einen Prozess anhängen.

Nadia wartete nun darauf, dass Castini sie zurückrief. Sie hatte ihm alle Informationen, die sie besaß, mit einer genauen Erklärung geschickt. Mathieu, mit dem Nadia am Wochenende telefoniert hatte, hatte Castini am Vorabend angerufen, um ihn zu bitten, Nadia zu helfen. Als sie jetzt mit Laura beim Abendessen saß, marinierten Hühnerfilets mit Reis und einem Glas Rosé, läutete ihr Telefon.

»Es ist Castini!«, rief Nadia und sah die Freundin schuldbewusst an.

»Du musst rangehen«, meinte Laura, ohne zu zögern.

»Und schalte auf Lautsprecher, damit ich mithören kann!«

Mit einer entschlossenen Geste schob sie ihren Teller zur Seite und stand auf, um ihr Telefon zum Aufnehmen, einen Block und einen Stift zu holen, ganz die Journalistin. Nadia atmete tief durch und hob ab.

»Madame le Lieutenant!«, tönte Castinis mächtige Stimme durch das Telefon. »Ich sehe, Sie sind eine wahre Powerfrau. Trotz Lockdown und langen Dienstzeiten gehen Sie inoffiziellen Ermittlungen nach und schreiben mir seitenlange Erklärungen. Und Ihr lieber Freund Commissaire Dubois ruft mich extra an … Ich hoffe, ihn bald wieder in Marseille zu sehen, bei dem Gesindel, das wir hier in den höheren Polizeietagen haben! Wenn das alles stimmt, was Sie da schreiben, Lieutenant, dann beginnt die Sache mich zu interessieren. Das ist ein Fall für Castini!«

Nadia atmete erleichtert auf. »Danke, Maître«, sagte sie. »Haben Sie jetzt Zeit, sich damit zu befassen?«

»Allerdings, ma chère. Alles ruht, ich kann Arbeit brauchen. Auch wenn meine Angestellten in Kurzarbeit sind. Und soweit ich verstanden habe, wollen Sie, dass ich vier Parteien vertrete.«

»Vier Parteien mindestens. Die Eltern des Opfers Emeline, ihre beste Freundin Christine, die beiden Lehrer und wahrscheinlich auch mich und Pierre Frigeri.«

»Pierre Frigeri! Dass dieser arrogante Lümmel mich bekniet, damit ich ihn vertrete, ist eine riesige Genugtuung. Hatte bislang nur Probleme mit ihm. Hat von hoch oben auf mich herabgesehen, dieser Grünschnabel.«

»Das schien nur so. Er schätzt Sie. Er weiß, dass Sie der Beste sind.«

»Ich bin nicht der Beste, Lieutenant, es gibt keinen Besten. Ich bin nur einer der Bekanntesten.«

»Keine falsche Bescheidenheit, Maître.« Nadia wusste genau, wie man mit Leuten wie Castini sprechen musste, um ihrem Ego zu schmeicheln. »Auf jeden Fall haben Sie erkannt, wie brisant der Fall ist. Die Tochter des Commissaire Divisionnaire Manson, der Sohn von Procureur Adriani, die Tochter eines regionalen Abgeordneten und die Tochter Ihrer Konkurrentin Marie Levèbre sind darin verwickelt. Und die Leitung der Schule Saint Christophe, die ja großes Ansehen genießt.«

»Natürlich«, gluckste Castini. »Genau das gefällt mir an der Sache. Die Herausforderung. Aber …« Er hielt inne. »… ich brauche natürlich handfeste Beweise für die Schuld dieser Jugendlichen. Sonst gehe ich so ein Risiko nicht ein. Und ich muss Ihnen auch sagen, dass ich im Moment auf der anderen Seite des Meeres bin.«

»Wie bitte?«, frage Nadia erschrocken.

»Auf Korsika. Ich habe hier eine Zweitresidenz, ein kleines Häuschen am Meer, ganz einsam, ohne Lockdown, ich darf dort in die Natur. Mit meiner Familie habe ich beschlossen, bis zum Ende der Ausgangssperre hierzubleiben. Denn in Marseille besitze ich zwar eine schöne Wohnung, aber keinen Garten.«

»Schön für Sie, Maître. Aber nicht praktisch für uns.«

»Nein, Lieutenant, das ist es nicht. Deshalb kann ich den Fall nur annehmen, wenn Sie mir aktiv helfen, ermitteln, vor Ort herumschnüffeln. Das wird sich natürlich im Preis günstig für Sie auswirken, da Sie einen Teil meiner Arbeit übernehmen. Und wir sehen uns jeden Tag über den Bildschirm. Aber Sie müssen mir die nötigen Beweise liefern und die Ermittlungen durchführen. Das können Sie doch, oder?«

Nadia schluckte. »Ja … ich habe Leute, die mir helfen. Wir sind ein Team.«

»Sehr gut, Lieutenant. Die betreffenden Personen sollen schon mal mit mir Kontakt aufnehmen. Allerdings wird es in Anbetracht der derzeitigen Situation etwas dauern, bis ein Verfahren eingeleitet wird. Aber das können Sie sich ja denken!«

»Klar«, erwiderte Nadia.

Sie frohlockte. Endlich hatte sie gute Nachrichten für die Berniers!

Eine von Castini angestrengte Klage war sicher ein Paukenschlag und konnte vielleicht sogar in Corona-Zeiten die Presse interessieren!

»Natürlich freut es mich auch, dieser blöden Levèbre eins auszuwischen. Sie ist die Anwältin des korrupten und snobistischen Marseilles! Und sie glaubt wirklich, etwas Besseres zu sein als wir alle, weil ihr Mann ein Immobilien-Imperium besitzt. Lieutenant, ich sehe mir den Fall genau an, spreche mit den Betroffenen und melde mich bald bei Ihnen. Und keine Sorge, ich vertrete Sie gern wieder, wenn Sie Schwierigkeiten kriegen!« Castini lachte und verabschiedete sich. Er wolle noch seinen Abendspaziergang am Strand machen.

Nadia legte auf und sah Laura an. Deren Augen glänzten, auf ihrem Gesicht lag ein triumphierendes Lächeln. »Super! Er ist bereit, sie alle zu vertreten!«

»Ja«, Nadia seufzte, »und du wirst wahrscheinlich zur Polizistin werden. Wenn es Dinge herauszufinden gibt, dann muss ich dich vor Ort schicken, weil mir die Zeit fehlen wird. Aber ich lasse dich von Florian oder Fiona begleiten. Als Schutz.«

»Aber immer gern ...«, meinte Laura. »Ich recherchiere und ermittle sehr gern. Das weißt du.«

Nadia nickte. Doch sie hatte auch Angst um Laura, weil sie trotz allem keine Polizistin war.

Sie aßen weiter. Laura hatte das Hühnchen und den

Reis aufgewärmt, in den Rosé hatten sie Eiswürfel gegeben.

Nach dem Essen wollte Nadia alle Beteiligten anrufen und ihnen von Castinis Unterstützung erzählen. Allerdings hatten sie nicht über sein Honorar gesprochen. Er würde ihnen seine gesalzenen Preise sicher bald mitteilen.

Als Nadia den Abwasch machte, rief Pierre an.

Laura hob ab. Sie stellte sofort auf Lautsprecher.

»Pierre, wir haben gute Neuigkeiten!«, rief sie. »Castini will uns helfen!«

»Sehr gut«, erwiderte Pierre, »und ich habe auch Neuigkeiten. Gestern Abend fand in L'Estaque ein Mord statt. Im Villenviertel. Théo Bianucci, ein Neunzehnjähriger, wurde vor seinem Haus erschossen. Eine Kugel in den Kopf von zwei Typen auf einem vorbeirasenden Motorrad. Die Eltern sagten aus, dass er einen Anruf bekommen habe und vors Haus geeilt sei. Der Vater hat ein Motorrad am Ende der Straße verschwinden sehen.«

»Okay«, sagte Laura. »Du sollst also in diesem Fall ermitteln.«

»Ja. Mit Commissaire Goldstein von den Stups. Und mit Capitaine Franck Rimier. Denn es handelt sich um eine Drogensache. Théo hat gedealt. Aber ich habe etwas herausgefunden. Ratet mal, in welche Schule er ging?«

»Saint Christophe?«, fragte Laura atemlos. Nadia hielt inne. Sie trocknete sich die Hände ab, um zu Laura zu gehen, die im Wohnzimmer saß.

»Ganz genau. Er war in Arthur Adrianis Klasse. Und Loïc Moltet, der Englischlehrer, hat mir einige Informationen über ihn geliefert. Die Clique und Arthurs Freunde kauften ihm anscheinend manchmal Drogen ab. Er war der Bad Boy der Schule. Alle wussten mehr oder weniger, dass er dealte, und die Direktorin hatte ihn schon verwarnt. Er war dabei, die Abiturklasse zu wiederholen, und ein Jahr älter als die anderen.«

»Pierre, ich frage Florian, ob er diesen Typen auf Instagram oder Tiktok kennengelernt hat«, meinte Nadia.

»Ach ja, und sein Handy fehlte!«

»Aber ... wie haben sie das geschafft? Sie haben ihn doch im Vorbeifahren erschossen?«

»Wahrscheinlich haben sie angehalten, um das Telefon zu nehmen. Wegen verfänglicher Informationen, an die wir nicht rankommen sollen.«

»Ja, aber die Daten hat er sicher auch auf seinem Computer?«

»Ganz genau. Und da muss ich dir noch etwas erzählen. Sein Computer stand im Tiefparterre in seinem Zimmer. Dort wurde am Abend zuvor, als die Familie oben beim Essen war, eingebrochen. Sie haben es nicht bemerkt. Nur der Computer war weg.«

»Sag Franck, er soll überprüfen lassen, ob Théo seine Daten in einer Cloud gespeichert hat! Oder ob die Familie sonst irgendein Speichersystem hat.«

»Goldstein hat schon einen Informatiker hingeschickt. Wenn etwas vertuscht wird, dann ist Goldstein vorn dabei. Weißt du, wer er ist?«

»Nein«, erwiderte Nadia erstaunt.

»Goldstein ist der Schwager meines Vorgesetzten. Arthurs Onkel.«

Nadia erstarrte. »Ach, nein! Deshalb haben die Stups diesen Fall bekommen!«

»Ja. Und sie haben es so hingedreht, dass es nach Drogenmord aussieht. Aber ich vermute, dass mein Chef und der Commissaire Divisionnaire dahinterstecken!«

Nadia war schockiert. Nun begannen sie sogar zu töten!

»Wir müssen herausfinden, um welches Motorrad es

sich dabei handelt. Ich kontaktiere die Gendarmes, vielleicht haben irgendwelche Überwachungskameras etwas gefilmt! Ich werde auch hinfahren und mir alles ansehen. Am Abend des Mordes war ich nicht dort. Kannst du mitkommen?«

Nadia seufzte. »Ich habe morgen bis spätabends Dienst. Und ich kann nicht einfach so weg. Aber Fiona und Florian haben frei. Einer von ihnen oder beide können mit dir fahren.«

»Gern. Ich rufe sie an. Ich bin doch froh, meine Freunde sehen zu können. Schade, dieser Lockdown. Ich mag Fiona sehr.«

Laura warf Nadia einen vielsagenden Blick zu.

»Sie läuft dir nicht weg, Pierre. Der Lockdown wird nicht ewig dauern. Und denk dran, du musst dir mit ihr Zeit lassen.«

»Ich weiß, aber sie ist ständig mit den Männern vom Commissariat unterwegs. Die gemeinsame Arbeit verbindet sicher. Und da gibt es gewiss schönere Typen als mich.«

»Die Jungs nerven Fiona. Und Luc, der sie etwas gekonnter anbaggert, ist keine Schönheit und fünfzehn Jahre älter. Außerdem raucht er wie ein Schlot, was Fiona gar nicht gefällt!«

»Okay, mal sehen. Im Moment soll man ja zu seinen Mitmenschen Distanz wahren.« Pierre seufzte tief.

»Ganz genau, Chéri. Bitte, sei vorsichtig und zeig vor allem nicht, dass du weißt, wer der Tote ist. Und auch kein Wort davon zu Franck oder Rachid! Ich vertraue ihnen zwar, möchte sie aber beide nicht mit reinziehen.«

L'Estaque

Pierre und Fiona fuhren aus der Stadt hinaus nach L'Estaque. Florian war zu Hause geblieben, er war müde. »Außerdem ist Pierre ohnehin lieber mit dir allein«, hatte er augenzwinkernd gemeint, als sie über Skype telefoniert hatten. »Wie alle.«

Fiona hatte geseufzt. Sie hatte eine Nachtschicht mit Luc hinter sich. Luc hatte es so eingeteilt, dass Fiona bei ihm im Commissariat arbeitete. Das war relativ einfach gewesen, sie hatten im Open Space gesessen und die Anrufe von Kontrollposten angenommen. Und sie telefonierten mit den verschiedenen Teams in ganz Marseille, um zu hören, ob alles in Ordnung war oder die Kollegen Verstärkung brauchten. Manchmal schickten sie auch die CRS oder die Gendarmes raus. Wenn jemand ernsthaft Probleme machte, verbrachte er die Nacht in einer Zelle. Die meisten Schwierigkeiten gab es in den Quartiers Nord. Doch die letzte Nacht war sehr ruhig gewesen. Luc hatte Fiona zwar durch ein paar galante Bemerkungen zu verstehen gegeben, dass sie ihm gefiel, war ihr aber nicht zu nahe getreten.

Nun saß sie mit Pierre in dessen Auto. Er erzählte von dem Mord und dem, was Franck Rimier von den Stups herausgefunden hatte, von seinem eigenen Verdacht und dass der Commissaire Divisionnaire die Sache sehr gut im Griff hatte.

»Er hat seine korrupten Geschäfte bestens organisiert«, bemerkte Pierre bitter. »Mit meinem Vorgesetzten. Ich bin froh, dass ich viel im Home-Office bin und

Adriani kaum sehe. Sonst hätte ich die größten Probleme, meine Gefühle vor ihm zu verbergen. Vor allem jetzt, wo ich vermute, dass er auch in Théo Bianuccis Mord verwickelt ist.« Er schüttelte ratlos den Kopf.

»Das kann ich gut verstehen«, erwiderte Fiona. »Mir geht das Ganze nicht so nahe, weil ich gerade erst hier angekommen bin und es sich nicht um meine direkten Vorgesetzten handelt. Für Nadia ist es schwerer wegzustecken. Sie ist überhaupt sehr gestresst wegen ihrer derzeitigen Aufgaben.«

Pierre zuckte mit den Schultern. »Sie hat zu wenig Freizeit und ich zu viel. Es ist komisch, plötzlich Zeit für sich zu haben«, meinte er, »ausgerechnet in dem Moment, da man nicht hinauskann, um Sport zu treiben oder seine Freunde zu treffen. Aber ich habe wieder begonnen zu lesen. So wie in meiner Studienzeit. Dabei entspanne ich mich.«

»Ja, das stimmt, der Lockdown ist für viele eine sehr ungewohnte Situation«, meinte Fiona. »Ich leide nicht darunter, weil ich viel zu tun habe und von der Arbeit sehr müde bin.«

»Ist sicher anstrengend, das Herumstehen und Streifegehen«, meinte er. »Vor allem ist das nicht euer Job. Ihr seid Ermittler!«

Fiona zuckte mit den Schultern: »Das wird nicht ewig dauern. Und ich finde es gar nicht so schlecht. Ich entdecke sehr schöne Orte am Meer, die wahrscheinlich bei viel Betrieb nicht so sehenswert wären.«

»Du hast recht«, meinte Pierre, »vor allem der Prado, wo ich wohne, ist ohne Verkehr viel malerischer. Ich gehe trotz allem jeden Tag joggen. Das Laufen ist viel einfacher ohne die Abgase. Vielleicht hat das Innehalten auch etwas Gutes, vor allem für die Umwelt.«

Bald darauf erreichten sie das Dörfchen L'Estaque.

Pierre ließ den Wagen langsam an einem großen Gebäude vorbeirollen.

»Das ist das Lycée Saint Christophe«, erklärte er. »Der Ort, wo alles begonnen hat. Wir dürfen natürlich nicht hinein.«

Er schüttelte den Kopf.

Kurz danach waren sie auf der anderen Seite von L'Estaque, wo die Kalkfelsen der Côte Bleue begannen. In dieser Zone befanden sich die Jachthäfen und Bootsverleihe. Das Navi führte sie auf kleinen, verschlungenen Straßen nach oben. Vor ihnen lag ein schickes Villenviertel relativ ruhig und sehr schön auf einer Anhöhe, von der aus man die gesamte Bucht von Marseille sowie einen Teil der Côte Bleue überblickte.

»Da wohnte unser Opfer«, meinte Pierre. »Und die Täter sind hier langgefahren. Es gibt keine andere Straße.« Er zeigte auf einen Mast am Anfang der Straße, die das Viertel mit den schönen großen Häusern durchquerte.

»Eine Kamera«, erklärte er.

Fiona sah nach oben. Wahrscheinlich hatte Franck auch schon daran gedacht, die Aufnahmen zu überprüfen.

Sie kamen zu dem Haus, in dem die Familie des Jungen wohnte. Alles war still. Fiona dachte an die Eltern, die soeben ihren neunzehnjährigen Sohn verloren hatten. Er war ein Ganove und Dealer, aber trotzdem ihr Sohn.

»Fiona?«, fragte Pierre. »Was meinst du, sollen wir läuten und mit ihnen sprechen? Nach der Clique fragen? Und das Risiko eingehen, von unseren Vorgesetzten ertappt zu werden?«

Fiona zuckte mit den Schultern. »Ich würde es versuchen. Wenn du willst, kann ich es allein machen.«

»Nein, wir gehen beide!« Sie stiegen aus und läuteten.

Eine völlig verweinte Frau in teuren Kleidern öffnete ihnen.

Pierre ergriff das Wort: »Guten Tag, Madame! Zuerst einmal möchten wir Ihnen unser aufrichtiges Beileid aussprechen. Ich bin der Staatsanwalt Pierre Frigeri, der bezüglich des Todes Ihres Sohnes ermittelt. Ich war vorgestern Abend nicht hier. Deshalb wollte ich mir den Tatort nun genauer ansehen. Madame hier ist von der Kriminalabteilung der PJ.«

»Ja … wir hatten schon Leute von den Stups hier. Eine typische Hinrichtung, meinten sie. Wie sie in den Banlieues stattfindet. Unser Sohn hat gedealt. Wir ahnten es. Er war immer schon schwierig. Wir haben ihn in diese Privatschule gegeben, doch anscheinend hat er dort unter anderem dem Sohn des Staatsanwalts und der Tochter des Leiters der PJ Drogen verkauft. Ach …« Sie brach ab und hielt sich die Hand vor den Mund. »Sie … das ist nicht Ihr Sohn, oder? Sie sind zu jung dafür!«

Pierre schüttelte den Kopf. »Ich habe keine Kinder. Es handelte sich wohl um den Sohn meines Vorgesetzten.«

»Théo brauchte nicht zu dealen, er bekam alles, was er sich wünschte. Doch er wollte immer mehr und mehr Geld, war vom Geld besessen. Wie konnte das alles nur so enden?« Sie schluchzte.

Hinter ihr erschien ein Mann, der um einiges älter war als sie. »Bonjour …« Er nickte ihnen ernst zu.

Pierre stellte sich vor. »Ich schaue mir die Tatorte immer persönlich an. Häufig werde ich hinzugerufen, doch derzeit ist alles ein wenig anders. Aber ich versichere Ihnen, dass wir trotzdem ermitteln und dass die Täter bestraft werden.«

Der Mann nickte nur. Er erklärte ihnen mit tonloser Stimme, dass sein Sohn einen Anruf bekommen habe und vors Haus gegangen sei. Freunde sollten ihm angeblich etwas bringen.

»Ich befürchtete, dass er sich Marihuana oder Haschisch bestellt hatte. Zwei Minuten nachdem er das Haus verlassen hatte, hörte ich einen Schuss, dann sah ich ihn dort links vor dem Gartentor liegen. Mein Nachbar hatte den Schuss ebenfalls gehört und war vor die Tür gestürzt. Mein Sohn war in den Kopf getroffen worden und auf der Stelle tot gewesen. Dort vorn sahen wir ein Motorrad abbiegen und verschwinden. Zwei Personen saßen darauf. Die Gendarmes waren hier, dann die Stups, aber bisher hat niemand etwas herausgefunden.« Théos Vater wischte sich mit dem Ärmel die Tränen aus dem Gesicht.

»Monsieur, am Eingang des Viertels ist eine Kamera montiert. Wer hat Zugang zu diesen Aufnahmen? Die Gendarmes?«

Monsieur Bianucci schüttelte den Kopf. »Es ist eine private Securityfirma. Alle Bewohner des Viertels bezahlen sie, weil wir schon Einbrüche hatten. Wir haben mehrere Kameras. Überall um unser Viertel. Aber es nützt trotzdem nichts!«

Resigniert hob er die Hände.

»Die Gendarmes und die Stups haben die Aufnahmen noch nicht angefordert?«

Der Mann schüttelte den Kopf. »Nein!«

»Nun«, meinte Pierre »wenn es geht, würde ich die Aufnahmen bitte gern direkt bekommen, um keine Zeit zu verlieren.«

»Sicher«, antwortete der Mann.

Pierre gab ihm seine Karte. »Schicken Sie sie mir bitte

per E-Mail! Vielleicht erkennt man das Nummernschild des Motorrads.«

»Ich werde den Sicherheitsdienst sofort kontaktieren«, versprach Théos Vater mit rauer Stimme.

»Offenbar wurde ja auch am Tag vor der Ermordung Ihres Sohnes bei Ihnen eingebrochen, nicht wahr? Und sein Computer entwendet? Deshalb brauche ich auch die Aufnahmen vom Vorabend.«

Der Mann nickte. »Glauben Sie … da besteht ein Zusammenhang?«

»Ich denke, ja. Denn die Daten auf dem Computer hätten die Mörder vielleicht verraten. Speichern Sie Ihre Daten auch extern?«

»Ich selbst, ja. Aber keine Ahnung, ob Théo das machte. Doch Ihre Kollegen von den Stups haben schon all seine Passwörter geknackt und nach Informationen gesucht.«

»Natürlich.« Pierre lächelte Fiona grimmig zu. »Noch etwas. Hatte Ihr Sohn Probleme in der Schule?«

»Probleme in der Schule?«, fragte die Mutter. »Ständig. Mit den Lehrern, der C.P.E., der Direktorin. Wir hatten Angst, dass er der Schule verwiesen würde. Er war faul, störte den Unterricht, dealte …« Sie seufzte tief.

»Und mit den Kameraden?«, fragte Fiona.

»Es war wohl eher so, dass die Kameraden ein Problem mit ihm hatten«, erklärte der Vater. »Er hat sie wahrscheinlich terrorisiert. Er war ein Jahr älter als sie, hatte Bekanntschaften in der Banlieue. Ihm war alles recht, wenn er nur den Kindern der Reichen das Geld aus der Tasche ziehen konnte …«

Fiona sah sich die stattliche Fassade der Villa und die großzügige Einfahrt an und dachte, so viel ärmer als seine Mitschüler war Théo sicher nicht! Der Junge schien tatsächlich geldgierig gewesen zu sein.

»Hatte er Freunde in seiner Klasse?«, fragte Pierre.

»Eher nicht. Aber wir wissen es nicht genau. Er lud kaum Jugendliche hierher ein. Viel lieber hing er irgendwo herum. Mit Leuten, die nicht von der Schule waren. Die anderen Schüler waren hauptsächlich seine Kunden, denen er irgendwelche illegalen Substanzen andrehte.«

»Arthur, Ugo, Charly und Kevin aus seiner Klasse und Naomi, Mathilde, Vanessa, Léane, Mégane, sagen Ihnen diese Namen etwas?«

Die beiden schüttelten den Kopf. »Nein.«

»Das ist eine Clique, die anscheinend eine Mitschülerin mobbte, die vor einigen Tagen Selbstmord beging. Sie haben gewiss davon gehört. Und jetzt haben wir hier einen Mord. Hat allem Anschein nach nichts miteinander zu tun, aber wir müssen das dennoch abklären.«

Das Paar sah Pierre verdutzt an. »Ach so? Und das in der Schule?« Wahrscheinlich hatte weder ihr Sohn ihnen von Emeline Berniers Selbstmord erzählt, noch hatten sie in der Zeitung davon gelesen.

Pierre nickte. »Wir glauben nicht, dass Ihr Sohn die Schülerin mobbte. Eher andere Jungs aus seiner Klasse mit Mädchen aus ihrer Klasse.«

»Und was hat das mit seinem Tod zu tun?«, fragten die Eltern.

»Eben«, meinte Pierre schnell. »Vermutlich nichts. Vor allem, wenn Ihr Sohn dealte. Vergessen Sie es einfach!«

Er sah Fiona an. Ihr war klar, dass er wie sie befürchtete, Théos Vater würde den Stups gegenüber Pierres Besuch bei ihnen erwähnen.

Als sie wieder ins Auto stiegen, meinte Pierre: »*Mon Dieu*, diese armen Leute! Ihr Sohn wurde getötet, aber sie wissen genau, dass er ein Straftäter war. Und jetzt fragen sie sich, was sie falsch gemacht haben. Es ist nicht leicht, Eltern zu sein.«

»Sicher nicht«, erwiderte Fiona. Sie dachte an ihre Bedenken, ein Kind zu bekommen. Nun war sie erleichtert, nicht Mutter zu sein.

Sie fuhren aus dem Stadtviertel hinaus. Fiona bemerkte, dass Pierre nicht den Weg nahm, den sie gekommen waren. Er bog nach rechts ab, wo die Straße in die Hügel hinaufführte.

»Wo willst du hin?«, fragte sie. »Doch nicht nach Carry?«

»Nein«, erwiderte er. »Aber ich möchte sehen, ob man hier oben weiterkommt. Ich würde gern wissen, wie es die beiden mit dem Motorrad schafften, den Polizeikontrollen zu entgehen.«

»Vielleicht wurden sie kontrolliert. Und haben auf ihre Ausgangsbestätigung geschrieben: *Mal schnell einen abknallen.*«

»Oder *Fahrt zur Arbeit?*«

»Glaubst du, dass es jemand ist, der angeheuert wurde?«

Pierre zuckte mit den Schultern. »Vielleicht. Denn diese Art zu töten ist die Methode der Banlieues. Der Drogendealer.«

»Und was ist mit den Kugeln? Woher kommen die?«

»Unbekannte Waffe. Kleinkaliber. Keine Waffe, die bei uns schon mal aufgetaucht ist.«

»Vielleicht hatte er wirklich mit der Drogenbande Probleme.«

»Vielleicht. Wenn ja, dann wird Franck es herausfinden.«

Sie waren ganz oben angekommen, von wo man einen Blick auf das Meer hatte. Es war eine Sackgasse. Vor ihnen befand sich ein Parkplatz mit Bänken, der natürlich menschenleer war. Ein Wanderweg führte in die spärlich mit Kiefern bewachsenen Hügel.

»Komm, wir steigen kurz aus«, meinte Pierre.

»Darf man das?«, fragte sie.

»Wir schon. Wir haben unsere Ausweise. Wir ermitteln. Wir brauchen nicht mal eine Bestätigung!« Er zeigte auf eine Absperrung. »Wieso sperren sie das? Frische Luft und Sonne sind doch gut fürs Immunsystem?«

»Ja, aber es sollen keine Unfälle passieren, weil unsere Krankenhäuser ohnehin schon überlastet sind. Und es gibt immer verantwortungslose Leute, die in riesigen Gruppen aufbrechen. Das ist wie bei den Stränden.«

Er seufzte. Sie setzten sich auf eine Bank und redeten über den Fall, über Théo, seine Eltern, Emeline und das Mobbing.

»Und was ist dein Problem, Fiona?«, fragte Pierre sie da mit einem Mal.

»Wie bitte?« Fiona war verwirrt.

»Du bist jung, hübsch, intelligent, mutig, aber du wirkst so, als wärst du vor irgendetwas auf der Flucht. Dabei glaube ich nicht, dass es unsere Vorgesetzten und meine illegale Ermittlung sind, die dir Sorgen bereiten. Aber du hattest ein Problem, bevor du hierherkamst, stimmt's? Wenn du es erzählen willst, dann tu's. Viele Polizisten erleben schreckliche Dinge und lassen sich deshalb versetzen. Wir arbeiten miteinander, du kannst mir vertrauen!«

Fiona senkte den Kopf. Sie spürte, wie befangen Pierres Frage sie machte.

»Ich … es hat nichts mit meiner Arbeit zu tun. Es war mein Freund. Er war gewalttätig, und ich habe ihn mit meiner Dienstwaffe bedroht. Das war vor zwei Monaten. Es ist noch alles sehr präsent.« Fiona konnte einem

Mann gegenüber nicht beschreiben, was Brice ihr angetan hatte.

»Ach, Fiona. Das tut mir leid.«

Wahrscheinlich wusste er bereits Bescheid, weil Nadia es ihm gesagt hatte. Und nun wollte er sie zum Reden bringen.

»Es war … ich bin selbst schuld. Es begann vor zwei Jahren, ich hätte ihn damals verlassen sollen. Ich habe es nicht getan. Erst als es unerträglich wurde. Ich habe mir zu viel gefallen lassen. Obwohl ich Polizistin bin!«

»Hattet ihr schon lange zusammengelebt?«

»Ja. Fünf Jahre. Er wollte ein Kind. Doch ich … konnte nicht. Obwohl die Ärzte sagten, alles sei normal. Auch die Hormontherapien und die künstliche Befruchtung funktionierten nicht. Ich wurde einfach nicht schwanger. Und er hat mich dafür bestraft.«

»Das ist unmenschlich«, stieß Pierre hervor. »Was für ein Schwein!«

»Ja, das war er. Und ich fürchte mich noch immer vor ihm. Ich habe Angst, dass er hier auftaucht. Er hat die Trennung nicht akzeptiert. Manchmal versucht er mich anzurufen.«

»Nun, im Moment bist du vor ihm sicher. Der Lockdown wird ihn davon abhalten, quer durchs ganze Land zu fahren.«

»Ja, das habe ich mir auch gedacht.«

»Außerdem sind wir hier, um ihn würdig zu empfangen, wenn er wirklich auftaucht«, meinte Pierre beschwichtigend.

Fiona seufzte. »Das hat Nadia auch gesagt.«

Sie saßen noch eine Weile auf der Bank und blickten aufs Meer hinaus.

»Wirklich schön. So ruhig werden wir das Mittelmeer sicher nie mehr sehen« meinte Pierre. »Alle Schiffe und

Fähren ankern in den Häfen, nur kleine Fischerboote sind unterwegs. Anscheinend kommen die Delfine und andere Fische wieder an die Küsten. Die Natur holt sich ihren Platz zurück. Leider glaube ich nicht, dass die Menschen daraus etwas lernen werden.«

»Das befürchte ich auch. Man spricht von der Welt danach und der neuen Normalität. Ich denke, dass die Menschen wie vorher sein werden, nur ein wenig schlimmer. Wegen der Krise. Man sieht ja, wie sehr sie sich aufregen, nur weil sie nicht zum Strand gehen können.«

»Stimmt. Und trotzdem ist der Lockdown für viele nicht einfach. Denk an die Familien, die in winzigen Wohnungen leben!«

»Klar. Und die anderen, die vereinsamen. Stell dir nur all die alten Leute vor, die ihre Familien nicht mehr sehen dürfen und noch dazu Angst vor dem Virus haben!«

»Es ist eine verrückte Zeit.«

»Ja, das ist es. Und trotzdem bin ich so glücklich wie seit Jahren nicht mehr. Weil ich an einem Ort bin, wo es mir gefällt. Wo ich nach knapp zwei Wochen schon Freunde habe.«

»Und eine inoffizielle Ermittlung«, grinste er. »Das hattest du in Lille sicher nie!«

Emelines Zeichnungen

Am Tag nach Fionas und Pierres Ausflug nach L'Estaque war es Laura, die mit der Polizistin unterwegs war. Die beiden Frauen fuhren im Auto aus der Stadt hinaus Richtung Westen. Es ging nach Carry-le-Rouet, wo Laura mit Emelines Eltern sprechen wollte. Sie musste sich auch das Zimmer des jungen Mädchens noch einmal genauer anschauen. Das hatte Castini, der nun zwischen Spaziergängen am Strand und Wanderungen in Korsikas Hügelland für ihren Fall arbeitete, ihnen aufgetragen.

Laura war nicht gut drauf. François hatte erneut abgelehnt, dass sie und Daniel über Emeline schrieben.

»Wenn dir ein echter Durchbruch gelingt«, meinte er, »wenn du wirklich weißt, dass Emeline vor ihrem Tod etwas Schlimmes, etwas Strafbares zugestoßen ist, dann berichten wir darüber. Aber vorher nicht!«

Laura erzählte Fiona davon.

»Nun«, seufzte diese, »zumindest droht er dir nicht, dich zu entlassen oder zu versetzen.«

Laura lachte. »Ich wurde bereits versetzt. Ich habe einige Monate in Arles gearbeitet, bevor ich in die Redaktion von Marseille gekommen bin.«

»Ach so? War Arles nicht so angenehm?«

»Nein. Arles ist meine Heimatstadt. Ich habe dort bei meinen Eltern gewohnt. Ich wollte frei sein, in einer größeren Stadt leben. Marseille schien mir ideal.« Sie hatte keine Lust, mit Fiona über das schlimme Erlebnis von damals zu sprechen.

Bald hatten sie Carry-le-Rouet erreicht. Das Meer glitzerte ihnen tiefblau entgegen. Unter ihnen lag die Ortschaft.

»Eigentlich gemein«, bemerkte Laura, »jetzt, wo wir eingesperrt sind, ist das schönste Wetter.«

»Na, ich bin froh«, erwiderte Fiona. »Ich bin den ganzen Tag draußen, um Leute zu kontrollieren. Das ist bei schönem Wetter angenehmer.«

»Allerdings hättet ihr bei Regen oder grauem Himmel weniger Schwierigkeiten mit aggressiven Leuten«, warf Laura ein, »denn keiner würde an den Strand gehen wollen.«

Sie hatte bemerkt, dass Nadia sehr müde war. Nach einer knappen Woche ging ihr diese Arbeit bereits an die Substanz. Die Organisation, die Konflikte mit Passanten, die vielen Kollegen, die sie managen musste, und die unregelmäßigen Arbeitszeiten machten ihr zu schaffen. Und Laura spürte, dass die Verantwortung schwer wog. Nadia fragte sich, ob es eine gute Idee gewesen war, Lieutenant zu werden.

»Wie findest du die derzeitigen Arbeitsbedingungen?«, erkundigte sich Laura vorsichtig bei Fiona.

Diese zuckte mit den Schultern. »Okay. Für mich ist es nicht so anstrengend, und ich bin gern draußen, vor allem in dieser Stadt, die ich noch nicht kenne. Die Kollegen sind nett, die Atmosphäre bei der Arbeit angenehm. Dank Nadia.«

»Und die Leute, die euch beleidigen?«

»Es ist nicht immer einfach. Aber ich nehme es nicht persönlich. Ich kann verstehen, dass manche ihren Frust an uns, der Exekutive, auslassen. Aber wahrscheinlich hätte mir die Situation in Lille nicht so gut gefallen. Marseille ist ganz neu für mich, da ist so etwas wesentlich leichter zu akzeptieren. Jedenfalls bin ich froh, draußen zu sein und nicht ganz allein daheim herumzusitzen.«

»Das kann ich verstehen«, meinte Laura.

Bei den Berniers herrschte Totenstille. Die zwei blonden, bildhübschen Jungen, die Laura bereits bei Emelines Begräbnis gesehen hatte und die wohl deren Brüder waren, spielten im Garten Ball, aber nicht wie Kinder sonst spielen. Sie riefen sich nichts zu, lachten nicht, redeten nicht miteinander. Laura kamen sie wie zwei Roboter vor. Sie konnte sich denken, wie sehr die Zwillinge unter dem Tod ihrer Schwester und der Trauer der Eltern litten. Emelines Vater empfing die beiden jungen Frauen.

»*Monsieur*, wir würden uns gern Emelines Zimmer ansehen. Schauen, ob sie irgendetwas aufgeschrieben hat, einen Blick in ihren Computer werfen. Ihr Anwalt, der ja zurzeit in Korsika ist, möchte das. Ist das möglich?«, fragte Laura.

»Natürlich«, meinte er. »Allerdings habe ich ihr Zimmer schon mit meiner Frau durchkämmt. Ich habe Ihnen ein paar Dinge herausgesucht. Vorrangig Zeichnungen. Emeline zeichnete jeden Tag. Sie war sehr begabt. Manche Bilder sind schockierend, vor allem, wenn man weiß, was dann geschehen ist!«

»Und ihr Computer?«, fragte Laura. »Hat sie ihn mit einem Passwort geschützt?«

Der Vater schüttelte den Kopf. »Ich habe ihn durchgesehen. Allerdings komme ich nicht in ihr Instagram-Konto. Doch Christine hat gesagt, dort sei nichts Besonderes. Und in ihrem Telefon ebenfalls nicht.«

»Haben Sie ihr Telefon?«

Der Vater nickte.

»Gut«, meinte Laura. »Wenn ich es mitnehmen kann …«

»Natürlich«, erwiderte er. »Alles, was Sie wollen.«

Die beiden jungen Frauen gingen ins Zimmer des Mädchens.

Fiona sah Laura bange an. In diesem Raum herrschte eine Stimmung, die ihnen beiden ins Herz schnitt. Emeline war sehr ordentlich gewesen, alles war schön aufgeräumt, und an den Wänden befanden sich überall Zeichnungen und Gemälde.

Es konnte natürlich sein, dass die Mutter Emelines Zimmer nach deren Tod sauber gemacht hatte. Doch die Wanddekoration stammte von Emeline selbst. Ein riesiges Bild mit einem wunderschönen Baum hing über dem Bett. An dessen Längsseite waren kleinere Bilder. Porträts von ihren Brüdern und ihren Eltern, von einem Cockerspaniel und einer alten Frau, wahrscheinlich der Großmutter. Gemälde der Côte Bleue.

»Hat sie das alles selbst gezeichnet und gemalt?«, fragte Fiona erstaunt.

»Anscheinend«, antwortete Laura.

»Mon Dieu, sie war wirklich begabt. Eine Künstlerin.«

»Ja, das war sie. Auch deshalb waren die Mitschülerinnen neidisch. Außerdem hatte sie super Noten.«

»Klar. Und manche halten es nicht aus, zu sehen, wie intelligent andere sind!«

Sie machten sich daran, die Schubladen zu durchforsten. Laura war mulmig. Sie mochte es nicht, in der Intimsphäre anderer Menschen herumzustöbern, auch wenn diese tot waren. Doch sie sagte sich, dass die Polizisten und die Eltern Emelines Zimmer ohnehin bereits durchsucht hatten. Auf dem Schreibtisch hatten die Eltern für die Ermittler einige Dokumente bereitgelegt.

Emeline hatte kein Tagebuch geführt, doch sie hatte jeden Tag etwas in einen Block skizziert. Mit Datum.

Am Samstag vor ihrem Tod waren es Muscheln und Steine.

Am Sonntag zwei Jungs, die miteinander an einem Strand Ball spielten. Ihre Brüder.

Am Montag Gesichter mit grausamen Fratzen. Laura erkannte, dass es sich um Emelines Mitschüler handelte.

Beim nächsten Bild zuckte Laura zusammen. Fiona neben ihr stieß einen leisen Schrei aus. Emeline hatte sich selbst skizziert, an der Magnolie hängend, mit einem Strick um den Hals.

»Meinst du …?«, begann Fiona mit dünner Stimme. »Meinst du, sie hat das schon lange geplant?«

»Keine Ahnung!« Laura überlegte. Hatte Emeline die Zeichnung am Morgen angefertigt oder nach der Schule, als sie nach Hause gekommen war? Kurz vor ihrem Tod?

Laura fotografierte die Bilder und blätterte weiter zurück. Auf vielen Seiten fand sie Szenen, in denen Personen ein Mädchen schlugen oder auf den Boden drückten. Sie wusste, dass dieses Mädchen Emeline war, auch wenn einige der Bilder sehr abstrakt waren.

Laura sah ein Mädchen mit verzerrtem Gesicht Papier zerreißen und erkannte Naomis Züge. Sie hatte die Anführerin der Clique auf einem Foto gesehen. Emeline hatte wirklich sehr gut skizzieren können. Laura kamen schier die Tränen, wenn sie daran dachte, was für eine brillante Karriere Emeline vor sich gehabt hätte.

Emeline erinnerte Laura an Jérémie, der ein sehr begabter Maler war und manchmal Ausstellungen hatte, sein tägliches Brot jedoch damit verdiente, auf dem Computer Kataloge und Skizzen zu entwerfen. Jérémie war mit seiner Arbeit glücklich.

»Ich liebe es, etwas zu kreieren«, hatte er Laura erklärt. »Sobald ich etwas Grafisches schaffen kann, bin ich glücklich, ob es nun mit dem Pinsel oder auf dem Bildschirm ist!«

»Man sieht, dass Emeline gemobbt und gequält wurde«, murmelte Fiona. »Diese Bilder sind schockierend.«

»Am schlimmsten ist die Magnolie«, meinte Laura.

Emeline hatte auch eine Mappe voller schöner Landschaftsbilder im A3-Format. Zumeist Aquarelle.

»Wow, das hat was von Cézanne«, sagte Laura.

Die meisten Dinge in Emelines Zimmer hatten mit Malerei zu tun. Auch die Bücher handelten von berühmten Malern. Van Gogh, Cézanne, Matisse, Chagall. Anscheinend waren sie Emelines große Vorbilder gewesen, und das Leben dieser Männer hatte sie brennend interessiert. Auf dem Bücherregal lagen auch der Katalog des Musée d'Orsay und die Tickets. Emeline hatte dieses Museum im vergangenen Herbst mit ihrer Familie besucht. Laura lächelte. Das Musée d'Orsay war ihr Lieblingsmuseum in Paris. Es beherbergte eine der weltweit größten Sammlungen impressionistischer Werke.

Pinsel aller Größen, Stifte, Blätter, Leinwände, das alles fanden sie in Emelines Kästen. Schön geordnet. Laura öffnete eine Schachtel, in der Malfarben verstaut waren. Bei genauerem Hinsehen bemerkte sie, dass unter den Farbtiegeln Zettel lagen.

Neugierig zog sie sie hervor. Dann erstarrte sie. Das hatte sie wahrhaftig nicht erwartet! Es handelte sich um Drohungen und Beleidigungen, die nur von der Clique und den Jungen der Terminale A stammen konnten.

Du bist eine Lesbenhure. Doch ich werde dir zeigen, wie gefickt wird. Du musst das auch mal lernen. Wenn du mich nicht freiwillig triffst, dann mach ich es mit Gewalt.

Als sie diesen Zettel las, schluchzte Laura auf. Sie dachte an ihre eigene Vergewaltigung.

»Was ist los, Laura?«, fragte Fiona sichtlich erschrocken.

Laura hielt ihr den Zettel hin. Fiona schien nicht schockiert. Im Gegenteil. »Das ist genau das, was Pierre und der Anwalt brauchen!«, frohlockte sie.

»Wie fürchterlich! Warum hat sie den nicht ihren Eltern gezeigt?«

Fiona zuckte mit den Schultern. »Wenn man bedroht wird, kann man nicht immer logisch und vernünftig reagieren, denke ich.«

Andere Nachrichten waren, nach der Schrift zu urteilen, von Mädchen.

Du bist das hässlichste Mädchen der Welt, und du weißt es. Hör auf, dich mit deinen dummen Zeichnungen und Malereien zu brüsten. Ändere besser deinen Look!

Wenn ich dir etwas erklären soll bezüglich der Jungs, dann mach ich das gern. Bleib keine Lesbe! Du bist zwar stockhässlich, doch du kannst trotzdem einen Jungen finden.
Das Sex-Girl

»Sex-Girl?«, fragte Fiona ungläubig. »Mit fünfzehn?«

»Ja, so sieht's aus.« Laura seufzte.

»Und warum behandeln sie sie wie eine Lesbe? Hatte sie eine Beziehung mit Christine?«

»Nein, hatte sie nicht. Die beiden waren beste Freundinnen. Aber sie waren nie mit Jungs unterwegs, deshalb wurden sie von der Clique bezichtigt, Lesben zu sein.«

Sie dachte daran, welch ein Riesenglück sie selbst hatte. Sie war nun seit zwei Jahren mit Nadia zusammen.

Noch nie hatte irgendwer sie beleidigt oder diskriminiert, weil sie eine Lesbe war. Und weder ihre Familie noch ihre Freunde oder die Arbeitskollegen waren deshalb ihr gegenüber befangen. Ihre Beziehung zu Nadia war für Lauras Umfeld die normalste Sache der Welt.

Aber Emelines und Christines Klassenkameraden war alles recht gewesen, um die beiden zu drangsalieren. Laura nahm die Briefe an sich. Sie wollte sie Emelines Eltern zeigen.

Sie fanden nichts Besonderes mehr, nur alte Familienbilder, Fotos von früheren Freundinnen, alte Schulhefte und einen Karton voller Schulbücher und -mappen. Aus den Heften und Blättern konnte Laura schließen, dass Emeline eine gewissenhafte Schülerin war. Auch ihre Handschrift war sehr sauber gewesen.

Nach zwei Stunden beschlossen Fiona und Laura aufzubrechen.

»Ich würde sagen, wir haben gute Arbeit geleistet«, meinte Fiona. »Wir haben einen weiteren Beweis dafür, dass die Clique und die Jungs der Terminale A Emeline bedroht haben.«

»Ja. Aber das wird Castini noch nicht reichen. Denn Jugendliche reden oft so. Vor allem die Platzhirsche. Das beweist gar nichts.«

Laura seufzte. »Trotzdem. Die Zeichnungen, die Skizzen … wir haben Beweise, dass Emeline gemobbt wurde. Und Castini kann der Clique daraus einen Strick drehen.«

»Allerdings! Aber die Sache geht tiefer. Und eines Tages werden wir den Beweis dafür finden.«

»Wollen wir's hoffen!«

Emelines Vater bot den beiden jungen Frauen einen Kaffee an. Sie lehnten dankend ab. Dann zeigten sie ihm die Briefe. Als er sie las, zuckte er zusammen.

»Warum hat Emeline uns nicht um Hilfe gebeten?«, schluchzte er. »Wir hätten sie sofort aus der Schule genommen!«

»Wenn man in dem Alter gemobbt wird«, meinte Fiona, »dann will man oft die Eltern nicht damit belasten. Und man schämt sich auch. Weil man sich nicht wehren kann. Man will die Sache selbst regeln. Wir wissen, dass Christine bei der Direktorin war, um sich zu beschweren. Aber diese hat nichts getan.«

Der Mann ballte die Fäuste. »Diese Schweinehunde. Diese elendigen Schweinehunde. Wir werden sie bezahlen lassen!«

»Ja, Monsieur, das werden wir. Dürfen wir Emelines Telefon und ihren Laptop mitnehmen?«

»Natürlich!« Der Vater reichte ihnen einen Zettel. Laura sah ihn fragend an. »Emeline hat ihr Telefon mit einer PIN geschützt. Aber wir sind leicht hineingekommen. Denn es handelt sich um das Geburtsdatum ihrer Brüder. Sie hat sie geliebt. Sie waren alles für sie …« Ihm versagte die Stimme.

Laura dachte an die vielen Bilder, die sie von den beiden hübschen blonden Jungen gesehen hatte. Emeline musste an diesem verhängnisvollen Dienstag zutiefst verzweifelt gewesen sein, um sich für immer von ihnen zu trennen.

Als die beiden jungen Frauen zurück nach Marseille fuhren, sagte Laura: »Eigentlich seltsam. Emeline hatte Eltern und Brüder, die sie liebten, eine beste Freundin, war eine gute Schülerin. Wieso hat sie nicht lauter um Hilfe geschrien?«

Fiona schwieg. Dann begann sie: »Weißt du, Laura, wenn jemand dich terrorisiert, dann bist du am Anfang wie erstarrt. Du kannst nicht reagieren. Und vor allem denkst du dir: Es ist nicht möglich, dass ich in dieser Situation bin und mich überhaupt nicht wehren kann. Du willst niemanden in die Sache mit hineinziehen. Du denkst dir, es wird irgendwann einfach aufhören. Doch dass deine Peiniger immer weiter gehen, das scheint unfassbar …« Fiona verstummte.

In der Stadt war sehr wenig Verkehr. Laura fuhr trotzdem langsam, denn beide Frauen konnten den Besuch bei Emelines Eltern noch nicht abschütteln und waren in Gedanken bei dem, was sie im Zimmer des Mädchens entdeckt hatten.

Das Smartphone

Castini wies Nadia an, alle möglichen Schulkameraden von Emeline und Christine zu vernehmen. Nicht die Clique, denn dieser durften sie sich nicht nähern, sondern andere. Mitläufer und Opfer sollten befragt werden. Vielleicht würde irgendeiner von ihnen reden und Auskunft über den fatalen Dienstag geben. Nadia war weiterhin sehr beschäftigt und schickte deshalb Laura, Fiona, Florian und Pierre los.

Sie hatte sich mit Florian Emelines Computer und ihr Smartphone angesehen, aber nichts gefunden. Emeline war nicht über SMS, Chatnachrichten oder E-Mail bedroht worden. Sie hatten ihr Drohungen auf Zettelchen geschrieben und sie auf Instagram beleidigt, das war alles, was Nadia bisher herausgefunden hatte. Auf dem Computer waren viele Familien- und Naturfotos gespeichert. Emeline war auch eine begabte Fotografin gewesen. Nadia blutete das Herz, wenn sie diese Fotos sah, die das Leben eines ausgeglichenen fünfzehnjährigen Mädchens zeigten.

Die Klassenkameraden erzählten Nadias Kollegen nicht besonders viel. Bezüglich des Dienstags sagten alle nur, dass sie schon weg gewesen waren, als die Clique Emeline in den Umkleideraum gesperrt hatte. Und dass sie die Jungs der Terminale A nicht gesehen hatten.

Allerdings schien von den Mitläufern und weiteren Opfern niemand Naomi und ihre Clique zu schätzen. Alle gaben zu, dass sie vor diesen Mädchen Angst hatten und das Gefühl, dass diese Schülerinnen machen durften, was sie wollten, und trotzdem nie wirklich bestraft wurden. Nadia seufzte. Für Castini hatten sie gegen die Clique immer noch zu wenig in der Hand.

Doch wenige Tage später schien es urplötzlich einen Durchbruch zu geben. Pierre rief aufgeregt Nadia an, die im Commissariat mit Stéphane Nachtdienst hatte.

»Nadia, wir haben dank der Videoüberwachung von Théos Villenviertel etwas herausgefunden. Das Motorrad der Jungs, die Théo erschossen haben, ist dasselbe wie das Bike, das am Hafen von Carry gefilmt wurde, als die Autos beschädigt wurden ...«

Nadia erstarrte. »Mon Dieu«, flüsterte sie. »Das heißt ... Christines Fenster und Théos Tod haben höchstwahrscheinlich etwas miteinander zu tun?«

»Ganz genau«, erklärte Pierre. »Und noch etwas: Die Spur führt eindeutig in die Cité la Busserine. Seltsam, nicht?«

Nadia hielt inne. Die Kriminellen, die sie kurz vor dem Lockdown verhaftet hatten und die wieder freigelassen wurden, kamen aus La Busserine. War das nur ein Zufall?

»Das Motorrad«, meinte Pierre, »wurde in der Nähe von La Busserine gestohlen und am Eingang der Cité gefilmt. Ich habe es geschafft, von Franck die nötigen Informationen zu bekommen. Er ermittelt dort. Womit er nicht gut vorankommt, weil da die Situation zurzeit sehr explosiv ist.«

Nadia seufzte. Sie wusste, dass einige ihrer Kollegen in den vergangenen Tagen ernste Probleme in den Quartiers Nord gehabt hatten. Es war in diesen Vierteln beinahe unmöglich, den Lockdown durchzusetzen. Ganz einfach, weil die Wohnungen zu klein waren. Die Familien lebten oft zu zehnt in zwei Räumen. Außerdem brach mit der Ausgangssperre der Drogenhandel zusammen, was die Dealer nicht hinnehmen wollten. Und die Polizisten waren in den Banlieues ohnehin keine gern gesehenen Gäste. Nadia wusste, dass sie Gefahr lief, in der folgenden Woche ebenfalls in so ein Quartier gehen zu müssen. Denn es wurde gewechselt, damit nicht immer dieselben Teams die schwierigen Viertel überwachten.

Was die Pandemie betraf, so spitzte sich die Situation immer mehr zu. In Marseille gab es im IHU einen Arzt und Forscher, der die Patienten mit Chloroquin und Antibiotika behandelte und behauptete, sehr gute Ergebnisse zu erzielen. Doch die Methode wurde landesweit angezweifelt, weil er allem Anschein nach nie klinische Versuche gemacht hatte. Fiona, deren Nachbarinnen im IHU arbeiteten, hatte erzählt, dass Patienten aus ganz Frankreich zu ihm kamen, um sich behandeln zu lassen.

Es war wieder einmal ein warmer Nachmittag gewesen, die Sonne war gerade untergegangen. Bald würden sie abgelöst werden. Nadia und Luc standen am Ende der Corniche, nicht weit vom Prado-Stadtviertel, und sprachen mit Florian und Fiona. Einige Meter weiter befand sich eine Gruppe der CRS. Nadia sah, dass Luc ganz offen mit Fiona flirtete, obwohl sie ihm keinerlei Hoffnungen machte. Da näherte sich ein junger Mann mit Kopfhörern und Kapuze zu Fuß.

»Ausgangsbescheinigung, bitte«, sagte Florian. Mit einer mürrischen Geste reichte der Junge ihnen den Zettel und einen Personalausweis.

»Nadia ...« Florian winkte sie zu sich. Luc beachtete sie alle nicht, er war dabei, auf Fiona einzureden. Florian zeigte auf den Namen des Jungen und die Adresse.

»Er wohnt auf der Avenue du Prado, weiter nördlich. Ist doch etwas weit entfernt, nicht?«

Dabei sah er sie fragend an. Nadia verstand nicht, was Florian wollte. Er kannte sich doch aus!

Sie wandte sich an den Jungen. »Zeit heimzugehen, Monsieur. Es wird bald dunkel, und Sie sind zu weit von daheim weg.«

»Na und«, maulte der Junge. »Ist mein Viertel. Hier ist es nicht gefährlich.«

»Sie sind mehr als einen Kilometer von Ihrer Adresse weg. Wir hatten gestern Probleme«, sagte Florian. »Es sind Leute überfallen worden. Also wagen Sie sich besser nicht an den Strand. Ist außerdem verboten.«

Nadia horchte erstaunt auf. Was erzählte Florian da?

»Wie können Leute überfallen werden, wenn ihr überall rumsteht?«, murrte der Jugendliche.

»Wir sind nicht überall«, erwiderte Florian. »Aber wenn wir Sie noch einmal so weit von zu Hause erwischen, gibt es eine Strafe. Das ist derzeit vorgeschrieben. Und jetzt gehen Sie schnurstracks heim!«

Der Junge maulte etwas von *Nicht einmal mehr spazieren gehen* und wandte sich ab.

Florian zog Nadia beiseite. Zum Glück war Luc völlig mit Fiona beschäftigt.

»Das war Ugo Mallet«, flüsterte er. »Einer von Arthurs Freunden. Wir brauchen sein Handy! Vielleicht finden wir einen Film.«

Nadia erstarrte. Nun erinnerte sie sich wieder an den Namen des Jungen.

Sie reagierte schnell und wandte sich an ihren älteren Kollegen: »Luc, bleib bitte kurz mit Fiona hier zum Kontrollieren. Ich gehe mit Florian. Der Junge hat uns gesagt, dass Leute dort vorn sind, wo der Strand beginnt. Wir schauen mal nach …«

Eigentlich war es Lucs Job, mit Nadia zu gehen, doch es machte ihm nichts aus, bei Fiona zu bleiben. Ganz im Gegenteil! Nadia atmete auf.

Sie zwinkerte Fiona zu, die sie verdattert und etwas verzweifelt ansah, und folgte mit Florian dem Jungen.

»Er geht sicher zum Strand hinunter«, mutmaßte Florian, als sie am Badepark Prado ankamen, wo die breiten Sandstrände anfingen. »Ich schleiche ihm hinterher und knöpfe ihm sein Handy ab! Du gehst weiter die Straße entlang. Ich komme zu dir, sobald ich es habe, und da vorn nehmen wir dann nach dem Überfall Ugo in Empfang!«

Florian gab Fiona seine Jacke, setzte sich eine Sonnenbrille und eine Schildkappe auf, nahm die Maske, die Jérémies Kollegin ihm genäht hatte, und hastete dem Jungen hinterher. Dieser ging tatsächlich Richtung Strand und zwängte sich zwischen den Absperrungen durch, die die Stadtverwaltung aufgestellt hatte. Die Kollegen standen zweihundert Meter weiter östlich, doch Florian würde Ugo dort überfallen, wo sie ihn noch nicht sehen konnten.

Nadia spazierte weiter die Promenade entlang. Es begann bereits zu dämmern, man sah den Strand nicht mehr gut, was für Florian von Vorteil war. Sie ging langsam auf und ab und wurde schon langsam ungeduldig, als Florian atemlos bei ihr eintraf.

»Geschafft!«

Er gab ihr ein iPhone, das Nadia schnell in ihrer Jackentasche verschwinden ließ, zog sich hastig seine Jacke an und verstaute Maske und Sonnenbrille in der Tasche.

»Und nun gehen wir ganz scheinheilig hier lang«, sagte er, immer noch etwas außer Atem.

»Bravo, Florian, super Arbeit!« Nadia bewunderte Florians Scharfsinn und sein entschlossenes Handeln. Ihr selbst wäre dieser Ugo Mallet durch die Lappen gegangen!

Bald trafen sie auf die Kollegen André, René und zwei städtische Polizisten, die etwas weiter hinten standen. Ugo Mallet unterhielt sich bereits wild gestikulierend mit ihnen.

»Nadia, Gott sei Dank!«, rief André. »Der Junge ist am Strand überfallen worden. Ein Typ wollte ihn vergewaltigen, er konnte sich losreißen, doch der Kerl hat sein Handy genommen, ein iPhone.«

Nadia wandte sich an Ugo.

»Ach, so was! Wir haben Sie doch vorhin kontrolliert! Und haben Ihnen verboten, an den Strand zu gehen. Aber Sie wissen wohl immer alles besser, nicht? Wir können Ihnen eine Strafe raufhängen.«

»Putain, dann machen Sie das doch! Ist mir doch egal! Ich hab das neueste iPhone verloren! Und ein Typ wollte mich vergewaltigen! Hat an meiner Hose gerissen …«

Ugo klang hysterisch, und Nadia sah, dass er zitterte.

»Immer mit der Ruhe«, mischte sich Florian ein. »Wie hat er ausgesehen?«

»Er war etwas größer als ich und sehr muskulös. Er hatte ein schwarzes T-Shirt an, Sonnenbrille und Schildkappe auf und trug eine Maske. Sein Gesicht konnte ich natürlich nicht sehen.«

»Schuhe?«, fragte Nadia.

»Keine Ahnung. Putain, ich hab nicht darauf geachtet! Ich war in Panik …«

Erleichtert atmete Nadia auf. Florian hatte zwar schwarze Allerweltsturnschuhe, doch Ugo hätte seine Jeans und Schuhe dennoch wiedererkennen können.

»Was ist geschehen? Haben Sie sich gewehrt?«, fragte sie weiter.

»Ja! Ich habe vor allem geschrien. Und da hat der Typ in meine Jackentasche gegriffen, mir das Handy rausgenommen und ist in die Richtung abgehauen, aus der er gekommen ist. Es war die Richtung, aus der Sie kamen. Haben Sie niemanden gesehen?«

»Nein«, sagte Florian. »Aber es dämmert schon. Und wir waren einige Hundert Meter hinter Ihnen.«

Nadia meinte streng: »Ich habe Sie gewarnt. Die Strände sind gesperrt, doch dort treibt sich Gesindel herum. Ich hatte gestern schon jemanden, der am Strand von so jemandem verfolgt wurde. Er ist weggelaufen. Sie können aufs Commissariat kommen und Anzeige erstatten.«

»Können Sie mein Telefon orten?«

»Ich denke, Sie können es selbst orten. Ansonsten fragen Sie die Kollegen im Commissariat! Komm, Florian, wir gehen zum Strand und versuchen den Übeltäter zu erwischen. Ihr, André, bleibt bitte wachsam!«

Das Telefon brannte in ihrer Jackentasche. Sie hatte Angst, dass es läuten würde, und stürzte mit Florian davon.

»Mon Dieu«, seufzte er, als sie am Strand waren. »Jetzt bin ich selbst ein Krimineller.«

»Allerdings. Aber du hast es unter meiner Aufsicht getan. Und mit legalen Methoden kommen wir nicht weiter«, erwiderte Nadia. »Aber hast du ihn wirklich sexuell belästigt?«

»Ja, damit er nicht gleich nach seinem Telefon griff, als ich ihn packte! Ist ja heute ein geläufiger Reflex. Ich habe ihm die Hand zwischen die Beine gelegt und an seiner Hose gezerrt. Und als er zu schreien und wild um sich zu schlagen begann, habe ich schnell das Telefon aus seiner Tasche gezogen und bin weggelaufen.«

»Bravo! Am besten nehmen wir einstweilen die SIM-Karte heraus, damit man das Telefon nicht orten kann.

Mach das, wenn du mit Fiona im Auto sitzt. Und ich überlege mir eine Erklärung für Luc!«

Florian nickte. »Ich kümmere mich heute noch um das Telefon, vielleicht muss uns aber Jérémies Kollege bei der PIN helfen.«

Als sie wieder bei Luc und Fiona ankamen, meinte der: »Ihr wart aber eine Weile weg! Probleme am Strand?«

Nadia nickte. »Ich kann mir das Ganze nicht erklären. Der Junge sagte uns, es seien Leute am Strand, wir sind ihm gefolgt, aber anstatt die Straße entlangzugehen, spazierte er direkt zum Strand, wo er überfallen wurde. Ihm wurde sein Telefon geklaut. Wir waren zu weit weg. Andere Personen haben wir nicht angetroffen.«

»Ach! Das geschieht ihm recht!« Luc war nicht beeindruckt. »Wie dumm ist der Kerl denn? Er sieht Leute am Strand, verpetzt sie, aber geht selber dort lang, ganz allein.«

»Er wurde anscheinend von einem Typen überfallen, der ihn vergewaltigen wollte.«

»Ach ja?« Luc seufzte. »Das ist ernster als ein Diebstahl. Gib es den Kollegen vom Nachtdienst durch, mit der genauen Beschreibung des Täters. Allerdings sagen wir den Leuten immer, sie sollen den Stränden fernbleiben, vor allem abends! Putain!«

Bevor Nadia mit Luc ins Auto stieg, steckte sie Florian verstohlen das Telefon zu.

»Und«, fragte sie Luc scheinheilig, als sie mit ihm zum Commissariat fuhr. »Kommst du mit Fiona weiter?«

Er seufzte. »Ich denke nicht, dass sie mich will. Ich bin wohl zu alt für sie. Sie wird sich einen Burschen ihres Alters suchen. Aber ich bin trotzdem gern mit ihr zusammen.«

Sie sah ihn von der Seite an. Der Arme! Luc war seit sieben Jahren geschieden und lebte allein. Er hatte zwei Söhne, die elf und dreizehn Jahre alt waren und bei ihrer Mutter lebten. Luc kümmerte sich jedes zweite Wochenende um sie. Er war mit Mathieu gut befreundet gewesen, deshalb wusste Nadia einiges über sein Privatleben. Wenn Mathieu und Luc miteinander ausgegangen waren, hatte Luc zuweilen kurze Abenteuer mit Frauen gehabt. Doch nun schien er eine feste Beziehung zu suchen. Und das mit einer Frau, die fast fünfzehn Jahre jünger als er und bildhübsch war!

Nadia jedenfalls beglückwünschte sich, Luc so erfolgreich ausgetrickst zu haben. Er war derart auf Fiona fixiert gewesen, dass er die Sache mit dem Überfall auf den jungen Kerl und die Tatsache, dass Florian und Nadia sich ganz in der Nähe aufgehalten hatten, überhaupt nicht in Zweifel gezogen hatte.

Sie war ziemlich stolz auf ihre Aktion, auch wenn sie ein schlechtes Gewissen hatte. Nun verhielten sie und ihre Kollegen sich wie Ganoven. Aber hatten sie eine andere Wahl? Wenn sie herausfinden wollten, was an Emelines Todestag wirklich geschehen war, mussten sie zu solchen Mitteln greifen. Das Smartphone eines Verdächtigen war nun mal eine wichtige Informationsquelle.

Florian meldete sich am folgenden Tag. Er war völlig aus dem Häuschen.

»Wir haben es geschafft, ins Telefon reinzukommen. Und wir haben ein Video gefunden! Emeline wurde wirklich vergewaltigt. Ugo hat es gefilmt. Wirklich ekelhaft! Man kann verstehen, warum sie sich das Leben genommen hat!«

Der Film

Christine fürchtete sich noch immer. Sie hatte nun das Büro des Vaters in Beschlag genommen. Das Fenster ihres Zimmers war zwar ersetzt worden, doch sie wollte sich nicht mehr in dem Raum aufhalten, der direkt auf die Straße hinausging. In den letzten Tagen hatte es nichts Neues von Naomi und der Clique gegeben, doch sie traute dem Frieden nicht.

Und jetzt war Castini dabei, seine Klage zu formulieren. Die Mutter stand mit ihm in Kontakt. Sie skypten häufig mit Emelines Eltern. Castini fand die Sache sehr seltsam. Irgendetwas war an dem verhängnisvollen Dienstag geschehen, und er war fest entschlossen herausfinden, was. Christine hätte einiges erzählen können, doch sie befürchtete, dass ihre Zeugenaussage nicht reichen würde. Sie wusste von den Filmen. Sie hatte die Mitschüler tuscheln gehört. Und nun war auch noch Théo Bianucci erschossen worden! Wahrscheinlich steckte die Clique dahinter. Vielleicht hatte er reden wollen. Zwar nicht aus demselben Grund wie sie, aber wenn sie den Mund aufmachte, würde sie vermutlich enden wie er.

In der Nacht hatte Christine einen Traum. Emeline zeichnete. Sich selbst, wie sie von der Clique attackiert wurde, und Christine, die davonrannte. Hunderte Zeichnungen sah Christine im Schlaf, eine erschreckender als die andere. Sie war hochgefahren und hatte die ganze Nacht nicht mehr schlafen können. Am Morgen hatte sie

Schwierigkeiten, ihre Arbeit am Computer zu verrichten.

Am frühen Nachmittag läutete es an der Tür. Christines Schwester öffnete.

»Christine«, rief sie, »da sind zwei Frauen, die dich sprechen wollen!«

Christine erschrak. Sie ging langsam hinunter und sah Lieutenant Aubertin mit der blonden Journalistin vor der Tür stehen, die auch auf der Beerdigung gewesen war. Diesmal trugen die beiden bunte Masken als Mund- und Nasenschutz.

»Hallo, Christine«, sagte Nadia Aubertin. »Können wir uns mit dir nach draußen setzen? Wir gehen wegen Corona nicht mehr in Innenräume. Aber wir müssen dir dringend etwas zeigen. Und dann auch mit deiner Mutter sprechen.«

Die Mutter hatte im Moment eine Videokonferenz mit ihrem Boss. Christine war froh darüber, sie wollte mit Madame le Lieutenant allein reden. Christine führte die beiden Frauen hinters Haus, und sie setzten sich an den Tisch auf der Terrasse. Nadia Aubertin sah das Mädchen ernst an.

»Christine, wir sind auf einen Film gestoßen. Und wir haben etwas Tragisches herausgefunden. Emeline wurde von einem Jungen der Terminale A mithilfe der Clique vergewaltigt, bevor sie eingesperrt wurde. Wusstest du das?«

Die zwei Frauen sahen Christine forschend an. Sie brach in Tränen aus. Die beiden sagten nichts, warteten nur ab.

Christine fühlte sich so schäbig, so feige. Sie hätte ihnen schon lange sagen sollen, was geschehen war! Sie war zwar nicht dabei gewesen, aber sie hatte es gewusst. Wie alle anderen.

Die blonde Frau hielt ihr Telefon Christine unter die Nase. »Da, schau dir an, was geschehen ist!«

Der Film war wohl von einem der Jungs gemacht worden. Im Bild sah man Naomi und Mathilde, die Emeline packten, hinter ihnen Vanessa und Mégane. Vor ihr Arthur, der sich die Hose öffnete, neben ihm Léane und Arthurs Freund Kevin. Emeline schrie und wand sich.

»Na, Emeline, so schlimm ist es doch nicht«, lachte Arthur. »Jede muss mal einen Schwanz spüren! Zieht sie aus, Mädels!«

Sie zerrten Emeline auf den Boden, Léane riss an deren T-Shirt, Kevin zog ihr die Hosen herunter.

»Putain!«, rief Arthur. »Welch ein Busch! Was sie oben hat, hat sie auch unten! Und Lesben rasieren sich wohl nicht die Möse. Keine Ahnung, ob ich da einen hochkriege!« Hinter ihm hörte man Gelächter.

Christine wurde von Schluchzern geschüttelt. Es war noch grauenhafter, als sie gedacht hatte. Sie hatten Emeline nicht nur vergewaltigt, sondern auch gedemütigt. Derjenige, der filmte, kam näher und machte eine Großaufnahme von Emelines nacktem Ober- und dann von ihrem Unterkörper. Léane und Kevin griffen Emeline immer wieder zwischen die Beine. Christine hielt sich die Hand vors Gesicht. Sie wollte diesen Film nicht weiter ansehen! Emeline schluchzte, Mathilde presste ihr ein T-Shirt auf den Mund, damit sie nicht schrie. Auch einige Jungs der Abiturklasse waren anwesend, denn man hörte Gemurmel und Gekicher.

Naomi und Mathilde hielten Emelines Arme, Léane und Kevin jeweils ein Bein. Es sah aus wie in Mittelalterfilmen, in denen die Menschen bei lebendigem Leib auseinandergerissen wurden.

Dann kam Arthur und legte sich auf sie. Er bewegte

sich heftig, es dauerte nicht lange, man sah sein weißes und muskulöses Hinterteil auf und ab wackeln. Plötzlich riss der Film ab.

Christine weinte.

»Du wusstest es, nicht wahr?«, fragte Nadia Aubertin. »Und du wurdest bedroht, damit du schweigst. Warst du dabei?«

Christine schüttelte den Kopf. Schluchzend brachte sie hervor: »Nein. Sie haben uns hinausgejagt. Sie haben zu uns Mädchen gesagt: ›Verschwindet, sofort, wir haben hier mit Emeline etwas zu regeln.‹ Und da sind alle rausgegangen. Ich wusste nicht, was ich tun sollte. Ich hätte Monsieur Bertin holen sollen oder die Direktorin, aber … ich habe es nicht gewagt. Ich bin gegangen. In die Geschichtsstunde. Emeline wusste, dass ich sie im Stich gelassen habe.«

Christine weinte bitterlich. Wäre sie nur so mutig, wie Lieutenant Aubertin und diese Journalistin, die der Sache nachgingen, ohne die Erlaubnis dafür zu haben!

»Christine …« Madame Aubertin legte ihr eine Hand auf den Arm. »Es ist nicht deine Schuld. Du kannst nichts dafür. Du wusstest, dass die Clique ungeschoren davonkommt. Du konntest nicht wirklich etwas tun. Denn auch Monsieur Bertin hätten sie wahrscheinlich erpresst. Aber nun haben wir den Film. Und es ist klar, was geschehen ist. Maître Castini hat ihn bereits bekommen. Jetzt können sie uns nicht mehr entwischen. Arthur, Naomi und Mathilde sind die Hauptschuldigen. Und wir versuchen zu beweisen, dass sie oder jemand, der von ihnen angeheuert wurde, auch Théo erschossen hat. Kannst du dir denken, warum?«

Christine zuckte mit den Schultern. »Théo hatte keinen guten Ruf in der Schule. Er dealte und erpresste die Schüler. Sogar die Jungs der Terminale und die Clique fürchteten sich vor ihm. Er war wohl dabei, als das Ganze stattfand, und hat gefilmt. Vielleicht wollte er seine Mitschüler erpressen mit dem Film.«

»Ja, diesen Verdacht haben wir auch.«

»Wo ... wo wurde der Film gefunden?«, stammelte Christine.

Die beiden Frauen wechselten einen Blick.

»Nun ...«, sagte Nadia. »Théo oder jemand anders scheint ihn ins Internet gestellt zu haben. Auf einer Amateur-Pornoseite hat einer von Lauras Kollegen ihn gefunden. Purer Zufall. Siehst du, es hat ihnen nichts genützt, Théo zu töten, denn er war schneller.«

Christine war sprachlos.

»Und Christine, du weißt wahrscheinlich, dass das Motorrad, das bei Théo gefilmt wurde, jenes war, das am Tag, an dem dein Fenster eingeschlagen worden ist, auch am Hafen von Carry war.«

Christine begann zu zittern. »Ich habe Angst«, flüsterte sie.

»Christine«, sagte Nadia, »du bist jetzt nicht mehr in Gefahr. Denn der Film wurde gefunden. Du bist zwar eine Zeugin, aber keine unentbehrliche! Egal, was du sagst, sie stecken ohnehin in der Patsche. Arthur noch mehr als die anderen, weil er es war, der Emeline vergewaltigt hat, und er außerdem schon achtzehn ist! Wir wollen jetzt noch herausfinden, wer Théo umgebracht hat, und dann die Übeltäter und ihre Eltern mit ihren Taten konfrontieren. aber wenn die Sache wie eine Bombe einschlagen soll, müssen wir noch etwas warten.«

»Und Sie glauben, dass ich nicht mehr bedroht werde?«

Nadia schüttelte den Kopf. »Du schreibst Naomi, dass dich das Ganze nicht mehr interessiert und du nicht gegen sie aussagen wirst. Dann werden sie von dir ablassen. Und du kehrst ja nicht mehr in diese Schule zurück, oder?«

Nun war es Christine, die den Kopf schüttelte.

Kurz darauf gingen die beiden Frauen. Der Anwalt würde Christines Mutter, die noch immer mit ihrem Boss beschäftigt war, später anrufen und sie über das Video informieren. Genauso Emelines Eltern. Christine weinte den ganzen Nachmittag. Die Bilder von Emelines Vergewaltigung gingen ihr nicht mehr aus dem Kopf. Am liebsten wäre sie auch gestorben.

Die Côte Bleue

Fiona und Nadia hatten gemeinsam Nachtdienst. Das traf sich gut, so konnten sie mit Pierre über Zoom telefonieren. Pierre war sehr aufgebracht, er hätte am liebsten seinen Vorgesetzten sofort mit dem Film konfrontiert, doch auch er sah ein, dass sie noch warten mussten. Außerdem hatte Franck noch nicht ermittelt, wer den Mord an Théo begangen hatte. Sein Chef Commissaire Goldstein hatte die Sache auf Eis gelegt, angeblich weil es wichtiger war, die Ausgangssperre zu überwachen.

Das Video hatte Fiona zutiefst schockiert. Sie hatte an ihr eigenes Erlebnis gedacht, es nicht geschafft, den Film bis zum Ende anzusehen, und sich nachher mehrmals übergeben.

Gleich nachdem die beiden Frauen das Gespräch mit Pierre beendet hatten, platzte Commissaire Blachet in den Open Space.

»Nadia«, begann er, »was war da los, mit diesem Jungen, der vorgestern am Strand überfallen wurde? Ihr wart doch ganz in der Nähe.«

»Ja«, erklärte Nadia, »natürlich. Wir haben ihn gewarnt. Er sagte uns, am Strand seien Menschen, und motzte, warum wir die nicht belästigten. Dann ist er weggegangen. Wir sind Richtung Strand marschiert, haben dort niemanden angetroffen, ihn aber mit André, René und zwei CRS gesehen. Anscheinend ist er nur wenige Hundert Meter von uns weg überfallen worden. Am Strand. Und sein Smartphone ist verschwunden. Habt ihr es geortet?«

Der Commissaire schnaubte. »Nein, natürlich hat der Dieb sofort die SIM-Karte entfernt. Später haben wir es geschafft, das Telefon kurz in Longchamp zu orten, doch dann war es wieder weg. Ich vermute, du weißt, dass der Junge auf das Lycée Saint Christophe geht?« Er sah Nadia scharf an.

»Ja. Das habe ich mir schon gedacht. Wie Théo, der erschossen wurde. Findest du das nicht komisch? Beide Schüler waren in derselben Schule wie das Mädchen, das sich umgebracht hat. Vielleicht sollten wir uns den Fall doch mal ansehen.«

»Nein, Nadia, das sollen wir nicht! Wie oft muss ich das noch sagen?«

Fiona sah, dass Nadia sich aufrichtete. »Christian«, meinte sie, »ich schätze dich sehr, deshalb will ich ehrlich zu dir sein. In L'Estaque ist etwas oberfaul. Und ich befürchte, dass unsere Chefs in eine ganz dreckige Sache verwickelt sind, die nicht unentdeckt bleiben wird. Du hast heute noch die Möglichkeit, die richtige Seite zu wählen, Gerechtigkeit zu suchen. Wenn du es nicht machst, wird es dir am Ende auf den Kopf fallen, denn die Familien organisieren sich. Emelines und Christines Familie wollen die Schule verklagen.«

Der Commissaire lachte. »Als ob die gegen unsere Vorgesetzten eine Chance hätten! Noch einmal, Nadia: Halt dich da raus! Sonst suspendiere ich dich. Außerdem vermute ich, dass du mit dem Verschwinden des Telefons etwas zu tun hast.«

Fiona zuckte zusammen, doch sie sah, dass Nadia ihren Vorgesetzten in gespielter Naivität anschaute.

»Aber warum sollte ich ein iPhone stehlen? Ich habe eines!«

Blachet sah ihr grimmig in die Augen. »Na ja, vielleicht versuchst du an Daten heranzukommen, an Filme?«

»Welche Filme, Christian? Ich brauche keine Filme. Es gibt keine Filme. Weil nichts geschehen ist.«

Fiona sah, dass der Commissaire die Zähne zusammenbiss.

»So, Nadia«, sagte er nach einigen Sekunden. »Ab übermorgen seid ihr, Luc und du, für Marseille Nord zuständig. Da könnt ihr dann Telefone klauen, so viel ihr wollt!«

Nadia schluckte. »Christian, das ist unfair. Luc hat mit dem Ganzen nichts zu schaffen. Schick mich, aber lass ihn am Meer!«

»Nun«, meinte Blachet ungerührt, »ihr wart jetzt die ganze Zeit am Meer, eure Kollegen müssen abgelöst werden, jeder muss einmal in schlechtere Viertel. Auch Capitaine Garnier und euer ach so effizientes Team. Und Nadia, wehe, ich finde heraus, dass du dich in die Sache mit Théo einmischst. Dann bist du vorläufig suspendiert und wirst aus dem Polizeidienst entlassen!«

Wütend fegte Blachet zur Tür hinaus.

Fiona sah Nadia zitternd an. »Und jetzt?«

Nadia zuckte nur mit den Schultern. »Und jetzt ... nichts. Ich mache nichts mehr. Ich schicke andere. Leider müssen wir bald alle in die Banlieues!« Sie seufzte.

Später riefen Fiona und Nadia über Zoom Pierre an.

»Wo seid ihr?«, fragte er erstaunt und lachte, als Nadia erklärte, sie hätten sich in den Toiletten des Commissariat eingesperrt. Doch dann meinte er: »Ja, Blachet wird euch sicher nicht in Ruhe lassen. Und jemand scheint uns verpetzt zu haben. Mein Vorgesetzter wollte wissen, warum wir die Schüler des Lycée Saint Christophe befragen. Ich habe gesagt, das sei nur wegen Théo gewesen, wegen der Drogensache. Keine Ahnung, ob er mir geglaubt hat.«

»Nun, im Moment haben wir schon einige Indizien. Der Film ist schockierend!«

»Hast du dir die anderen Videos auf Ugos Handy auch angesehen?«, fragte Pierre und verzog das Gesicht.

»Noch nicht«, meinte Nadia. »Er soll ja auch eigene Sexfilme gedreht haben.«

»Ja, ganz genau. Und der Star der meisten Filme ist die Tochter der Rechtsanwältin Lefèbre. Léane. Vollkommen schamlos. Echt vulgär. Richtige Sexfilme, die sie anscheinend auch in Gruppen produziert haben. Mit ihren Telefonen. Was mir zeigt, dass der Sex für sie etwas ganz Alltägliches ist, was sie in Gruppen treiben. Sie haben ihn banalisiert. Was auch erklären würde, warum sie Emeline etwas so Grausames angetan haben. Weil sie es miteinander genauso machen. Sie waren oft zu dritt auf einem Mädchen.«

Fiona schüttelte sich.

»Was ist das bloß für eine Generation?«, seufzte Nadia.

»Sie sind nicht alle so«, meinte Pierre. »Nur diese Gruppe. Denk an Emeline und Christine.«

Als Pierre aufgelegt hatte, klickte Nadia die Filme an, die Florian ihr geschickt hatte. Tatsächlich war in einem Ugo splitternackt mit Léane zu sehen. Die Tochter der Rechtsanwältin Levèbre schien wirklich ziemlich freizügig zu sein. In einem Video wurde sie wie Emeline von vier Jungs gehalten, während ein fünfter sie bearbeitete. Doch dabei lachte und stöhnte sie.

Nadia schüttelte den Kopf. »Was kann daran nur so schön sein? Wenn einem alle zusehen?«

Fiona zuckte mit den Schultern. »Manche brauchen das.«

»Dieser Ugo auch«, meinte Nadia. »Schau mal, wie viele Nacktfotos er von sich selbst geschossen hat. Mon Dieu …«

»Vielleicht ist es ihm deshalb nicht recht, dass jemand sein Telefon hat. Nicht nur, weil es sich um das neueste iPhone handelt.«

»Bestimmt. Und vielleicht können wir ihnen allen eins auswischen. Vielleicht kann Jérémies Freund ihre Fotos auf irgendwelche Amateur-Pornoseiten stellen. Anonym. Denn sie sind alle dabei. Naomi mit Arthur, Mathilde und Léane mit Ugo und mit den anderen Jungs. Das wäre doch eine nette kleine Strafe! Anfangs wollte ich das Telefon zurückgeben. Sagen, die Kollegen haben es irgendwo gefunden. Doch das ist mir zu riskant. Wir behalten es. Es war gewiss versichert.«

»Und sonst ist es auch egal. Denk daran, dass es sich beim Besitzer des Telefons um jemanden handelt, der eine Vergewaltigung gefilmt hat!«

Nadia und Fiona kehrten zurück in den Open Space. In dieser Nacht gab es Unruhen in den Quartiers Nord, weshalb sie ständig am Telefon hingen. Die CRS und die Feuerwehr mussten eingeschaltet werden, es gab Verletzte, zum Glück nicht unter den Polizisten. Die Nacht ging im Handumdrehen vorbei, und Fiona war froh, im Commissariat und nicht irgendwo draußen zu sein. Nadia hatte ihr erklärt, dass in den Vorstädten die Arbeit anders ablaufen würde als bisher. Sie würden in diese Viertel gehen und schauen, ob die Leute brav zu Hause waren. Wenn nicht, würden sie sie in ihre Wohnungen schicken, wohl wissend, dass sie dort nicht bleiben würden! Sie würden meistens in Gruppen unterwegs sein. Fiona seufzte.

»Keine Kontrollpunkte?«, fragte Fiona.

Nadia schüttelte den Kopf. »Nicht in den Cités. Vielleicht ein wenig außerhalb. Wir sprechen uns morgen mit den Kollegen ab, die gerade vor Ort sind. Rachid von den Stups ist unser Spezialist für diese Viertel, er kennt sie in- und auswendig.«

Am nächsten Tag hatte Fiona zwar frei, schlief aber nur drei Stunden. Als sie gerade aufgestanden war, läutete das Telefon.

Es war Pierre. »Ich fahre zu Théos Eltern«, erklärte er. »Könntest du mitkommen?«

»Okay«, antwortete Fiona. Sie fragte sich, warum er nicht Nadia mitnahm, doch sie war ja auch beim ersten Mal dabei gewesen. Sie war noch müde, weil sie nur drei Stunden geschlafen hatte, doch in diesem Fall war frische Luft das Beste. Am Abend wollte sie zur gewohnten Uhrzeit ins Bett gehen, weil sie am nächsten Morgen wieder arbeitete.

Als sie in Pierres Auto stieg, vergaß sie ihre Müdigkeit. Sie freute sich, ihn zu sehen. Pierre meinte, er wolle Théos Eltern mit dem Film konfrontieren und ihnen mitteilen, dass er befürchtete, dass dessen Tod damit zusammenhing. Vielleicht sollten sie sich ebenfalls einen Anwalt suchen.

»Ich habe dich gebeten mitzukommen, weil sie uns beide schon kennen. Das ist besser, als mit Nadia oder Laura hinzufahren.«

Fiona nickte. Sie war gern mit Pierre unterwegs. Mit ihm fühlte sie sich sicher, er baggerte sie nicht an. Doch Nadia hatte Fiona anvertraut, dass sie auch Pierre sehr gefiel. Fiona hatte innerlich geseufzt. Warum konnte es nicht mehr Männer wie Florian geben? Die einfach nur ihre Freunde sein wollten?

Théos Eltern waren zu Hause. Der Vater arbeitete generell daheim, die Mutter hatte einen zweiwöchigen Urlaub genommen. Théos ältere Brüder, die beide zur Beerdigung angereist waren, blieben vorerst bei den Eltern. Der älteste Sohn war bei dem Gespräch anwesend, sein jüngerer Bruder blieb in seinem Zimmer.

Théos Vater erzählte, dass das Begräbnis wegen Corona sehr klein gehalten werden musste und dass ihnen das eigentlich recht gewesen sei. Die Presse hatte sich ferngehalten. *Provence* und *Marseillaise* hatten nur eine kurze Meldung zu Théos Ermordung in der Rubrik Lokales gebracht. Es handle sich offenbar um einen Drogenkrieg, hatten sie behauptet.

Pierre erzählte den Eltern vorsichtig von Emelines Vergewaltigung und ihrer Vermutung, dass Théo alles gefilmt hatte. Auch dass sie befürchteten, dass er deshalb umgebracht worden war. Weil er reden oder aus dem Film Kapital schlagen wollte.

Die Eltern und Théos Bruder starrten Pierre ungläubig an.

»Eine Gruppenvergewaltigung?«, fragte die Mutter. »In der Schule? Ja, wo sind denn die Lehrer?«

»Théos Turnlehrerin war anscheinend nicht mehr da, weil sie in eine andere Schule musste. Und Emelines Lehrer war mit einer verletzten Schülerin beschäftigt.«

»Aber haben Sie mit den anderen Schülern gesprochen?«

Pierre schüttelte den Kopf. »Mit denjenigen, die dabei waren, dürfen wir nicht sprechen. Weil es sich wahrscheinlich um die Kinder von wichtigen Marseiller Bürgern handelt. Der Sohn meines Vorgesetzten und die Tochter des Direktors der PJ waren dabei und sind im Film gut zu sehen. Und unsere Vorgesetzten haben uns verboten, diesbezüglich zu ermitteln. Nun denken wir, dass vielleicht diese Leute Théo zum Schweigen gebracht haben. Dass sie jemanden aus der Banlieue angeheuert haben. Capitaine Rimier hat Ihnen sicher schon mitgeteilt, dass eine Spur nach La Busserine führt. In die Drogenszene. Das haben wir dank der Aufnahmen Ihrer Überwachungskameras herausgefunden. Da Ihr Sohn auch gedealt hat, war es leicht, die Tötung als Drogenmord zu kaschieren. Aber es kann sein, dass das Ganze mit der Vergewaltigung seiner Mitschülerin zu tun hat.«

Théos Mutter schluchzte. »Aber das ist unglaublich!«

»Allerdings. Vielleicht sollten Sie sich einen Anwalt nehmen und Klage gegen die Schule und gegen die Personen in dem Video einreichen. Ich schicke Ihnen den Film. Théo ist nicht zu sehen und kann nur damit in Verbindung gebracht werden, wenn Zeugen den Mund aufmachen. Und bitte, das ist sehr wichtig, im Moment bleibt das alles unter uns. Capitaine Rimier weiß nicht Bescheid. Sein Chef möchte, dass er wegen der Ausgangssperre die Ermittlung beendet. Doch wir und noch einige andere ermitteln weiter.«

Die Eltern und der Bruder sahen Pierre völlig verdattert an. Sie schienen die Informationen noch nicht verdaut zu haben.

»Bitte kein Wort zu irgendjemandem«, sagte Pierre noch einmal, bevor er sich verabschiedete.

»Ich weiß nicht, ob es richtig war, sie einzuweihen«, gestand er Fiona, als sie im Auto saßen. »Sobald Castinis Klage bei Gericht eingeht, wird ohnehin alles bekannt. Aber im Moment möchte ich noch ein paar Tage Zeit haben, um zu sehen, wie das Ganze mit der Banlieue zusammenhängt.«

»Sie werden weiterhin versuchen, Leute zu bestechen und einzuschüchtern. Doch mittlerweile sind schon zu viele Personen beteiligt. Wenn Théos Eltern einen Anwalt engagieren, dann ist der Fall nicht nur bei Castini«, meinte Fiona.

»Und ich habe meinem ehemaligen Vorgesetzten in

Paris davon erzählt, der sehr viele Leute in den oberen Etagen kennt …«

»Laura will einen Artikel schreiben, den sie ihrem Chefredakteur anbietet. Damit die Leute einmal etwas anderes lesen als nur Chloroquin, Corona und Ausgangssperre.«

»Ja, ich werde sie anrufen. Auch da müssen wir den passenden Zeitpunkt finden. Die Bombe muss im richtigen Moment platzen.«

Wie beim letzten Mal setzten sie sich nicht weit von Carry-le-Rouet auf die Steine direkt ans Meer.

Bald kamen zwei Gendarmes.

»Hundertfünfunddreißig Euro«, sagte der eine, »für jeden von Ihnen. Der Zugang zum Meer ist gesperrt. Auch für Liebespaare.« Er zückte seinen Block mit den Strafzetteln.

»Ach, Entschuldigung!« Pierre erhob sich. »Wir sind Ermittler.« Er zog seinen Ausweis aus der Jackentasche. »Ich bin Staatsanwalt, und *Madame* ist von der PJ. Wir suchen am Strand nach Drogen, die ein Dealer, der unweit von hier erschossen wurde, versteckt haben soll. Eine Nachricht eines seiner Freunde nennt diese Felsküste. Wir haben leider nichts gefunden und uns kurz hingesetzt, um zu telefonieren … aber wir werden wohl bis zur Dämmerung weitersuchen müssen.«

»Ach so! Pardon! Na dann, alles Gute, Monsieur le Procureur!«

Die beiden Gendarmes verabschiedeten sich recht hastig. Wahrscheinlich hatten sie Angst, ihnen helfen zu müssen.

Fiona prustete los. »Drogen, am Strand versteckt!«

Pierre lachte. »Ich denke, das geht in Ordnung. Wir sind ja schließlich nicht zum Spaß hier. Du könntest dich zu Hause ausruhen, und ich habe noch bis spätabends zu arbeiten, weil wir morgen zehn Kunden vor Gericht stellen. Wegen der nächtlichen Unruhen. Immer dasselbe. Gewalt gegen die Polizei. Aber wir sollen die Leute nach Möglichkeit nicht einlochen. Keine Ahnung, was wir dann tun sollen. Der Richter wird verrückt!«

»Am Wochenende ist schon Ostern«, wechselte Fiona das Thema.

»Ostern im Lockdown«, meinte Pierre. »Ostermontag soll entschieden werden, wie es weitergeht. Doch die Ausgangssperre wird wohl nicht gelockert.«

»Aber die Regierung hat jetzt plötzlich ihre Meinung geändert«, erzählte Fiona. »Wir haben Masken bekommen! Eine pro Tag. Wir müssen sie nicht tragen, aber es wird uns geraten.«

»Ja, bei Gericht genauso. Masken oder Visiere.« Pierre seufzte. »Schwierig, damit zu sprechen. Doch die Verhandlungen finden ohnehin ohne Publikum statt.«

Fiona erhob sich. »Wie wäre es, wenn wir auf der Suche nach den Drogen ein wenig umherwandern würden?«, fragte sie Pierre.

»Gute Idee«, meinte er lachend. »Am Ende werden wir fündig!«

Sie gingen mutterseelenallein die sonnenüberfluteten Steinplatten entlang. Kein Mensch war zu sehen, und es war sehr ruhig. Man hörte nur hin und wieder Möwenschreie und das regelmäßige Schlagen der Wellen gegen die Kalkplatten. Das spiegelglatte Meer glitzerte in der Sonne des Spätnachmittags. Die Luft war warm, doch es wehte eine leichte Brise. Fiona konnte kaum glauben, dass es erst Anfang April war.

Plötzlich berührte Pierre ihre Hand. Sie zuckte zusammen. Der Hautkontakt erschreckte sie zutiefst. Er zeigte auf das Meer.

»Delfine«, raunte er. »Ganz nah!«

Fiona blinzelte. Nun konnte auch sie die Delfine sehen, die anmutig nur einige Meter von ihnen entfernt immer wieder in die Luft sprangen. Das Wasser glitzerte silbern.

Sie blieben stehen und sahen eine Weile zu.

»Wunderschön«, flüsterte Fiona.

»Siehst du, die Tiere kehren zurück, weil die Menschen nicht da sind.«

Als sie nach einer zweistündigen Wanderung zu Pierres Auto zurückkamen, legte sich die Dämmerung über das Meer. Fiona war glücklich. Und das, obwohl es objektiv gesehen wenig Grund dafür gab. Die Menschheit wurde von einer Pandemie bedroht, die Wirtschaft vom kompletten Zusammenbruch. Marseille von korrupten Politikern, Polizisten und Mitgliedern der Magistratur. Und sie selbst musste nun an die zehn Tage in irgendwelchen mörderischen Banlieues verbringen und würde vielleicht strafversetzt werden. Doch seltsamerweise war sie abends so glücklich wie schon seit über zehn Jahren nicht mehr.

Der Anschlag

Laura arbeitete im Wohnzimmer an ihrem Artikel. Sobald Pierre ihr grünes Licht gab, würde sie François einen fertigen Bericht über Emelines Selbstmord und den Mord an Théo anbieten.

François hatte ihr an diesem Morgen aufgetragen, ins IHU zu fahren und Krankenschwestern und Forscher zu interviewen. Laura beschloss, das am Nachmittag zu tun. Sie fand es nicht unbedingt angebracht, dorthin zu gehen, wo das Virus so präsent war, aber sie musste die Aufgaben, die der Chefredakteur ihr zuteilte, nun einmal ausführen. Zum Glück gab es mittlerweile überall Masken zu kaufen, und eine Freundin hatte ihr auch eine hübsche Stoffmaske genäht, die Laura nun draußen trug.

Gegen elf rief ihr Chef sie an. »Laura, ein Notfall! Ich brauche noch einen Artikel. Du musst die Polizei in Ajaccio kontaktieren. Brand in einem Ferienhaus auf Korsika. Anscheinend gelegt. Das Opfer ist ein Anwalt aus Marseille. Castini, den kennst du ja. Keine Ahnung in welchen korrupten Sachen der unterwegs war. Jedenfalls haben ihm zwei Maskierte einen Molotow-Cocktail ins Haus geworfen. Die ganze Bude ist abgebrannt.«

Laura erstarrte. »Und er und seine Familie? Tot?«, stammelte sie.

»Nein, sie hatten Glück. Haben am Strand Aperitif getrunken, als es geschah. Es war ein lauer Abend, und sie saßen bei Anbruch der Nacht unten am Meer. Haben das Haus vor ihren Augen niederbrennen sehen. Ich will einen Artikel darüber, Laura! Das IHU kann warten!«

Laura sah auf ihre zitternden Hände. Sie spürte, wie schnell ihr Herz schlug. Castini hatte den Film von Emelines Vergewaltigung bekommen. Er würde gegen die Clique sowie die Abiturienten und deren Eltern Klage einreichen. Hatte man ihn eingeschüchtert? Oder gar versucht, ihn zu töten? Sollte sie François davon berichten? Von allem?

Doch Laura beschloss, sich zuerst bei Castini und der Polizei auf Korsika zu informieren.

Sie rief Nadia an. Diese hob nicht ab. Laura wusste, dass ihre Freundin an diesem Tag mit der Überwachung der Quartiers Nord begann. Sie hinterließ ihr eine Nachricht.

Dann rief sie Pierre an. Dieser antwortete sofort. Sie erzählte ihm, was geschehen war. Pierre war einige Sekunden lang sprachlos.

»Was?«, rief er schließlich. »Jemand hat versucht, Castini zu töten? Das ist kein Zufall mehr! Zuerst Théo, dann Castini. Alle, die mit dem Fall in Zusammenhang stehen, bekommen Probleme. Und jetzt möchte man das natürlich auf die Korsen abwälzen, die die Franzosen hassen. Das ist einfach, weil Castini im letzten Jahr auch Prozesse auf Korsika führte. Er hat dort irgendwelche Geschäftsleute verteidigt. Aber ich fürchte, der Anschlag hat mit unserem Fall zu tun!«

»Pass auf, Pierre«, sagte Laura, »dein Vorgesetzter hat anscheinend einen sehr langen Arm. Vielleicht sollten wir jetzt den Artikel drucken.«

»Vielleicht«, meinte Pierre, »aber, Laura, ich brauche noch etwas Zeit. Das mit der Banlieue ist noch nicht geklärt, und ich will wissen, wer die beiden Typen waren, die Théo erschossen haben.«

»In Ordnung, Pierre. Aber bitte sei vorsichtig.«

»Das bin ich. Keine Sorge. Ich riskiere nicht den Tod, nur die Versetzung in den Norden von Paris.«

»Schlimm genug. Du willst doch hierbleiben?«

»Klar. Jetzt mehr denn je.«

»Jetzt mehr denn je? Warum das?«

»Ach, vergiss es!«

Laura konnte sich auf seine Erwiderung keinen Reim machen, sie schloss daraus nur, dass Pierre sich einmal mehr verliebt hatte, und fragte sich, ob es wohl um Fiona ging. Denn außer ihr traf er derzeit keine Frauen. Und er hatte wirklich das Glück, sich immer in die falschen Mädels zu verlieben!

Laura rief die Polizei in Ajaccio an. Dort erklärte ihr ein Lieutenant, die Ermittlung habe soeben erst begonnen. Man dachte an eine der Terrorgruppen, die für die Unabhängigkeit Korsikas kämpften, doch es konnte auch jemand anders sein, der sich wegen eines früheren Falles an Castini rächen wollte. Bei dem Anschlag sei das Ferienhaus vollkommen zerstört worden, aber es sei niemand zu Schaden gekommen. Sogar der Hund und die Katze hatten rechtzeitig das Weite gesucht. Laura wollte auch Castini selbst sprechen. Sie hatte seine Nummer. Doch der Rechtsanwalt meldete sich nicht. Der Mann war gewiss ziemlich verängstigt, auch wenn sich Castini nicht so leicht einschüchtern ließ. Laura hinterließ ihm eine Voicemail und bat um Rückruf.

Sie hatte gerade an ihrem Artikel zu arbeiten begonnen, als Nadia sie anrief. Sie schien vollkommen schockiert.

»Castini ist beinahe getötet worden?«, sagte sie, und Laura hörte, wie ihre Stimme zitterte. »Das ist meine Schuld! Weil ich ihm diesen Fall sozusagen aufgezwungen habe. Adriani und Manson gehen über Leichen, um ihre Kinder zu schützen!«

Laura konnte nachvollziehen, dass Nadia sich für Castinis Schicksal verantwortlich fühlte. Sie versuchte, ihre Freundin zu beruhigen, ihr zu erklären, dass ein Anwalt immer ein Risiko einging, wenn er derart wichtige Personen verklagte, und dass Castini trotz allem selbst entschieden hatte, den Fall Emeline Bernier zu übernehmen. Doch Nadia war für Lauras Argumente an diesem Morgen nicht empfänglich. Sie befand sich in den Quartiers Nord und war äußerst gestresst. Laura verabschiedete sich bald von ihr und legte seufzend auf.

Als sie sich wieder ihrem Artikel zuwandte, läutete das Telefon erneut. Es war Castini!

»Sie sind Nadias Lebensgefährtin? Die blonde Journalistin von der *Provence?*«, fragte er. Laura und Castini hatten einander schon mehrmals bei Gericht gesehen.

»Ja, Maître, und es tut mir aufrichtig leid, was Ihnen passiert ist.«

»Meine Freunde haben es mir vorhergesagt«, meinte Castini düster. »Ich habe ja schon Leute auf Korsika verteidigt und bin gegen korrupte korsische Organisationen vorgegangen. Leute wie mich will man hier nicht. Ich hätte mir auf Sardinien ein Haus kaufen sollen!«

»Nadia und Monsieur Frigeri vermuten, dass es wegen unseres Falles geschehen ist.«

Der Rechtsanwalt blieb einen Moment lang stumm, dann lachte er bitter. »Nein, es ist nicht wegen dieses Falles. Korsika will unabhängig sein, die Korsen hassen uns Festlandfranzosen, ich bin nicht der Erste und nicht der Letzte, dessen Haus in die Luft gejagt wird.«

»Maître, soviel ich verstanden habe, hatten Sie riesiges Glück. Denn man wollte das Haus mit Ihnen und Ihrer Familie drin zerstören.«

Castini räusperte sich. »Na ja, ich weiß nicht. Wir wurden vielleicht beobachtet, als wir zum Strand gingen. So genau lässt sich das nicht sagen. Aber ich habe keine Ahnung, ob die Polizei hier korrekt arbeiten wird. Ich weiß, dass ich zwei maskierte Männer auf dem Motorrad flüchten sah. Es ging alles blitzschnell. Ich werde nach Saint Tropez gehen, wo ein guter Freund mir bis zum Ende des Lockdowns seine Villa überlässt. Zum Trost.«

»Maître Castini, im Moment hätten wir gern, dass Sie niemandem sagen, wo Sie sich aufhalten.«

»Das werde ich nicht. Ich brauche meine Ruhe. Und meine Familie ebenfalls.«

»Haben Sie viele Dateien und Papiere verloren?«

Er lachte grimmig. »Nein, hab ich nicht. Denn ich scanne alles und stelle es in meine Cloud oder speichere es in meinen Dateien, die ich mit meiner Kanzlei teile. Und meine Kinder machen es für ihr Studium zum Glück genauso. So kann man immer und überall auf seine Papiere zugreifen. Mein Smartphone trage ich berufsbedingt stets bei mir. Keiner von uns hat Daten verloren. Allerdings ist der Rest zu Asche verbrannt. Unser Haus, unsere Möbel, unsere Kleider und Bücher. Das ist wirklich ein schlimmes Gefühl, denn dieses Häuschen haben wir selbst renoviert, mein Sohn, meine Tochter und ich, und meine Frau hat es eingerichtet. Wir alle haben sehr viel Liebe hineingesteckt. Meine Frau und die Kinder sind vollkommen deprimiert. Doch die Versicherung wird zahlen, und wir werden uns nun wohl in Sardinien niederlassen, wo wir dann auch unser Boot hinbringen. Die Italiener werden uns hoffentlich netter empfangen! Wir wollen mit Korsika nichts mehr zu tun haben.«

»Verständlich … Maître, was soll ich über Sie berichten?«

Er schien zu überlegen. »Nun, Sie können über meine derzeitigen Fälle schreiben. Sie können Carry-le-Rouet gern erwähnen, aber erklären Sie auch, dass ich in den letzten Jahren Prozesse gegen Korsen hatte. Allerdings habe ich auch Korsen verteidigt, und mit Erfolg. Sie kennen mich ja. Ich arbeite für jeden, der mir verteidigungswürdig erscheint. Ich habe keine fixen Prinzipien. Auch wenn ich davon Abstand nehme, Kinderschänder, Vergewaltiger und Mörder zu verteidigen, und versuche, nicht für das korrupte und snobistische Marseille tätig zu sein. Ich schreibe Ihnen dann gleich eine kurze Mail mit Informationen zu meinen letzten Fällen. Die können Sie verwenden. Allerdings bitte ich Sie um etwas Geduld, da mein Laptop ja verkohlt ist und ich mein Telefon benützen muss.«

»Werden Sie Nadias Fall trotzdem weiterbearbeiten, oder würden Sie ihn lieber abgeben?«

»Aber nein, natürlich werde ich weitermachen. Jetzt erst recht! Der Fall erscheint explosiv. Castini gibt so schnell nicht auf.«

Laura befürchtete wie Pierre und Nadia, dass deren Vorgesetzte dahintersteckten. Sie hatte zwar keinerlei Beweise, ahnte jedoch, dass es nicht um Einschüchterung gegangen war, sondern darum, Castini von der Bildfläche verschwinden zu lassen, damit die Klage, die sie so sehr fürchteten, nicht eingereicht oder von einem Anwalt bearbeitet wurde, der in Marseille kein Gewicht hatte. War diese Angst übertrieben?

Sie schluckte. Nun hatte sie Angst um Nadia. Denn wenn sie recht hatte, dann waren diese Leute bereit, über Leichen zu gehen. Sie hatten keine Skrupel gehabt, sogar Castinis Frau und Kinder umzubringen. Wie würde das Ganze enden?

Ausgangssperre in den Cités

»Haut ab! Wir kriegen kein Corona. Das ist eine Krankheit für Weiße!« Die Jugendlichen näherten sich drohend den zehn Polizisten, die einige Meter vor ihnen standen.

Luc sah Nadia an und schüttelte seufzend den Kopf. »Putain! Eine Krankheit für Weiße! Was man nicht alles hören muss …«

»Also bezeichnen sich die Nordafrikaner nicht als Weiße«, bemerkte Florian.

André sah ihn an. »Natürlich nicht. Und wir sie auch nicht. Wir nennen sie *Les Gris, die Grauen.* Zwischen Schwarz und Weiß.«

»Messieurs«, begann Luc, »wisst ihr, wo das Virus herkommt?«

»Ja, von irgend so 'nem Typen, der ein drachenähnliches Ding gegessen hat.«

»Ja. In China. Das Virus macht nicht vor einer Hautfarbe halt. Und wenn ihr die Ausgangssperre nicht akzeptiert, dann gefährdet ihr eure Großeltern und vielleicht sogar eure Eltern. Denn inzwischen ist bekannt, dass die Erkrankung mit zunehmendem Alter gefährlicher wird.«

»Lass das mal unser Problem sein. Wir wollen hier normal leben, und ihr, die Bullen, seid nicht willkommen.«

»Das wissen wir«, entgegnete Luc. »Aber das Gesetz gilt in ganz Frankreich, und wir sind hier immer noch in Frankreich.«

»Auch wenn es nicht so aussieht«, murmelte er so, dass es nur für seine Kollegen hörbar war.

»Wir tun, was wir wollen.«

»Nein, tut ihr nicht. Denn wenn das Virus nicht ausgerottet wird, dann müssen wir alle ewig eingesperrt bleiben.«

»Dann sollen sie doch machen, was der Langhaarguru dort unten im Krankenhaus sagt. Dann geht alles gut. Chef, tranquille!«

»Geht jetzt in eure Wohnungen, sonst nehmen wir euch für vierundzwanzig Stunden mit ins Commissariat«, sagte Luc.

Murrend verzogen sich die jungen Leute.

»Es nützt ohnehin nichts«, meinte Damien. »Sobald wir weg sind, sind sie wieder draußen. Und warum sollen sie auch in ihren überbelegten Wohnungen bleiben?«

»Ja. Aber wir müssen unsere Arbeit trotzdem machen. Der Lockdown muss respektiert werden«, warf Nadia ein, obwohl sie selbst nicht daran glaubte.

Sie hatte selten zuvor so viel Stress empfunden wie an diesem Morgen. Ihr schien, dass an diesem Tag alles schiefging. Laura hatte ihr mitgeteilt, dass Castini mit seiner Familie nur knapp einem Anschlag auf Korsika entgangen war. Und Nadias Instinkt sagte ihr, dass dieser Anschlag mit den korsischen Unabhängigkeitskämpfern nichts zu tun hatte. Sie rächten sich an Staatsanwälten, Richtern, Polizeikommissaren und Gendarmerie-Kommandanten, nicht an einem Anwalt, der vielleicht ein paar Unternehmer auf Korsika verteidigt hatte. Nadia fragte sich, woher ihre und Pierres Vorgesetzte gewusst hatten, dass Castini im Namen der Familie Bernier klagen würde, denn sie hatten davon nichts verlauten lassen. Castini hatte die Klage noch nicht eingereicht.

»Okay«, meinte Luc. »Wir haben dort hinten, wo man

zur Cité abbiegt, CRS und Stadtpolizisten, die den Kreisverkehr kontrollieren. Mehr können wir nicht tun. Wir müssen jetzt nach La Castellane.«

Nadia zuckte zusammen. La Castellane war die Vorstadt, die sie am meisten hasste. Dort wäre sie zwei Jahre zuvor von dem Dealer Touffiq Absala beinahe getötet worden. Seither hatte sie diese Banlieue nie mehr betreten. Doch ewig würde sie diesem unheilvollen Ort nicht fernbleiben können.

Eine Viertelstunde später fuhren sie durch die ruhigen Straßen in dieses Viertel.

»La Castellane ist uns auch in Lille ein Begriff«, bemerkte Fiona.

»Klar. Es ist die berüchtigtste Banlieue, die wir haben. Auch wenn man sie vor ein paar Jahren durch Abreißen des größten Wohnblocks saniert hat. Aber viel hat das nicht geholfen. Zurzeit wird ein weiteres überaltertes Gebäude abgetragen. Man hofft, dass der Drogenhandel dadurch unterbunden wird, aber wir alle wissen, dass das Problem viel zu tief sitzt«, erwiderte Nadia.

Die Cité, die Anlage mit den riesigen Wohnblocks, zählte über viertausend Bewohner. Das höchste Gebäude, Tour K genannt, sollte in Kürze verschwinden.

Am Eingang saß diesmal kein Wachposten. Normalerweise wurde die Einfahrt in die Cités von irgendwelchen Jugendlichen bewacht, die entschieden, wer in ihrem Viertel hinein- und herausfuhr. Doch wahrscheinlich war es durch die Ausgangssperre sehr ruhig, und die Bewachung wurde momentan nicht als nötig empfunden. Die Wohnblocks der Cité lagen ruhig vor ihnen. Beinahe verwaist sahen sie aus. Dabei waren die Wohnungen voller Menschen.

Vor den Gebäuden lungerten junge Burschen herum, hauptsächlich Schwarze und Nordafrikaner.

»Wir steigen am besten gar nicht aus«, meinte Nadia. »Mal sehen, was Luc im Auto vor uns macht.«

Luc schien das Fenster heruntergekurbelt zu haben und mit den Typen zu sprechen.

Sie begannen zu schreien: »Mann, lass uns doch in Ruhe! Wenn wir krank werden wollen, dann dürfen wir das. Diese Merde von Präsident, der uns einsperren will! Macron, verrecke! Und ihr Bullen gleich mit!«

Luc drohte anscheinend mit den CRS, denn die Jugendlichen gingen murrend weg. Als sie weiterfuhren, trafen sie auf eine Menschenansammlung. Genauer gesagt waren es mehr als hundert Leute, die Schlange standen. Ein gemeinnütziger Verein gab Pakete mit Nudeln, Reis und Konserven aus. Viele Menschen hatten seit Beginn des Lockdowns nicht mehr genug zum Leben. Die Schlange war elend lang und bestand aus Frauen in Hijabs und Alten. Überall rannten Kinder herum.

»Putain de merde«, knurrte Kenny. »Wofür kommen wir hierher und schicken die Jugendlichen da vorn weg, wenn hier ein Menschenauflauf ist?«

Nadia seufzte. »Der Lockdown ist ein Luxus, Kenny. Man muss ihn sich leisten können.«

»Das wissen wir«, erwiderte Florian. »Wir haben diesen Luxus nicht. Der Lockdown der anderen ist unser Kreuzweg. Passt hervorragend, heute ist ja Karfreitag!«

Nadia musste wider Willen lachen.

Luc war ausgestiegen und ging mit seinem Kollegen René auf die Leute zu, die die Nahrungsmittel verteilten.

Nadia folgte ihm mit Fiona. Florian und Kenny blieben bei den Autos stehen. Sie trugen alle ihre Masken.

Luc wandte sich an die Personen, die den Menschen die Säcke aushändigten: »Police Judiciaire, Capitaine Garnier und Lieutenant Aubertin. Wir sollen nach dem Rechten sehen und den Lockdown durchsetzen. Was Sie hier veranstalten, ist äußerst gefährlich. Noch dazu haben die Leute keine Masken. Es besteht ein Kontaktverbot, und hier stehen mehr als hundert Personen!«

Die Frau ganz vorn, eine hübsche Dunkelhaarige mit leuchtend grünen Augen, deren Mund und Nase von einer bunten Maske verdeckt waren, sah ihn ungerührt an. »Ja, aber ob sie nun verhungern oder Corona bekommen, spielt auch keine Rolle mehr, oder?«

Luc seufzte. »Madame, ich verstehe es ja. Und ich finde das, was Sie tun, absolut bemerkenswert und auch nötig. Nur sollte man das mit weniger Risiko organisieren. Jemand sollte kontrollieren, ob die Leute nicht zu eng beieinanderstehen. Oder vielleicht könnte man den Leuten die Lebensmittel in die Wohnungen liefern?«

»Ja, Theoretisch wäre das möglich«, sagte der Mann neben ihr. »Aber sehen Sie mal. Wir sind nur zu viert! Wie sollen wir das schaffen? Doch wenn Sie wollen, können Sie austeilen helfen. Dann ist die Sache sofort erledigt, und die Leute können zurück in ihre Wohnungen!«

Luc sah Nadia fragend an.

»Ich denke, dass wir es tun sollten«, meinte sie, »auch wenn es nicht wirklich unser Job ist. Aber es ist die beste Art, uns nützlich zu machen.«

»Du hast recht. Warum nicht einmal zur Abwechslung die Rolle des guten Polizisten spielen?«, pflichtete Fiona ihr bei.

Sie holten die Kollegen aus den Autos. Einige meckerten, es sei nicht ihre Aufgabe, Arabern Säcke mit Essen auszuhändigen. Luc bedachte sie mit einem eisigen Blick, sie fügten sich, und bald waren alle eifrig bei der Arbeit. Die Bewohner der Cité sahen die Männer und Frauen mit den Armschleifen, auf denen *Police* stand, anfangs argwöhnisch an, bedankten sich aber sehr bald. Vor allem die älteren Leute waren sehr höflich und schienen wirklich glücklich über die Lebensmittel. Nadia sah, dass es sich um arme Menschen handelte.

Sehr bald war der kleine Lastwagen leer, und es befanden sich fast keine Menschen mehr auf dem Platz. Nadia ließ ihren Blick über die Fenster des Wohnblocks gleiten und seufzte. Wie sehr mussten diese Frauen und alten Leute leiden! Es hatte im Leben wahrhaftig nicht jeder dieselben Ausgangsbedingungen. Die Cité wirkte trotz des schönen Wetters unendlich trist, und man sah, wie schäbig alles war.

»Vielen Dank«, sagte die Frau mit den grünen Augen zu Luc und nahm ihre Maske ab. Sie war um die vierzig und sehr hübsch, hatte einen sinnlichen Mund, eine kleine Nase und hohe Wangenknochen.

Fiona stieß Nadia an. »Die macht mir Konkurrenz«, raunte sie.

»Sei froh!«, erwiderte Nadia.

»Bin ich!«

»Ich danke Ihnen«, erwiderte Luc. »Wir sollen in den Banlieues die Ausgangssperre durchsetzen, aber das hat keinen Sinn. Dank Ihnen haben wir nun etwas Sinnvolles getan und unser Image aufgewertet. Eigentlich sind wir von der Kripo, doch wir wurden von unseren Ermittlungen abgezogen.«

Der Mann seufzte. »Es ist schlimm. Vor allem diese Stadtviertel sind gefährdet. Viele dieser Menschen haben ihren Job verloren und erhalten kein Arbeitslosengeld, weil sie schwarz geputzt oder auf dem Bau gearbeitet haben. Andere erhalten Arbeitslosengeld, können aber davon nicht leben. Unser Verein versucht Menschen zu helfen, die unter der Armutsgrenze leben. Konkret mit Essen, Kleidung, Nachhilfestunden für die Schüler. Und nun teilen wir eben Grundnahrungsmittel aus. Doch es ist nur ein Tropfen auf den heißen Stein.«

»Sind Sie der Vorstand des Vereins?«

»Meine Frau.« Der Mann zeigte auf die Dame, die sich im Hintergrund gehalten und mit einem jungen Mädchen die Nahrungsmittel in die Säcke gepackt hatte, die dann ausgeteilt worden waren. »Wir arbeiten hier als Familie. Meine Schwester und meine Tochter helfen mit. Ehrenamtlich. Aber wir sind im Verein mehr als dreißig Leute. Zwei andere Teams verteilen in anderen Vierteln Lebensmittel.«

»Bravo«, sagte Luc. »Wenn wir wieder einmal helfen können, melden Sie sich.«

»Ja, Sie können heute Nachmittag gleich dort hinten zur Cité la Bricarde kommen, da machen wir dasselbe. Wir beginnen um zwei«, erwiderte die Frau mit den grünen Augen.

»Gut. Wir werden da sein«, versprach Luc. Dann fragte er: »Haben Sie keine Probleme? Mit den Drogenhändlern?«

Die Frau schüttelte den Kopf. »Nie. Wir kommen, um zu helfen.«

»Die Feuerwehr und der Notarzt kommen auch, um zu helfen. Und die Jugendlichen bewerfen sie mit Steinen.«

»Das ist der Hass auf den Staat. Aus reiner Dummheit attackieren sie alle, die Uniformen tragen. Wir sind ganz normale Leute, die Essen bringen. So blöd sind die Drogenhändler nun doch nicht. Sie heißen uns nicht wirklich willkommen, aber wir ignorieren einander.«

Als die Polizisten zurück zu den Autos gingen, standen die Jugendlichen wieder dort.

»He, du!«, rief einer Nadia zu. »Du bist doch die mit dem Judo-Trick! Die Touffiq beinahe umgebracht hätte! Wegen dir sitzt er im Knast. Wir haben hier dein Bild an der Wand und schießen mit Dartpfeilen drauf.« Er machte mit dem Daumen das Zeichen der durchgeschnittenen Kehle.

Nadia zuckte innerlich zusammen. Doch sie trat einen Schritt auf den Jungen zu, Florian und Fiona an ihrer Seite.

»Willst du dich auch mit mir messen?«

Der Junge war für einen Moment sprachlos, dann stieß er hervor: »Mann, haut bloß ab, ihr blöden Bullen! Wir legen euch um. Schon bald legen wir einen oder mehrere von euch um.«

»Ja. Und wir legen einige von euch um«, entgegnete Luc ungerührt. »Auge um Auge, Zahn um Zahn. Für jeden toten Bullen wird ein Drogenring zerstört. Denkt daran! Im Moment könnt ihr in Ruhe dealen. Aber nur, wenn ihr friedlich bleibt.« Er hob die Hand wie ein Soldat an die Stirn und wandte sich zum Gehen.

»Fick dich!«, riefen die Jugendlichen. »Blödes Bullenschwein!«

Trotz dieses Vorfalls war Nadia erleichtert. Sie hatte nun in dieser Vorstadt, die ihr in den vergangenen zwei Jahren regelmäßig in ihren Albträumen erschienen war, eine positive Erfahrung gemacht, dank dieses Vereins. Und am Nachmittag würden sie wieder helfen. Was viel sinnvoller war, als nur hinzugehen, um sich mit den Jugendlichen anzulegen und Menschen, die nur kurz Luft schnappen wollten, heimzuschicken.

Das Problem war trotz allem nicht gelöst, es würde weitere Zusammenstöße geben. Doch es war ein gutes Gefühl, in dieser chaotischen und schwierigen Zeit etwas zu tun, was Sinn machte.

Der Brand

Es war Ostersamstag. Normalerweise ging Loïc zu Ostern in die Messe. Amélie färbte Eier, sie versteckten füreinander Schokolade im Garten und freuten sich über den Frühling. Doch in diesem Jahr war alles anders. Trotz des wundervollen Wetters und der Ruhe, die der Lockdown in Loïcs Viertel zur Folge hatte, schien ein Geruch der Verwesung über der Stadt zu liegen. Noch nie hatte er so eine schlimme Zeit durchgemacht. Es regnete für ihn nur schlechte Nachrichten. Seine Eltern, die in der Bretagne lebten, waren an Corona erkrankt, und er konnte nicht zu ihnen. Sie lagen beide im Krankenhaus, sein Vater sogar auf der Intensivstation. Zum Glück lebte Loïcs Schwester in der Gegend, doch genau genommen half das auch nicht viel. Sie durfte die Eltern nicht besuchen und war selbst in Quarantäne, weil sie positiv auf das Virus getestet worden war. Noch dazu hatte Loïc von der Verwaltung der katholischen Privatschulen eine Nachricht erhalten, dass ein Disziplinarverfahren eingeleitet wurde. Er würde nach dem Ende der Ausgangssperre ein Gespräch mit der Direktion der Diözese haben, in dem er auch seine Sicht der Dinge darlegen konnte. Das war natürlich zu erwarten gewesen. Er würde irgendwann die Möglichkeit bekommen, sich zu verteidigen, blieb aber bis auf Weiteres suspendiert.

Nun hatte Loïc ohnehin schon finanzielle Probleme und musste seine Ersparnisse angreifen, die er eigentlich als Anzahlung für einen Hauskauf hatte verwenden wollen. Zu allem Überfluss war sein Auto kaputt gegangen. Es war schon alt, hatte aber bislang immer gut funktioniert. Doch nun war es eines Morgens, als Loïc zum Einkaufen hatte fahren wollen, nicht mehr angesprungen. Wegen des Lockdowns war es nicht so einfach, ein Auto abschleppen zu lassen, außerdem würden die Reparaturen teuer werden.

Und natürlich hatte Loïc von dem Anschlag auf seinen Rechtsanwalt gehört, mit dem er in den vergangenen Tagen mehrmals Kontakt gehabt hatte.

Castini hatte ihnen allen eine E-Mail geschrieben, er werde ganz normal weiterarbeiten und sie wie versprochen vertreten. Er werde allerdings als Vorsichtsmaßnahme den Ort, wo er die nächste Zeit zu verbringen gedachte, niemandem mitteilen. Er glaube jedoch nicht, dass der Anschlag mit Emelines Fall zu tun hatte, sondern dass die Korsen ihm als Festlandfranzosen eins hatten auswischen wollen.

Loïc hatte trotzdem das Gefühl, dass der Anschlag auf Castini mit dem Fall Bernier zusammenhing. Er selbst hatte von Naomi Manson eine Drohnachricht per WhatsApp bekommen, in der sie ihm abriet, sie wegen Verleumdung anzuzeigen. Das würde er bereuen.

Auch Nathan hatte eine Nachricht von ihr erhalten und war vollkommen aus dem Häuschen. Er überlegte, die Klage fallen zu lassen. Loïc hatte ihn beschworen, das nicht zu tun.

Es war einfach eine unmögliche Zeit. Loïc wollte eigentlich Marseille verlassen, aber das ging nun nicht. Wohin hätte er während der Pandemie mit einem sechs Monate alten Kind schon gehen sollen? Amélie machte gute Miene zum bösen Spiel und versuchte Loïc aufzuheitern. Doch er merkte, dass auch sie sehr besorgt war. Sie bot Loïc an, nach dem Lockdown woandershin zu ziehen. Ja, das wollte Loïc auch, doch wegen des Disziplinarverfahrens würde er in ganz Frankreich nicht mehr als fest angestellter Lehrer arbeiten können. Wahrscheinlich würde er nur mehr in Vereinen und privaten Sprachschulen Englisch unterrichten können. Und das wegen einer kriminellen Lügnerin!

Am Samstagabend saßen sie zur Entspannung vor dem Fernseher und tranken eine Flasche Rotwein. Loïc fühlte sich so niedergeschlagen wie selten zuvor. Er wusste, dass ihm schwere Wochen bevorstanden. Und er fühlte sich nicht mehr sicher. Gegen zehn ließ der Wein ihn in eine dumpfe Müdigkeit verfallen.

»Ich geh schlafen«, meinte bald auch Amélie. Schwerfällig erhob sie sich und schleppte sich die Treppe hinauf.

Loïc folgte ihr. Er duschte, putzte sich die Zähne. Als er ins Zimmer kam, schlief Amélie bereits. Loïc legte sich neben sie, berührte ihren Arm und schlief ein.

Mitten in der Nacht schreckte er hoch. Er hatte das Gefühl, dass etwas ganz und gar nicht stimmte. Was war das für ein Geruch? Er knipste das Licht an. Sein Kopf schmerzte vom Rotwein, und er sah alles verschwommen. Amélie neben ihm schnarchte leise. Loïc brauchte eine Weile, bis er begriff, was los war. Das war Rauch! Es brannte! Er schüttelte Amélie.

»Amélie, lauf hinaus, es brennt!«, brüllte er. Sie fuhr hoch. Loïc überließ sie sich selbst und stürzte ins Kinderzimmer. David schlief tief und fest, und hier war der Rauch viel dichter. Loïc packte seinen Sohn, wickelte ihn in seine Decke und lief aus dem Zimmer. Als er bei der Treppe ankam, erstarrte er. Die Flammen schlugen aus dem Flur hoch, er konnte nicht hinunter.

Er stürzte zurück in Davids Zimmer und öffnete das Fenster. Nun musste er springen. Er zögerte keinen Augenblick. Seinen Sohn fest im Arm sprang er die vier

Meter in den Garten. Seine Beine knickten unter ihm weg, und er spürte vor allem im rechten Knie einen stechenden Schmerz. David begann zu schreien. Loïc hoffte, ihm nicht wehgetan zu haben.

Er versuchte aufzustehen. Er war in Panik. Vielleicht würde das Haus gleich über ihm einstürzen. Aber seine Beine trugen ihn nicht. Er hatte sich wohl etwas gebrochen.

Wo war Amélie? Loïc hoffte, dass sie auch gesprungen war. Doch im Schein der Flammen konnte er sie nicht entdecken.

Er begann um Hilfe zu rufen. Der Nachbar, ein junger Mann, dessen Garten nur durch einen Maschendrahtzaun von Loïcs Grundstück getrennt war, kam aus seinem Haus gerannt.

»Loïc … um Gottes willen!«

»Es brennt! Ich bin gesprungen, aber ich kann nicht mehr aufstehen! Amélie ist noch drin, obwohl ich sie geweckt habe!« Loïcs Worte überschlugen sich beinahe.

»Mon Dieu …«

Der Nachbar kam blitzschnell zu Loïc und zog ihn vom Haus weg. Loïc stöhnte und drückte sein schreiendes Baby an sich. »Amélie!«, schluchzte er.

Nun kamen auch andere Nachbarn angelaufen.

»Ruft die Feuerwehr!«, brüllte der junge Mann. »Die Frau ist noch im Haus!«

Er hastete in seine Garage und kehrte mit einer Leiter zurück.

»Welches Zimmer?«, schrie er.

»Links oben«, schluchzte Loïc. Er konnte nicht glauben, dass das, was er gerade erlebte, real war. Die anderen Nachbarn halfen dem jungen Mann die Leiter anzulehnen, der größte von ihnen, ein Torhüter vom Fußballclub des Viertels, stieg hinauf. Er schwang sich in Davids Zimmer.

Loïc versuchte aufzustehen, doch das ging immer noch nicht. Er drückte den schreienden David an sich und schluchzte in dessen feine, seidene Haare.

Der Nachbar erschien am anderen Fenster.

»Sie liegt bewusstlos am Boden!«, schrie er. »Und hier ist immer mehr Rauch. Ich muss sie heraushieven.«

Die drei Männer im Garten riefen: »Lass sie fallen! Wir versuchen sie aufzufangen! Und dann spring!«

Loïc zitterte vor Angst. Er hatte keine Ahnung, ob Amélie noch lebte.

Nun erschien der Mann mit Amélie am Fenster. Sie hing leblos in seinen Armen. »Wie … was soll ich machen?«, schrie er.

»Wirf sie runter!«, brüllten die anderen. »Schnell, mach schon! Und dann spring selbst.«

Hinter dem Mann sah Loïc die Flammen. Er schrie auf. Das Haus würde einstürzen. Er sah Amélie wie eine schlaffe Stoffpuppe nach unten fallen. Die Nachbarn schafften es tatsächlich, sie zu dritt aufzufangen. Nun sprang der junge Mann. Er landete viel sanfter als Loïc. Er war Sportler, sehr schlank und muskulös. Die anderen Männer zerrten ihn und Amélie genau in dem Moment aus der Gefahrenzone, als das Haus einstürzte. Loïc spürte, dass er hochgehoben wurde. Nun war die gesamte Nachbarschaft da, und mehrere Personen trugen ihn aus seinem kleinen Garten auf die Straße. Er sah, dass sie auch Amélie und den anderen Nachbarn, der von einem der Männer gestützt wurde, hinausgebracht hatten. David brüllte noch immer, Amélie wurde von einem der Nachbarn, der Arzt war, versorgt. Er machte eine Herzmassage und Mund-zu-Mund-Beatmung. Doch sie rührte sich nicht.

Loïc hatte stechende Schmerzen im rechten Knie. Er schrie auf und weinte. Amélie war vielleicht tot! Er konnte nicht aufhören zu schluchzen. Zwei Nachbarinnen kümmerten sich um ihn und gaben ihm Wasser. Dann war plötzlich die Feuerwehr da. Jemand nahm ihm David ab, er wurde in ein Auto verfrachtet, hörte hektische Stimmen, wollte sich aufrichten, doch ein Sanitäter drückte ihn nach unten.

»Mein Sohn … meine Frau«, stöhnte Loïc.

»Ihr Sohn ist hier im Wagen und bleibt bei Ihnen. Ihre Frau wird von einem anderen Rettungswagen ins Krankenhaus gebracht.«

Loïc spürte, dass er eine Spritze bekam. Er wurde müde und verwirrt, fühlte das schmerzende Bein kaum mehr.

Im Krankenhaus wurde er in ein Zimmer geschoben. Er dämmerte vor sich hin. Seine Gedanken waren benebelt. Warum hatte sein Haus Feuer gefangen? Hatten sie vergessen, irgendetwas abzuschalten? War ein Gerät defekt? Wo war David? Und was war mit Amélie los? Lebte sie noch?

Ostersonntag

Als Nadia an diesem Sonntag erwachte, wusste sie im ersten Moment nicht, wo sie war. Sie hatte bis spätabends gearbeitet und war todmüde ins Bett gefallen.

Laura lag nicht neben ihr, sie war anscheinend bereits in der Küche, denn es roch verlockend gut. Nadia lächelte. Laura hatte ihr wohl Pancakes gemacht, weil sie gesehen hatte, wie müde und gedrückt Nadia war. Nun hatte sie zum Glück den ganzen Tag frei und dann Nachtdienst im Commissariat. Was hieß, dass sie bis Dienstag nicht mehr in die Banlieues musste.

Nadia stand auf. Es war bereits zehn Uhr, aber sie würden ja sowieso zu Hause bleiben müssen. Fiona hatte allerdings erwähnt, dass sie mit Pierre zweimal am Meer war. Die beiden bildeten ein gutes Team und kamen bei ihren Befragungen nicht schlecht voran. Laura hatte mit ihnen lange über Zoom konferiert und danach einen Artikel geschrieben, den sie ihrem Chefredakteur am Dienstag oder Mittwoch anbieten wollte. Nadia glaubte zwar nicht, dass Lauras Vorgesetzter den Artikel akzeptieren würde, doch sie würden auch versuchen, ihn über Pierres Beziehungen in Paris bei anderen Zeitungen unterzubringen.

Nadia wusch sich das Gesicht mit kaltem Wasser und ging in die Küche. Laura saß am Tisch und starrte gebannt auf ihr iPad. »Salut, Chérie!« Nadia küsste sie in den Nacken.

Laura reagierte nicht. »Nadia, wir haben ein neues Problem!« Sie hielt ihr das iPad unter die Nase.

»Was?« Nadia sah ein Bild, ein Haus in Flammen. Sie begann zu lesen.

Brand in Einfamilienhaus
Im 16. Bezirk, Montée du Pichou, ist in der letzten Nacht ein Feuer ausgebrochen. Der Vater konnte seinen sechs Monate alten Sohn retten, die Mutter wurde von einem tapferen Nachbarn evakuiert, schwebt aber noch immer in Lebensgefahr ...

»Ja … und?«, fragte Nadia.

»Ich habe gerade mit Daniel gesprochen, der heute Dienst hat. Diese Familie, das ist Loïc Moltet, unser Englischlehrer.«

Nadia spürte, wie der Raum sich um sie zu drehen begann. Sie setzte sich. »Das darf doch nicht wahr sein!«, stöhnte sie.

Laura nickte. »Loïc hat sich beim Sprung aus dem Fenster beide Beine gebrochen und muss am rechten Knie operiert werden. Prothese. Das Knie ist zersplittert. Seinem Baby geht es gut. Doch Loïcs Frau liegt im Koma. Rauchvergiftung, sie ist intubiert. Wir können später mit Loïc telefonieren. Die Gendarmerie geht davon aus, dass ein defektes Kabel die Ursache ist. Vor der Haustür ist eine uralte Lampe, die wohl Feuer gefangen hat.«

Nadia begehrte auf. »Das ist doch unglaublich! Zuerst Castini, und jetzt Loïc.« Sie sprang auf. »Christine! Ich muss Christine anrufen. Sie muss mit ihrer Familie weg aus Carry-le-Rouet!«

»Aber wo soll sie hin?«, fragte Laura ratlos.

»Irgendwohin, wo keiner sie vermutet. Es gibt sicher Ferienwohnungen zu mieten, trotz Corona. Am besten privat. Kennst du niemanden in der Gegend von Arles?«

»Doch«, meinte Laura. »Meine Tante hat dieses Häuschen in der Camargue, bei Salin de Giraud. Und ich meine, es hat auch eine Heizung. Sie überlässt es uns sicher!«

»Super, Laura!«

»Ich rufe sie an. Oder willst du erst frühstücken?«

Nadia schüttelte den Kopf. »Die Pancakes können warten!«

Laura telefonierte mit der Tante und erklärte ihr, sie brauche das Häuschen für Freunde, die ein Problem mit ihrer Heizung hätten. Die Tante war bereit, es bis zum Ende des Lockdowns zu einem sehr günstigen Preis abzugeben.

Dann versuchte Nadia, Christines Mutter zu erreichen. Doch diese ging nicht dran. Sie rief auch Christine an, bei deren Handy sprang aber der Anrufbeantworter an.

Nadia wurde sehr unruhig. Und wenn dieser Familie in der Nacht ebenfalls etwas zugestoßen war? Sie beschloss, noch ein wenig zu warten und gegen Mittag zu Christine zu fahren, falls diese sich bis dahin nicht gemeldet hätte.

Dann kontaktierte Nadia ihre Freunde, um sie zu einer Videokonferenz zu zitieren. Florian war mit Luc und dessen Männern in irgendwelchen üblen Stadtvierteln unterwegs, wo sie auch wieder dem Verein Marseille Meilleure halfen.

Luc schien regelrecht davon besessen zu sein. Nadia wusste, dass er so das Gefühl hatte, etwas Nützliches zu tun. Obwohl er und seine Kollegen weiterhin ausgiebig beleidigt und beschimpft wurden, war die Situation nicht mehr ganz dieselbe. Denn alle wussten, dass die Polizei beim Verteilen der Lebensmittel half. Vor allem hatten Nadia und Fiona jedoch den Verdacht, dass Marie es Luc angetan hatte. Und auch sie schien sich für ihn zu interessieren.

»Er beachtet mich kaum mehr«, hatte Fiona bemerkt. »Jetzt, wo er diese Dame kennengelernt hat.«

»Nun, du hast ihn abblitzen lassen«, hatte Nadia erwidert. »Und du hast ja noch genug andere. Die mit dem treuen Hundeblick und deinen *Monsieur Romantique*, der dich an Strände führt und dir Delfine zeigt.«

»Pierre ist ein richtiger Freund«, erklärte Fiona, »der mich respektiert. Die anderen sind bloß Hündchen.«

Sie hatten gelacht, aber Nadia hatte bei sich gedacht, dass sie die beiden gern als Paar sähe.

Nadia verspeiste jetzt doch die Pancakes, die Laura mit Ahornsirup und Crème de Marron, einer Kastaniencreme-Spezialität aus der Ardèche, für sie zubereitet hatte. Gegen halb zwölf begann die Videokonferenz. Als Daniel erklärte, was geschehen war, schrie Fiona auf.

Pierre fehlten zunächst die Worte. »Das tut mir so unendlich leid«, sagte er schließlich. »Und ich bin schuld, weil ich alle da mit hineingezogen habe.«

Laura schüttelte den Kopf. »Nein, Pierre, so darfst du nicht reden. Im Gegenteil. Das sind widerliche, fürchterliche Leute, die über Leichen gehen. Und es sind eure Chefs! Zum Glück hast du Wind von der Sache bekommen!«

»Ja, aber der arme Loïc Moltet. Wenn seine Frau nun stirbt?«

»Dann haben sie einen zweiten Mord auf dem Gewissen. Eigentlich einen dritten!«

»Aber das geht zu weit«, meinte Daniel. »Sie werden unvorsichtig. Sie haben zweimal Feuer gelegt.«

»Sie haben es bei Castini auf die Korsen geschoben und bei Loïc auf eine defekte Lampe. Bei Loïc Moltet wurde niemand gesehen«, sagte Laura, »aber es ist schon ein seltsamer Zufall, dass es gleich bei zwei Personen, die mit dem Fall Emeline Bernier zu tun haben, brennt!«

»Wir werden Christines Familie überreden, für die nächste Zeit in die Camargue zu ziehen. Denn bestimmt ist auch auf sie ein Anschlag geplant«, erklärte Nadia.

»Das würde ich Monsieur Merle ebenfalls raten«, meinte Daniel. »Vielleicht sogar euch allen.«

»Sie wissen nicht, was wir machen«, beruhigte Nadia ihn.

»Außer euer Commissaire verdächtigt dich«, konterte Daniel.

»Das tut er«, erklärte Nadia. »Ich habe ihm schon mehr oder weniger gesagt, was wir in den letzten Tagen herausgefunden haben. Und er hat mich dafür abgestraft. Ich bin für die nächsten zwei Wochen in den Quartiers Nord auf Streife eingeteilt. Und er droht mir mit Suspendierung. Aber ich denke nicht, dass sie es bei uns so wild treiben.«

»Es kann trotzdem gefährlich werden«, meinte Pierre. »Sie haben sich in der Banlieue Profis gesucht! Und können uns einfach von diesen Typen beseitigen lassen. Unter einem völlig anderen Vorwand. Seid vorsichtig!«

Nadia hörte, wie Laura neben ihr schluckte. »Ich glaube, Pierre, ich sollte meinen Artikel diese Woche in der Zeitung bringen«, meinte sie.

»Ja, das ist vielleicht das Beste. Ich würde dich nur bitten, nicht über den Verdacht zu schreiben, dass irgendwelche Vorstadtgangster darin verwickelt sind, weil ich selbst in der Banlieue ermitteln will. Ganz diskret.«

Nadia fuhr auf. »Dort kann man nicht diskret ermitteln, Pierre. Du gehst hin, und jeder weiß, dass du da bist. Versprich mir, dass du nicht allein hinfährst. Fiona, Florian oder ich müssen dabei sein. Okay?«

»Na gut«, meinte Pierre. »Eines kann ich allerdings machen. Ich habe eine Drohne, die ich hinschicken werde. Wir sind uns ja ziemlich sicher, dass es sich um La Busserine handelt, oder? Ich kann schon sehr gut mit dem Ding umgehen, habe in den letzten Tagen viel geübt. Ich schicke euch nachher Bilder von Prado und von euren Kollegen, die ich unbemerkt gefilmt habe.«

Nadia seufzte. Sie hatte für solche Hightech-Lösungen nicht viel übrig. Außerdem waren die Gesetze für die Anwendung von Drohnen sehr streng. Aber Pierre wusste wahrscheinlich, was erlaubt war.

»Gut, Pierre, aber wenn die Drohne abstürzt, dann hast du sie verloren. Du kannst sie auf keinen Fall holen. Das musst du wissen.«

»Das Risiko geh ich ein! Ich verspreche dir, dass ich mich nicht in Gefahr begebe und nicht allein nach La Busserine fahre.«

Nadia seufzte. Sie sorgte sich um Pierre. Er wusste nicht, wie man Leute beschattete, besaß auch keine Waffe und hatte keine Ahnung, wie man sich verteidigte.

»Wer im Commissariat weiß noch davon?«, fragte Daniel.

»Niemand«, erwiderte Nadia. »Im Moment nur wir drei. Ich will meine Kollegen nicht in Gefahr bringen. Luc und Franck sind sehr gute Ermittler, aber ich weihe sie erst ein, wenn es gar nicht mehr anders geht.«

»Na ja, Franck findet es sehr seltsam, dass er in Sachen Théo nicht weiterermitteln soll«, meinte Pierre. »Er ist mit den Eltern in Kontakt und kann das Ganze nur schwer ertragen. Genau wie sein Kollege Rachid, der nicht versteht, wieso man in den Banlieues plötzlich so viel Milde walten lässt.«

»Klar«, meinte Daniel, »aber das ist normal. Die Haftanstalten sind überfüllt und von der Pandemie bedroht. Man lässt im Moment sogar Häftlinge frei, die noch ein Jahr abzusitzen hätten, um die Gefängnisse zu entlasten. Da kann man nicht noch mehr Leute einlochen. Und sobald man in den Banlieues zu ermitteln beginnt, hat man es sofort mit einer ganzen Bande zu tun. Ihr müsst eben bis nach dem Lockdown warten.«

»Ja, und wann wird das sein?« Fiona seufzte.

»Morgen Abend werden wir mehr erfahren«, meinte Laura. »Unser Präsident wird wieder einmal sprechen. Wie es aussieht, haben wir in Paris den Höchststand an Infizierten erreicht. Das *Plateau*. Nun sollten die Zahlen der Neuinfektionen, Krankenhausaufenthalte und Toten langsam sinken. Aber ich fürchte, wir werden noch zwei Wochen Lockdown haben. Wenn nicht länger …«

»Bei uns im Commissariat gibt es bereits drei Corona-Fälle«, erklärte Fiona. »Zwei bei Rachid und einen im Team von Philippe. Momentan hat keiner von ihnen schwere Symptome, nur Husten und leichtes Fieber.«

»Es wird in Frankreich viel zu wenig getestet«, sagte Daniel. »Nur das IHU führt Massentests durch. Ihr habt sicher Lauras Artikel gelesen und das Foto mit der langen Schlange davor gesehen. Die Deutschen machen es besser. Dort gehen auch alle Kontaktpersonen in Quarantäne.«

Die Freunde verabschiedeten sich bald. Danach versuchte Nadia erneut, Christine und ihre Familie zu erreichen. Ohne Erfolg. Sie spürte, wie sich ihr Magen vor Angst zusammenzog. Kurz entschlossen holte sie ihre Dienstpistole und wandte sich an Laura.

»Ich muss in Carry-le-Rouet nachsehen, was los ist. Fährst du mit?«

Der Besuch

Christine hatte sich von den Eltern breitschlagen lassen, am späten Vormittag einen Spaziergang in den Hügeln zu machen. Sie hatte zwar nicht die geringste Lust, und es war auch verboten, sich mehr als einen Kilometer vom Haus zu entfernen, doch ihre Mutter wollte unbedingt hinaus.

»Morgen wird das Wetter schlecht«, prophezeite sie. »Dann müssen wir ohnehin im Haus sitzen.«

Christine sah, wie nervös die Mutter war. Dass Castini nur knapp einem Anschlag entronnen war, verängstigte sie genauso wie Christine. Und dann noch das Home-Office und die Schulbetreuung der jüngeren Geschwister! Die Nerven der Mutter lagen blank.

Der Vater hatte in der Arbeit Probleme, war nur selten zu Hause und wollte von der Sache mit Castini nichts wissen. Aber die Mutter setzte sich ganz einfach über ihn hinweg und blieb weiterhin mit Castini und Emelines Eltern in Kontakt.

Christine hatte immer wieder Albträume, in denen die Clique sie bis nach Hause verfolgte. Sie träumte, entführt und vergewaltigt zu werden. Oder jemand drang ins Haus ein und erschoss vor ihren Augen ihre ganze Familie. Es war auf keinen Fall vorbei, sie war noch immer in Gefahr.

Die Spazierwege auf den Anhöhen von Carry-le-Rouet waren nicht gesperrt, nur der Sentier côtier durfte nicht betreten werden.

Der Vater, der an sich nicht gern wanderte, bestand

darauf, die komplette Runde zu gehen, die etwa fünf Kilometer lang war.

»Das ist nicht erlaubt«, meinte Christine schwach.

Aber er winkte ab. »Ach was! Hier ist doch kein Mensch unterwegs. Und die Gendarmes stehen vorn am Meer, nicht hier hinten in der Einöde.«

In der Tat begegneten sie nur dreimal anderen Leuten, einem älteren Ehepaar und zwei Hundebesitzern.

»Wollt ihr noch immer einen Hund?«, fragte Christines Vater, als sie einem jungen Mann zusahen, der seinem Schäferhund Stöcke zuwarf, die dieser in der Luft auffing.

»Oh ja!«, riefen die Geschwister.

Christine sah ihn ungläubig an. Schon seit Jahren wünschten sie und ihre Geschwister sich ein Haustier, doch die Eltern waren dagegen, wegen der Arbeit und des Drecks.

»Gut, wir sehen uns die Sache an, wenn die Ausgangssperre vorbei ist«, meinte der Vater. »Vielleicht finden wir ja im Tierheim etwas Geeignetes!«

Die Mutter bedachte ihn mit einem bösen Blick. »So was entscheidet man zu zweit«, meinte sie. Woraufhin der Vater ruhig erwiderte: »Dir deinen Rechtsanwalt, mir meinen Hund!« Sie sah ihn kopfschüttelnd an, ließ aber das Thema fallen.

Christine dachte, dass sie im Moment gern einen Kampfhund zu ihrem Schutz hätte. Dieser würde Alarm schlagen, wenn jemand ins Haus zu kommen oder Feuer zu legen versuchte. Sie dachte an Emeline, deren Großmutter einen hübschen Cockerspaniel besaß, den ihre Freundin immer wieder gezeichnet und gemalt hatte. Christine seufzte. Emeline fehlte ihr sehr.

Sie hatte Bekannte in Carry-le-Rouet, Mädchen, die mit Emeline und ihr in die Schule gegangen waren.

Manchmal hatten sie gemeinsam etwas unternommen. Sie waren auch bei Emelines Begräbnis gewesen. Doch Christine stand ihnen nicht besonders nah, und wenn sie eine von ihnen anrief, wusste sie nicht, worüber sie reden sollte. Sie hatte keine zweite Freundin wie Emeline. Sie dachte an die anderen, die sie beide als Lesben verspottet hatten. Vielleicht wären sie es geworden, irgendwann? Doch Christine glaubte nicht ganz daran. Sie erinnerte sich an Raphael, in den sie mit dreizehn sehr verliebt gewesen war. Er war in der Klasse über ihr gewesen, hatte schöne schwarze Haare und strahlend blaue Augen gehabt. Christine war nie über das Stadium der Schwärmerei hinausgekommen. Sie war zu schüchtern gewesen, ihn anzusprechen, und Raphael war mit seinen Eltern nach Montpellier gezogen.

Was Emeline betraf, so hatten Jungs sie nie interessiert. Sie hatte über das Thema nicht einmal sprechen wollen. Aber Christine glaubte nicht, dass sie eine Lesbe gewesen war. Emeline hatte so viele andere Interessen gehabt, dass ihr für Schwärmereien keine Zeit blieb. Doch irgendwann hätte auch sie sich in einen Jungen verliebt.

Als sie nach fast zweistündigem Spaziergang zum Haus kamen, stand ein Auto davor, das Christine kannte.

Der Vater runzelte die Stirn. »Wir haben Besuch?«

»Die Polizistin«, erklärte die Mutter, die das Auto von Lieutenant Aubertin auch erkannt hatte.

»Siehst du«, sagte der Vater vorwurfsvoll zur Mutter, »was du dir eingebrockt hast. Jetzt kommt die Polizei sogar an Ostern.«

Die Mutter antwortete nicht. Als die Familie näher kam, stiegen Madame Aubertin und die blonde Journalistin aus. Christine fragte sich, was die beiden wohl miteinander zu schaffen hatten. Warum tauchte die Polizistin immer mit der Journalistin bei ihnen auf?

»Guten Tag«, sagte Nadia Aubertin ernst, und Christines Herz zog sich zusammen. Das sah nach schlechten Nachrichten aus.

»Wir müssen dringend mit Ihnen reden. Und telefonisch konnten wir Sie nicht erreichen.«

»Ach … ich habe mein Telefon zu Hause gelassen. Und Christine ihres wohl auch!«, sagte die Mutter.

Die Mutter bat die beiden jungen Frauen auf die Terrasse, der Vater ging mit den jüngeren Geschwistern ins Haus. Dann begann Madame Aubertin zu erzählen, und Christine spürte, dass sie immer stärker zitterte. Die Mutter schien wie erstarrt.

Was für eine grässliche Geschichte! Ein Brand bei Monsieur Moltet, er selbst verletzt, und seine Frau schwebte noch immer zwischen Leben und Tod!

»Glauben Sie … glauben Sie wirklich, dass es kein Unglücksfall war?«, fragte Christine mit dünner Stimme.

»Wenn das mit Théo und mit Castini nicht gewesen wäre, dann könnte es leicht als Unfall durchgehen. Aber jetzt bin ich mir sicher, dass unsere korrupten Vorgesetzten dahinterstecken. Drei solche Unglücksfälle, das scheint mir doch ein bisschen viel! Und jedes Mal trifft es Personen, die etwas über Emeline wissen oder mehr herauszufinden versuchen …«

Christines Mutter schluchzte. »Und wir … wir sind auch in Gefahr! Ich habe Angst!«

Madame le Lieutenant sah sie ernst an. »Genau deshalb sind wir hier. Um Sie zu warnen. Sie müssen raus aus Ihrem Haus. Um auf Nummer sicher zu gehen. Holen Sie Ihren Mann!«

Die Mutter erhob sich mit zittrigen Knien und ging schwankend ins Haus.

Der Vater trat mit grimmigem Gesicht auf die Terrasse. Nadia wiederholte, was sie bereits gesagt hatte.

Der Vater brauste auf. »Da hast du es! Weil du dich überall einmischen musst!« Er zeigte mit einem zitternden Finger auf seine Frau. »Die Sache mit dem Anwalt! Und nun sind wir in Gefahr!«

Die Polizistin schüttelte den Kopf. »Nein, Monsieur, es liegt nicht daran, dass Sie sich einen Anwalt nehmen. Im Gegenteil. Das schützt Sie. Es ist vielmehr, weil Christine weiß, was Emeline zugestoßen ist. Und da die anderen wissen, dass Christine es weiß, sind Sie alle in Gefahr!«

»Dann tun Sie doch etwas! Und zwar schnell!«

Die Mutter sah den Vater ungläubig an.

Die Polizistin seufzte. »Ich habe es versucht, aber es handelt sich bei den Schuldigen um die Kinder meiner höchsten Vorgesetzten. Und die gehen über Leichen, damit kein Verfahren eingeleitet wird. Obwohl ich sagen muss, dass wir jetzt fast alles haben, um die Täter zu überführen. Aber Sie wissen, dass die Situation sehr schwierig ist und wir deshalb nicht sofort handeln können. Wir müssen unsere Vorgesetzten umgehen. Leider muss ich Ihnen deshalb raten, sofort das Haus zu verlassen. Gehen Sie, sagen Sie keinem, wo Sie sind, und lassen Sie eine Kamera installieren, die das gesamte Grundstück überwacht.«

Der Vater sah die junge Frau starr an. »Madame, so einfach ist das nicht. Wir haben Ausgangssperre, meine Frau und die Kinder arbeiten zu Hause, und ich muss jeden Tag nach Fos sur Mer zur Arbeit. Außerdem sind zurzeit alle Hotels geschlossen, und Ferienhäuser gibt es kaum zu mieten.«

Nun ergriff die blonde Frau das Wort.

»Wir haben alles für Sie organisiert. Meine Tante hat

ein Haus in Salin de Giraud. Es ist sehr geräumig, jedes Kind hätte sein eigenes Zimmer, und das WLAN funktioniert dort ganz fantastisch. Sie vermietet es häufig an Geschäftsleute, die dort mehrere Monate lang bleiben und auch am Computer arbeiten. Mit der Fähre können Sie jeden Tag über die Rhône nach Fos fahren. Der Strand von Salin de Giraud liegt ganz in der Nähe. Der Ort ist sehr klein, dort wird die Ausgangssperre nicht so streng kontrolliert, und man kann Rad fahren. Das Haus besitzt fünf Fahrräder. Meine Tante würde es Ihnen sehr billig zur Verfügung stellen. Zwanzig Euro pro Nacht, um die Unkosten zu decken, und hundert Euro Endreinigung, wegen der Corona-Desinfektion.«

Der Vater starrte die Frau grimmig an. Christine sah, dass er mit alldem ganz und gar nicht einverstanden war. Doch die Mutter erhob sich.

»Das machen wir. Wir haben keine Wahl, und das ist eine sehr gute Lösung. Vielen Dank Ihnen beiden!«

»Sie … Sie sollten sofort losfahren. Wir würden Sie begleiten. Falls Sie kontrolliert werden.«

Die Mutter nickte. »Gut. Wir packen.«

Sie ging ins Haus. Der Vater folgte ihr. Sie begannen im Haus zu streiten.

Christine sah die beiden Frauen entschuldigend an.

»Keine Sorge«, meinte Madame le Lieutenant. »Das kommt für euch sehr plötzlich. Aber es ist das Beste.« Sie seufzte.

Christine nickte. »Ich bin froh, von hier wegzukommen. Ich habe Angst. Und es tut mir so leid, was Monsieur Moltet passiert ist. Es ist wegen mir. Weil er mich zum Bahnhof gebracht hat und von Naomi verpetzt wurde. Ich hoffe, seine Frau stirbt nicht.«

»Das hoffen wir alle«, sagte Madame Aubertin. »Aber es ist nicht deine Schuld. Moltet war von Anfang an in Gefahr, weil er reden wollte. Und nun bringen wir alle Zeugen in Sicherheit, um zum Gegenangriff übergehen zu können! Pack deine Sachen. Nimm auch feste Schuhe mit, nicht weit von eurem neuen Haus befinden sich ein breiter Strand und Dämme, auf denen man sehr schön wandern und Rad fahren kann.«

Als Christine ins Haus kam, sah sie, dass ihre Mutter und die Geschwister bereits eifrig packten. Der Vater stritt nicht mehr mit der Mutter, sondern telefonierte mit irgendjemandem wegen der Installierung von Kameras. Er schien den Plan der Polizistin also zu akzeptieren.

»In einer halben Stunde fahren wir«, meinte die Mutter. »Wir wollen die beiden Damen nicht zu lange warten lassen. Papa kommt abends nach. Er darf ja als Produktionsmanager in der Region herumfahren.«

Sie trat hinaus auf die Terrasse, um den beiden Frauen etwas zu trinken anzubieten.

Christine ging in ihr Zimmer. Nun war ihr leichter zumute. Die Angst ließ sie erstmals wieder aus den Klauen.

Beim Packen warf sie einen Blick aus ihrem Fenster auf die Straße. Die Polizistin stand vor ihrem Auto und telefonierte. Die blonde Frau kam aus dem Garten. Die Polizistin legte auf, steckte das Telefon in die Jackentasche und umarmte und küsste sie. Die blonde Journalistin war also die Freundin von Nadia Aubertin! Beim Anblick der beiden traten Christine Tränen in die Augen. *Das hätten Emeline und ich später einmal sein können,* sagte sie sich, aber dann erschrak sie. Sie hatte doch niemals eine Lesbe werden wollen! Aber die Erinnerung an Emeline war so bittersüß, dass in ihrem Kopf und ihrem Herzen alles verschwamm und sie die Freundin nun zu lieben glaubte.

Amélie

Loïc war verzweifelt. Er konnte nicht aufstehen, seine beiden Beine waren eingegipst. Wegen des Corona-Virus durfte ihn keiner besuchen, er sprach lediglich manchmal über Skype mit seiner Schwester, Nathan, Lieutenant Aubertin, dem Staatsanwalt Frigeri oder dem Anwalt Castini. Amélies Zustand war noch immer unverändert, sie lag im Koma, war intubiert, und keiner wusste, ob sie jemals wieder aufwachen würde.

Zum Glück hatte Loïc seinen Sohn David bei sich. Er gab ihm das Fläschchen, hielt ihn in den Armen, und nachts schlief der Kleine neben ihm. Nachdem David in der Kinderklinik gründlich untersucht worden war und keine Verletzungen festgestellt werden konnten, hatte man ihn Loïc gebracht. Die Krankenpfleger hatten gemeint, das sei möglich, weil er sich auf der Unfallchirurgie befand, wo es im Prinzip keine ansteckenden Krankheiten gab. David war unkompliziert, und die Krankenschwestern liebten es, sich mit ihm abzugeben. Das Personal kümmerte sich rührend um die beiden.

Loïc wusste nicht, wie es weitergehen würde, wenn er aus dem Krankenhaus entlassen wurde, denn er konnte ja nicht aufstehen, David nicht versorgen. Er hatte bei dem Brand alles verloren. Alles außer seinem Sohn und seinem Leben. Und bis jetzt hatten Aubertin, Frigeri und ihr Team noch nichts gefunden, was auf Brandstiftung hindeutete. Die Gendarmes, die die Sache vor Ort untersuchten, hatten behauptet, Ursache für das Feuer sei die gesetzeswidrige Installation der Lampe vor dem

Haus. Loïc könne gegen seinen Vermieter Klage erheben. Der Sachverständige der Versicherung musste die Ruine noch begutachten. Frigeri und Aubertin waren sich ziemlich sicher, dass dieselben Personen dahintersteckten, die Théo hatten töten und den Anschlag auf Castini hatten verüben lassen. Sie selbst hatten sich wohl nicht die Hände schmutzig gemacht, sondern irgendwelche Ganoven damit beauftragt. Das alles war sehr schwer nachweisbar, doch Castini, Frigeri und Aubertin wollten zum Angriff übergehen.

Aubertin und Frigeri hatten ihre Zeugen in Sicherheit gebracht. Nathan Merle hatte mit seiner Freundin Marseille verlassen und lebte im Moment in Salon de Provence bei Freunden, die ihm dort eine Ferienwohnung überließen. Er fuhr trotzdem jeden Tag zur Arbeit, hatte jedoch mit seinem Schwager den Wagen getauscht, falls ihm vor seiner Fabrik jemand auflauern sollte. Christine und ihre Familie wohnten vorübergehend irgendwo in der Camargue. Loïc war heilfroh, dass Christine sich in Sicherheit befand. Er hatte Nadia Aubertin gefragt, ob sie auch Emelines Eltern riet, von Carry-le-Rouet wegzugehen, doch diese schienen nicht in Gefahr zu sein.

»Sie haben ihren Anteil an Leid schon abbekommen«, hatte die Beamtin geseufzt, »und sie wissen nichts, was die Übeltäter belasten könnte.«

Castini würde in ein paar Tagen die Klage gegen die Schule und die kriminellen Jugendlichen einreichen. Doch er hatte Loïc gesagt, er brauche Beweise, bevor er den Staatsanwalt und den Polizeidirektor des Anschlages und der Brandstiftung bezichtigen konnte. Das gelte sowohl für sein eigenes Ferienhäuschen als auch für Loïcs Haus. Castini gab vor, nicht glauben zu wollen, dass sie beide Opfer der Clique und ihrer korrupten Familien geworden waren. Wahrscheinlich musste er sich das einreden, um weiterarbeiten zu können. Doch tief im Innern wusste der Anwalt gewiss, dass die zwei Brände kein Zufall waren. Doch sie hatten den Film, und Castini war sicher, dass die Klage erfolgreich sein würde.

Loïc hatte Angst um diese jungen Leute. Wenn schon er einem Anschlag zum Opfer gefallen war, was konnte dann erst ihnen passieren? Doch Madame Aubertin behauptete, heimlich zu ermitteln und deshalb nicht in Gefahr zu sein. Loïc wunderte sich über diese junge Frau, die erst vor Kurzem Lieutenant geworden war und so unglaublich viel Mut bewies. Natürlich wurde sie von Kollegen und vom Substitut unterstützt, aber sie ging trotzdem ein hohes Risiko ein.

Loïc verbrachte viel Zeit im Gebet. Er betete vor allem für Amélie. Dafür, dass sie es schaffen würde. Er durfte wegen Corona nicht zu ihr. Wie gern hätte er ihr Gesicht gestreichelt, mit ihr gesprochen, ihr gesagt, wie sehr er hoffte, dass sie aufwachen würde!

Wieder und wieder fragte Loïc sich, ob er richtig gehandelt hatte. Er erinnerte sich daran, Amélie geweckt zu haben. Sie war hochgefahren, und er war in Davids Zimmer gestürzt. Er hätte sich versichern müssen, dass Amélie es geschafft hatte, ihr Schlafzimmer zu verlassen, bevor er mit David im Arm aus dem Fenster gesprungen war! Er hatte seine Frau im Stich gelassen, weil er nur daran gedacht hatte, seinen Sohn zu retten. Andererseits fragte er sich immer wieder, warum Amélie nicht wie er aus dem Fenster gesprungen war. Der Nachbar, der sie gerettet und sich beim Sprung nur einen Knöchel verstaucht hatte, hatte sie bewusstlos neben dem Bett am Boden liegend gefunden. Loïc war sich sicher, dass Amélie wach gewesen war, als er in Davids Zimmer gerannt war. Aber was war dann geschehen? Hatte Amélie den Ernst der Lage nicht erfasst? War der Raum schon so voller Rauch gewesen, dass sie das Bewusstsein verloren hatte? Oder war sie so in Panik gewesen, dass sie nicht daran gedacht hatte, das Fenster zu öffnen?

Jedenfalls hatte er seinen Nachbarn angerufen, den sportlichen Torwart, und ihm gedankt. Dieser Mann, den Loïc kaum kannte, hatte sein eigenes Leben riskiert, um Amélie zu retten. Wäre er eine Sekunde später gesprungen, wäre er unter den brennenden Trümmern des Hauses begraben worden.

Doch der Mann hatte nur traurig gemeint: »Machen Sie sich um mich keine Sorgen. Ich habe einen verstauchten Knöchel, das ist alles. Aber wenn Ihre Frau nicht überlebt, werde ich das nicht verwinden.«

Loïc war bei diesen Worten in Tränen ausgebrochen. Er selbst würde es sich nicht verzeihen können! Er hatte nicht getan, was nötig gewesen wäre. Er hätte sein Kind und seine Frau retten müssen, während er angenommen hatte, Amélie könne sich selbst in Sicherheit bringen! Wie sollte er das später seinem Sohn erklären, wenn dieser ohne Mutter aufwachsen musste? Es hat gebrannt, ich habe dich gerettet, aber deine Mutter ihrem Schicksal überlassen?

Loïc fühlte sich unendlich schuldig. Die Ärzte hatten ihm bezüglich Amélie nichts mitgeteilt. Keine Prognose, ob sie überleben oder sterben würde. Nur, dass es sich um eine sehr schwere Rauchvergiftung handelte.

Loïc nahm David in den Arm und wiegte ihn sanft. Das Baby war ruhig und schien die Nähe seines Vaters zu genießen. Es war von seiner Mutter noch gestillt worden, hatte aber dazu Brei bekommen. Nun fehlte ihm die Mutter gewiss, doch David weinte trotz allem nicht besonders oft.

»Du bist alles, was mir bleibt«, flüsterte Loïc in das

Haar seines Sohnes, »und ich werde dich beschützen wie mein Leben.«

In diesem Moment kam die Krankenschwester ins Zimmer.

»Monsieur Moltet, wir haben endlich gute Neuigkeiten für Sie. Ihre Frau ist aufgewacht und bei Bewusstsein. Es scheint so weit alles in Ordnung zu sein, das Koma hat ihre Sinne nicht beeinträchtigt. Sie hat bereits mit uns gesprochen. Die schlechte Nachricht ist leider, dass Sie sie erst in einer Woche besuchen dürfen. Sie ist noch zu schwach. Aber schon morgen können Sie mit ihr über Video sprechen.«

Loïc sah die Frau an und brach in Tränen der Erleichterung aus.

Infiziert

Laura war erleichtert. Loïc Moltets Frau war außer Lebensgefahr. Sie würde zwar noch mindestens vierzehn Tage im Krankenhaus verbringen müssen, aber in einigen Wochen wieder vollkommen gesund sein. Moltet wirkte unglaublich glücklich, auch wenn er alles verloren hatte.

Pierre und Nadia suchten nun nach Beweisen, dass es sich um Brandstiftung gehandelt hatte. Aber leider schien es die nicht zu geben. Nadia war froh, dass Christine Perrin und Nathan Merle nun in Sicherheit waren. Christines Mutter hatte Laura angerufen und sich bedankt. Das Ferienhaus war sehr komfortabel, sie selbst konnte dort gut arbeiten, und die Kinder genossen die Osterferien im riesigen Garten, wo sie Tischtennis und Federball spielten. Sie fuhren auch mit dem Rad zum Strand, der nicht gesperrt und dennoch beinahe menschenleer war, und sahen jeden Tag unendlich viele Flamingos in den Tümpeln neben der Straße und in den Salinen.

Laura hatte inzwischen Marie interviewt und über den Verein Marseille Meilleure einen Artikel geschrieben, der von François mit Freuden angenommen worden war.

»Bravo, Laura, es freut mich, wenn ihr die Initiative ergreift!«, hatte er gesagt. Laura hatte es sich verkniffen, ihn darauf hinzuweisen, dass sie bezüglich Emeline Berniers Tod ebenfalls die Initiative ergriffen hatte, doch dass diese nicht erwünscht gewesen war. Nun plante

Laura, François den komplett fertigen Artikel anzubieten. Aber für den nächsten Tag war die Zeitung schon mehr als voll. Es gab genügend zu berichten, sie würde wohl auf das Ende der Woche warten müssen.

Der Lockdown würde bis elften Mai weiter andauern. Im Moment gab es in Frankreich jeden Tag mehr als tausend Corona-Tote, und in einigen Landesteilen waren die Krankenhäuser hoffnungslos überfüllt. Doch andere Regionen hatten kaum Kranke, die Ausgangssperre galt aber trotzdem für das gesamte Land.

Laura war der Meinung, dass es besser gewesen wäre, nur die betroffenen Gebiete abzuriegeln, wie es in anderen Staaten gemacht wurde, aber Frankreich war nun einmal ein zentralistisches Land, in dem alles in der Hauptstadt und nach den Pariser Bedingungen entschieden wurde.

Es hatte vereinzelt junge Leute gegeben, die an der Krankheit gestorben waren, in Frankreich war das jüngste Corona-Opfer siebzehn, in Großbritannien neun Jahre alt. Die Situation spitzte sich überall zu. Präsident Macron hatte im Fernsehen zugegeben, Fehler gemacht und die Lage am Anfang nicht richtig eingeschätzt zu haben. Er hatte mittlerweile auch den Professor des IHU Marseille getroffen, dessen Therapie nicht anerkannt war, jedoch in seinem Krankenhaus Erfolge gezeigt hatte. Das Land war weiterhin gespalten, einige schworen auf die Therapie dieses Arztes, andere sagten, sie sei nutzlos und, schlimmer noch, gefährlich.

Laura fand es vor allem in Marseille sehr lustig, dass jeder über die Sache seine Meinung kundtat, obwohl er von Medizin keine Ahnung hatte. Die meisten fachsimpelten, obwohl sie nicht einmal wussten, worum es konkret ging. Viele Einwohner behaupteten, dass die Therapie in Paris nur deshalb abgelehnt wurde, weil sie aus

Marseille kam. Das Ganze sei die Rache am OM. Der Marseiller Fußballclub OM und der Pariser PSG waren Rivalen und die jeweiligen Fans Erzfeinde. Natürlich hatte das mit Fußball überhaupt nichts zu tun, die Menschen in Marseille erfanden nur gern sehr weit hergeholte Geschichten.

Laura machten die vier verbleibenden Wochen Lockdown vor allem wegen Nadia Sorgen. Die Freundin fühlte sich jetzt schon am Ende ihrer Kräfte, die Arbeit in den Banlieues gab ihr den Rest. Sie befürchtete, dass ihr Commissaire, der ihr misstraute, sie weiter in die Quartiers Nord schicken würde, um sie zu bestrafen, aber auch, um sie zu beschäftigen. Er hatte jedoch keine Ahnung, dass Nadia bei ihrer inoffiziellen Ermittlung nicht allein war.

Als Nadia am Mittwochabend heimkam, bemerkte Laura, dass sie hustete und seltsam glasige Augen hatte.

Sofort meldete sich Besorgnis in ihr. »Bist du krank, Nadia?« Sie legte der Freundin die Hand auf die Stirn und erschrak. »Mon Dieu, du bist ja ganz heiß! Geh ins Bett!«

Nadia schleppte sich ins Schlafzimmer, und Laura kochte ihr Tee. Nadia hustete stark. Laura hegte keine Zweifel. Gewiss hatte sich Nadia das Virus eingefangen, obwohl sie in den letzten Tagen immer eine Maske getragen hatte! Oder hatte sie selbst sich im IHU infiziert und Nadia angesteckt? Nadias Kollegen mussten sich alle testen lassen, genauso Laura.

»Laura, bleib mir besser fern«, krächzte Nadia.

Die winkte ab. »Es ist ohnehin schon zu spät. Vermutlich bin ich auch infiziert! Morgen bleibst du zu Hause.«

Nadia nickte nur. Sie döste vor sich hin. Laura ging immer wieder zu ihr, um zu sehen, wie sie sich fühlte.

Schließlich nahm sie das Fieberthermometer und hielt es an Nadias Stirn. Sie erschrak. Fast vierzig Grad! Das war sehr hohes Fieber. Laura verabreichte Nadia Paracetamol. Sie wurde ruhiger, doch Laura hörte sie immer wieder husten. Ein Husten, der sehr tief aus der Brust kam und gefährlich klang. Laura wusste, dass sie am nächsten Tag den Arzt holen oder Nadia ins Krankenhaus oder ein COVID-Behandlungszentrum bringen musste.

Die Nacht verging quälend langsam. Laura schlief schlecht, denn sie spürte, dass Nadia sich neben ihr hin- und herwarf.

»Hast du Atemprobleme?«, fragte sie die Freundin. In ihr stieg Panik auf.

»Nein«, krächzte Nadia. »Nur schreckliches Kopfweh und Gliederschmerzen. Wie damals, als ich diese verfluchte Grippe hatte.«

Früh am nächsten Morgen rief Laura ihren Hausarzt an, der noch vor Mittag kam. Für ihn schien die Sache klar.

»Im Moment ist eine Einweisung ins Krankenhaus nicht nötig«, meinte er. »Geben Sie ihr fiebersenkende Mittel, und sie soll viel trinken. Lassen Sie sich testen. Und Sie müssen sie gut beobachten. Sollte sie Atemnot bekommen, müssen Sie reagieren und den Notarzt rufen.«

Laura wusste, dass sie das nicht tun würde. Sie würde Nadia ins Auto verfrachten und mit ihr in die Klinik rasen. Denn die SAMU, die Notfalldienste, waren ziemlich überlastet. Bis sie kamen, konnte man leicht ersticken.

Lauras Herz zog sich zusammen. Sicher, Nadia war jung und kräftig, doch den einen oder anderen jungen Menschen erwischte es trotzdem. Und das Fieber war sehr hoch, nicht einmal das Paracetamol half wirklich.

Laura erinnerte sich an alles, was sie über das Intubieren gelesen hatte. Die Krankheit, aber auch die Therapie verursachten häufig Schäden. Die künstlich Beatmeten hatten manchmal für den Rest ihres Lebens Lungenprobleme. Laura hasste es, Nadia so leiden zu sehen. Sie machte ihr Wadenwickel, flößte ihr Tee ein und hielt sie in den Armen. Ihre Freundin war sehr tapfer, doch das Fieber und die Gelenkschmerzen machten ihr zu schaffen, genauso wie die Hustenanfälle.

Laura rief Fiona und Florian an und befahl ihnen, sich testen zu lassen und auch ihre Kollegen zu informieren. Die beiden waren ratlos. Nun mussten sie dem Commissaire Bescheid sagen und würden in Quarantäne gehen müssen, bis sie das Testergebnis hatten. Allerdings brauchte Blachet seine Teams und würde wahrscheinlich bis dahin nur die in Quarantäne schicken, die mit Nadia direkt länger zusammen gewesen waren.

Es war schwierig, sich testen zu lassen, aber in Marseille war die Situation zum Glück besser als anderswo. Laura wusste, dass im IHU jeder, der es wünschte, getestet wurde. Die Uniklinik hatte in mehreren Vierteln Testzentren eingerichtet, deshalb würde es Laura erspart bleiben, quer durch die Stadt fahren zu müssen. Danach würde sie bis zum Ergebnis nicht hinausgehen.

Pierre bot ihr an, für sie einzukaufen, aber Laura brauchte im Moment noch nichts. Nadia aß nichts, und sie selbst würde sich mit einfachen Dingen begnügen. Doch würde sie Pierre wohl um Medikamente bitten. Sie spürte keine Symptome, aber das konnte noch kommen. Sie beschloss, ihrem Chef Bescheid zu sagen, dass sie im Moment in Quarantäne war, aber im Home-Office weiterarbeiten wollte.

Sie schrieb ihm eine Mail und bot ihm darin auch

gleich den Artikel an. Eine halbe Stunde später meldete er sich bei ihr.

»Laura! Das tut mir leid für Nadia! Ich hoffe, sie übersteht es ohne Krankenhausaufenthalt! Und ich hoffe, dass du nicht infiziert bist oder nur milde Symptome haben wirst!«

»Ja, ich auch. Ich bin jetzt mindestens drei Tage eingesperrt, François, werde aber trotzdem arbeiten.«

»Gut. Dann gebe ich dir, was möglich ist. Texte, die keine Recherche vor Ort erfordern. Danke für deinen Artikel. Ich muss sagen, ich finde ihn hochinteressant. Die Geschichte ist seltsam. Allerdings werde ich einiges ändern müssen. Ich kann den Leiter der PJ und den Oberstaatsanwalt nicht offen beschuldigen. Aber indirekt. Wir können uns wundern, warum alle Personen, die mit Emeline Bernier zu tun hatten, plötzlich Probleme bekommen. Der eine wird erschossen, dem anderen brennt das Haus ab und auf den Anwalt wird ein Mordanschlag verübt. Ich erwähne auch den Film über Emelines Vergewaltigung, nicht aber, wer ihre Eltern sind. Das kommt später!«

»Gut, François. Danke, dass du den Artikel druckst.«

»Nun, mir scheint, es ist an der Zeit, darüber zu berichten. Und ihr habt handfeste Beweise. Die Sache ist ja wirklich beängstigend. Und wenn es so ist, wie du glaubst, dann haben wir bald einen Riesenskandal. Allerdings brauchen wir dafür noch mehr Beweise.«

»Wir suchen ja danach«, meinte Laura. »Das heißt, es gibt Leute, die suchen. Ich bin ja in Quarantäne.«

»Zum Glück, Laura«, sagte François, »ich möchte nicht, dass du dich in Gefahr begibst. Journalisten kriegen oft Probleme, wenn sie allein ermitteln. Überlass das besser den Profis!«

»Natürlich, François.«

Keiner wusste besser als Laura, wie gefährlich die Arbeit werden konnte, wenn man auf eigene Faust im falschen Milieu herumfragte oder an die falschen Personen geriet.

Gefahr

Es regnete in Strömen. Seit Beginn des Lockdowns war das Wetter schön gewesen, nur an zwei Tagen hatte es ein wenig getröpfelt. Doch nun schüttete es. Fiona und Pierre beschlossen, in die Cité la Busserine aufzubrechen. Fiona hatte am Morgen ihr negatives Testergebnis erhalten und konnte nun wieder nach draußen. Auch Florian und die anderen Kollegen waren negativ. Blachet hatte Lucs und Nadias gesamtes Team bis zum Ergebnis suspendiert, um kein Risiko einzugehen, doch er erwartete die meisten ab Montag wieder bei der Arbeit. Fiona allerdings hatte am nächsten Tag noch frei, weshalb sie mit Pierre bis spät am Abend die Einfahrt zur Hochhaussiedlung beobachten würde. Aufgrund des Regens würden nicht so viele Leute herumlungern, und so konnten sie unbemerkt nicht weit vom Eingang der Cité stehen bleiben und sehen, wer kam und ging. Wenn irgendwelche Dealer krumme Dinger drehen wollten, dann war dieser trübe Tag bestens dafür geeignet.

Fiona freute sich, Pierre zu treffen. Seit vier Uhr nachmittags saßen sie schon im Auto vor der Cité.

Es begann zu dämmern. Sie sprachen über vieles: die gegenwärtige Situation, ihre inoffizielle Ermittlung, die Politik, Marseille, ihre jeweiligen Erfahrungen im Beruf sowie über ihre Kindheit und Jugend. Nun war Pierre derjenige, den Fiona von allen Leuten, die sie bisher in Marseille getroffen hatte, am besten kannte. Doch sie vermied es, ihm weitere Details über ihre schlimmen Erfahrungen mitzuteilen. Dafür erzählte Pierre von sich von seinen bisherigen Beziehungen, die kompliziert gewesen waren.

»Es ist nicht einfach, jemanden zu finden, mit dem man sein ganzes Leben verbringen will«, schloss er schließlich.

»Nein, in der Tat nicht. Aber vielleicht braucht man das gar nicht? Oder glaubst du, dass man unbedingt in einer Zweierbeziehung leben muss, um glücklich zu sein?«

»Na ja … ich schon.« Er sah sie mit einem seltsamen Blick an, der bei Fiona alle Alarmglocken schrillen ließ. Das Tragische war, dass sie Pierre sehr mochte und dass er ihr gefiel, aber sie im Moment keine Beziehung wollte. Sie musste ihn abblocken, bevor es zu spät war. Sie arbeiteten zu gut zusammen. Und ihre Freundschaft durften sie auf keinen Fall zerstören!

Fiona wurde davon befreit, etwas erwidern zu müssen, denn in diesem Moment rollte ein BMW langsam aus der Cité. Trotz des Regens und der einsetzenden Dämmerung sah Fiona den Beifahrer, und sie wusste, dass sein Gesicht ihr etwas sagte.

»Pierre«, meinte sie, »ich kenne den Typen. Ich glaube, er war bereits bei uns im Commissariat. Vielleicht sollten wir dem Wagen folgen!«

Pierre zuckte mit den Schultern. »Okay, wenn du meinst, Boss. Immer zu Diensten!«

Er fuhr los. Sie hatten wegen des Regens keine Probleme, dem Auto unbemerkt auf den Fersen zu bleiben. Es war sehr wenig Verkehr, und so konnten sie genügend Abstand lassen. Sie hofften, keine Kontrollpunkte zu passieren, doch das Wetter schien sogar die Polizisten vertrieben zu haben. Der Wagen fuhr Richtung A 55, was nicht erstaunlich war. Wenn man aus der Stadt hinaus nach Fos sur Mer, Martigues und Marignane wollte, nahm man diese Autobahn.

Der Wagen verließ die Autobahn jedoch schon bei Saint Antoine. Pierre folgte ihm in einiger Entfernung. Seltsamerweise fuhr das Auto nicht in die Richtung der Banlieues, sondern über mehrere Kreisverkehre und verschlungene Straßen nach L'Estaque. Plötzlich hatten sie den BMW verloren.

Pierre fluchte. Fiona überlegte. Wenn man da oben herumfuhr, kam man sicher nicht in die Cités von Saint Antoine, viel eher in die schmucken Viertel mit den kleinen Häusern oberhalb von L'Estaque.

»Pierre, hier oben wohnte Loïc, der Lehrer, dessen Haus angezündet wurde. Komisch, nicht?« Sie beschloss, zu überprüfen, ob das Auto nicht dorthin gefahren war.

Sie suchte Loïcs Adresse und gab sie in ihr Handy ein. Dann zeigte sie Pierre den Weg. Bald schon erreichten sie eine kleine Straße. Und da stand der Wagen, hundert Meter weiter vorn. Fiona holte tief Luft und ergriff Pierres Arm.

»Vielleicht sollten wir hier parken und uns anschleichen, um zu sehen, was sie in der Ruine von Moltets Haus machen.«

Pierre nickte und stellte ihr Auto am Straßenrand ab.

Als Fiona die Pistole aus ihrer Handtasche holte, riss Pierre erstaunt die Augen auf.

»Natürlich, Pierre«, sagte sie. »Wir sind doch nicht zum Sightseeing hier. Die beiden Kunden können gefährlich sein.«

Es regnete noch immer relativ stark. Vorsichtig gingen sie die hundert Meter weiter bis zu dem BMW. Hinter der Hecke bei Moltets Haus hörten sie erstickte Stimmen. Die zwei Männer redeten auf Arabisch. Pierre hatte sein Handy in der Hand. Er betätigte die Aufnahmefunktion.

»Wir müssen näher ran«, meinte er.

Sie schlichen sich in den Garten. Die beiden Gestalten waren in den Trümmern des abgebrannten Hauses. Was suchten sie nur? Man konnte sie gut hören, doch leider sprachen sie nicht Französisch. Fiona bedeutete Pierre, sich hinter die Büsche zu ducken, die mitten im Garten standen. Er versuchte auch zu filmen, aber dafür war es wahrscheinlich schon zu dunkel. Irgendwann wandten die beiden dunklen Schatten sich zum Gehen.

Da sah Fiona, dass der eine den anderen anstieß und irgendetwas sagte. Der zweite Mann fuhr herum und zückte eine Pistole. Instinktiv warf Fiona sich auf Pierre und drückte ihn zu Boden. Ein Schuss knallte. Sie hob ihre Pistole und zielte durch das Buschwerk auf die Gestalt, die sich ihnen näherte. Sie schoss. Die beiden Männer ergriffen die Flucht. Sie hörte das Auto mit quietschenden Reifen anfahren. Fionas Herz klopfte bis zum Hals, ihre Hand mit der Pistole zitterte. Pierre rührte sich nicht. Fiona erschrak. War er getroffen worden? Langsam wälzte sie sich von ihm. Sie war völlig durchnässt.

»Pierre? Pierre? Geht es dir gut?«

Sie legte eine Hand auf seine Wange. Endlich bewegte er sich.

»Ja … Mon Dieu … was war denn das?«

»Ein Schusswechsel«, erklärte Fiona nüchtern. »Bist du verletzt?«

»Nein, nein, ich glaube nicht.«

Fiona bemerkte, wie sehr er zitterte. Wahrscheinlich war es seine erste Schießerei gewesen!

Da hörten sie Stimmen auf der Straße. »Jemand hat geschossen. Zweimal. Und dann ist ein Auto davongerast!« Natürlich liefen jetzt die Nachbarn auf der Straße zusammen.

Es wäre besser, wenn sie uns nicht sehen würden, dachte Fiona. Wieder legte sie sich auf Pierre und hielt ihm den Mund zu.

»Pssst«, flüsterte sie ihm ins Ohr. »Wir bleiben hier liegen und machen uns dann auf der anderen Seite des Grundstücks davon.«

Er schien vollkommen erstarrt. Fiona war auf solche Situationen trainiert. Pierre hatte keine Ahnung, wie man in solchen Fällen reagierte, er war ein Staatsanwalt.

Die Nachbarn diskutierten aufgeregt einige Meter von der Hecke entfernt. Einer meinte, die Schüsse seien aus dem Garten gekommen. Aus den Trümmern des abgebrannten Hauses. Der andere widersprach, nein, es war eine Schießerei auf der Straße. Fiona dankte dem Himmel, dass Pierres Auto ziemlich weit weg stand und kein Aufsehen erregte.

Sie nahm ihre Hand von Pierres Gesicht und flüsterte ihm zu: »Wir stehen auf und schleichen uns nach hinten. Von dort versuchen wir in einen der anderen Gärten zu gelangen. Die Polizei wird sicher bald da sein.« Sie half ihm, aufzustehen.

Es regnete wieder in Strömen, was Fiona und Pierre natürlich nützte. Keiner hörte sie, die Nachbarn standen noch immer jenseits der Hecke und redeten aufgeregt durcheinander. Um in den Nachbargarten zu gelangen, mussten sie über eine Hecke springen, was ihnen beiden nicht schwerfiel. Ein Hund bellte im Nachbarhaus wie verrückt, doch niemand kam vor die Tür, als Fiona und Pierre durch den Garten auf die Straße gingen, die parallel zu der Loïc Moltets verlief. Sie rannten die Straße entlang und blieben dann atemlos stehen.

Jetzt spürte Fiona, dass auch sie zitterte. Ob es vor

Kälte war oder vor Schreck, wusste sie nicht. Sie hatte bis zum letzten Moment die Nerven behalten. Doch urplötzlich konnte sie zusammenbrechen. Das wusste sie aus Erfahrung.

»Komm!« Sie nahm Pierres Hand. Er verflocht seine Finger in ihre, und sie wäre gern in seine Arme gesunken. Doch sie mussten so schnell wie möglich aus dem Viertel heraus, und so zerrte sie ihn mit sich.

»Schnell, Pierre, zurück zu deinem Auto!«

Sie ließ seine Hand los und lief voraus, er blieb ihr dicht auf den Fersen. Sie sprangen ins Auto, Pierre startete, rollte rückwärts bis zur Hauptstraße und fuhr mit quietschenden Reifen los. Nachbarn, die das Auto hatten starten hören, winkten ihnen hinterher, doch aufgrund des starken Regens und der Dämmerung hatten sie das Autokennzeichen sicher nicht erkennen können. Pierre raste durch die Straßen, dann über die Autobahn zurück ins Zentrum.

»Mann, das war knapp, Fiona«, keuchte er. »Du hast mir das Leben gerettet. Wenn du nicht so schnell reagiert hättest, wären wir abgeknallt worden.«

Fiona war nicht ganz klar, was genau geschehen war. Doch wenn sie ihre Dienstwaffe nicht dabeigehabt hätte, dann wären sie jetzt womöglich tot.

Ein Schuss war in ihre Richtung gegangen, sie selbst hatte eine Kugel abgefeuert. Der Angreifer war nur ungefähr zehn Meter von ihnen entfernt gewesen. Sie hatte ihn nicht getroffen. Sonst hätte er nicht zum Auto rennen können!

»Schon wieder habe ich meine Dienstwaffe außerhalb der Arbeitszeit benutzt«, knirschte sie.

»Zum Glück hattest du sie mit. Mon Dieu, was waren das für Typen?«, fragte Pierre atemlos. »Und was wollten die in der Dämmerung in den Ruinen des niedergebrannten Hauses?«

Plötzlich schlug bei Fiona die Erinnerung an. »Pierre, ich bin mir sicher, ich weiß, wer die Typen sind. Bei den beiden handelt es sich um die Hauptverdächtigen für vier Hinrichtungen, die wir in der Cité verhaftet haben. Omar Kaslibi und Amir Moammar. Wir mussten sie laufen lassen. Angeblich wegen des Lockdowns. Aber unsere Chefs haben ihnen wahrscheinlich Aufträge gegeben!«

Pierre war sprachlos. Dass sein Vorgesetzter einen Mordverdächtigen beauftragen konnte, Menschen zu töten, schien ihn sichtlich zu schockieren, obwohl er es schon geahnt hatte.

»Nun«, sagte er schließlich, »mir scheint, jetzt haben wir alles, was wir brauchen. Handfeste Beweise.« Er fuhr durch das Euromed-Viertel auf Fionas Wohnhaus zu. Es regnete noch immer in Strömen. Kein Mensch war an diesem Abend unterwegs.

Mit einem Mal bekam Fiona Panik. Sie wollte nicht heim. Sie wollte nicht einsam in ihrer Wohnung sitzen. Sandy und Rosie waren sicher nicht da, und falls sie doch nicht Dienst hatten, waren sie gewiss sehr müde. Fiona wollte nach diesem aufwühlenden Erlebnis nicht allein sein. Sie war knapp dem Tod entronnen!

Pierre hielt vor ihrem Haus an. »Danke, Fiona«, sagte er mit rauer Stimme, »du hast mir das Leben gerettet. Mon Dieu, was für ein Mann bin ich nur, dass ihn eine Frau beschützen muss!«

Fiona zwang sich zu lächeln. »Ich bin Polizistin. Ich bin auf solche Situationen trainiert worden. Ich weiß ganz genau, was man in solchen Fällen machen muss.«

»Du hast wirklich die Nerven behalten.«

»Deshalb hat ja Nadia gesagt, du sollst nicht allein

fahren, sondern Florian oder mich mitnehmen. Florian hätte dich genauso geschützt.«

»Ich hätte es nicht so toll gefunden, wenn er sich auf mich geworfen hätte«, meinte Pierre. Fiona mied seinen Blick.

»Dafür hättest du keine Zeit gehabt, denn er hätte es getan, um dich vor den Schüssen zu retten!«, belehrte sie ihn.

»Natürlich«, seufzte Pierre. »Was willst du jetzt machen? Heimgehen? Allein?«

Fiona schüttelte den Kopf. »Ich ... will nicht allein daheim sein.«

Er sah sie an. »Willst du mit zu mir kommen?«

Sie zuckte mit den Schultern. »Vielleicht.«

»Wenn du das tust, dann kommst du als Freundin. Du schuldest mir nichts.« Sie hörte, dass Pierres Stimme zitterte.

»Ich weiß, Pierre.«

Er nickte und fuhr los. Geschmeidig und leise glitt der Wagen durch die dunklen, menschenleeren Straßen, die nass glänzten. Es regnete etwas weniger stark. Pierre lebte nah am Meer, in einer schönen Wohnanlage, die an den Parc Borely grenzte, der augenblicklich geschlossen war. Er fuhr direkt in die Tiefgarage.

Als sie im Aufzug standen, bemerkte Fiona, wie kalt ihr war. Doch im nächsten Moment wurde ihr siedend heiß, weil ihr einfiel, dass sie nicht einmal trockene Kleidung dabeihatte.

Pierre

Sie saßen im Wohnzimmer. Fiona hatte sich etwas entspannt. Sie hatte heiß geduscht und ihre nassen Kleider ausgezogen. Pierre hatte ihr einen Bademantel gegeben, der zwar zu groß war, sie aber wärmte. Außerdem war die Temperatur in seiner Wohnung sehr angenehm. Pierre hatte ebenfalls geduscht und trug jetzt eine Sporthose und ein weißes T-Shirt. Sie saßen zwei Meter voneinander entfernt auf der Couch, tranken Rotwein und aßen kleine Brötchen mit Tapenade, der typisch provenzalischen Olivenpaste.

Fiona hatte zwar beteuert, keinen Hunger zu haben und zum Wein nur irgendetwas knabbern zu wollen, doch Pierre schien sich von seinem Schock erholt zu haben. Er war ganz der Gentleman, der wollte, dass sich sein Gast wohlfühlte. Fiona zwang sich, nicht daran zu denken, wie dieser Abend wohl enden würde. Sie war bei Pierre zu Hause, ihre nasse Kleidung hing in seinem Bad, und sie hatte unter dem Bademantel nichts an.

Sie würde heute wahrscheinlich nicht mehr wegkönnen. Taxis gab es kaum, Busse fuhren im Lockdown so spät nicht mehr, und ihr Auto stand auf ihrem Parkplatz in einem anderen Stadtteil. Er ist ein Freund, sagte sie sich, ein guter Freund, du kannst einfach auf seiner Couch übernachten. Doch sie war in so einer gewissen Stimmung. Sie war dabei, sich in ihn zu verlieben, und das versetzte sie in Panik. Verdammt, er war der Staatsanwalt, kein Kumpel oder Arbeitskollege! Sie konnte doch nicht … obwohl sich nun natürlich einiges zwischen ihnen verändert hatte. Sie hatten ein traumatisches Erlebnis gehabt und waren nur knapp dem Tod entgangen. Fiona war über sich selbst erstaunt, weil sie so schnell reagiert hatte. Das hätte sie sich trotz ihres Trainings und ihrer Erfahrung nie zugetraut.

Sie hörten sich den Handymitschnitt an, der eine relativ gute Qualität hatte. Allerdings konnten sie das nicht wirklich beurteilen, weil keiner von ihnen auch nur ein Wort Arabisch verstand. Doch man sah im Film sogar die zwei Gestalten in den Trümmern herumsuchen.

»Wir werden uns morgen sofort an Castini wenden. Und auch Laura Bescheid sagen. Die arme Nadia liegt ja krank im Bett«, meinte Pierre.

Fiona nickte. »Ich hoffe, dass es ihr bald besser geht, und vor allem, dass sich ihr Zustand nicht verschlechtert.«

Laura hatte Fiona am selben Morgen angerufen, um ihr mitzuteilen, dass sie selbst auch positiv auf das Virus getestet worden war, aber im Moment keine Symptome hatte. Nach Lauras Anruf hatte sie befürchtet, auch angesteckt worden zu sein. Aber zum Glück war das nicht der Fall!

»Stell dir vor, Florian und ich wären jetzt zehn Tage in Quarantäne«, sagte sie zu Pierre.

»Dann wäre ich tot. Was hätte ich ohne dich getan?«

»Wahrscheinlich gar nichts. Ich hätte ohne dich auch nichts getan. Wir sind ein Team!«

Fiona lächelte ihn an, und er sah sie mit einem zärtlichen Blick an, der sie wieder in Panik versetzte. Schnell wandte sie ihre Augen ab und wechselte das Thema.

»Was machen wir mit dem Arabisch?«, fragte sie. »Wir haben keine Ahnung, ob der Film was bringt und wie gut man das Gespräch versteht.«

Pierre überlegte. »Entweder lassen wir das Castini regeln. Oder wir fragen Rachid oder Momo. Aber wenn wir das tun, dann ziehen wir sie in die Sache hinein. Und Rachid schien mir so schon aufgebracht genug. Er wird sich auf unsere Seite schlagen und, falls es schiefgeht, ebenfalls bestraft werden. Dann ist seine Karriere im Eimer.«

»Aber, Pierre, im Moment haben wir doch so viele Beweise gegen deinen und meinen Chef, dass eigentlich nichts mehr schiefgehen kann?«

Pierre lachte bitter. »An sich nicht. Aber bei diesen Leuten weiß man nie. Sie haben einen sehr langen Arm.«

»Hast du Angst, Pierre?«

Er zuckte mit den Schultern. »Vorher hatte ich keine Angst. Ich fürchte nicht die Versetzung nach Paris. Aber was heute passiert ist, wird mir noch eine Weile nahegehen.«

»Mir auch.«

»Aber du warst total souverän. Während ich mich wie ein kleiner, verängstigter Junge benommen habe.«

»Nein, das hast du nicht. Du warst einfach nur überrumpelt.«

»Ja, das ist das richtige Wort.«

»Ich habe solche Situationen schon erlebt. Als Polizistin gerät man ab und an in Schießereien. Das erste Mal ist immer sehr schockierend. Allerdings gewöhnen wir uns auch nie daran. Denn da wird uns bewusst, wie schnell wir sterben können.«

Er nickte und schwieg. Fiona beschloss, das Thema zu wechseln. Über etwas Positives zu sprechen.

»Du hast es schön hier, Pierre. Eine geräumige Wohnung.«

»Ja«, meinte er. »Nicht ganz billig, die Miete, aber es ist angenehm, an einem Ort zu wohnen, wo man sich wohlfühlt. Eigentlich war ich nie viel daheim, aber jetzt bin ich froh, eine Wohnung zu haben, die groß genug ist und deren Balkon auf den Parc Borely hinausgeht. Ist besonders schön derzeit, weil der Park zu ist! Natur pur!«

»Ja«, erwiderte Fiona, »ich werde mir in zwei Monaten eine Wohnung suchen. Wenn ich nicht zwangsversetzt werde. Vielleicht auch irgendwo hier am Meer. Oder weiter südlich, wo Nadia und Laura wohnen.«

»Ja, aber vergiss nicht, dass du da hinten weit vom Schuss bist. Hier hast du mehr öffentliche Verkehrsmittel und weniger Staus. Aber weiter draußen bist du natürlich den Calanques und der Natur näher.«

»Mal sehen. Im Moment müssen wir erst mal den Lockdown gut überstehen und den Fall lösen. Besser gesagt, die Übeltäter überführen. Weiter denke ich gar nicht! Keine Ahnung, wie meine Zukunft aussehen wird!«

»Wie wünschst du dir deine Zukunft denn?«, fragte er.

»Ich weiß es nicht«, antwortete sie. Sie wusste es wirklich nicht. Die Beziehung mit Brice hatte sie ziemlich durcheinandergebracht. Sie überlegte. »Ich will so weiterarbeiten wie bisher, ohne Lockdown natürlich, in Marseille sein, mit euch, meinen Freunden. Ein einfaches Leben. Und du?«

Er schwieg einen Moment und senkte den Kopf. »Meine ideale Zukunft?«

»Ja. Deine ideale Zukunft.« Fiona lachte.

»Ich … hab keine Ahnung, ob ich dir das sagen kann.«

»Ach? Du hast ehrgeizige Pläne?«

Er schüttelte den Kopf. »Nein, Fiona. Ich will nicht schnell Karriere machen. Vielleicht später einmal. Ich spreche eher über den privaten Bereich. Aber … seit ein paar Tagen weiß ich, dass meine ideale Zukunft eine mit dir wäre. Ich habe mich in dich verliebt. Aber du hast erzählt, dass du Probleme mit deinem Lebensgefährten hattest, und nun denke ich, dass du keine Beziehung willst.«

Er biss sich auf die Unterlippe und sah an ihr vorbei.

»Merde, das hätte ich nicht sagen sollen und habe es doch getan.«

Er wich ihrem Blick nach wie vor aus. Fiona spürte, dass ihr Tränen in die Augen stiegen. Sie wusste nicht, was mit ihr los war. Sie hatte sich nicht mehr unter Kontrolle. Alle ihre guten Vorsätze waren mit einem Mal wie weggewischt. Sie tat genau das, was sie sich eigentlich verboten hatte! Sie rückte näher an ihn heran und strich ihm mit ihrer Hand über die Wange.

»Ich habe mich auch in dich verliebt, Pierre«, flüsterte sie. »Ich habe Angst vor einer Beziehung. Aber deshalb liebe ich dich nicht weniger.«

Er zog sie an sich. »Du bist bei mir in Sicherheit«, flüsterte er ihr ins Ohr, »und ich mit dir noch viel mehr.«

Dann fanden sich ihre Lippen, und sie küssten sich. Die Stimme in Fionas Kopf, die sie in den letzten Stunden beschworen hatte, sich nur ja nicht auf ihn einzulassen, schwieg. Stattdessen breitete sich in ihr die Gewissheit aus, dass sie genau das Richtige tat. Sie setzte sich auf ihn und öffnete den Bademantel. Seine Hände glitten sanft über ihren Körper. Er war viel zärtlicher, als Brice es je gewesen war.

»Gehen wir ins Schlafzimmer?«, flüsterte er ihr ins Ohr.

Fiona nickte nur. Er zog sie mit sich, öffnete die Tür seines Schlafzimmers und schob sie sanft aufs Bett. Dann zog er sich aus und legte sich neben sie. Sie drückte ihn fest an sich. Sie fühlte sich glücklich und in Sicherheit. Sie hatte keine Angst, dass er ihr wehtun würde.

Fiona hätte es nicht für möglich gehalten, aber sie wagte es, sich vollkommen gehen zu lassen, und schaffte es, wieder Lust zu empfinden. Später lagen sie atemlos nebeneinander und sahen sich in die Augen.

»Danke, Pierre!«

»Du bereust es nicht?«

»Absolut nicht! Ich bin noch nie im Leben so glücklich gewesen.«

»Ich auch nicht. Ich hätte nie gedacht, dass eine so schöne Frau wie du sich in mich verlieben könnte!«

»Übertreib nicht, Chéri. Du bist sehr attraktiv.«

»Ich finde mich nicht besonders attraktiv. Mein Gesicht, meine Nase …«

»Die ist nichts Besonderes, deine Nase. Mich jedenfalls hat sie noch nie gestört. Das redest du dir nur selbst ein!«

»Na ja, als Kind wurde ich wegen ihr ständig gehänselt. Das bleibt hängen!«

»Als Kind wird man ständig wegen irgendetwas von den anderen gehänselt. Du gefällst mir, so wie du bist. Außerdem geht es mir genau wie dir. Ich hätte nie gedacht, dass ich, eine einfache Polizistin, einmal mit einem Staatsanwalt zusammen sein würde. In Lille haben die uns komplett ignoriert.«

Er lachte. »Meine Kollegen ignorieren die Polizisten auch. Nur die Commissaires beachten sie. Aber ich war sehr bald nach meiner Ankunft hier in Marseille mit Mathieu befreundet. Und mit Nadia und Florian. Natürlich habe ich nicht mit allen Abteilungen ein so gutes Verhältnis wie mit euch. Aber ich versuche, auch zu den Lieutenants und Teams eine gute Beziehung aufzubauen. Denn ich brauche sie. Wir arbeiten im Team. Am Anfang war mir das nicht bewusst. Aber jeder muss nun einmal seinen Beruf erlernen. Und du, du wirst sicher Karriere machen, wie Nadia.«

Fiona flüsterte: »Vielleicht. Keine Ahnung. Im Moment will ich dort sein, wo du bist.«

»Geht mir umgekehrt genauso. Ich möchte mit dir leben. Mit dir was Dauerhaftes schaffen. Obwohl unsere Beziehung gerade erst begonnen hat, weiß ich das.«

Fiona schluckte. »Ich auch. Aber, Pierre, ich … ich kann keine Kinder kriegen.«

»Ich weiß. Aber das ist mir egal. Ich muss dir ganz ehrlich sagen, dass ich keine Kinder möchte. Dieses Virus, der Lockdown, die Umweltverschmutzung, die Klimaerwärmung. Und dann diese Geschichte mit Emeline. Diese Jugendlichen, die einander so schreckliche Dinge antun. Außerdem können wir, wenn wir mutig sind, ein Kind adoptieren. Oder einen Hund oder eine Katze, wenn wir weniger mutig sind.«

Fiona lachte. »Ja, ich hätte auch gern einen Hund.«

Er nahm ihre Hand und verflocht seine Finger mit ihren.

Da schoss ihr durch den Kopf, wie plötzlich das geschehen war. Oder hatte es sich schon angebahnt? Dieses Glücksgefühl, jedes Mal, wenn sie mit Pierre Zeit verbracht hatte, und die Gewissheit, dass sie ihm vertrauen konnte.

Fragen

Der Gutachter der Versicherung, der Loïcs Haus untersucht hatte, war ratlos. Man hatte ein uraltes Kabel gefunden, das anscheinend die Lampe vor dem Haus mit dem Stromnetz verbunden hatte. Es war durchgebrannt und hatte so den Brand ausgelöst. Doch der Gutachter konnte sich nicht erklären, wieso dieses Kabel überhaupt verwendet worden war. Der völlig verzweifelte Hausbesitzer hatte beteuert, dieses Kabel noch nie gesehen zu haben. Er hatte seinen Elektriker kontaktiert, der sehr verärgert gewesen war, weil man ihn verdächtigte, ein Kabel aus einem anderen Zeitalter für eine Lampe genommen zu haben, die die ganze Nacht brennen sollte. Irgendjemand log oder konnte sich nicht mehr erinnern. Keiner schien eine Erklärung zu haben, woher das Kabel kam. Die Versicherung jedenfalls wollte vorläufig nicht zahlen. Der Besitzer hatte Angst vor einer Klage. Loïc dachte sich seinen Teil. Vielleicht war der Brand tatsächlich vorsätzlich gelegt worden, und das Kabel hatte überhaupt nichts damit zu tun!

Er kam sich vor wie in einem seltsamen Traum. Er hatte Glück im Unglück gehabt, hatte alles verloren, doch seiner Frau ging es besser. Amélie erholte sich zusehends, musste aber noch etwa zehn Tage im Krankenhaus bleiben. Loïc selbst war in ein Zentrum für Unfallopfer mit komplizierten Brüchen gebracht worden. Er durfte noch immer nicht viel herumgehen, humpelte lediglich auf die Toilette und ins Badezimmer. Sein Sohn war bei ihm, und die Pflegerinnen kümmerten sich rührend um David. Loïc telefonierte jeden Tag per Videochat mit Amélie und zeigte ihr David. Loïcs Eltern ging es mittlerweile auch besser, sie waren nicht mehr in Lebensgefahr, seine Schwester war überhaupt nicht krank geworden.

Trotz allem war Loïc dem Schicksal unendlich dankbar.

Amélie stellte ihm bald die Frage, die Loïc so sehr umtrieb: »Trésor, glaubst du, dass das wegen der Sache mit Naomi Manson geschehen ist? Wegen Castini?«

»Kann sein«, gab Loïc zu.

Amélie atmete tief durch. »Mon Dieu, Loïc, die wollten uns töten! Ich wäre beinahe gestorben.«

»Was war denn los, Amélie? Warum bist du nicht aus dem Fenster gesprungen?«

»Ich … keine Ahnung. Du hast mich geweckt, ich bin hochgeschossen, und plötzlich wurde mir schlecht. Vielleicht der Rotwein, ich hatte doch relativ viel getrunken. Oder weil schon so viel Rauch im Zimmer war? Auf jeden Fall verlor ich urplötzlich das Bewusstsein.«

Loïc schluchzte. »Es tut mir so leid, Amélie. Ich hätte zurückkommen sollen, um nach dir zu sehen. Aber ich war in Panik. Im Treppenhaus brannte es, und ich bin mit David im Arm aus dem Fenster seines Zimmers gesprungen. Ich war mir sicher, dass du es auch geschafft hast.«

»Mon Dieu, Loïc, in was sind wir da hineingeraten?«

»Es tut mir so leid, Amélie. Ich hätte mich raushalten, mich für den Fall Emeline Bernier nicht interessieren sollen.«

»Nein, Loïc. Diese Leute bauen darauf, dass keiner sich dafür interessiert. Es ist nicht deine Schuld. Wir haben es mit gewissenslosen Kriminellen zu tun!«

»Ja, aber das zu beweisen wird schwierig.« Loïc hatte keine Ahnung, wie das Ganze ausgehen würde.

Am Vortag hatte Loïc mit der blonden Journalistin gesprochen. Sie hatte einen guten Artikel über die Sache geschrieben, in dem sie fragte, warum all jenen, die mit Emeline Bernier etwas zu tun gehabt hatten, Unheil widerfuhr. Sie beschuldigte niemanden direkt, stellte aber Fragen, die die Betroffenen in große Verlegenheit brachten. Loïc hatte auch erfahren, dass sie die Lebensgefährtin von Lieutenant Aubertin war, die leider an Corona erkrankt sei und das Bett hüte. Doch sie schwebe nicht in Lebensgefahr.

Loïc hatte auch den Anruf eines Nachbarn erhalten, der behauptet hatte, einige Abende zuvor, als es sehr stark geregnet hatte, seien auf seinem Grundstück zwei Schüsse gefallen. Die Gendarmerie war gekommen und hatte nichts gefunden, weder Kugeln noch andere Beweise dafür, dass irgendjemand in sein Grundstück eingedrungen war. Niemand war gesehen worden, nur ein Auto, das weiter hinten geparkt hatte und einige Minuten nach der Schießerei hastig rückwärts aus der Straße gefahren war. Die Gendarmes hatten nicht gewusst, was sie von der Schilderung der Nachbarn halten sollten, hatten es jedoch seltsam gefunden, dass ausgerechnet dort Schüsse gefallen waren, wo einige Nächte zuvor ein Haus abgebrannt war. Sie würden der Sache nachgehen. Loïc war sich nun sicher, dass das Feuer gelegt worden war.

Am Nachmittag rief ihn über Skype Castini an, der ihm diesen Verdacht bestätigte. Das Krankenhaus hatte Loïc ein iPad zur Verfügung gestellt.

»Monsieur Moltet. Wir haben Neuigkeiten. Sehr einschneidende Neuigkeiten, die wir streng vertraulich behandeln müssen. Wir können damit noch nicht an die Öffentlichkeit, aber ich muss sie Ihnen mitteilen.«

Loïc hielt den Atem an.

»Unser Freund, der Staatsanwalt Frigeri, war mit einer Polizistin in der Cité la Busserine unterwegs, wo sie einen Typen verfolgt haben, den sie bereits kannten. Und dieser Typ fuhr mit einem anderen Mann zu Ihrem Haus. Oder vielmehr zur Ruine Ihres Hauses. Dort haben der Staatsanwalt und die Polizistin es geschafft, das Gespräch der beiden aufzunehmen. Und nun wissen wir mehr. Es handelt sich tatsächlich um Brandstiftung. Die beiden sprachen über einen Kanister, der eventuell vergessen wurde. Ferner über ein Kabel, das sie dort platzieren mussten. Mon Dieu, was für ein Fall! Und was mich betrifft, so wird der Verdacht immer größer, dass auch ich Opfer eines Anschlags wurde. Und das müssen wir beweisen! Wird nicht so einfach werden.«

Loïc war sprachlos. Er zitterte am ganzen Leib. Der Brand war also tatsächlich gelegt worden!

»Monsieur Moltet, Sie wissen, dass wir es mit gefährlichen Leuten zu tun haben. Mit Leuten, die sehr viel Macht besitzen. Deshalb kein Wort zu irgendjemandem. Behalten Sie es für sich! Sagen Sie es Ihrer Frau erst, wenn sie wieder auf den Beinen ist und vor Ihnen steht!«

Loïc nickte nur.

»Monsieur Moltet, Sie müssen mir jetzt vertrauen. Ich habe alle Beweise, und nun muss der Skandal inszeniert werden. Ich habe die Klage eingereicht, doch das Gericht arbeitet noch nicht und der Oberstaatsanwalt will sie sicher verschwinden lassen. Aber das wird er nicht schaffen. Denn wir haben bereits mit dem Justizministerium in Paris Kontakt aufgenommen.«

Goldsteins Mission

Caroline hatte in den letzten Wochen, die sie mit Naomi im Haus verbracht hatte, einen Entschluss gefasst: Sobald der Lockdown zu Ende war, würde sie ihren Mann und ihre halbwüchsige Tochter verlassen. Sie würde nach La Rochelle ziehen, wo ihre Familie lebte, und sich dort eine Stelle als Grafikerin oder Sekretärin suchen. Einerseits schämte sie sich dafür, dass sie ihre Tochter im Stich lassen wollte, andererseits konnte sie es nicht mehr ertragen, mit ihr zu leben.

Naomi war ihr gegenüber noch aggressiver, arroganter und aufmüpfiger als vor dem Lockdown. Ihre Mutter war für sie bestenfalls eine Dienstmagd.

Caroline wusste zwar noch immer nicht mit Sicherheit, was geschehen war, aber sie ahnte es. Und sie wusste, dass Naomi und ihre Freunde Gefahr liefen, vor Gericht gestellt zu werden. Deshalb hatte Alexandre die zwei Vorstadtgangster, die an sich wegen Mordes im Gefängnis sitzen sollten, mit Anschlägen und einer Erschießung beauftragt. Caroline hatte kombiniert. Théo Bianucci war eines ihrer Opfer, genauso Anwalt Castini und Naomis Englischlehrer Loïc Moltet.

Caroline schlief kaum mehr. Sie machte sich große Sorgen, dass ihr Mann sich mit seinem Tun sein eigenes Grab schaufelte. Eines Abends versuchte sie mit Alexandre zu reden.

»Glaubst du nicht, dass Naomi und Arthur für ihre Taten büßen sollten?«, fragte sie ihren Mann.

Sie waren ausnahmsweise allein, weil Naomi mit

Freunden in ihrem Zimmer skypte. Alexandre sah sie wütend an.

»Bist du blöd, oder was? Denkst du an meine Karriere? An unseren Lebensunterhalt? Von deinem kleinen Gehalt als Sekretärin können wir nicht leben. Und außerdem wollen wir verhindern, dass Naomi in eine Erziehungsanstalt kommt. Das ist das Gefängnis für Jugendliche. Weißt du, wie es da zugeht? Schäbige Zimmer, armselige Einrichtung, Zwangsarbeit …«

Caroline spürte Ärger in sich aufwallen. »Wahrscheinlich ist es genau das, was sie braucht, um sich bewusst zu machen, was sie getan hat«, fauchte sie. »Und was unseren Unterhalt betrifft, so kann es sehr leicht sein, dass wir ohnehin bald von meinem Gehalt leben müssen, weil du rausfliegst, wenn herauskommt, was du treibst. Außerdem bin ich nicht Sekretärin, sondern Grafikerin!«

Einen Augenblick lang sah Alexandre sie wie erstarrt an. Er war es nicht gewöhnt, dass sie so mit ihm sprach. Sie war immer schwach und zögerlich gewesen, und er wollte, dass das so blieb. Bald fasste er sich jedoch. Er sah ihr hart in die Augen und sagte kalt: »Ich verbiete dir, dich da einzumischen. Halt dich raus!«

»Ich halte mich raus, keine Sorge. Aber es kann sein, dass andere das nicht tun. Castini. Der Englischlehrer. Die Eltern des toten Mädchens. Die Presse. Und vergiss nicht, du bist der Chef der PJ und kein Mafioso.«

Schnell stand Caroline auf. Alexandres Blick machte ihr Angst. Hass und Eiseskälte lagen darin. Wie konntest du nur so verblendet sein, Alexandre? dachte sie schmerzlich. Und wo ist dein Herz? Wo ist der Mann, in den ich mich vor zwanzig Jahren verliebt habe? »Du hast aus unserer Tochter ein Monster gemacht«, stieß sie hervor und wandte sich zur Treppe um.

Dort stand Naomi. Caroline hatte sie nicht kommen gehört. Sie sah ihre Mutter kalt von oben herab an. Sie war größer als Caroline und war noch dazu auf der ersten Stufe stehen geblieben.

»Ich bin vielleicht ein Monster, aber zumindest bin ich nicht so eine Loserin wie du«, sagte sie verächtlich und spuckte ihrer Mutter ins Gesicht.

Caroline konnte es nicht fassen. Eine unbändige Wut ergriff sie, und sie tat etwas, was sie noch nie gemacht hatte. Sie hob die Hand, holte aus und schlug Naomi ins Gesicht. Sie hasste ihre Tochter in diesem Moment, sie hasste Alexandre, und sie hasste sich selbst für ihre Schwäche, die sie jahrelang davon abgehalten hatte, sich bei Naomis Erziehung gegen Alexandre durchzusetzen.

Schnell wischte sie sich deren Speichel von der Wange und zwängte sich an ihrer Tochter vorbei. Sie wollte Naomi überragen, denn ihre Tochter konnte zurückschlagen.

Aber dazu war sie wohl zu entsetzt. Noch nie hatte jemand ihr, der Princesse eine Ohrfeige verpasst.

Sie schrie auf. »Papa, hast du gesehen …?«

Alexandre hatte sich erhoben. »So was will ich nie wieder erleben, Caroline!«, rief er drohend. »Gewalt ist keine Lösung.«

Caroline drehte sich um. Nun flippte sie aus.

»Und was ihr macht, ist etwa keine Gewalt? Ich schäme mich für dich, Naomi! Du hast eine Mitschülerin gemobbt und in den Selbstmord getrieben. Und du, Alexandre? Du lässt Leute umbringen, um Naomis und Arthurs Tat zu vertuschen! Du bist ein Krimineller! Ihr werdet beide für eure Taten bezahlen. Mir reicht es jetzt. Ich gehe, sobald der Lockdown zu Ende ist. Und bis dahin werde ich nicht mehr für euch kochen, waschen, putzen und einkaufen. Ab jetzt macht ihr alles selber!«

Naomi stürzte auf ihren Vater zu, der sie umarmte und über ihren Rücken strich. »Mein Kleines! Mein armes Kleines. Deine Mutter ist vollkommen verrückt geworden.«

Ich bin vielleicht verrückt, dachte Caroline grimmig, aber ihr werdet nicht ungeschoren davonkommen. Sie hastete die Treppe hinauf in ihr Schlafzimmer, nahm ihr Bettzeug und trug es ins Gästezimmer. Keine einzige Nacht würde sie neben ihrem Mann mehr verbringen. Wenn da nur nicht diese Ausgangssperre wäre! Dann könnte sie sofort weg und sich ein Zimmer mieten. Nun konnte sie nur versuchen, Naomi und Alexandre vorläufig so gut wie möglich aus dem Weg zu gehen.

Später am Abend hörte sie Alexandre telefonieren. Er sprach wohl wieder einmal mit Commissaire Marc Goldstein. Er redete leise, weil er nun wusste, dass seine Frau mitbekommen hatte, was er tat. Trotzdem verstand sie jedes Wort.

»Moammar und Kaslibi müssen verschwinden«, sagte er mit rauer Stimme. »Diese Lesbe aus Blachets Abteilung und dieser dahergelaufene Substitut Frigeri suchen sie. Sie dürfen sie auf keinen Fall finden. Kümmere dich höchstpersönlich darum!«

Goldstein schien irgendetwas zu erwidern, denn Alexandre sagte nach einer Weile: »In Ordnung. Zweihunderttausend. Sei nur vorsichtig, dass dich keiner aus der Banlieue erwischt.«

Caroline schüttelte sich. Woher nahm ihr Mann das Geld, um einen seiner Commissaires zu bestechen? Wer zahlte das? Verkaufte Oberstaatsanwalt Adriani, der Luxusgüter liebte, einige seiner Rolex-Uhren, seine teuren Anzüge oder seinen Lamborghini? Wie Goldstein die beiden Vorstadtgangster vom Erdboden verschwinden lassen wollte, war Caroline nicht klar. Doch sie ahnte, dass Kaslibis und Moammars Tage gezählt waren.

Die Krankheit besiegen

Tage und Nächte flossen ineinander. Nadia wurde vom Fieber gepeinigt, es schien sie nicht aus seinen Klauen lassen zu wollen. Der Arzt kam noch einmal, meinte, das Fieber sei relativ normal, die Lungen nicht gefährdet, eine Einweisung ins Krankenhaus nicht nötig. Das beruhigte Nadia, die sich noch nie im Leben so elend gefühlt hatte wie in diesen Tagen. Sie hatte immer wieder Hustenanfälle, und die Gliederschmerzen waren fürchterlich. Einige Jahre zuvor hatte sie sich einmal eine Grippe eingefangen, die ihr genauso zugesetzt hatte wie dieses Virus, aber abgesehen davon war Nadia noch nie ernsthaft krank gewesen. Es verunsicherte sie zutiefst, dass sie sich nun in diesem Zustand befand. Laura kümmerte sich rund um die Uhr um sie. Sie brachte ihr zu trinken, verabreichte ihr Medikamente, kochte Suppen und machte Wadenwickel. Nach einigen Tagen ging es Nadia endlich etwas besser.

Laura war sichtlich erleichtert. Sie hustete ebenfalls und schien etwas fiebrig, doch wie es aussah, fielen die Symptome bei ihr relativ mild aus. Trotzdem war sie erschöpft. Sie hatte sich aufopfernd um Nadia gekümmert und noch dazu versucht, zu arbeiten und den Fall Emeline Bernier weiterzuverfolgen.

Als es Nadia besser ging, fragte sie Laura, was es Neues gab. Laura erzählte ihr, dass Fiona und Pierre einige Tage zuvor herausgefunden hatten, wer die Übeltäter waren, die Loïcs Haus angezündet und vermutlich auch Théo erschossen und Christines Fenster eingeschlagen hatten. Nadia fuhr erschrocken hoch und begann wieder zu husten.

Es handelte sich tatsächlich um die beiden Typen, die Nadia mit Luc und Rachid festgenommen hatte und die Blachet und Goldstein hatten laufen lassen: Osmar Kaslibi und Amir Moammar!

»Das ist … das ist unglaublich!«, japste sie. »Die beiden standen ja schon unter Mordverdacht, doch sie wurden laufen gelassen. Wegen der Schließung der Gerichte. Und jetzt ist klar, dass Manson und Adriani sie beauftragt haben. Aber wie haben Fiona und Pierre entdeckt, dass sie es waren?«

»Nun, du weißt ja, sie sind mehrmals zur Cité la Busserine gefahren, um dort diskret zu beobachten, wer kam und ging. Fiona hat diese Typen im Auto wegfahren sehen und sie mit Pierre verfolgt. Sie sind zu Loïcs Haus und haben dort in den Trümmern herumgestochert. Das haben Fiona und Pierre mit dem Telefon aufgenommen. Die beiden redeten auf Arabisch, aber Castini hat eine zweisprachige Mitarbeiterin, die alles übersetzt hat.«

Nadia war beeindruckt. Fiona und Pierre hatten wirklich gute Arbeit geleistet! »Und … was hat das Video ergeben?«, fragte sie.

»Nun, die beiden sollten in der Ruine ein defektes Kabel deponieren, damit es so aussah, als hätte ein Installationsfehler das Feuer ausgelöst. Sie haben eine Weile herumgemacht, weil es schon dämmrig war, und Pierre konnte ihre Kommentare aufnehmen.«

»Mon Dieu, das war gefährlich. Wenn die ihn gesehen hätten!«

»Es schüttete. Und sie sprachen von Benzin und einem Kanister, den sie vergessen hatten. Wir haben den Beweis, dass sie das Feuer gelegt haben.«

»Super! Sollen wir es Loïc sagen?«

»Castini hat das übernommen. Er bereitet nun ganz gezielt die Klage vor, denn nun hat er alles, was er braucht.«

»Jetzt müssen wir uns nur überlegen, wie wir die beiden Kerle kriegen. Unsere Chefs wollen sie ja gewiss schützen!«

Nadia musste an ihre Mutter denken, die auch Nordafrikanerin war. Deshalb hatte Nadia diese dunklen Haare, die dunklen Augen und einen Vornamen, der aus dem Arabischen stammte. Doch die Mutter hatte, als sie Nadias Vater heiratete, ihrer Familie und ihrer Herkunft den Rücken gekehrt. Sie hatte ihren drei Kindern auch die Sprache nicht beigebracht. Nadia fand das schade, weil Arabisch bei der Polizei sehr nützlich gewesen wäre. Allerdings war sie erleichtert, dass ihre Mutter mit Religion nichts mehr am Hut hatte und auch sonst sehr modern war. Andernfalls wäre die Tatsache, dass Nadia lesbisch war, für die Eltern viel dramatischer gewesen. Allerdings hatte Nadia ihnen nie eine Freundin vorgestellt. Bis sie zwei Jahre zuvor Laura kennengelernt hatte. Laura hatte darauf bestanden, Nadias Eltern im Sommer in der Normandie zu besuchen. Nadia hatte sich Sorgen wegen der Reaktion ihrer Eltern gemacht, doch ihr Aufenthalt zu Hause war erstaunlich angenehm verlaufen. Ihre Eltern hatten Laura sofort ins Herz geschlossen und waren sogar im Herbst darauf nach Marseille gekommen. Auch Neujahr des Vorjahres und die letzten Weihnachtstage hatten sie mit Nadias Familie verbracht. Sie hatten sich vorgenommen, immer abwechselnd Nadias und Lauras Familie zu Weihnachten zu besuchen.

Nadia lenkte ihre Gedanken wieder auf die inoffizielle Ermittlung.

»Und, Chérie, was hat dein Artikel ergeben?«

»Mein Artikel hat ganz gut eingeschlagen, es gab online Leserbriefe und Anrufe in der Redaktion. Daniel ist von François beauftragt worden, der Sache nachzugehen und noch einen Artikel zu schreiben, der diese Woche erscheint. Und Castini wird sich nun auch an andere Zeitungen wenden. Das wird ein Schlachtfest. Ich denke, jetzt können sie niemanden mehr töten oder bedrohen, da ihre Kinder im Rampenlicht stehen.«

»Hoffen wir es.« Nadia seufzte. Sie fühlte sich schon wieder zu müde, um zu sprechen oder zu denken.

»Dein Commissaire hat dir gemailt. Bis zum elften Mai will er dich nicht in der Arbeit sehen. Luc hat dein Team übernommen, doch sie sind aus den Quartiers Nord abgezogen worden, was ihm sehr leidtut. Er fährt oft in seiner Freizeit hin, um seiner Flamme mit ihrem Verein zu helfen.«

Nadia nickte nur. Sie vermisste ihre Kollegen. Aber sie war nach wie vor schwer angeschlagen. Noch nie hatte sie sich so alt und müde gefühlt. Nun konnte sie nicht mit Pierre diesen brisanten Fall lösen! Andererseits war das vielleicht auch gar nicht so schlecht, denn Blachet hatte bestimmt nicht den Verdacht, dass Florian und Fiona mit Pierre in Kontakt standen. Im Moment lag alles bei Castini. Nadia war erleichtert, dass der Rechtsanwalt in Sicherheit war, denn er würde bis zum Ende der Ausgangssperre in der Gegend von Saint Tropez bleiben.

Als Nadia aus einem langen Nachmittagsschlaf erwachte, erzählte Laura ihr, dass die korsische Polizei etwas herausgefunden hatte, was Castini ein wenig verunsicherte. Wieder hatte eine Kamera zwei Personen gefilmt, die an dem besagten Abend auf einem Motorrad aus Ajaccio hinausgefahren waren, auf der kleinen Straße, die zu seinem Haus führte. Das Bike war in Marseille auf einen Mann zugelassen, der erst vor Kurzem aus dem Gefängnis Les Baumettes entlassen worden war und nun auf Korsika lebte. Er hatte mit dem korsischen Milieu nie etwas zu tun gehabt, sehr wohl aber mit der Staatsanwaltschaft von Marseille, die ihn fünf Jahre zuvor wegen Einbrüchen und Raubüberfällen eingelocht hatte.

»Siehst du, Nadia«, meinte Laura, »wir haben nun für alles, wirklich *alles*, das den involvierten Personen geschehen ist, Hinweise, dass es sich um Auftragstaten handelte. Wenn wir die Leute unter Druck setzen, reden sie womöglich.«

Nadia überlegte. »Das stimmt, sie werden höchstwahrscheinlich reden. Aber wie sollen wir sie erwischen? Wenn die höchsten Polizeibeamten und der Oberstaatsanwalt sie schützen und vielleicht sogar verstecken?«

Laura seufzte. »Wie können Blachet und der Commissaire der Stups solche Typen nur weiter frei herumlaufen lassen, wenn sie wissen, dass die schon mindestens vier Personen getötet haben?«

Nadia sah sie lange an. »Der Zweck heiligt die Mittel. Und unsere Chefs sind genauso schlimme Kriminelle wie diese Typen.«

Laura zuckte verunsichert mit den Schultern.

Dann sah sie Nadia zärtlich an und nahm sie in die Arme. »Ich bin froh, dass es dir wieder besser geht!«

Nadia nickte. »Doch dich scheint es nicht so hart getroffen zu haben.«

»Das kann noch kommen. Aber ich bin zäh, das weißt du.«

Nadia nickte. »Allerdings. Ich bin etwas schockiert. Ich hielt mich für sehr gesund und durchtrainiert. Warum habe ich so starke Symptome bekommen?«

»Ich fürchte, das waren keine starken Symptome, sondern nur mittelschwere. Du hattest weder Atemnot, noch musstest du intubiert werden. Es ist wirklich eine üble Krankheit.«

Nadia dachte, dass sie nun verstand, warum die gesamte Bevölkerung eingesperrt worden war. Sie hatte anfangs nicht akzeptieren wollen, dass nicht nur die Alten, Schwachen und Kränklichen in Quarantäne gehen sollten. Doch nun war ihr klar, dass auch jüngere Menschen dem Virus zum Opfer fielen. Und natürlich waren viele Krankenhäuser hoffnungslos überfüllt, auch wenn im Süden die Situation noch nicht so dramatisch war wie in anderen Regionen.

»Der US-Präsident hat geraten, Desinfektionsmittel zu trinken«, erklärte Laura, »was mehrere Amerikaner bereits getan haben.«

»Mon Dieu«, seufzte Nadia, »mit so einem Blödmann ist es um die Welt nicht gut bestellt.«

Wieder spürte sie, wie die Müdigkeit sie übermannte. Sie fragte sich mit Bangen, ob sie jemals wieder die Frau sein würde, die sie mal gewesen war. Die sportliche, drahtige, widerstandsfähige Person, die drei Stunden hatte laufen und klettern können.

»Sicher wirst du das«, beruhigte Laura sie. »Du hast dich ja damals von deiner Grippe auch erholt. Wenn du allerdings intubiert worden wärst, dann hättest du eventuell bleibende Schäden davongetragen.«

»Es wird ein Vorher und ein Nachher geben. Und das nicht nur für mich. Die ganze Gesellschaft leidet. Die einen erkranken, die anderen werden arbeitslos, wieder andere gehen bankrott.«

»Klar«, meinte Laura, »aber das Nachher können wir konstruktiv gestalten, umweltbewusster und weniger profitorientiert.«

Nadia lachte bitter. »Ich glaube nicht an die Lernfähigkeit unserer Gesellschaft. Es wird alles weitergehen wie zuvor, nur leider werden die Menschen unter der Wirtschaftskrise leiden. Und viele werden das Vertrauen in die Zukunft verloren haben.«

»Und du, Nadia? Hast du es verloren?«

Nadia zuckte mit den Schultern. »Ich weiß es nicht. Aber ich finde die Welt derzeit wirklich ekelhaft. Dieser schreckliche Fall mit Emeline und unseren Vorgesetzten, diese Pandemie, die Krise, die daraus entstehen wird ...«

Laura sah sie bang an. »Aber du hast mich. Wir haben gute Freunde und leben in einer wundervollen Gegend. Willst du kein Kind mehr?«

Nadia seufzte. Nun waren sie wieder beim Thema. »Doch, Laura, wir können ein Kind haben. Vor allem, wenn wir eines adoptieren, tun wir etwas Gutes. Aber ich möchte kein Kind in diese Welt setzen. Bitte verlange das nicht von mir. Ich will und kann das nicht.«

Laura nickte langsam. »Ich weiß, Chérie. Das verlange ich nicht. Aber vielleicht könnten wir ein Pflegekind aus einer schwierigen Familie aufnehmen? Ich wollte immer ein Baby, aber ich bin auch bereit, ein Kind zu adoptieren, das schon älter ist und dem wir so wirklich helfen können.«

Nadia zuckte erneut mit den Schultern. »Wie du willst, Chérie. Lass mich zuerst gesund werden, diesen Fall mit meinen Vorgesetzten gut überstehen und die Pandemie vorbeigehen. Dann kümmern wir uns ganz gezielt darum. Einverstanden?«

Sie spürte, wie sie wieder müde wurde, wenn sie daran dachte, was ihr noch alles bevorstand. Sie hatte zwei Wochen, um sich zu erholen, bevor sie sich wieder ins Geschehen stürzte.

Lucie

Lucie war zutiefst schockiert. Was sie erfahren hatte, hatte ihre Trauer in eine unbändige Wut umschlagen lassen. Ihre Tochter war überhaupt nicht depressiv gewesen. Ihr Tod war herbeigeführt worden. Davor hatten einige Mitschüler sie schwerst gedemütigt, verletzt und gebrochen.

Castini hatte Lucie und Nicolas von dem Film erzählt, den die Jungs gemacht hatten und der im Internet gelandet war, wo ihn ein Kollege von Nadia Aubertin entdeckt hatte. Castini schien nicht ganz genau zu wissen, woher der Film kam, er meinte nur, jeder der Jugendlichen hätte ihn hochladen können. Sehr zu seiner Freude hatte Castini erfahren, dass auch andere Pornofilme dieser Jugendlichen online aufgetaucht waren. Vor allem Léane, die Tochter seiner großen Rivalin und Feindin Marie Lefèbre, war in diesen Videos sehr präsent. Sie war eine begnadete Darstellerin, die ihren nackten Körper gerne zeigte. Sie war bereits mit jedem Mitschüler von Arthur beim Sex gefilmt worden, und teilweise auch mit Mädchen.

Marie Lefèbre, der Commissaire Divisionnaire und der Procureur waren natürlich über die Filme schockiert und versuchten sie aus dem Web zu bekommen. Sie verklagten sogar die Plattformen, denen das jedoch egal war. Denn die Filme waren anonym gepostet worden. Die IP-Adressen waren falsch. Lucie lachte bitter, wenn sie daran dachte, dass diese Leute zwar keine Probleme damit hatten, dass ihre Kinder eine Mitschülerin demütigten und vergewaltigten, es aber skandalös fanden, dass jemand deren Sexfilme online gestellt hatte.

Castini hatte es abgelehnt, Emelines Eltern den Film von der Vergewaltigung ihrer Tochter zu zeigen. Doch Lucie wusste, dass er in der Verhandlung vorgeführt würde. Sie war zutiefst schockiert, dass der Oberstaatsanwalt und der Polizeidirektor Leute hatten ermorden lassen, nur um die Schandtat ihrer Kinder zu vertuschen. Castini meinte, es würde einen Riesenskandal geben. »Einen Skandal, der der Stadt Marseille würdig ist und die Menschen erstmals die Pandemie, die Ausgangssperre und die Wahlen vergessen lassen wird«, versprach er.

Doch der Skandal könne erst nach der Ausgangssperre losgetreten werden. Wenn sie die Bombe zu früh platzen ließen, würde der Schuss ins Leere gehen. Denn im Moment dachte jeder nur daran, diesen Lockdown durchzustehen und der Krankheit zu entgehen. Die Polizisten der PJ und der Substitut hatten sehr gut gearbeitet und handfeste Beweise, dass polizeibekannte Vorstadtgangster das Feuer bei Loïc Moltet gelegt hatten.

»Wir haben Kontakte in Paris, im Justizministerium, und werden dort melden, was passiert ist«, berichtete Castini weiter. »Ich bin dabei, alle Unterlagen zusammenzustellen. Das wird eine Riesensache, Madame Bernier. Doch ich muss Sie warnen. Es wird nicht einfach für Sie werden. Sie müssen stark sein, der Presse die Stirn bieten. Den Prozess überstehen. Ich werde schließlich auch Théos Eltern vertreten. Wenn der Fall des Jungen auch ganz anders gelagert ist. Emeline war ein Opfer. Théo hat diese Mitschüler erpresst, soweit wir wissen, aber den Tod hat er trotzdem nicht verdient! Ich vertrete mit den beiden Lehrern fünf Parteien und vielleicht sogar mehr, falls die Polizistin und der junge Staatsanwalt Probleme bekommen.«

»Maître«, wagte Lucie einzuwenden, »wir haben nie über Ihr Honorar gesprochen. Sie haben uns noch gar nichts berechnet.«

»Das Honorar ist das geringste Übel! Ich werde Ihnen nicht viel berechnen. Mir geht es ums Image. Ich habe einen gewissen Ruf. Und ich habe Prinzipien. Korruption hasse ich wie die Pest. Wie Corona, würde man heute sagen. Und Korruption vonseiten hoher Beamter ist für mich der Horror! Deshalb, Madame, berechne ich nur zweitausend Euro pro Familie.«

Lucie schluckte. »Danke, Maître! Das ist sehr großzügig.« Sie wusste, dass Castini ständig an dem Fall arbeitete und deshalb sogar sein Haus verloren hatte. Zweitausend Euro waren eine symbolische Summe, kaum der Rede wert für einen so wichtigen Fall. Außerdem waren sie mehrere Mandanten, sodass Castini wahrscheinlich trotzdem auf seine Kosten kam. Vor allem, wenn er den Fall gewann und damit riesengroßes Aufsehen erregte.

»Vielen Dank, Maître, dass Sie den Fall übernommen haben.«

»Ich denke, Sie sollten nicht mir danken, sondern den jungen Leuten, die sich für Sie eingesetzt haben. Madame Aubertin und Monsieur Frigeri. Diesen Frigeri hatte ich völlig falsch eingeschätzt, ich ahnte nicht im Geringsten, dass er ein Held ist. Er war bisher ein lästiger Besserwisser, aber wenn sich so einer in korrupte Vorgesetzte verbeißt, ist er sehr effizient!«

»Nun, er ist der Bekannte von Freunden, die sich wegen Emelines Tod an ihn gewandt haben. Und er hat entschieden, das Risiko einzugehen und uns zu helfen, obwohl er keinen Vorteil davon hatte!«

»Ja, weil er für Gerechtigkeit und gegen Korruption

ist. Und er hat es sehr schlau angestellt. Wird ein schlimmes Erwachen für seinen Vorgesetzten werden.« Castini gluckste ins Telefon. »Ich freue mich schon auf den elften Mai, wenn ich zu Adriani gehen und ihm verkünden werde, was ich gegen ihn in der Hand habe.«

»Seien Sie bloß vorsichtig, Maître, dass die Sie nicht noch einmal zu töten versuchen!«

»Aber nein! Einmal reicht. Zweimal, das ist dann schon nicht mehr professionell. Außerdem weiß keiner, wo ich derzeit bin.«

Als Castini aufgelegt hatte, schluchzte Lucie. Oh ja, es half ihr, sich so abzureagieren. Diese Jugendlichen würden bezahlen. Genauso wie ihre Eltern, die über Leichen gingen.

Wenn Lucie nicht an Rache dachte, dann vergingen ihre Tage grau in grau. Sie war in Kurzarbeit, musste nichts tun, bekam aber Arbeitslosengeld. Das Einzige, was sie am Leben hielt, waren ihre beiden Söhne. Die Zwillinge litten unter dem Verlust ihrer Schwester und der Trauer der Eltern. Wegen der Ausgangssperre konnten sie ihre Freunde nicht besuchen, die sie aufgeheitert hätten, und waren in der düsteren Atmosphäre des Hauses und des Gartens gefangen. Lucie hasste dieses Haus, das sie früher so sehr geliebt hatte, und verabscheute den Garten, vor allem die Magnolie.

Sie wollte nach dem Lockdown fort. Fort aus diesem Haus, aus diesem Ort, aus dieser Region. Überraschenderweise war ihr Mann damit einverstanden. Sie wollten die Flucht ergreifen. Doch zunächst würde der Prozess stattfinden. Lucie wusste nicht genau, was sie erwartete. Sie wollte, dass das ganze Land erfuhr, welches Unrecht Emeline angetan worden war, und dass die Schuldigen bestraft wurden. Es ging um Gerechtigkeit. Der Prozess würde hart werden. Doch er gehörte zur Trauerarbeit dazu. Sie hoffte, dass Christine und andere Opfer in der Lage sein würden, auszusagen. Lucie fühlte sich nicht allein. Um sie herum waren Menschen, denen ihr Problem so wichtig war, dass sie dafür sogar ihr Leben aufs Spiel gesetzt hatten. Das half ihr, an die Menschheit und die Zukunft zu glauben.

Fionas neues Leben

Fiona schwebte auf rosaroten Wolken. Sie war nun beinah ständig bei Pierre. Dieser half Castini, die Klage vorzubereiten, hatte aber ansonsten nicht allzu viel zu tun und insofern Zeit, Fiona zu verwöhnen. Wenn sie arbeitete, kochte er ihr am Abend etwas, dazu tranken sie ein gutes Glas Wein, dann liebten sie sich lange, und am Morgen war es wunderbar, in seinen Armen zu erwachen.

Wenn Fiona nicht arbeitete, gingen sie joggen, wobei sie jedoch die Kontrollpunkte ihrer Kollegen mieden. Fiona wollte nicht, dass das gesamte Commissariat sofort erfuhr, dass sie mit dem Staatsanwalt liiert war. Nach der Ausgangssperre würden die Kollegen es sowieso schnell wissen, doch im Moment hatte sie es nur Florian erzählt, der sich tierisch gefreut hatte. Auch Nadia und Laura wollte Fiona es bald mitteilen.

Nadia erholte sich langsam. Fiona war erschrocken, wie schmal und blass ihre Chefin aussah. Wenn sie miteinander über Skype sprachen, wirkte Nadia noch immer angeschlagen. Ihre Telefonate fielen stets sehr kurz aus. Laura hatte das Virus nur gestreift, wie sie es nannte. Beide mussten jedoch noch bis zum fünften Mai in Quarantäne bleiben.

Fionas Arbeitsbedingungen waren Anfang Mai viel lockerer geworden. Die Kontrollen waren mit Blick auf das Ende des Lockdowns am elften Mai nicht mehr so streng. Die Zahlen der Ansteckungen, Krankenhauseinweisungen und Toten waren in den letzten Tagen stark gesunken. Fiona und ihre Kollegen arbeiteten wieder am Meer, diesmal ganz hinten, an der Pointe Rouge und bei Montredon, wo Laura und Nadia lebten. Demnächst würden auch die Capitaines, Lieutenants und ihre Teams die Ermittlungen wiederaufnehmen.

Pierre, Fiona und Florian waren auf der Suche nach den beiden Männern aus der Banlieue, die auch Rachid und Franck interessierten, weil sie offenbar in Théos Ermordung verwickelt waren. Doch seltsamerweise schienen die zwei wie vom Erdboden verschluckt zu sein. Fiona hatte es geschafft, Luc einzuspannen. Er hatte sich über Marie nach den beiden erkundigt. Maries Schwägerin kannte deren Familien, die sehr besorgt waren, weil die Männer schon seit Tagen untergetaucht waren.

»Wundert dich das?«, fragte Pierre Fiona. »Unsere Vorgesetzten haben ihnen sicher geholfen, damit wir sie nicht vernehmen können.« Das war eigentlich zu erwarten gewesen. Doch nun fehlten ihnen wichtige Zeugen, die die korrupten Beamten hätten belasten können. Fiona seufzte.

»Wir müssen noch ein wenig Geduld haben, Chérie«, meinte Pierre. »Castini bereitet die Klagen vor. Und die Presse steigt auf den Fall ein.«

In der Tat schien die *Provence* sich nun für die Sache zu interessieren. Lauras Artikel war dafür wohl ausschlaggebend gewesen. Daniel sollte einen Bericht über die Schule Saint Christophe schreiben. Und Laura sollte Leute interviewen, die Emeline gekannt hatten. Da die *Provence* das Thema aufgriff, begann auch die *Marseillaise* mit Recherchen. Die beiden Zeitungen schienen jetzt bereit zu sein, auch andere Themen als den umstrittenen Professor und sein Medikament, die Ausgangssperre, die Corona-Lage oder die Wirtschaftskrise zu bringen. Die Schlinge um den Hals der Schuldigen zog sich immer weiter zu. In Kürze würde schwarz auf weiß in der Zeitung stehen, dass der Sohn des Oberstaatsanwalts und sowohl die Tochter des Polizeipräsidenten als auch die eines wichtigen regionalen Politikers einer Gruppenvergewaltigung verdächtigt wurden. In zehn Tagen würde das öffentliche Leben wieder anlaufen. Dann konnten auch die Verdächtigen überführt werden. Es würde nicht Schlag auf Schlag gehen, denn die Mühlen der Bürokratie mahlten langsam, doch sicher würde die Öffentlichkeit auf das Treiben des Procureurs und des Leiters der PJ aufmerksam werden. Und da sich das Mahlwerk in Bewegung gesetzt hatte, war es für die beiden zu spät, Menschen zu beseitigen oder zu suspendieren.

Fiona empfand noch immer dieses Gefühl der Unwirklichkeit. Sie konnte kaum glauben, dass das, was gerade passierte, ihr Leben war. Diese seltsame Zeit mit dem Lockdown, das Streifegehen, ihre Beziehung mit Pierre …

Die Kollegen baggerten sie nach wie vor an. André, Kenny und Stéphane überboten sich gegenseitig. Luc war nach wie vor freundlich und arbeitete gern mit ihr, doch es war offensichtlich, dass er nicht mehr um ihre Gunst buhlte. Er erzählte in der Arbeit nichts, doch Fiona und Florian vermuteten, dass er das Herz und das Bett der hübschen Marie erobert hatte. Anscheinend half er dem Verein Marseille Meilleure in seiner Freizeit und hatte das auch seinen Kollegen Philippe, Michel, Rachid und Franck geraten, als diese in die Quartiers Nord beordert wurden. Doch Franck hatte ihm den Vogel gezeigt.

»Das mache ich gewiss nicht«, hatte er gesagt und Fiona und Florian, die danebengestanden waren, kopfschüttelnd angesehen. »Ich bin Capitaine der Stups. Wir sind die Bösesten der Bösen. Da können wir doch nicht Lebensmittel ausgeben.«

»Ja, Franck, aber momentan ist alles durcheinander. Wir sind zur Überwachung des Lockdowns abgestellt.«

»Wir nicht«, hatte Franck entgegnet, »wir sind noch immer die Drogenbrigade, haben ganz offiziell unsere Aufgaben beibehalten und sollen vor allem den Handel unterbinden. Und da müssen wir hart durchgreifen. Wir können uns nicht mit Leuten aus der Banlieue anfreunden. Tut mir leid, Luc. Aber es freut mich, dass du plötzlich so sozial geworden bist!«

Franck hatte Luc angegrinst. Gewiss hatten die anderen Kollegen ihm schon verraten, dass dieser sich in eine Socialo verliebt hatte, die vielleicht sogar eine Coco war, eine Kommunistin. Marie war Grundschullehrerin und half in ihrer Freizeit im Verein ihrer Schwägerin mit. Fiona gefiel Maries Einstellung.

»Es sind nicht die Banlieues, die kriminell sind«, hatte Marie ihnen erklärt, »sondern die jungen Männer, die sich auf den Drogenhandel spezialisiert haben. Sie zerstören die Vorstädte. Die Frauen und die Alten können nichts dafür. Sie sind die Opfer, denen wir zu helfen versuchen.«

Fiona freute sich für Luc – und für sich selbst. Ihnen beiden hatte der Lockdown nicht nur Schlechtes beschert. Doch dann schluckte sie. Brice hatte wieder angerufen. Mit einer neuen Nummer. Sie hatte abgehoben, weil sie gedacht hatte, es sei einer ihrer Kollegen. Er hatte ihr gesagt, dass er sie noch immer liebe, dass er sie wieder zurückhaben wolle, dass er sie holen kommen würde. Sie hatte ihm gesagt: »Zu spät, ich habe jemand anderen«, und hatte aufgelegt.

Nun hatte sie Angst, dass Brice bei ihr auftauchen

würde. So wie sie ihn kannte, würde er ihre Adresse leicht herausfinden.

Die Leiche von Callelongue

Fiona und Luc hatten Nachtdienst. Es war ruhig, und Fiona kämpfte gegen den Schlaf an. Auch Luc schien müde.

»Mann, wenn nichts los ist, geht die Zeit nicht vorbei.«

Fiona zuckte mit den Schultern.

»Der Lockdown wird nicht mehr so genau überwacht. Trotzdem bleiben die Leute brav daheim.«

»Ach«, meinte Luc, »es ist fast vorbei. Am elften Mai ist die totale Ausgangssperre beendet, und die Zahl der Krankenhauseinweisungen und der Toten sinkt täglich. Was sollen wir da die Menschen jetzt noch drangsalieren?«

»Ja, es wird Zeit«, sagte Fiona, »dass wir uns um unsere Ermittlungen kümmern.«

Luc schnaubte. »Super. Nachdem unsere Chefs mit ihren aberwitzigen Entscheidungen unsere Arbeit in La Busserine zunichtegemacht haben und die beiden Hauptverdächtigen spurlos verschwunden sind! Natürlich, der Lockdown, Corona, aber die beiden Kerle haben schon mindestens vier Morde begangen. Sie einfach laufen zu lassen, war ein Fehler. Franck und Rachid sind irre wütend, weil sie sich verarscht vorkommen, doch unsere Commissaires finden das alles ganz normal. Ich frage mich, was die im Kopf haben. Und in diesem Klima sollen wir die Ermittlungen wiederaufnehmen? Sehr motivierend, würde ich sagen!«

Bald schon dösten beide vor sich hin. Luc hing in seinem Bürosessel, den Kopf nach hinten gelegt. Fiona saß am Schreibtisch, den Kopf auf den verschränkten Armen. Sie schlief eine Stunde lang.

Dann läutete das Telefon. Luc reagierte als Erster, hob ab und schaltete auf Lautsprecher. Eine tiefe Stimme mit typischem Marseiller Akzent.

»Bonjour, hier ist Adjutant Marre von der Gendarmerie Maritime. Vor einer halben Stunde haben Fischer im Meer eine Leiche entdeckt. An der Insel Maïre. Ein Nordafrikaner. Einschussloch mitten auf der Stirn. Wir waren in der Gegend und sind sofort hingefahren.«

Luc sah Fiona erstaunt an. »Na so was! Einige finden trotz Ausgangssperre die Gelegenheit zu morden!«

»Was sollen wir jetzt tun, Capitaine?«, fragte der Gendarme am Telefon.

»Na ja, warten, bis ich da bin. Und die Rechtsmedizin. Wo ist der Leichnam jetzt?«

»Wir haben ihn in den Hafen von Callelongue gebracht. Es hatte keinen Sinn, ihn bei der Insel zu lassen. Er ist wohl dorthin getrieben worden.«

»Gut. Ich komme sofort. Mal sehen, ob wir den Kerl kennen.«

Er legte auf und wandte sich an Fiona. »Fährst du mit?«

»Aber … wir sollten eigentlich hierbleiben!«

»Wir haben eine Leiche! Da dürfen wir wohl raus. Das kommt nun doch nicht jede Nacht vor! Ich rufe Philippe an und weise ihn an, mit einem Agent herzukommen.«

Als Philippe und sein Kollege im Commissariat eintrafen, war es fünf Uhr morgens. Sie übernahmen nun den Telefondienst. Luc hatte Commissaire Blachet eine Nachricht hinterlassen und einen Rechtsmediziner nach Callelongue bestellt. Luc und Fiona rasten durch die

Stadt nach Süden. Am Rand des Nationalparks der Calanques lag in einer hübschen kleinen Bucht der winzige Fischerhafen Callelongue. Tagsüber brauchte man vom Zentrum aus nach Callelongue fast eine Stunde, doch nachts mit Blaulicht und überhöhtem Tempo würden Luc und Fiona weitaus schneller dort sein.

»Mal was anderes«, meinte Luc. »Unsere langweilige Nacht ist auf angenehme Weise unterbrochen worden. Sonnenaufgang am Meer.«

»Na ja, angenehm …«, erwiderte Fiona sarkastisch. »Sonnenaufgang mit Wasserleiche! Die auch noch ermordet wurde.«

»Ja, sieht sehr interessant aus.« Luc schien sich zu freuen, wieder *normal* arbeiten zu können.

Sie fuhren von Montredon, dem südlichsten Stadtviertel Marseilles, ins Fischerdorf Les Goudes und von dort weiter nach Callelongue. Niemand kam ihnen entgegen. Fiona bemerkte, dass es windig war. Die Luft war kühl, und sie war froh, ihren Anorak anzuhaben.

»Ist das der Mistral?«, fragte sie.

Der Capitaine nickte. »Ein relativ schwacher Mistral. Böen mit nur fünfzig Stundenkilometern. Aber er wird vermutlich morgen oder übermorgen zunehmen.«

In der winzigen Felsbucht von Callelongue angekommen, sahen sie im spärlichen Licht der Hafenbeleuchtung fünf Menschen am Pier stehen. Luc und Fiona setzten ihre Gesichtsmasken auf, verließen ihr Auto und stiegen die Stufen hinunter in die Calanque, wo einige Boote ankerten. Ein Mann mit Maske eilte auf sie zu. Luc schien ihn zu kennen.

»Bonjour, Capitaine, bonjour, Madame!« Er winkte ihnen zu. »Ich bin Adjutant Marre. Das ist mein Kollege Gendarme Foch. Und hier haben wir die drei Fischer, die den Mann gefunden haben.«

Die drei älteren Männer, die keine Masken trugen, nickten den Polizisten zu.

»Wo genau haben Sie ihn gefunden?«, fragte Luc.

Der Älteste ergriff das Wort. Auch er hatte einen sehr ausgeprägten Akzent. »Na, dort vorne Richtung Les Goudes ist eine Insel. Maïre. Ein Felsmassiv, das achtzig Meter vor der Küste aus dem Meer ragt. Wir fahren zum Fischen meistens hinter die Insel, weil der Fisch da besser ist. Und wir strahlen die Küste an. Und da trieb er, in einer Felsbucht. Ist wohl vom Meer dorthin geschwemmt worden.«

»Wo ist er?«

Der Gendarme zeigte mit dem Finger hinter die Fischer. Dort lag etwas auf dem Boden. Sie gingen die paar Schritte bis zu dem Toten. Der Gendarme leuchtete ihn mit seiner riesigen Lampe an.

»Scheint nordafrikanischer Abstammung zu sein«, sagte er. »Die Hautfarbe deutet darauf hin. Aber wir haben nichts. Keinen Namen, keine Papiere … nichts!«

Die Lampe tauchte das Gesicht des Toten in Licht. Fiona erstarrte. Diese kurz geschorenen Haare, das etwas längliche Gesicht. Sogar in ihren Albträumen erschien ihr dieser junge Mann, denn er hatte zehn Tage zuvor im Garten des abgebrannten Hauses auf sie geschossen! Und davor hatte sie ihn in seinem Auto ganz deutlich gesehen. Sie zuckte zurück.

Luc sah sie an. »Du erkennst ihn auch wieder, nicht? Rachids *Freund*. Der Rachid gedroht hat, ihn abzuknallen. Omar Kaslibi. Den unsere Chefs laufen ließen. Na, jetzt hat sich die Sache ja erledigt!«

Fiona schüttelte verzweifelt den Kopf. Nichts hatte sich erledigt. Die beiden Männer, deren Geständnisse und Aussagen sie gebraucht hätten, waren tot. Bestimmt trieb auch der zweite irgendwo im Meer. Als Luc sich mit den Gendarmes unterhielt, rief Fiona Pierre an.

Er meldete sich sofort. »Chérie, was ist los?«, fragte er atemlos.

»Wir haben eine Leiche in Callelongue. Omar Kaslibi. Der bei Loïc Moltet auf uns geschossen hat. Komm her!«

Pierre schien nicht besonders erstaunt. »Ich komme!«, rief er und legte auf. Fiona ging wieder zu Luc.

Dann traf der Rechtsmediziner ein, ein ziemlich alter Mann, der jedoch trotz der frühen Morgenstunde unter seiner Maske eine gewisse Frische und Energie ausstrahlte.

»Capitaine Luc Garnier!«, rief er. »Welche Ehre! Endlich haben wir wieder Kunden!«

»Hallo, Luis, es freut mich, dass du ihn untersuchst. Ist ein Stammkunde!«

Er erklärte dem Rechtsmediziner, wer Kaslibi war, jedoch ohne die Ungereimtheiten mit seinen Chefs zu erwähnen. Fiona hätte natürlich einiges hinzuzufügen gehabt, aber sie schwieg.

»Na, jetzt gehört er mir. Es gibt wohl doch Gerechtigkeit«, meinte der Mediziner ungerührt und beugte sich über die Leiche.

Luc erklärte Fiona, dass Luis der älteste Rechtsmediziner der Stadt war, der eigentlich schon lange in Pension sein sollte, sich aber dazu nicht durchringen konnte. Seine Kompetenz und Leidenschaft waren allerseits bekannt. Die Beamten der PJ prophezeiten, dass er irgendwann bei der Arbeit sterben würde. Luis Fernandez hatte einen deftigen, makabren Humor. Er begann, den Toten zu untersuchen.

»Nun, die Obduktion wird mehr ergeben, aber er liegt schon einige Tage im Meer. Erschossen und entsorgt.« Fernandez zeigte auf die Einschussstelle mitten auf der Stirn des jungen Mannes.

»Der Mann hatte wohl Probleme mit Schusswaffen. Er hat eine ziemlich schlimme Verletzung am Bein, die auch auf einen Schuss hindeutet. Der ist aber älter, eine Woche, würde ich sagen.« Der Arzt hob die Hose des Toten und zeigte auf den Unterschenkel, wo man eine hässliche Wunde sah. »Entzündet. Wahrscheinlich nicht zum Arzt gegangen. Wurde nicht oder schlecht behandelt«, murmelte Fernandez. »Schießerei. Er wollte kein Aufsehen erregen, versuchte sich selbst zu helfen, ein paar Tage später die nächste Schießerei, diesmal Kugel ins Hirn, bumm, tot.«

»Steckt die Kugel noch im Unterschenkel?«, fragte Luc.

»Eher nicht, sieht so aus, als hätte er selbst oder ein Laie sie ihm herausoperiert«, meinte Fernandez und verzog das Gesicht, »aber ich sehe dann in meinem Kämmerchen genauer nach!«

Fiona dachte an den Schusswechsel. Und wenn *sie* diesen Mann verletzt hatte? Und wenn die Kugel gefunden wurde? Sie war froh, dass Pierre gleich kommen würde, denn ihr war nicht wohl in ihrer Haut.

Der Rechtsmediziner meinte: »Na gut, ich obduziere ihn, vielleicht kann ich euch schon am Mittag mehr sagen.« Er nahm seine Maske ab. »Ekelhaft, diese Dinger. Bei meinen Kunden brauche ich sie nicht mehr. Ich gefährde nur mich selbst!«

In diesem Moment sah Fiona Pierre über den Pier kommen.

Endlich! Am liebsten wäre sie ihm in die Arme gefallen.

Luc starrte ihn überrascht an. »Was machst du denn so früh hier?«

»Bonjour, Monsieur le Procureur!«, rief Luis Fernandez.

»Nein, Sie wissen doch, ich bin nur der Substitut«, knirschte Pierre.

Der Alte winkte ab. »Sie haben noch Zeit. Eines Tages werden Sie es sicher sein!«

»Ich habe Pierre angerufen, weil er den Typen schon seit Tagen sucht. Mit Franck Rimier von den Stups«, erklärte Fiona, ohne Luc anzusehen.

»Ich wollte ihn erwischen und verhören«, stieß Pierre hervor.

»Tja, erwischt haben Sie ihn«, warf Fernandez lachend ein. »Aber verhören ist nicht möglich. Der wird Ihnen nicht mehr viel sagen.«

»Genau«, erwiderte Pierre. »Aber für mich ist das kein Zufall.«

»Dieser Mann hatte gewiss viele Feinde. Er hat nicht nur im Kopf ein Einschussloch, sondern auch am Unterschenkel. Ich gebe euch Bescheid, wenn ich mehr weiß. Lasst ihn in die Rechtsmedizin bringen. Ich wünsche den Herren und der Dame noch einen schönen Tag!« Damit ging er zu seinem Auto.

»Ist ja eine Nummer, dieser Typ!« Luc sah Fernandez kopfschüttelnd nach.

»Nun, Pierre …?« Luc sah den Staatsanwalt herausfordernd an. »Was hat es mit dem Kerl auf sich? Wir hatten ihn ja schon verhaftet und mussten ihn wieder freilassen. Du scheinst mehr zu wissen?«

»Allerdings, Luc. Ist eine lange und komplizierte Geschichte. Und ich bin eigentlich nicht befugt, in dem Fall zu ermitteln. Aber da es sich vermutlich um Théo Bianuccis Mörder handelt, darf ich hier sein. Was ich dir erzähle, bleibt aber unter uns. Nur Nadia, Fiona und Florian sind eingeweiht.«

Sie setzten sich in der Nähe der Boote auf Steine, an einen relativ windstillen Ort, und Pierre schilderte Luc, was bisher geschehen war. Allerdings verschwieg er ihm das unliebsame Erlebnis mit Omar Kaslibi und Amir Moammar in Moltets Garten.

Luc schnappte nach Luft. »Aber das ist … das ist doch … was du mir da erzählst, ist … skandalös!«

»Klar. Und deshalb möchte ich es aufdecken.«

»Hätte ich nicht von dir gedacht, Pierre. Ich dachte immer, du tust nur das, was dir persönlich nützt.«

»Manchmal irrt man sich in seinen Mitmenschen. Und vielleicht nützt es mir ja, wenn die Sache aufgedeckt wird«, meinte Pierre. »Aber im Moment sind mir die Hände gebunden. Zum Glück haben wir Castini!«

»Allerdings. Und sag mir noch, warum du sogar am frühen Morgen Anrufe beantwortest?«

»Ach, reine Gewohnheit. Mein Telefon war eingeschaltet, wegen der Situation mit meinen Eltern. Du weißt ja. Sie sind nicht mehr die Jüngsten. Und die Corona-Krise …«

»Pierre, wenn ich euch helfen kann, dann mache ich das. Und bestimmt auch Franck und Rachid.«

»Natürlich, danke. Aber ich möchte euch nicht alle da mit hineinziehen. Es kann ungemütlich werden. Euer Chef hat Nadia ganz klar verboten, sich um den Fall Emeline Bernier zu kümmern, und ihr mit Suspendierung gedroht.«

»Unglaublich. Ich habe ihn immer für einen korrekten Mann gehalten.«

»Na ja, er ist wahrscheinlich nur feige, wird von oben unter Druck gesetzt.«

»Wie Goldstein.«

»Nun, Goldstein ist der Schwager meines Chefs und hilft dem, das Verbrechen des Sohnes zu vertuschen.«

Luc sah Pierre entsetzt an. »Welche Schande!«, stieß er hervor.

»Castini will die Bombe bald platzen lassen«, meinte Pierre. »Und wir haben viel gegen die Jugendlichen in der Hand. Es fehlen uns allerdings noch Beweise gegen die korrupten Eltern, die sogar Menschen ermorden ließen! Der Typ hier ist ganz offensichtlich eines ihrer Opfer!«

»Unglaublich ...« Luc schien wie vor den Kopf geschlagen.

Die beiden Männer der Gendarmerie Maritime gesellten sich zu ihnen und boten ihnen an, ein wenig weiter nach oben zu steigen, um die Sonne über dem offenen Meer aufgehen zu sehen. Fiona und ihre Kollegen gingen auf die Anhöhe direkt über der Calanque von Callelongue mit Blick auf das Felsmassiv Maïre. Da oben peitschte ihnen der Mistral erbarmungslos ins Gesicht. Trotz der Kälte, die sie nach mehr als einer Stunde im Freien am ganzen Körper spürte, genoss Fiona das Naturschauspiel. Für einige Minuten war das Meer in orange-rosarotes Licht getaucht. Der zerklüftete Felsen der Insel Maïre schien wie ein dunkles Geisterschiff über dem Wasser zu schweben. Fiona bedauerte es, dass sie nicht Pierres Hand nehmen oder sich an ihn kuscheln konnte.

»Schön«, meinte Luc und zog seine Zigaretten aus der Jackentasche. Er hielt ihnen das Päckchen höflichkeitshalber hin, bevor er sich eine anzündete, doch alle lehnten dankend ab. Nach einer Weile gingen sie zu ihren Autos. Die Gendarmes würden auf den Leichenwagen warten und dann mit dem Motorboot ihre Patrouille fortsetzen.

Ein wenig beneidete Fiona sie, denn sie würden diesen Morgen auf dem menschenleeren Meer genießen können. Die Buchten östlich von Callelongue strahlten an diesem klaren Frühlingsmorgen eine ganz besondere Ruhe aus. Andererseits war es auf dem Meer bei dem Wind sicher eiskalt. Die Luft schien keine Sekunde stillzustehen.

Fiona würde noch eine halbe Stunde im Commissariat verbringen und dann zu Pierre fahren.

»Bis dann«, sagte Pierre zu Fiona, die ihn warnend ansah.

»Nein, sicher nicht«, entgegnete Luc. »Wir haben jetzt Dienstschluss, und ich geh schlafen. Wenn du zu Fernandez in die Rechtsmedizin fahren willst, dann mach das, aber ich bin heute nicht mehr zu sprechen!«

»Okay, ich kümmere mich darum«, antwortete Pierre gleichmütig, grinste Fiona an und stieg in sein Auto.

Die Hinrichtung

Nadia spürte, wie ihre Energie langsam zurückkehrte. Sie war in diesen Tagen vor dem Ende des Lockdowns sehr aufgeregt. Castini hatte genügend Beweise gegen die Clique, Arthur und seine Freunde. Er würde ebenfalls versuchen, ihre Eltern zu belangen. Der letzte Paukenschlag war Omar Kaslibis Leiche gewesen. Kaslibi und Moammar wurden verdächtigt, in den letzten Monaten in der Banlieue vier Menschen hingerichtet, Théo erschossen, in Carry-le-Rouet mehrere Sachbeschädigungen begangen und den Brand gelegt zu haben, bei dem Amélie Moltet beinahe ums Leben gekommen wäre. Allerdings wussten sie nicht, wo sich der Komplize befand. Wenn Kaslibi ermordet worden war, hatte Moammar wahrscheinlich dasselbe Schicksal ereilt, doch viele ins Meer geworfene Leichen blieben für immer verschwunden.

Laura war wieder völlig fit. Für sie beide war die Quarantäne beendet, doch Nadia würde erst am elften Mai wieder arbeiten.

Laura beschloss, einkaufen zu gehen. »Wie schön, das wieder selber zu tun!«

»Nun, die Jungs haben das ja sehr gut gemacht«, sagte Nadia. »Auch Pierre. Hat uns super Dinge gekauft. Man könnte fast meinen, eine Frau hätte für uns eingekauft.«

»Pierre hat keine Frau, aber gewiss einen weiblichen Anteil. Er scheint auch gebacken zu haben. Der Kuchen, den er uns gebracht hat, war wirklich lecker.«

»So ist das mit der Ausgangssperre. Die Leute entdecken bei sich ungeahnte Fähigkeiten. Ihm war wohl sehr langweilig!«

Nadia lachte. Wenn sie jemandem das Backen nicht zugetraut hätte, dann war das Pierre Frigeri. Er war zwar ein sehr pingeliger junger Mann, dessen Wohnung stets picobello war, doch backen hatte er nie gemocht. Er kochte nicht schlecht, aber es war auch nicht unbedingt seine Leidenschaft.

Laura ging aus dem Haus. Nadia wollte erst am nächsten Tag vor die Tür. Sie hatte keine Lust, spazieren zu gehen. Es reichte ihr, auf dem Balkon zu sitzen. Die Kollegen hatte sie ohnehin über Zoom gesehen, und mit Florian und Fiona sprach sie regelmäßig.

Nun rief Florian Nadia über Skype an.

»Florian, hallo! Ich bin offiziell nicht mehr ansteckend! Laura ist gerade einkaufen gegangen.«

»Ach, gut, Nadia. Ich rufe dich an, weil ich Mega-Neuigkeiten habe! Hier ist die Hölle los. Goldstein wurde heute am frühen Morgen nicht weit vom Commissariat erschossen. In seinem Auto an einer Ampel. Eine Hinrichtung! Die Spur führt in die Cité, und nun wird ermittelt. Franck, Luc und Rachid müssen ran, aber wir sollen mit Philippe weiter die Strände kontrollieren.«

Nadia erstarrte. »Commissaire Goldstein?«, fragte sie ungläubig.

»Allerdings. Und wir befürchten natürlich, dass das mit Omars Tod und Amirs Verschwinden zu tun hat. Es sieht sehr nach einer Racheaktion aus. Doch nun ist hier die Panik ausgebrochen. Alle haben Angst, und wir sollen mit kugelsicherer Weste Streife gehen. Das hat uns gerade noch gefehlt! Mit dieser Schutzweste fühle ich mich wie ein runder Käfer!«

»Wer ermittelt in dem Fall? Welcher Staatsanwalt?«

»Adriani selbst. Goldsteins Schwager. Meiner Meinung nach stecken sie alle knietief in der Scheiße!«

»Na ja«, Nadia seufzte, »wenn es um die Banlieue geht, ist es immer leicht, alles auf die Dealer abzuwälzen. Es wurden schon einige Commissaires von Drogengangstern ermordet.«

Florian pflichtete ihr bei. »Blachet kümmert sich nun um die Ermittlung und versucht sie zu steuern. Er glaubt, seine Capitaines und Lieutenants wären Marionetten, mit denen er spielen kann, wie er will! Mon Dieu, wenn doch nur Mathieu unser Chef wäre!«

Auch Nadia dachte oft an Mathieu. Er fehlte ihr. Doch er hatte seine Weiterbildung zum Commissaire erst vor Kurzem begonnen und würde danach wahrscheinlich nach Paris versetzt werden. Im Moment mussten sie ohne ihn auskommen.

»Auf jeden Fall tut es mir für Goldstein leid. Er hatte zwei kleine Kinder«, sagte sie.

»Er war korrupt. Und er hat Menschen hinrichten lassen.«

»Was hätte er anderes tun können, als seinem Schwager zu helfen?«, fragte Nadia. »Er ist ein Opfer.«

»Aber wohl auch ein Täter. Der, der die beiden Vorstadttypen eliminiert oder ihre Erschießung angeordnet hat. Die Kugel stammt aus einer unbekannten Waffe. Goldstein hat das Ganze professionell geplant. Sicher hat er es nicht ganz umsonst gemacht. Doch nun hat er bezahlt.«

Nadia seufzte. Es war immer schlimm, wenn im Commissariat jemand schwer verletzt oder getötet wurde. Und diesmal war es ein Commissaire, ein Mann aus den höheren Führungsebenen! Auch wenn er korrupt gewesen war, tat Nadia dessen Familie unendlich leid. Die Stimmung im Präsidium musste fürchterlich sein.

Da waren jene, die genau wussten, warum der Commissaire gestorben war, jene, die es ahnten, und jene, die keine Ahnung hatten und nun glaubten, ebenfalls in Gefahr zu sein.

Nadia beschloss, ihren Chef anzurufen, doch sie konnte ihn nicht erreichen, weder über Zoom oder Skype noch über sein Telefon.

Deshalb rief sie Pierre an, der sehr aufgeregt war.

»Mensch, Nadia, was für ein Ding! Goldsteins Tod hängt hundertprozentig mit Kens und Kaslibis Ermordung zusammen!«

»Klar. Doch sie werden versuchen, das zu vertuschen.«

»Das können sie probieren. Aber es hilft ihnen nicht mehr viel. Denn nun stellen sich alle Fragen. Und Castini geht zum Angriff über. Er hat genügend Beweise. Na, ich werde dir in ein paar Tagen alles erklären.«

»Du kannst es mir sofort erklären.«

»Ich möchte nicht, dass du dir Sorgen machst.«

»Hast du dich in Gefahr begeben, Pierre?«, fragte Nadia streng.

»Ein wenig. Aber ich wurde ja beschützt. Fiona und ich haben ein Gespräch mitgeschnitten, in dem Kaslibi und Moammar, als sie in Moltets Ruine herumstocherten, über die Brandstiftung redeten.«

»Mon Dieu, Pierre! Wenn die euch gesehen hätten …!«

»Keine Sorge, Chérie, es ist alles gut gegangen. Dank Fionas Anwesenheit.«

»Ihr seid ein gutes Team, nicht wahr?«

»Ja, wir sind ein super Team. Und, Nadia, im Moment weiß es nur Florian, aber wir sind seit zehn Tagen zusammen.«

»Was?« Nadia konnte es kaum glauben. »Sie sagte,

sie wolle keine Beziehung. Aber sie hat wahrscheinlich trotzdem auf den Richtigen gewartet. Und der bist du! Ich freue mich für euch!« Genau das hatte sie sich gewünscht.

»Ja, ich bin glücklich. Sie ist so liebenswert, so aufmerksam, so mutig, noch dazu kann sie super kochen und Kuchen backen.«

»Ach ja, der Kuchen, das war sie?«

»Klar. Trotz Lockdown habe ich nicht zu backen angefangen. Aber ich stand daneben und habe assistiert!«

Nadia lachte.

»Gut für dich, Pierre. Ist sie oft bei dir?«

»Sie wohnt sozusagen bei mir, geht nur selten in ihre Wohnung. Sie könnte sie aufgeben, will sie aber noch ein wenig behalten.«

»Wow, Pierre! Das feiern wir nach dem elften Mai, wenn wir uns wieder sehen dürfen!«

In diesem Moment kam Laura atemlos zur Tür hereingeplatzt.

»Nadia«, japste sie, »du kannst dir nicht vorstellen, was geschehen ist …«

»Ich rede gerade mit Pierre.«

Nadia deutete auf den Bildschirm, wo Pierre Laura zuwinkte.

»Also wisst ihr schon von Goldstein?«

Pierre nickte. »Allerdings. Aber ich wurde aufgefordert, mich rauszuhalten«, sagte er. »Mein Vorgesetzter ermittelt höchstpersönlich. Und mir misstraut er. Zu Recht!«

Laura beugte sich zum Bildschirm. »Ich soll darüber schreiben. Ich soll mit Daniel alle im Commissariat befragen.«

»Super! Wenn du etwas Neues erfährst, dann ruf

mich so bald wie möglich an! Für Castini ist jede Information wertvoll.«

Als Pierre aufgelegt hatte, sah Nadia Laura an.

»Na so was. Der Fall nimmt ungeahnte Ausmaße an!«

»Vier Tote mit Emeline«, meinte Laura, »darunter ein ermordeter Commissaire. Ein verschwundener Verbrecher, der wahrscheinlich auch tot ist, eine Schwerverletzte, zwei zerstörte Häuser und jede Menge Drohungen! Das Positive ist, dass der Fall François jetzt plötzlich brennend interessiert und dass Daniel und ich recherchieren dürfen.«

»Es gibt noch eine Neuigkeit, Chérie«, sagte Nadia. »Eine schöne. Pierre hat mir soeben gesagt, dass Fiona und er ein Paar sind.«

»Ach!« Laura sah Nadia erstaunt an. »Das hätte ich nicht erwartet. Pierres Gefühle für Fiona waren ja ganz klar, doch für mich sah es so aus, als wollte sie im Moment keine Beziehung.«

»Nun, wenn eine Frau die richtige Person trifft, vergisst sie wohl alle Vorbehalte.« Nadia zwinkerte Laura zu.

Als Laura arbeiten ging, dachte Nadia über die Situation nach. In sechs Tagen würde auch sie wieder im Commissariat sein. Es war äußerst seltsam. Nach ihrer Krankheit fühlte sie sich, als wäre sie um Jahrzehnte gealtert. Dann war da noch diese *neue Normalität*, über die alle sprachen, die Zeit nach dem Lockdown, in der sie frei und doch nicht frei waren. Man durfte sich noch immer nicht mit mehr als zehn Personen treffen, die Bars und Restaurants blieben nach wie vor dicht, man sollte weiter Maske tragen und zu anderen Abstand halten. Man durfte sich wieder frei bewegen, sich aber ohne einen triftigen Grund nicht weiter als hundert Kilometer von seinem Wohnort entfernen. Der Präsident hatte gemeint, die Schulen würden nach und nach wieder öffnen, doch deren Besuch war für die Schüler auf freiwilliger Basis, wer wollte, konnte weiter zu Hause lernen. Auch alle Unternehmen, die die Möglichkeit dazu hatten, sollten vorerst ihre Angestellten weiterhin im Home-Office arbeiten lassen. Die Landesgrenzen würden noch mindestens einen Monat lang geschlossen bleiben. Die Pandemie war noch nicht besiegt und konnte jederzeit wieder aufflammen. Es war in der Tat eine seltsame Zeit.

Und nicht zuletzt war auch die Situation im Commissariat sehr schwierig. Anscheinend hatten mehrere höhere Beamte Commissaire Divisionnaire Manson bei seinen korrupten Aktionen unterstützt. Dort brodelte es. Und wenn Castini seine Bombe platzen ließ, dann würde der Kessel überkochen. Wirklich eine aufregende Situation.

Der Einbrecher

Pierre und Fiona saßen beim Frühstück. Fiona trank einen Kaffee und aß eine Scheibe Vollkornbrot. Es war das offizielle Ende der Ausgangssperre. Sie würde heute endlich wieder regulär im Commissariat arbeiten. Das hatte ihr gefehlt. Um keinen Preis hätte sie bei der Police Municipale oder der Gendarmerie sein wollen, trotz der sonnigen Tage am Meer. Die Ermittlungen waren weitaus weniger ermüdend als dieses Herumstehen und Streifegehen. Sie hatte den richtigen Beruf gewählt. Fiona räumte den Frühstückstisch ab und nahm ihre Handtasche.

»Chérie, heute legen wir los. Wir gehen zum Angriff über«, sagte Pierre, als er seine Kaffeetasse in den Geschirrspüler stellte. »Heute beginnt die offizielle Fehde zwischen Georges Adriani und mir.« Er seufzte.

»Ja, auch wir werden von unserem Commissaire einiges zu hören bekommen«, meinte Fiona bang. »Wir halten uns auf jeden Fall auf dem Laufenden!«

Sie küsste ihn auf den Mund, rief: »Bis später!«, und verließ die Wohnung. Ihr Auto stand vor dem Wohnblock, sie stieg ein und fuhr los. Es war offensichtlich, dass der Lockdown zu Ende war. Viele Menschen gingen wieder normal zur Arbeit, es herrschte wesentlich mehr Verkehr als in den letzten Tagen. Trotzdem kam Fiona ziemlich bald im Euromed-Viertel an. Sie wollte sich in ihrer Wohnung rasch umziehen, weil es sehr warm zu werden versprach. Außerdem brauchte sie T-Shirts und leichtere Hosen und wollte die Masken holen, die Sandy ihr vom Krankenhaus mitgebracht und in ihren Briefkasten geworfen hatte.

Sie parkte vor dem Gebäude, öffnete ihren Briefkasten, in dem das Päckchen mit den Masken lag, und nahm die Treppen in den vierten Stock. Es war sehr ruhig. Fiona dachte daran, dass sie Sandy und Rosie lange nicht mehr gesehen hatte. Kein Wunder, seit ihrer ersten Nacht mit Pierre, vor mehr als zwei Wochen, hatte Fiona nicht in ihrer Wohnung geschlafen. Als sie sich ihrer Garçonnière näherte, stutzte sie. Die Tür war angelehnt. Dabei wusste sie, dass sie sie abgesperrt hatte. War jemand bei ihr eingebrochen? Fiona holte ihre Pistole und das Telefon aus ihrer Handtasche. Zum Glück hatte sie die Tasche nicht im Auto gelassen!

Sie stieß die Tür auf und richtete die Pistole auf den Raum. Sie zuckte zusammen. Vor ihr saß Brice. Langsam erhob er sich.

»Komm nicht näher!«, schrie Fiona. »Komm bloß nicht näher! Ich schieße. Du weißt, dass ich jederzeit schießen kann.«

Er grinste grausam. »Natürlich. Aber wenn du es noch mal tust, wirst du bestimmt entlassen.«

»Wie hast du meine Adresse erfahren?«

Er lachte grimmig. »Nichts leichter als das. Ich habe im Kommissariat angerufen und mich für deinen Cousin ausgegeben, der dir ein Päckchen schicken will.«

»Was machst du hier, Brice?«

»Was ich hier mache? Dich zurückholen. Du gehörst mir, Fiona, und das weißt du. Du kannst ohne mich nicht leben.«

Fionas Hand, die die Pistole hielt, zitterte.

»Ich will dich nicht zurück, Brice. Und ich habe jemand anderen.«

»Den wirst du nicht lange haben, denn ich werde ihn umbringen. Du gehörst mir.«

»Ich gehöre niemandem, weder dir noch ihm, und du hast hier nichts zu suchen, Brice! Entweder du gehst auf der Stelle, oder ich rufe meine Kollegen an, und du wirst verhaftet.« Fiona bemühte sich krampfhaft, das Zittern in ihrer Stimme zu unterdrücken.

»Ach, wie niedlich, wieder einmal die Kollegen, wie in Lille! Ich dulde nicht, dass du mit einem anderen Mann zusammen bist. Ich werde euch nie in Ruhe lassen. Und ich werde nicht gehen. Ich will dich ficken. Sofort!«

Fionas Hand zitterte stärker. Ihr war klar, dass Brice sich plötzlich auf sie stürzen konnte. Sie musste ihm ins Knie schießen. Abdrücken, sobald er näher kam.

»Ich schieße, Brice. Und keiner wird dir glauben. Weil du hier bei mir eingebrochen bist. Wenn ich dich töte, dann ist das Notwehr. Ich will dich nie mehr sehen, Brice. Ich hasse dich. Und ich werde alles tun, damit du mir fernbleibst.«

Fionas Gedanken rasten. Sie musste Brice irgendwie unschädlich machen, ohne ihn tödlich zu verletzen. Wie konnte sie das nur schaffen?

Ende des Lockdowns

Nadia freute sich, als sie am Morgen auf ihr Motorrad stieg. Das Leben begann von Neuem. Ihr Leben. Und es begann deftig.

Laura und Daniel hatten mehrere explosive Artikel verfasst, in denen sie für die Beteiligten sehr unangenehme Fragen stellten. Die *Marseillaise,* die der *Provence* nicht nachstehen wollte, hatte sofort nachgezogen. Weder Manson noch Adriani hatten öffentlich auf die Artikel reagiert. Castini würde an diesem Morgen den Procureur in Pierres Anwesenheit direkt mit seinen Beweisen für dessen Taten konfrontieren.

Pierre und Castini hatten über Bekannte in Paris erreicht, dass eine Untersuchung der Arbeitsmethoden der Staatsanwaltschaft Marseille und des Kommissariats eingeleitet wurde, und nun sollte sich auch ein Untersuchungsrichter um Emelines Vergewaltigung kümmern.

Die Bombe sollte an diesem Morgen platzen. Nadia hatte nichts von ihrem Vorgesetzten Blachet gehört, er hatte keinen ihrer Anrufe beantwortet. Sie brauchte ihn nicht. Aber vielleicht benötigte er ihre Hilfe.

Als sie im Commissariat eintraf, war es dort noch ziemlich ruhig. Am Eingang klebte ein großes Foto von Commissaire Goldstein. Nadia hatte ihn kaum gekannt, sie hatte nur gewusst, dass er ein Jahr zuvor aus Paris nach Marseille gekommen war und hier sehr viele Beziehungen gehabt hatte. Goldstein war das Opfer der Schandtaten seines Neffen samt dessen Clique, seines korrupten Schwagers und seines Vorgesetzten, des Commissaire Divisionnaire Manson, geworden.

»Hallo, Nadia«, rief Roseline, Blachets Sekretärin, die in ihrem Büro saß, dessen Tür offen stand. Sie trug eine Maske. »Wie geht es dir?«

»Es geht. Ich bin nicht mehr ansteckend. Aber, Roseline, es ist eine üble Krankheit. Eine ganz schlimme Krankheit. Ich war noch nie in meinem Leben so schlecht in Form.«

Roseline nickte. »Ich habe es gehört. Auch Alexandre von Philippes Team ging es nicht gut. Und sein Vater ist vor zwei Wochen an Corona gestorben. Die beiden anderen, Martin und Robert, hatten mildere Symptome. Zum Glück musstest du nicht ins Krankenhaus. Vier Infizierte im Commissariat. Gut, dass man sich in Marseille überall testen lassen kann. Was wäre das sonst für ein Chaos geworden! Die Polizisten wären alle in Quarantäne gewesen …«

Nadia zuckte mit den Schultern. Wären sie woanders angestellt gewesen, hätte man sie alle in Quarantäne mit Home-Office geschickt.

Nadia ging in ihre Abteilung, wo noch alles ruhig war. Sie schluckte. Der Commissaire hatte sie in den letzten Tagen ganz einfach ignoriert. Gewiss steckte er bis zum Hals in Problemen und machte wahrscheinlich sie dafür verantwortlich. Natürlich hatte sie Loïc Moltet angestachelt, Christine ermutigt und Castini angeheuert. Doch sie konnte nichts dafür, dass Théo seine Mitschüler mit dem Film hatte erpressen wollen. Deshalb war die Tatsache, dass die beiden Vorstadtkiller losgeschickt worden waren, nicht ihre Schuld.

Kurz darauf kam Florian. »Seltsam, wieder ganz normal zu arbeiten«, meinte er. »Dafür aber mit Maske.

Schau mal, meine schöne Blumenmaske. Ich liebe es, mich zu outen.«

»Ja, passt wirklich hervorragend, Florian. Du bist genauso bunt unterwegs wie Laura!«

Nadias Handy läutete. Es war Fiona. Wahrscheinlich steckte sie im Stau, Pierres Wohnung war doch viel weiter vom Commissariat entfernt als ihre eigene.

»Ja, Fiona?«

»Nadia, komm bitte schnell zu mir! Brice ist hier, in meiner Wohnung, ich halte ihn mit meiner Pistole in Schach, aber ich will nicht schießen ... Ich bin im vierten Stock, Nummer 412!« Fiona klang vollkommen panisch.

Nadia sprang auf. Fionas Ex! Das war ja zu erwarten gewesen.

»Schnell!«, rief sie Florian zu. »Wir haben einen Notfall! Fiona! Der Psychopath aus Lille ist hier. Hat keine Zeit verloren.«

Sie rannten durch den Gang. Stéphane kam ihnen entgegen.

»Wir müssen zu einem Notfall!«, rief Nadia. »Kümmere dich so lange ums Telefon.«

»Nein! Ich komme mit!«

Stéphane heftete sich an die Fersen der Kollegen.

Die drei rasten mit Blaulicht in Florians Auto zu Fionas Adresse.

»Was ist bei Fiona los?«, fragte Stéphane erstaunt.

»Ihr Ex ist aufgetaucht und bedroht sie«, sagte Nadia.

»Ach nein! Deshalb ist sie immer so abweisend. Weil sie schlechte Erfahrungen gemacht hat.«

Nadia drehte sich um und sah ihn an. »Sie ist abweisend, weil ihr ihr wie eine Meute Jagdhunde hinterherhechelt. Das ist Stress, vor allem bei der Arbeit.«

»Sie gefällt uns eben«, rechtfertigte sich Stéphane, »und wir haben sonst niemanden.«

Nadia konnte nicht antworten, denn sie waren angekommen. Sie sprangen aus dem Auto und rannten in das Haus. Da gerade ein älterer Herr aus dem Gebäude trat, brauchten sie nicht zu läuten.

Sie quetschten sich an ihm vorbei. Er wollte ihnen hinterherschimpfen, doch Nadia rief: »Polizei!«

Sie verloren keine Zeit damit, auf den Aufzug zu warten, sondern rannten die Treppe hinauf.

Als sie in Fionas Wohnung eintrafen, sahen sie ihre Kollegin mit dem Rücken zu ihnen stehen und drei Meter von ihr entfernt einen jungen, muskulösen Mann, der sie wild gestikulierend beschimpfte und beleidigte. Florian hechtete an Fiona vorbei und warf sich auf ihn. Der Mann wollte sich wehren, doch Nadia drehte ihn sofort auf den Bauch und bog ihm die Arme auf den Rücken.

Stéphane ging zu Fiona und nahm ihr die Pistole aus der Hand. Sie begann heftig zu schluchzen. Stéphane legte ihr einen Arm um die Schulter. »Beruhige dich! Es ist vorbei. Wir haben ihn.«

Fiona ließ sich in seine Arme fallen, er strich über ihren Rücken. Nadia und Florian zerrten Brice auf die Beine. Stéphane schob Fiona sanft dem Ausgang zu, die anderen folgten ihnen mit Brice, der sich loszureißen versuchte.

Als sie fast beim Aufzug waren, schaffte Brice es plötzlich, Nadia seinen Arm zu entziehen. Er schubste Florian von sich, stürzte sich auf Fiona und Stéphane und boxte Stéphane mit voller Wucht ins Gesicht. Stéphane schrie auf, aus seiner Nase quoll Blut und tropfte auf den Boden vor dem Aufzug.

Florian versetzte Brice einen Schlag auf den Kopf, Nadia und er drehten ihm wieder die Arme nach hinten. Fiona setzte sich mit Stéphane auf den Boden. In diesem

Moment ging die Tür des Aufzugs auf, und eine junge Frau trat heraus.

»Oh mon Dieu, was ist denn hier los, Fiona?« Sie bückte sich sofort, um Stéphanes Gesicht zu begutachten. »Nasenbeinbruch«, war ihr Urteil. »Gehen Sie sofort ins Krankenhaus. Warten Sie, ich hole Ihnen etwas, um die Blutung zu stillen.«

»Das ist meine Nachbarin Sandy. Sie ist Krankenschwester«, sagte Fiona schwach.

»Das merkt man«, meinte Florian, der Brice mit eisernem Griff den Arm auf den Rücken bog.

Brice bewegte sich nicht, starrte nur Stéphane grimmig an. »Du hättest meine Freundin nicht ficken sollen«, stieß er hervor.

Stéphane sah ihn verzweifelt an. »Aber … ich habe nicht …«

Nadia seufzte. »Es tut mir leid, Stéphane, der Typ ist nicht zurechnungsfähig. Er hat geglaubt, dass du Fionas Freund bist. Deshalb ist er auf dich los.«

Fiona stand auf. »Du Monster!«, brüllte sie Brice an. »Du Blödmann, du elender! Du hast einen Polizisten verletzt. Wir werden dich ins Gefängnis stecken. Stéphane ist ein Kollege und Kumpel, sonst nichts!«

Nun schien Fionas Ex ziemlich nervös zu werden.

»Aber, Fiona, du hast doch gesagt, dass du einen anderen hast.«

»Habe ich. Aber es ist nicht er!«

»Also bin ich für jemand anderen zusammengeschlagen worden«, knirschte Stéphane. »Das ist wirklich super. Ich werde dich verklagen, du Arsch. Das wirst du bezahlen!«

Sandy kehrte zurück. Sie legte Stéphane Eis auf die Nase und steckte ihm blutstillende Watte in die Nase.

»Was machen wir jetzt mit ihm?«, fragte Fiona schwach.

»Wir müssen zuerst den Verrückten in eine Zelle sperren. Und uns dann um Stéphane kümmern«, meinte Nadia.

»Hör mal, Fiona«, sagte die Krankenschwester. »Am besten lasst ihr ihn hier bei mir. Ich kümmere mich um ihn und bringe ihn in die Notaufnahme. Dort ist es derzeit ruhig, weil alle wegen Corona Angst haben.«

»Danke, Sandy, dabei bist du sicher müde«, meinte Fiona.

Die junge Frau zuckte mit den Schultern. »Eine Stunde mehr oder weniger fällt auch nicht mehr ins Gewicht.«

Nadia nahm die dunklen Ringe unter ihren Augen wahr.

»Danke, Sandy, du bist ein Schatz!«

»Bringt ihr nur den Verrückten weg! Rasch!«, meinte Sandy. »Sie sind wirklich ein Barbar.«

Brice wollte wieder ausholen, doch Nadia rammte ihm das Knie in den Schritt, und er heulte auf. Florian sah Brice an. »Pass auf, das war schon immer Nadias Spezialität.«

»Du Hure«, knirschte Brice, und Nadia lachte.

Sie zerrten ihn in den Aufzug, Fiona folgte ihnen.

»Du fährst, Fiona!« Florian gab ihr seinen Schlüssel. »Wir halten ihn.«

»Schon gut«, meinte Brice, »ich rühre mich nicht mehr.«

»Non, non, non«, sagte Florian bestimmt. »Du hast deine Aggressionen nicht im Griff. Dir kann man nicht trauen.«

»Ich finde ihn, und ich töte ihn«, murmelte Brice immer wieder, als sie im Auto zum Commissariat fuhren.

»Das nützt dir nichts, Brice« unterbrach ihn Fiona mit eisiger Stimme. »Ich will dich nicht mehr.«

»Wie heißt er? Wo wohnt er? Wo arbeitet er?«

»Schnauze!«, fuhr Florian ihn an.

Im Commissariat verfrachteten sie Brice in eine Zelle, wo sie ihn erst mal schmoren lassen würden.

Fiona sah auf ihre Hände, die voll Stéphanes Blut waren.

»Der arme Stéphane«, schluchzte sie. »Es tut mir ja so leid!«

»Dein Ex hat keine Zeit verloren und ist trotz der Hundert-Kilometer-Grenze sofort gekommen«, meinte Florian.

»Er ist verrückt«, flüsterte Fiona. »Vollkommen verrückt. Wir müssen ihn einbuchten.«

Nadia legte ihr beruhigend eine Hand auf den Arm. Sie sah, wie sehr Fiona zitterte. Fiona ging in die Toilette, um sich die Hände zu waschen. Nadia und Florian begaben sich in ihre Abteilung. Der Commissaire war nun da und erteilte Kenny Anweisungen. Er sah nicht besonders gut aus. Und er schien sehr sauer zu sein.

»Wo wart ihr, Nadia?«, herrschte er sie an.

»Wir haben jemanden verhaftet. Fionas Ex ist gekommen, hat sie bedroht und Stéphane zusammengeschlagen. Wir haben ihn hier in einer Zelle. Er soll noch heute dem Staatsanwalt und dem Untersuchungsrichter vorgeführt werden.«

Blachet sah Nadia grimmig an. »Und du glaubst wirklich, dass es was bringt, mit so was seine Zeit zu vergeuden?«, fuhr er sie an. »Du hast dein Team nicht im Griff, und du machst, was du willst. Dieser Typ wird niemandem vorgeführt, wir lassen ihn frei! Wir haben heute genug anderes zu tun! Und ich werde dich versetzen lassen. Ich will dich nicht mehr in meiner Abteilung. Du bist nicht zu händeln!«

Nadia zuckte innerlich zusammen, sah ihn jedoch ruhig an.

»Du weißt, dass du verloren bist, Christian«, sagte sie. »Du hast mit den korrupten Typen zusammengearbeitet, jetzt wird alles aufgedeckt. Du kannst mich versetzen lassen, wohin du willst, doch deine Anträge werden nichts mehr fruchten. Du kannst froh sein, wenn du selbst *nur* versetzt wirst. Und was den Typen betrifft, den wir festgenommen haben, so lass ihn doch frei! Aber dann erkläre Stéphane, warum. Er hat einen Nasenbeinbruch.«

Fiona kam in den Raum. »Nun, Mademoiselle«, meinte Blachet herablassend. »Sie sollten Ihre Männergeschichten besser im Griff haben. Sie geben sich offenbar immer mit den Falschen ab. Und Ihre Abteilung leidet darunter.«

Fiona sah ihn erschrocken an.

»Wir wissen genau, was ihr treibt. Vor allem ihr drei.«

Er zeigte auf Nadia, Florian und Fiona.

»Und der Herr Substitut wird bald nicht mehr hier sein. Er wird euch nichts mehr nützen. Aber da ihr drei Marseille auch verlassen werdet, ist das ohnehin egal!«

Nadia wurde wütend. »Ja, koste deine Macht aus, Christian, solange du kannst. Denn deine Tage hier im Commissariat sind gezählt. Und außerdem, Monsieur le Commissaire, waren wir nie so naiv, zu glauben, dass du uns einfach so von heute auf morgen wegversetzen kannst.«

»Was du nicht sagst! Du aufmüpfiges Ding! Wenn Frigeri und du nicht einfach auf eigene Faust ermittelt hättet, wäre es nie so weit gekommen. Wir haben einen toten Commissaire, Madame le Lieutenant! Und das ist deine Schuld!«

»Meine Schuld?«, brüllte Nadia. »Wer hat die beiden Vorstadtgangster einfach laufen lassen und dann bei ihnen Morde in Auftrag gegeben? Und wer hat die beiden eliminiert? Doch nicht ich!«

Der Streit zwischen Blachet und Nadia hatte die Kollegen angelockt. Luc, Rachid, Franck, einige Agents und zwei Sekretärinnen kamen in den Open Space, um zu sehen, was los war.

Luc und Rachid stellten sich drohend vor den Commissaire und sahen ihn finster an.

»Was soll das, Christian?«, fragte Luc. »Meinst du, du kannst uns alle für blöd verkaufen? Nur weil du in der Hierarchie höher stehst als wir? Wir lassen uns für so was nicht einspannen. Wir haben die beiden Straftäter verhaftet und hatten handfeste Beweise für ihre Schuld an vier Morden. Und ihr, Goldstein und du, habt sie laufen lassen, damit der Commissaire Divisionnaire sie für irgendwelche dreckigen Zwecke einsetzen konnte. Und jetzt ist Goldstein tot, und du und Manson, ihr werdet aus der Sache wahrscheinlich nicht so einfach herauskommen.«

»Außerdem steht ihr in der Banlieue auf der schwarzen Liste«, fuhr Rachid fort. »Goldstein ist schon tot, aber du und Manson, ihr könnt noch belangt werden. Und das geht ruckzuck. Ohne jede Vorwarnung. Und ich weiß ganz genau, dass Goldstein es war, der Omar Kaslibi und seinen Komplizen entsorgt hat. Ich habe Zeugen dafür, weil ich immer noch Kontakte in den Cités habe.«

Nadia sah von einem zum anderen. Was nun geschah, war heftiger als alles, was sie sich je vorgestellt hatte! Blachet wurde von seinem gesamten Team zur

Schnecke gemacht. Sie sah, dass der Commissaire vollkommen weiß im Gesicht wurde.

»Vergesst nicht, wer ich bin und wer ihr seid«, presste er hervor. »Ich bin euer Vorgesetzter, ihr habt nicht gegen mich zu ermitteln. Ich habe das alles getan, weil ich meinen Vorgesetzten gehorcht habe, und ich erwarte von euch dasselbe. Mischt euch in die Sache nicht weiter ein, sonst werdet ihr suspendiert. Ich werde euch alle versetzen lassen.«

»Das fällt auf, Christian, wenn du gleichzeitig einen Lieutenant und zwei Capitaines suspendieren lässt. Und du kannst uns nicht einfach versetzen, das weißt du ganz genau«, sagte Luc ungerührt. »Und nein, wir gehorchen unseren Chefs nicht blind. Das ist der Unterschied zwischen unserer und deiner Generation.«

Nadia konnte sich ein Hüsteln nicht verkneifen. Blachet war gerade einmal zehn Jahre älter als Luc.

»Ja, ihr gehorcht lieber diesem jungen Schnösel, der sich für was Besseres hält. Dem großen Retter der Menschheit! Dem Substitut, der unbedingt schnell aufsteigen will und über Leichen geht. Nur zu, ihr werdet schon sehen, wo euch das hinführt!« Blachet fegte aus dem Raum. Alle Anwesenden sahen einander betreten an.

»Nun, weit wird er damit nicht kommen«, sagte Luc, doch richtig überzeugt klang er nicht.

»Sicher nicht. Wenn er kein Disziplinarverfahren kriegt, dann kümmert sich die Cité um ihn«, ließ Rachid sich jedoch eisig vernehmen. Nadia hörte, dass er es todernst meinte.

»Bis später«, sagten Rachid und Franck und verließen den Raum. Luc drückte beschwichtigend Nadias Schulter, die Kollegen begaben sich wieder in ihre Abteilungen. Nadia ging in ihr Büro und schaltete mit zitternden

Händen ihren Computer ein. Was würde nun geschehen? Sie musste nicht lange warten.

Bereits drei Minuten später stand Blachet in ihrem Türrahmen. Diesmal mit Maske. Hinter ihm sein Vorgesetzter Manson, Leiter der PJ, ebenfalls mit Maske. Die beiden traten in ihr Büro. Manson ergriff das Wort.

»Madame, Sie sind ab sofort offiziell suspendiert. Wir leiten ein Disziplinarverfahren gegen Sie ein. Sie haben Ihre Vorgesetzten missachtet und ein schlimmes Chaos angerichtet. Commissaire Goldstein wurde wegen Ihrer Aktionen ermordet. Wahrscheinlich werden Sie auch angeklagt werden.«

Konfrontation

Fiona war verzweifelt. Commissaire Blachet wollte Brice einfach laufen lassen! Außerdem hatte ihr Vorgesetzter Nadia, Rachid, Franck und Luc sowie Florian und ihr selbst offen gedroht. Auch wenn sie sich alle gegen ihn stellten, so war er dennoch ihr Vorgesetzter und saß am längeren Hebel.

Florian versuchte Fiona zu beruhigen, doch sie sah, dass auch er sehr verunsichert war. Kenny blickte verständnislos von einem zum anderen, er hatte von alldem, was geschehen war, nicht die leiseste Ahnung.

Fiona zuckte zusammen, als sie Nadia gefolgt vom Commissaire und einem anderen Mann in den Open Space treten sah. Beide Männer trugen Masken, ihre Augen wirkten kalt. Nadia war kreidebleich, sie schaute ihre Kollegen nicht an.

»Commissaire Divisionnaire Manson …«, murmelte Florian erschrocken.

»Bon, Mesdames et Messieurs«, sagte Blachet kalt. »Ihre Vorgesetzte ist nun ihrer Funktionen enthoben. Und ihr beide«, er zeigte auf Florian und Fiona, »werdet in den nächsten Wochen ebenfalls ein Disziplinarverfahren bekommen. Genauso wie die Capitaines Garnier und Fandouli!«

»Euer neuer Vorgesetzter ist fürs Erste Lieutenant Philippe Manhes«, fuhr der Leiter der PJ fort. »Der Einzige hier, der bei dieser Schmutzkampagne des Substitut gegen uns beide und Commissaire Goldstein nicht mitgemacht hat.«

Fiona spürte, wie ihr Tränen in die Augen schossen. Nun war es also so weit! Sie hatten so etwas befürchtet, aber immer noch gehofft, dass ihre Vorgesetzten vorher überführt würden. Sie spürte, wie sich Panik ihrer bemächtigte. Brice würde freigelassen werden, er würde ihr und Pierre irgendwo auflauern, um sie zu töten. Nadia würde nicht mehr arbeiten dürfen, und sie alle riskierten eine Versetzung nach Paris! Nicht einmal Castini konnte sie davor bewahren.

Allerdings bemerkte Fiona, dass Florian keineswegs aus der Fassung gebracht wirkte. Er sah den Commissaire und dessen Vorgesetzten nur interessiert an. »Ich verstehe nicht«, sagte er langsam. »Was genau wird uns vorgeworfen? Warum soll Nadia suspendiert und warum sollen wir alle versetzt werden?«

Der Commissaire Divisionnaire wandte sich ungeduldig an ihn.

»Sie spielen den Scheinheiligen hervorragend. Aber damit kommen Sie bei uns nicht durch. Sie haben gewusst, dass Ihre Lieutenant sich Ihren Vorgesetzten widersetzt, und haben trotzdem mit ihr heimlich ermittelt.«

»Ja. In meiner Freizeit. Das ist mein gutes Recht.«

Nadia sah Florian warnend an, doch er beachtete sie nicht.

»Ich habe meine Arbeit trotzdem so verrichtet, wie man mir es befohlen hat, war immer vor Ort, sogar in den Quartiers Nord. Dasselbe gilt für Agent Brante.«

»Sie haben für Substitut Frigeri gearbeitet, der uns durch eine gemeine Verleumdungskampagne anzuschwärzen versucht. Sie sind ihm auf den Leim gegangen. Und nun werden Sie dafür bezahlen. Alle beide«, stieß Manson hervor. Er schien Fiona sehr aufgebracht, es sah aus, als würde er unter seiner Maske kaum mehr Luft bekommen.

»Okay«, ließ Nadia sich vernehmen. »Ich geh schon mal. Sie brauchen mich ja nicht mehr. Regeln Sie das alles mit meinen Kollegen!« Sie wandte sich zur Tür um.

Doch in dem Moment traten Luc, Franck und Rachid mit drei Herren, alle sechs mit Masken, in den Open Space. Fiona wusste, dass einer der drei der Directeur Interrégional war, der oberste Vorgesetzte der regionalen PJ. Er war für die Kripo in den Regionen Occitanie und Sud zuständig und einer der höchsten Polizeibeamten Frankreichs. Fiona hatte ihn bereits auf einem Foto gesehen und erkannte ihn aufgrund seiner dichten silbergrauen Haare wieder.

»Bonjour«, begann einer der Herren. »IGPN, Interne Ermittlungen. Commissaire Blachet und Commissaire Divisionnaire Manson, Sie kommen mit uns. Wir leiten eine Untersuchung zu den jüngsten Ereignissen im Commissariat ein. Und wir müssen uns im Laufe der kommenden Tage mit jedem der hier im Raum Anwesenden unterhalten.« Er ließ seinen Blick von einem zum anderen wandern, wie um seine Worte noch einmal zu unterstreichen.

Der Herr mit den silbergrauen Haaren wandte sich an Luc. »Capitaine, bis ein neuer Commissaire hier eintrifft, sind Sie für Blachets Abteilung verantwortlich. Ich werde Sie heute Nachmittag treffen, sobald ich kann. Und sorgen Sie dafür, dass bei Zusammenkünften und beim Verlassen des Schreibtischs alle ihre Masken tragen.«

»Und ich?«, fragte Nadia. »Ich wurde soeben von den beiden suspendiert. Was soll ich jetzt tun?«

»Die beiden haben sich geirrt. Sie sind selbst suspendiert«, erwiderte der Herr mit den silbergrauen Haaren grimmig. »Sie gehen schleunigst zurück in Ihr Büro. Es wird heute noch sehr viel Arbeit für Sie geben. Und die Herren von der IGPN werden Sie wie gesagt später noch sprechen wollen. Capitaine, ich zähle auf Sie!«

Mit einem letzten Blick auf Luc drehte er sich um. Die beiden Männer der IGPN folgten ihm, zwischen sich Manson und Blachet, die kein Wort mehr von sich gaben.

Luc schüttelte den Kopf. Er schien vollkommen schockiert. »Na so was, das ging aber schnell. Und ich … verantwortlich?«

»Natürlich, Luc«, meinte Nadia. »Du bist derjenige mit dem höchsten Dienstgrad und der meisten Erfahrung.«

Luc seufzte. »Mon Dieu, das hat mir gerade noch gefehlt!«

»Diese Schweinehunde. Diese elenden Schweinehunde. Sie haben Blut an den Händen«, stieß Rachid hervor.

»Ja, aber sie werden ihre Strafe bekommen«, sagte Nadia ruhig und sah in die Runde. Auch Fiona spürte, wie die Aufregung des Morgens langsam verebbte.

Anscheinend hatte das Ministerium in Paris sofort auf Castinis und Mathieus Schreiben reagiert und die IGPN, die für interne Ermittlungen in der staatlichen Polizei zuständig war, beauftragt, der Sache nachzugehen. Fiona hatte nicht erwartet, dass das so schnell geschehen würde. Sie sah auch ihren Kollegen an, dass diese ziemlich verdattert waren. Vor allem jene, die über den Fall Bernier nicht Bescheid gewusst hatten, schienen schockiert.

Luc klatschte in die Hände. »So, Leute, jetzt wird gearbeitet. Wir tun so, als wäre es ein ganz normaler Tag! Als hätten wir nicht gerade zwei Monate Lockdown gehabt, und als wären vor wenigen Sekunden nicht zwei

Führungskräfte dieses Commissariat von der IGPN abgeholt worden. Wir machen einfach mit unseren Aufgaben weiter. Wenn ihr eure Schreibtische verlasst, vergesst bitte nicht die Masken! Außer wenn ihr Kaffee trinkt oder raucht.«

Franck wandte sich an Rachid: »Komm, wir gehen in unsere Abteilung zurück!« Mit einem letzten grimmigen Blick in die Runde folgte Rachid seinem älteren Kollegen.

»Luc, es gibt zu tun«, begann Nadia. »Wir haben gerade einen Typen festgenommen. Fionas Ex, der bei ihr eingebrochen ist, sie bedroht und Stéphane die Nase gebrochen hat. Können wir ihn gleich dem Staatsanwalt und dem Untersuchungsrichter vorführen? Er ist gefährlich!«

»Klar«, meinte Luc, »Was will er denn?«

»Er will Fiona, die sich im Januar von ihm getrennt hat, für sich und etwaige Rivalen aus dem Weg räumen. Deshalb hat er Stéphane zusammengeschlagen.«

»Ach«, meinte Luc. »Sie hat wohl nicht übertrieben, als sie meinte, sie habe eine sehr schwierige Beziehung hinter sich!«

Er sah Fiona neugierig an, und sie spürte, wie ihr heiß im Gesicht wurde.

»Sie hat absolut nicht übertrieben. Der Typ ist komplett verrückt«, meinte Nadia nüchtern.

»Nun, wenn du es schaffst, Pierre für die Sache zu interessieren, dann kümmere dich gleich darum. Aber meiner Meinung nach hat *Monsieur le Substitut* heute anderes zu tun.«

Nadia sah Fiona an. »Er wird sich dafür interessieren, da bin ich ziemlich sicher«, meinte sie und wandte sich zum Telefon, um Pierre anzurufen.

Castini

Lucien Castini war ein sehr erfahrener Anwalt. Das meiste, was er machte, war für ihn Routine. Er hatte in seiner Kanzlei zwei Partner und sechs weitere Anwälte. Deshalb gelang es ihm immer sehr leicht, Distanz zu seinen Fällen zu wahren, sich nicht von ihnen auffressen zu lassen. Was ihm aber diesmal passierte, war ganz und gar außergewöhnlich. Er hatte es mit einem Fall ungewohnter Bandbreite zu tun. Mehrere hohe Polizeibeamte und der Procureur höchstpersönlich waren darin verwickelt. Der Fall hatte alles, was Castini faszinierte: Korruption, Vertuschung von Straftaten, Beteiligung der Banlieues und Auftragsmorde.

Allerdings war er selbst das erste Mal in seinem Leben wegen eines Falles persönlich betroffen. Castini war bereits bedroht worden, aber noch nie hatte jemand versucht, ihn zu töten. Diesmal war jedoch klar, dass er das Opfer eines Anschlages geworden war. Die Sache hatte den Anwalt aus diesem Grund völlig in Bann gezogen, und er hatte sich in den letzten Wochen tatsächlich nur mehr Emeline Bernier, der Schule Saint Christophe und den korrupten Beamten gewidmet.

Der Lockdown hatte ihn gezwungen, die Klage zu verschieben. Nun aber war er bereit. Am ersten Tag nach dessen Aufhebung wollte er Procureur Adriani mit den Beweisen gegen ihn konfrontieren. Castini war am Vorabend aus der geräumigen Villa eines Freundes in Saint Tropez in seine Wohnung zurückgekehrt. Ab jetzt würde er erneut vor Ort arbeiten, auch seine Angestellten würden wieder in seiner Kanzlei im Prado-Viertel zur Stelle sein. Am Morgen betrat er beschwingt das Gerichtsgebäude von Marseille und ging zum Büro des Substitut Pierre Frigeri.

Dieser erhob sich, als er eintrat. »Bonjour, Lucien!«

»Bonjour, Pierre!«

Sie duzten sich inzwischen. Castini hatte Pierre Frigeri in den letzten Jahren nicht besonders gemocht. Er war ihm immer sehr verbohrt erschienen, und, Castini musste es gestehen, Pierre hatte ihn zuweilen in die Enge getrieben. Er war ein brillanter Staatsanwalt, der ihm durchaus das Wasser reichen konnte. Pierres Verhalten im Fall Bernier jedch hatte Castinis volle Bewunderung hervorgerufen. Wenn die Sache gut ging, würde der Vorfall Pierres Karriere sehr förderlich sein. Außerdem hatte Castini das Justizministerium in Paris informiert. Die korrupten Beamten standen im Fokus ihrer Vorgesetzten.

Lucien Castini und Pierre Frigeri tauschten ein paar Höflichkeitsfloskeln über das Wetter und den nunmehr starken Verkehr aus, dann erhob sich Pierre Frigeri.

»Sind wir bereit, Maître?«

»Mehr als bereit. Wie du weißt, haben wir handfeste Beweise.«

»Dann können wir dem Procureur gegenübertreten«, meinte Pierre. Castini sah, dass er nervös war. Der Anwalt konnte das gut verstehen. Frigeri war noch jung, und es ging um seinen direkten Vorgesetzten. Allerdings ahnte Adriani sicher, dass ihm Probleme drohten. Die vergangenen Tage waren für ihn bestimmt sehr stressig gewesen. Für seinen Komplizen Manson und dessen korrupte Commissaires war einiges schiefgelaufen, außerdem war die Presse auf Mansons und Adrianis Aktionen aufmerksam geworden.

Sie setzten ihre Masken auf und klopften an die Tür von Adrianis geräumigem Büro.

Der Procureur saß ohne Maske an seinem Schreibtisch. Er wirkte müde und nervös. Erschrocken sah er sie an.

»Guten Morgen, Monsieur le Procureur«, begann Castini. Er selbst war weder aufgeregt noch nervös. Er verspürte riesige Genugtuung. Er hasste Korruption und Beamte, die ihre Machtposition missbrauchten. Außerdem freute er als Anwalt sich sehr, dem Oberstaatsanwalt zu zeigen, wo es langging. Er beschloss, die Situation so richtig auszukosten.

»Hallo, Georges«, sagte Pierre, und Castini merkte, dass dem Substitut nicht wohl in seiner Haut war.

»Guten Morgen, Pierre, guten Morgen, Maître.« Der Procureur lächelte gezwungen.

»Sie tragen keine Maske, Monsieur le Procureur?«, fragte Castini. »Es ist Pflicht, auch wenn es uns nicht gefällt. Schrecklich, was derzeit passiert, dieses Virus, man fragt sich, wie es nur so weit kommen konnte. Das ist entgleist, weil etwas vertuscht wurde, und zwar in China. Das Regime hat zu Anfang alles getan, um die Seuche zu verschleiern, und nun haben wir in Europa an die hunderttausend Tote und eine noch nie da gewesene Wirtschaftskrise.«

»Nun, Maître Castini?«, fragte Georges Adriani ihn spöttisch. »Haben Sie vor, den chinesischen Staat zu verklagen?«

Castini zuckte nur mit den Schultern. »Ich täte es gern. Aber es bringt nichts. Ich konzentriere mich lieber darauf, hier in Frankreich Missstände aufzudecken und einzugreifen, wenn Verbrechen vertuscht werden. Und ich bin auf etwas sehr Interessantes gestoßen. Emeline Bernier, sagt Ihnen der Name etwas?«

Der Procureur zuckte zusammen und brachte kein Wort heraus.

Castini nannte Adriani alle Beweise, die sie gegen ihn und seinen Sohn sowie gegen Manson und dessen Tochter gesammelt hatten, und erklärte, dass die Klage im Namen der Familie Bernier und anderer bereits eingereicht worden war.

Adriani lachte hämisch und meinte: »Maître, Sie glauben doch nicht im Ernst, dass Sie gegen mich und den Commissaire Divisionnaire eine Chance haben? Wo wollen Sie denn da ansetzen?«

Castini beugte sich vor und sah Adriani in die Augen.

»Haben Sie mir nicht zugehört, *Monsieur le Procureur?* Ich habe von einem Film gesprochen und von Zeugen. Zeugen, die Sie zwar einzuschüchtern versuchten, die aber trotzdem aussagen wollen. Ihr Sohn ein Vergewaltiger und Sie ein Mörder, wer hätte das gedacht?«

Der Procureur sah schwer atmend von Castini zu Pierre. Sein Blick blieb auf dem jungen Substitut haften.

»Du … du Verräter!«, stieß er hervor. »Du hast gegen mich konspiriert und Castini aufgehetzt!« Aus dem Mund des Procureurs kamen kleine Speicheltröpfchen.

Castini wich erschrocken zurück. »Monsieur le Procureur, ich möchte Sie bitten, sich zu mäßigen und vor allem nicht zu spucken. Das soll man derzeit wirklich nicht. Vielleicht könnten Sie doch eine Maske aufsetzen?«

Pierre war unter seiner Maske blass geworden, doch er antwortete mit fester Stimme: »Ich habe niemanden gegen dich aufgehetzt, Georges. Aber die Tat deines Sohnes zu vertuschen war eine sehr schlechte Idee. Und du bist mit den Morden, die der Commissaire Divisionnaire in Auftrag gegeben hat, eindeutig zu weit gegangen. Du hättest wissen sollen, dass alles irgendwann auffliegt.«

Wieder lachte der Procureur hämisch. »Ihr glaubt, gegen mich eine Chance zu haben. Aber du fliegst raus. Genauso wie deine lesbische Polizistenfreundin, die sich überall einmischen muss, ihr schwuler Freund und dein Flittchen. Heute noch.«

Pierre sah den Procureur wütend an, doch Castini legte ihm beschwichtigend eine Hand auf den Arm. »Ich befürchte, das wird wohl Ihnen passieren, Monsieur le Procureur. Paris weiß Bescheid. Die Untersuchung hat bereits begonnen. Die IGPN ist schon im Commissariat. Genießen Sie noch ein paar Stunden lang Ihr Büro, *Monsieur le Procureur,* denn bald sitzen Sie im Gefängnis!«

Adriani sprang auf. »Raus! Raus mit euch! Und du, Pierre, lass dich hier bloß nie wieder blicken!«

Von dem Lärm angelockt waren Adrianis Stellvertreter Jean Calvet und zwei Sekretärinnen ins Büro gekommen. Sie sahen Pierre fragend an, dieser ignorierte sie.

»Raus! Alle raus hier!«, brüllte Adriani.

Castini zog Pierre am Arm mit sich. Er war froh, dass er eine Maske aufhatte und man sein Lachen nicht sehen konnte. Ihm gefiel die Situation, vor allem, weil er wusste, dass der Procureur in Kürze verhaftet würde.

Vor dem Gerichtsgebäude verabschiedete sich Castini von Frigeri, der ins Commissariat wollte.

»Wer ist übrigens dein Flittchen?«, fragte Castini den Substitut, als sie auf dem Platz vor dem Justizpalast ankamen.

»Das ist Fiona, Nadias Mitarbeiterin, mit der ich seit zwei Wochen zusammen bin. Unsere Beziehung scheint sich schon herumgesprochen zu haben.«

»Sie haben dich wohl auch beschatten lassen, nicht nur du sie«, stellte Castini fest. »Auf jeden Fall Gratulation, man nennt sie bei der Polizei die hübsche Polizistin oder die Bombe.«

»Ja, sie ist sehr hübsch. Ich glaube, dass sie die Frau meines Lebens ist.«

»Ach so?«, fragte Castini erstaunt. »Das weißt du jetzt schon?«

»Ja, ich habe so ein Gefühl.«

»Na dann, umso besser. Du hast deinen Teil getan, ich denke, dass das Gericht von Aix-en-Provence den Fall übernehmen wird. Es wird ein langwieriger Prozess werden, und ich hoffe, wir können alles beweisen. Den Anschlag auf mich und den Englischlehrer, den Mord an dem Mitschüler und den beiden Vorstadtdealern. Aber im Moment scheint alles den richtigen Weg zu gehen. Siehst du, junger Freund, wir mussten nur das Ende des Lockdowns abwarten. Geduld zahlt sich aus … aber ich muss sagen, dass du, Nadia und ihr Team ausgezeichnet gearbeitet habt.«

Der Substitut riss sich die Maske vom Gesicht und grinste Castini an. »Ich hätte niemals gedacht, dass du mich eines Tages loben würdest, Maître. Wir hatten seit dem Fall Ricci vor zwei Jahren eigentlich immer eine recht schwierige Beziehung.«

Castini musste lachen. »Ja, wir waren nicht unbedingt ziemlich beste Freunde. Ich fand dich immer sehr anstrengend. Nun, da du auf meiner Seite stehst, schätze ich deine Effizienz. Aber wir werden sicher bald wieder mal gegeneinander antreten, keine Sorge. Einen schönen Tag, wir hören voneinander!«

Er zwinkerte dem jungen Mann zu und hastete Richtung U-Bahn, um sich in seine Kanzlei zu begeben.

Die neue Normalität

Pierre kam gegen Mittag.

»Es ist vollbracht«, erzählte er. »Mein Chef und eure Vorgesetzten sind ihrer Ämter enthoben, und die Untersuchung beginnt sofort. Ich bin nicht dabei, ich helfe nur Castini und dem Procureur von Aix-en-Provence, der das Ganze zusammen mit Richter Perrier leiten soll.«

»Super, Pierre. Du hast es geschafft«, sagte Nadia.

»Nein, Nadia. WIR haben es geschafft. Euch vielen Dank für eure Hilfe.«

»Nichts zu danken, Pierre, aber du musst gleich durchstarten. Wir haben heute Morgen eine Verhaftung vorgenommen. Gefährlicher Typ, der sofort vor Gericht gestellt werden sollte. Hat Stéphane die Nase gebrochen.«

»Ja? Und hat das was mit unserem Fall zu tun?«

»Nein, Pierre. Das ist ein zusätzliches Problem.«

Pierre schnaubte unwillig.

»Ein Typ, der das ganze Land durchquert hat, um in Marseille Unheil zu stiften«, sagte Nadia. »Trotz der Hundert-Kilometer-Grenze.«

»Okay … worum geht es denn?«

»Fionas Ex«, seufzte Nadia, »der den Typen umbringen will, der jetzt mit Fiona zusammen ist, und deshalb nach Marseille gekommen ist.«

Pierre sah Fiona erschrocken an. »Hat er dir … etwas getan?«

Sie schüttelte den Kopf. »Ich habe ihn wieder einmal mit meiner Pistole bedroht. Aber er hat Stéphane zusammengeschlagen, weil er dachte, der wäre mein neuer Freund.«

Pierre sah sie grimmig an. »Na, den stecken wir sofort in den Knast. Fiona, du musst gegen ihn Anzeige erstatten, wegen Einbruchs und Drohungen. Ich bearbeite den Untersuchungsrichter, damit wir ihn einbuchten können. Wo ist er denn?«

»In einer Zelle bei uns hier.«

»Ich werde mit ihm sprechen!«

»Pass auf, Pierre!«, flehte Fiona. Nadia sah, dass sie traumatisiert war. Das konnte sie gut verstehen.

»Er ist hinter Gittern, oder nicht? Und ich erwarte ihn mit Handschellen vor Gericht! Schnellverfahren …«

»Es tut mir wirklich leid«, schluchzte Fiona, »er … ist durchgedreht.«

»Nein, Chérie, mir tut es für dich leid.« Pierre legte ihr den Arm um die Schultern. »Ich hoffe, er war nicht immer so.«

Fiona schüttelte den Kopf. »Nein. Er hatte immer schon etwas Ungebändigtes, das er zu beherrschen vermochte, aber jetzt ist er ausgeflippt. Er ist besessen von mir. Er liebt mich nicht, sondern will mich nur besitzen. Ich hoffe, du kannst ihn einsperren.«

»Das hoffe ich auch«, knirschte Pierre. »Ausgerechnet heute muss dieser Typ aufkreuzen, wo bei Gericht ohnehin die Hölle los ist und der Procureur verhaftet wurde! Welch ein Start in die neue Normalität!«

Es war in der Tat ein stressiger Tag. Das Telefon läutete unablässig, und im gesamten Commissariat herrschte unglaubliche Hektik. Alle Ermittler der Kripo arbeiteten nun unter Lucs Führung am Fall Emeline Bernier.

Anscheinend hatte Manson zwei Commissaires rekrutiert, die ihm helfen sollten, die Sache zu vertuschen: Goldstein, den Leiter der Stups, der nun tot war, und

Blachet, den Chef der Crim, auf den eine Gerichtsverhandlung wartete und der von den beiden wahrscheinlich bestochen worden war.

Jetzt jedoch steckte der überregionale Directeur der PJ auch in Schwierigkeiten, weil er gewisse Fragen, die er hätte stellen sollen, nicht gestellt hatte. Seine Rolle war unklar. Was die Staatsanwaltschaft betraf, so riskierten zwei weitere Personen, ein Substitut und Adrianis Stellvertreter, ein Disziplinarverfahren. Was mit Pierre geschehen sollte, der die Sache offiziell aufgedeckt hatte, wusste keiner, doch vermutlich würde er mit einer Beförderung belohnt werden.

Stéphane kam mittags ins Commissariat. Er hatte eine Schiene sowie einen riesigen Verband an der Nase und war für eine Woche krankgeschrieben.

Nadia brachte ihn auf den neuesten Stand. Wie Kenny war er ziemlich verdattert. Nadia war bewusst, dass die beiden sauer auf sie sein könnten, weil sie die geheime Ermittlung ohne sie durchgeführt hatte.

»Wir wollten euch da nicht mit reinziehen«, erklärte sie den beiden. »Florian und Fiona waren dabei, als Pierre uns von der Sache erzählte, aber auch sie wollte ich am Anfang raushalten. Keiner wusste Bescheid. Auch Luc nicht. Luc ist übrigens jetzt unser Chef, bis ein neuer Commissaire kommt.«

»Dieser Schweinehund«, knirschte Stéphane. »Wegen ihm wurde ich zusammengeschlagen.«

Nadia sah, dass Fiona zusammenzuckte. »Nein, Stéphane. Ich habe keine Beziehung mit Luc. Mein Ex-Freund ist verrückt, und weil du mich umarmt hast, glaubte er, ich wäre mit dir zusammen.«

»Aber du hast einen Freund, oder?«

»Ja. Aber er arbeitet nicht hier im Commissariat.«

Stéphane zuckte mit den Schultern. »Ist ohnehin besser, Fiona. Und ich werde von deiner netten Nachbarin betreut. Sie kommt heute Abend zu mir, nachschauen, wie es mir geht.«

Fiona lächelte. »Sandy ist eine Perle.«

»Und sie ist noch frei!«

»Ja, Stéphane, aber du hast einen Riesenverband im Gesicht. Ich würde an deiner Stelle mit dem Anbaggern ein wenig warten!«, spottete Kenny.

»Im Moment würde ich dir raten, in der Friendzone zu bleiben«, meinte Florian, und Nadia lachte. Das war der Rat, den er jedem Kollegen bezüglich Frauen gab.

»Mon Dieu, sprich doch Französisch!« Stéphane sah ihn widerwillig an.

»Einfach nur ein guter Freund sein«, sagte Florian.

»Hast im Moment eh keine Wahl«, lachte Kenny. »Mit diesem Ding im Gesicht kannst du nicht mal küssen!«

Da kam Luc in den Raum. »Stéphane, du darfst dann gleich gehen, doch Pierre braucht dich vor Gericht. Für die Anklage, als Zeuge und Opfer. Brice Campeau wird am frühen Nachmittag vor Gericht gestellt. Und du, Fiona, musst auch hin. Aber Florian und Nadia kommen sicher mit, um Brice zu belasten.«

Nadia wusste, dass der Moment, in dem sie vor Gericht gegen ihren Ex-Freund aussagen musste, für Fiona schrecklich sein würde. Doch sie hatte leider keine andere Möglichkeit. Nadia würde sie so gut wie möglich unterstützen.

Gerichtsverhandlung

Brice war zum Schnellverfahren ins Gerichtsgebäude gebracht worden. Nun mussten Fiona, Stéphane, Nadia und Florian aussagen. Mit Florian ging Fiona zu Fuß zum Justizpalast, der sich auf der Südseite des Alten Hafens befand. Schnellen Schrittes durchquerten sie das Panier-Viertel, das zur Mittagszeit sehr heiter wirkte. Die Menschen waren vor ihren Türen, fegten, setzten Pflanzen in Töpfe, riefen sich etwas zu und unterhielten sich mit den Nachbarn. Marseille war aus seinem Dornröschenschlaf erwacht.

Am Alten Hafen herrschte beim Fischmarkt reges Treiben. Die Besucher mussten zwar Masken tragen, aber sie durften sich frei bewegen und schienen an ihrem ersten Tag in der neu erworbenen Freiheit glücklich über das schöne Wetter. Die Cafés waren noch geschlossen, trotzdem wimmelte es um den Hafen von Spaziergängern. Viele Jachtbesitzer waren auf ihren Booten und machten Frühjahrsputz. Es war auch ziemlich viel Verkehr, die Straße, die vom Hafen Richtung Süden direkt zum Justizpalast führte, war verstopft.

Fiona war froh, zu Fuß unterwegs zu sein. Außerdem half ihr das schnelle Gehen, ihre Nervosität und Angst im Zaum zu halten. Sie wusste, was sie nun erwartete. Sie würde aussagen müssen. Erzählen müssen, was Brice ihr damals angetan hatte, bevor sie ihn mit ihrer Dienstwaffe bedroht hatte. Sie hatte es schon ihrer Vorgesetzten Catherine in Lille berichtet und mit Pierre darüber gesprochen, aber nun ging es darum, Brice öffentlich anzuklagen.

»Keine Sorge, Fiona«, sagte Florian, der bemerkte, wie angespannt seine Kollegin und Freundin war. »Wir sind alle hier, um dich zu unterstützen und zu bezeugen, dass Brice Campeau ein Verrückter ist. Außerdem wird sich Pierre um ihn kümmern. Wir haben alle Trümpfe in der Hand.«

Fiona war sich dessen bewusst. Trotzdem fürchtete sie sich. Brice hatte ihr seit jeher Angst eingejagt. Sie musste alles so schildern, wie es gewesen war. Obwohl ihr davor ekelte und sie sich schämte. Doch eigentlich war es Brice, der sich schämen sollte, nicht sie.

Stéphane und Nadia saßen schon im Gerichtssaal, als Florian und Fiona eintrafen. Sie waren mit Nadias Motorrad gefahren, weil Stéphane ziemlich lädiert war.

»Mir brummt noch immer der Schädel«, klagte er, »trotz der Schmerztabletten, die ich bekommen habe.«

»Heute Nachmittag kannst du dich ausruhen«, beschwichtigte ihn Nadia. »Aber das hier muss erledigt werden.«

Brice wurde in den Gerichtssaal geführt. Von einigen Polizisten abgesehen waren nur Pierre, der Richter und zwei Gerichtsschreiberinnen anwesend.

Brice wurde von einem schmächtigen jungen Mann begleitet.

»Brice hat einen Pflichtverteidiger. Robert Creux. Ich kenne ihn. Erst voriges Jahr von der Ausbildung gekommen«, erklärte Nadia. Ihr Blick sagte, dass sie den Verteidiger aufgrund seiner Jugend und Unerfahrenheit als nicht besonders gefährlich einstufte.

Fiona vermied es, Brices Blick zu kreuzen. Sie wusste, dass er sie anstarrte. Aber sie wollte ihn nicht zur Kenntnis nehmen. Sie hatte nichts mehr zu befürchten. Brice würde ins Gefängnis wandern.

Der Richter eröffnete die Verhandlung. Dann erteilte er Pierre das Wort.

»Monsieur Campeau«, begann dieser, »die Anklage gegen Sie lautet auf Einbruch, Vergewaltigung, Körperverletzung, Widerstand gegen die Staatsgewalt und Drohungen. Außerdem haben Sie die Hundert-Kilometer-Grenze, die augenblicklich in Kraft ist, missachtet, als Sie gestern Abend nach Marseille gereist sind, um in die Wohnung ihrer Ex-Freundin Fiona Brante einzubrechen, wo Sie auf sie gewartet und sie bedroht haben. In Lille hat Madame Brante gegen Sie bereits Anzeige wegen Vergewaltigung erstattet, und Sie durften sich ihr nicht mehr nähern. Trotzdem waren Sie heute Morgen in ihrer Wohnung. Bei Ihrer Festnahme haben Sie einen Polizisten verletzt. Dann haben Sie mehrfach gesagt, dass Sie gekommen sind, um jemanden umzubringen.«

Brice fuhr auf. »Fiona gehört mir. Wir sind zusammen. Sie braucht mich, und ich habe auf sie in ihrer Wohnung gewartet. Sie war die ganze Nacht nicht dort, kam aber am Morgen. Und ich wurde verhaftet, obwohl ich nichts getan hatte. Putain!«

Fiona sah, dass Brice Pierre wütend anstarrte. Dieser blickte nur spöttisch unter seiner Maske hervor.

»Nichts getan?« Er zeigte auf Stéphane, dessen Nasenverband für alle nur zu gut sichtbar war.

»Ich denke, Monsieur Maugier hier ist anderer Meinung.«

Brices Anwalt sah sich gezwungen einzuschreiten. »Darf ich bitte umformulieren, was mein Mandant sagt? Es handelte sich um ein Missverständnis. Mein Mandant glaubte, seine Ex-Freundin liebe ihn noch, und er wollte mit ihr Kontakt aufnehmen. Sie hat ihn mit ihrer Dienstwaffe bedroht und die Polizei gerufen. Und als die Polizisten ihn grob gepackt haben, ist er eben ausgeflippt. Aber mein Mandant wollte niemals einen Polizisten verletzen. Das war ganz und gar nicht seine Absicht. Und schon gar nicht wollte er jemanden umbringen. Das hat er nur so in seiner Wut über die Verhaftung dahergesagt.«

Pierre sah den jungen Anwalt, den er gut kannte, spöttisch an. »Wie können Sie glauben, Maître, dass Brice Campeau dachte, seine Ex-Freundin würde ihn noch lieben, wo sie doch gegen ihn in Lille Anzeige erstattet hatte und er nicht mehr in Ihre Nähe kommen durfte? Es handelt sich hier wirklich um ein sehr großes Missverständnis seinerseits!«

»Brice Campeau und Madame Brante waren fünf Jahre lang zusammen. Sie versuchten ein Kind zu bekommen.«

»Ich habe diesbezüglich andere Informationen. Sie waren damals sicher ein Paar, aber Madame Brante hat sich von Monsieur Campeau getrennt und deutlich gemacht, dass sie ihn nicht mehr sehen will. Aber wir können gerne Fiona Brante als Zeugin befragen. Madame Brante, würden Sie uns erzählen, wie Ihre Beziehung zu Brice Campeau geendet hat?«

Nun war es so weit. Fiona hatte endlich die Möglichkeit, mit Brice abzurechnen. Sie beschloss, sich bei ihrer Schilderung auf die Kollegen und Pierre zu konzentrieren und Brice keines Blickes zu würdigen. Sie begann zu sprechen. Ihre Stimme zitterte anfangs, aber dann wurde sie sicherer, und es gelang ihr, sich auf ihre Worte zu konzentrieren. Die Maske, die sie tragen musste, verbarg ihre Gesichtszüge, sodass sie sich geschützt fühlte. Sie erzählte von ihren missglückten Versuchen, ein Kind zu bekommen, von Brices Verbitterung und davon, dass er ihr gegenüber Aggressionen hatte und gewalttätig wurde.

»Brice war kein klassischer Schlägertyp. Er hat mich nicht geschlagen, weil er wusste, dass ich mich wehren konnte. Er hat mich sexuell misshandelt, wurde gewalttätig, wenn ich ihm ganz ausgeliefert war. Manchmal hat er mich einfach so, wenn ich beim Kochen war, vergewaltigt oder auch im Schlaf. Für ihn war ich sein Eigentum.« Fiona schluckte. Sie sah, dass Nadia und Florian sich entsetzte Blicke zuwarfen und Stéphane die Fäuste ballte. Pierre sah ihr fest in die Augen und ermunterte sie zum Weitersprechen. Nun kam der schwierigste Teil. Sie musste das erzählen, wofür sie sich am meisten schämte.

»Ich habe mich eine Zeit lang nicht gewehrt. Habe es ertragen, dass Brice mich gegen meinen Willen einfach nahm. Heute weiß ich nicht, warum ich nicht früher gegangen bin. Erst als Brice begann, seine Freunde dazuzuholen, habe ich mich zu wehren begonnen. Einmal hat er mich an einem Abend bei einer Einladung vor seinen drei Freunden vergewaltigt. Zwei haben mich festgehalten, einer hat gefilmt.« Fiona spürte, dass ihre Stimme zitterte. Die Erinnerung an dieses schreckliche Erlebnis bereitete ihr Übelkeit. Sie durfte jetzt nicht in Tränen ausbrechen. Sie musste weitererzählen. Verständlich und in knappen Worten.

»Ich war so schockiert, dass ich nicht schrie, mich kaum wehrte. Allerdings habe ich Brice am nächsten Morgen gesagt, dass ich ihn verlassen würde. Und dass er mich nie mehr anfassen sollte, sonst würde ich ihn umbringen. Ich hätte sofort ausziehen müssen, aber ich war träge. Und es wurde noch schlimmer. Eines Nachmittags ein paar Tage später kam ich etwas früher als sonst von der Arbeit nach Hause, und James, der am

Abend meiner Vergewaltigung gefilmt hatte, saß bei Brice im Wohnzimmer. Die beiden hatten getrunken. Auf dem Tisch stand eine leere Whiskeyflasche. Als ich zur Tür hereinkam, erhoben sie sich und lallten, wir sollten zu dritt Sex haben. Ich lehnte lautstark und entschieden ab. Brice befahl James, er solle mich packen und ausziehen. Ich versetzte James einen Schlag, und er fiel zu Boden. Da wollte Brice mich packen, doch ich entwischte ihm. Es gelang mir, meine Pistole aus der Handtasche zu ziehen, und ich bedrohte Brice mit ihr. Er versuchte, mir die Pistole wegzunehmen, deshalb schoss ich zur Warnung ins Fenster. Und dann kamen die Nachbarn und die Polizei. Ich habe gegen James und Brice Anzeige erstattet, sie gegen mich. Seitdem durfte Brice sich mir nicht mehr nähern. Als er heute Morgen in meiner Wohnung saß, habe ich ihn wieder mit der Dienstpistole in Schach gehalten und die Kollegen gerufen.«

Fiona atmete aus. Sie hatte es geschafft. Sie hatte erzählt, was geschehen war. Pierre nickte ihr anerkennend zu.

»Das stimmt nicht! Das stimmt alles nicht!«, rief Brice. Fiona vermied es, zu ihm hinzusehen.

»Monsieur, Sie warten bitte, bis Sie gefragt werden«, wies ihn der Richter zurecht.

Aus den Augenwinkeln nahm Fiona wahr, dass der Anwalt Brice etwas zuflüsterte. Dann wandte er sich an Fiona.

»Madame, Sie haben uns hier eine interessante Geschichte erzählt. Dass Ihr Ex-Freund Sie vergewaltigt hat. Ich habe zwei Einwände. Erstens haben Sie weder Beweise noch Zeugen für all das, was Sie hier behaupten. Und zweitens sind Sie trotz der Vergewaltigungen bei meinem Mandanten wohnen geblieben. Also scheinen Sie doch irgendwie damit einverstanden gewesen zu sein.«

Fiona sah, dass Pierre nach Luft schnappte und den jungen Mann wütend anfunkelte. Auch der Richter schien über diese Äußerung etwas entsetzt.

Schnell fügte der junge Mann hinzu: »Ich meine, wenn es wirklich so gewesen wäre, wie Sie gesagt haben, dann wären Sie doch sofort ausgezogen, nicht wahr?«

Fiona spürte, dass ihr die Tränen in die Augen traten.

»Ja. Eigentlich schon. Wie gesagt, ich kann heute nicht mehr verstehen, warum ich nicht sofort gegangen bin. Ich hatte Geld und auch Freunde, bei denen ich hätte unterschlüpfen können. Jetzt denke ich, dass ich damals nicht einsehen wollte, wie schlimm die Situation war. Und vielleicht war da auch ein Teil von mir, der noch immer an meine Beziehung mit Brice glaubte. Trotz der sexuellen Gewalt, die er mir antat.«

Nun schaute sie Brice in die Augen. Sie hoffte, er würde den Blick senken. Doch das tat er nicht.

»Sehen Sie, Euer Ehren«, entgegnete er und sah den Richter an, »es war alles nicht wirklich klar. Fiona wollte mich nicht mehr. Dann wollte sie mich wieder. Und mal ganz ehrlich, wenn man mit jemandem zusammenlebt, dann gibt es so etwas wie Vergewaltigung nicht. Meine Freundin gehört mir. Ich nehme sie, wann ich will. Und wenn ich sie mit meinen Freunden teilen will, dann tue ich das. Und deshalb bin ich auch nicht eingebrochen, sondern war in ihrer Wohnung zu Gast. Den Bullen habe ich zusammengeschlagen, weil die Lesbe und die Schwuchtel mich gepackt haben!«

Sein Anwalt schnappte nach Luft und starrte Brice wütend an. Er hatte sich für seinen Mandanten solche

Mühe gegeben, und der machte mit diesen schockierenden Aussagen alles zunichte.

Pierre fuhr sich übers Gesicht und seufzte. Nadia, Florian und Stéphane hielten den Atem an. Fiona schämte sich dafür, dass sie mit einem Mann, der solche Dinge sagte, zusammengelebt hatte. Wann hatte das angefangen? Wann war Brice entgleist? Sie konnte sich seltsamerweise nicht mehr daran erinnern.

Der Richter sah Brice kalt an. »Sie wissen schon, dass Sie soeben Dinge gesagt haben, die Sie eindeutig als asozialen Barbaren, Sexisten, Macho und Homophoben ausweisen. Sie sollten nun vielleicht den Mund halten und Ihren Anwalt reden lassen, wenn Sie den Schaden begrenzen wollen.« Er nickte dem Anwalt zu.

»Euer Ehren«, meinte dieser, »Sie sehen, dass mein Mandant ein wenig verwirrt ist. Ich vermute, er meint das nicht so. Er weiß, dass seine Freundin nicht sein Eigentum ist und …«

Pierre fiel ihm ins Wort: »Ich befürchte im Gegenteil, dass er denkt, dass seine Ex-Freundin sein Eigentum ist und deshalb getan hat, was er getan hat. Er hat seine Freundin mehrmals vergewaltigt. Sie behaupten, wir haben keine Beweise dafür. Aber für mich ist es schon Beweis genug, dass er in Abwesenheit seiner Freundin in ihre Wohnung eingebrochen ist und die Tür beschädigt hat. Er hätte ganz normal anklopfen können, meinen Sie nicht?«

»Sie war nicht da!«, rief Brice. »Sie war über Nacht weg! Sicher bei irgendeinem Typen.«

»Und?«, fragte Pierre. »Was tut das zur Sache? Sie waren getrennt, und Sie hatten die Weisung, sich ihr nicht mehr zu nähern. Also konnte Ihnen egal sein, wo sie war und bei wem.«

Der Richter rief Nadia als Zeugin auf. »Was ist heute

Morgen geschehen? Können Sie uns das noch einmal genau schildern?«

»Natürlich. Fiona rief mich an und sagte, Brice sei in ihrer Wohnung und bedrohe sie. Sie halte ihn mit ihrer Pistole in Schach. Als wir dort ankamen, überwältigten wir ihn sofort und nahmen ihn zwischen uns. Er hat sich losgerissen und Stéphane, der sich um Fiona kümmerte, ins Gesicht geboxt. Danach waren wir natürlich viel wachsamer. Im Auto meinte er immer wieder, er wolle Fionas neuen Freund töten. Er klang sehr überzeugend.«

Stéphane und Florian, die ebenfalls befragt wurden, bestätigten Nadias Aussage.

»Glauben Sie das wirklich? Dass er den neuen Freund seiner Ex-Freundin ermorden wollte?«, fragte Brices Anwalt. »Er weiß ja nicht einmal, um wen es sich handelt. Er sagte das, weil er unter Schock stand. Meinen Sie nicht?«

»Hören Sie mal«, sagte Nadia ungeduldig. »Er stand nicht wirklich unter Schock. Eher stand Fiona unter Schock. Und wir. Er war es, der eingebrochen ist und Stéphane die Nase blutig geschlagen hat. Er hat gezeigt, wie gewalttätig er sein kann. Deshalb glaube ich persönlich sofort, dass er bereit wäre, Fionas Freund zu töten.«

Nadia beantwortete noch ein paar Fragen, die der Richter ihr zu Fionas Persönlichkeit stellte. Aus ihren Antworten ging hervor, dass sie als ihre direkte Vorgesetzte mit Fiona sehr zufrieden war.

Dann ergriff Pierre wieder das Wort. »Brice Campeau ist gefährlich, weil er seine Aggressionen nicht im Griff hat. Er sieht seine Ex-Freundin Madame Brante, die ihn klar abgewiesen hat, als sein Eigentum an und wird gewalttätig, wenn er seinen Willen nicht bekommt. Ich beantrage mindestens drei Jahre Haft für Monsieur Campeau wegen Vergewaltigung, vorsätzlicher Körperverletzung, Einbruchs, Missachtung des Lockdowns, Widerstands gegen die Staatsgewalt und Morddrohungen.«

Der Richter nickte, und Fiona wusste, dass Brice für seine Taten bezahlen würde. Sie hatte es geschafft. Sie war nun in Sicherheit.

Verhaftung

Endlich war der Lockdown zu Ende. Caroline hatte die meisten ihrer Sachen gepackt und war an diesem frühen Nachmittag dabei, das Auto zu beladen. Sie würde am nächsten Morgen fahren. Naomi putzte sich im Obergeschoss in ihrem Badezimmer heraus. Mit ihrer Clique wollte sie bei Mathilde das Ende der Ausgangssperre feiern. Naomi sprach zwar nicht mehr mit Caroline, aber sie hatte es am Vorabend ihrem Vater mitgeteilt. Alexandre war in den letzten Tagen sehr nervös gewesen, das hatte Caroline mitgekriegt, obwohl sie nicht mit ihm redete. Die Situation spitzte sich für ihn aufs Äußerste zu. Inzwischen war auch noch Kaslibis Leiche aus dem Meer gefischt und Alexandres Scherge Marc Goldstein erschossen worden.

Nun würde es auch für Naomi kritisch werden. Caroline hatte in den vergangenen Tagen versucht, zu ihr durchzudringen. Sie hatte sich in Erinnerung gerufen, dass Naomi erst fünfzehn war und dass sie vielleicht ihre Tochter dazu bewegen sollte, mit ihr zu kommen. Obwohl Naomi so fürchterliche Dinge getan hatte, wollte Caroline sie retten. Sie ändern. »Wenn du willst, dann komm mit nach La Rochelle!«, hatte sie ihr angeboten.

»Ich denke nicht, dass du mit mir leben willst. Vergiss nicht, dass ich ein Monster bin.«

»Naomi, du bist noch jung. Jeder macht Fehler. Du bist kein Monster. Es tut mir leid, dass ich das gesagt habe. Ich war an diesem Abend … schockiert.«

Naomi hatte sie kalt angesehen. »Doch. Und ich bin stolz darauf. Ich will nicht wie du ein Opfer sein.«

»Du kannst das Opfer deiner eigenen Taten werden«, hatte Caroline erwidert. »Wenn alles herauskommt, dann geht das sehr schnell.«

Naomi hatte nur gelacht. »Wir haben nichts getan. Du weißt ja gar nicht, was geschehen ist.«

»Du und deine Freundinnen, ihr habt Arthur Adriani geholfen, eure Mitschülerin zu vergewaltigen. Es steht in der Zeitung. Es werden keine Namen genannt, aber ich vermute, dass du und Arthur die Hauptverantwortlichen dieser Tat wart.« Sie hatte vor ihrer Tochter die *Provence* auf den Tisch geknallt.

Naomi hatte mit wachsendem Entsetzen gelesen, dann hatte sie getobt wie damals, als sie ein kleines Kind gewesen war. »Das stimmt nicht! Das ist Verleumdung! Eine Lüge! Diese Schweinehunde!«

Caroline hatte sie toben lassen. Es würde nicht mehr lange dauern, dann würde Naomi für ihre Taten geradestehen müssen.

Als Caroline zur Garage ging, um Plastikkisten zu holen, hörte sie die Glocke am Gartentor. Sie ging hin und öffnete. Zwei junge, sportlich gekleidete Männer, ein dunkelhaariger und ein rotblonder, standen dort. Der Dunkelhaarige hielt ihr einen Dienstausweis unter die Nase.

»Bonjour, Madame, PJ Marseille. Wir müssen Ihre Tochter in Ihrem Beisein im Commissariat zum Tod ihrer Mitschülerin Emeline Bernier befragen. Gegen sie wurde Anzeige erstattet.«

Nun war es also so weit. Caroline spürte, wie schnell ihr Herz schlug. Sie hatte geahnt, dass es so kommen würde. Und trotz ihrer Wut auf Naomi fand sie es entsetzlich, dass ihre Tochter von der Polizei abgeholt wurde. In dem Moment betrat Naomi den Garten. Sie wollte wortlos an Caroline und den Männern vorbeischlüpfen, doch die beiden verstellten ihr den Weg.

»Naomi Manson?«, fragte der rotblonde junge Mann. »PJ! Ich fürchte, Sie können nicht weg. Sie fahren mit uns ins Commissariat, wo Sie zum Tod Ihrer Mitschülerin Emeline Bernier vernommen werden.«

Naomi wurde leichenblass. Damit hatte sie nicht gerechnet. Wahrscheinlich hatte ihr Vater ihr eingeredet, dass sie unantastbar war.

»Aber ich …«

»All Ihre Freundinnen werden gerade abgeholt. Alle werden befragt. Lieutenant Aubertin erwartet Sie mit Ihrer Mutter.«

Naomi öffnete mit einem Ruck das Gartentor, um davonzulaufen. Doch die beiden jungen Männer waren in wenigen Schritten bei ihr, packten sie und nahmen sie in ihre Mitte. Sie schoben sie ins Auto, das direkt vor dem Tor geparkt war, und forderten Caroline auf einzusteigen.

»Ich … ich hole schnell mein Handy und schließe ab«, stammelte Caroline. Sie hastete mit klopfendem Herzen ins Haus, ergriff ihre Tasche und die Schlüssel und stürzte wieder nach draußen.

Naomi hatte sich offenbar gewehrt und aus dem Auto zu springen versucht. Sie hatte Handschellen verpasst bekommen.

»Madame, Sie setzen sich nach vorne!«, befahl der Rotblonde. »Ich fahre, du, Florian, sitzt neben der jungen Dame.«

»Ganz ruhig«, meinte der Mann, der als Florian angesprochen worden war. »Weglaufen ist bei der Polizei keine Lösung.«

»Aber … ich will nicht … Ich will meinen Vater. Ich

will nicht, dass die da bei meiner Befragung zuhört«, stieß Naomi hervor und zeigte mit dem Kinn auf ihre Mutter.

»*Die da* will auch nicht«, erwiderte Caroline kalt, ohne sich umzudrehen. »Messieurs, mein Mann ist im Commissariat. Er soll der Befragung zuhören, das wäre mir weitaus lieber.« Sie öffnete die Beifahrertür.

Die beiden Männer sahen sich sekundenlang an, dann schüttelte der Dunkelhaarige, der Florian hieß, den Kopf. »Das ist leider nicht möglich, Madame. Ihr Mann wurde heute Morgen verhaftet. Er wird gerade von Beamten der IGPN verhört.«

Der Rotblonde stieg auf der Fahrerseite ein und startete den Wagen.

»Nein! Nicht Papa!« Naomi begann zu schluchzen. »Nein! Nein!«

Die beiden Männer reagierten nicht. Das Auto verließ das Viertel Roucas Blanc und fuhr den Hügel hinunter Richtung Zentrum. Caroline drehte sich zu ihrer Tochter um und sagte: »Ich habe dich gewarnt, dass du irgendwann die Folgen deines Handelns tragen musst. Dieser Tag ist jetzt gekommen. Ich bleibe bei dir, weil ich es muss, aber du allein bist für deine Taten verantwortlich. Ein Mädchen ist gestorben, weil Arthur sie vergewaltigt hat. Und du warst dabei. Damit bist du auch schuld und wirst bestraft. So ist es nun einmal in unserer Gesellschaft.«

Wenn die beiden Polizisten über Carolines Reaktion überrascht waren, so zeigten sie es nicht. Schweigend legten sie die paar Minuten bis zum Commissariat zurück. Im Tunnel, der unter dem Alten Hafen durchführte, war wenig Verkehr, und der Polizist fuhr schneller als erlaubt.

Caroline war erstaunt, wie wenig Mitleid sie mit ihrer

Tochter und ihrem Mann empfand. Und wie wenig sie sich von dem Ganzen betroffen fühlte. Sie war nun nicht mehr die Frau des Commissaire Divisionnaire Manson. Er war verhaftet worden. Und sie war frei. Sie war Caroline Pessart aus La Rochelle. Wie früher.

Die Clique

Die gesamte Clique und Arthur mit seinen drei Freunden waren im Laufe des Nachmittags verhaftet worden und befanden sich im Commissariat. Andere Mitschüler wie Christine waren herbestellt worden, um gegen die fünf Mädchen und vier Jungs auszusagen.

Es handelte sich zwar zum Großteil um Minderjährige, doch es würde trotzdem Strafen geben, vor allem für Arthur, der Emeline vergewaltigt hatte, und Kevin, Naomi, Léane sowie Mathilde, die sie festgehalten hatten. Vermutlich würden diese verwöhnten Gören in eine Erziehungsanstalt eingewiesen werden und Arthur, der schon achtzehn war, mehrere Jahre im Gefängnis schmoren.

Die Jugendlichen wurden von Nadia und Luc einzeln befragt. Sie schienen nicht fassen zu können, was mit ihnen geschah. Naomi und Arthur reagierten noch verdutzter als die anderen. Léanes Mutter, die Anwältin, stand den Jugendlichen bei den Befragungen bei. Einige wurden von ihren Eltern begleitet, wie Naomi, deren Mutter mit verschlossener Miene neben ihrer Tochter und der Anwältin saß. Nadia schien es beinahe so, als wäre der Mutter das Schicksal ihrer Tochter einerlei. Die Frau benahm sich, als ginge sie Naomis Vernehmung nichts an.

Naomi weinte, was Nadia große Genugtuung verschaffte. Sie hatte beschlossen, die fünfzehnjährigen Mädchen zu duzen.

»Naomi, du weißt, dass du etwas Strafbares getan

hast, nicht wahr?«, sagte Nadia. »Du hast die Vergewaltigung einer Mitschülerin angezettelt, und diese hat sich danach umgebracht. Du kannst im Gefängnis landen, auch wenn du erst fünfzehn bist. Außerdem hat dein Tun Dinge ausgelöst, die deinen Vater den Job kosten und ihn wohl ebenfalls ins Gefängnis bringen.«

»Jetzt mal immer mit der Ruhe …«, fuhr die Anwältin Lefèbre dazwischen, doch Nadia funkelte sie zornig an.

»Nein, nicht immer mit der Ruhe. Dieses Mädchen und Ihre Tochter haben die Vergewaltigung einer Mitschülerin organisiert! Und diese hat sich nach der Gruppenvergewaltigung umgebracht. Glauben Sie, dass die Eltern da ruhig sind? Außerdem sind noch vier weitere Menschen gestorben, weil Sie und diese hohen Beamten das alles vertuschen wollten. Passen Sie auf, dass Sie nicht selbst belangt werden. Castini wird Sie sicher auch verklagen. Und was uns betrifft, so können Sie hier sitzen, aber ich will Sie nicht mehr hören.«

»Für wen halten Sie sich eigentlich?«, brauste die Frau auf.

»Für die Person, die alles aufgedeckt hat. Für die einzige Polizistin, die Emeline und ihre Familie ernst genommen hat!« Nadia spürte, wie wütend sie war.

Luc mischte sich ein: »Maître Lefèbre, machen Sie es sich und Ihrer Mandantin nicht so schwer. Sie wissen, dass wir unumstößliche Beweise gegen sie haben, weil die Tat gefilmt wurde. Daher sollten Sie Ihren Mandaten und Ihrer Tochter erklären, dass vielleicht ein wenig Reue besser wäre.«

Die Frau blickte ihn finster an. Gewiss würde sie in den kommenden Tagen ebenfalls Schwierigkeiten mit der Justiz bekommen, genauso wie Mathildes im Regionalrat sitzender Vater.

»Nun, Naomi, wir wissen, was ihr getan habt. Wir haben Kommentare auf Instagram, Beleidigungsbriefe, Zeugenaussagen und den Film mit der Vergewaltigung. Ihr habt Emeline monatelang gemobbt. Und ich würde gern wissen, warum ihr das gemacht habt. Warum Emeline? Und warum musstet ihr so bösartig sein?«

Naomi brach in Tränen aus. »Es … ich konnte die guten Schüler nicht leiden. Wegen meines Vaters. Er machte mir Druck, und ich bekam nie gute Noten. Und Emeline … sie hatte alles. Sie hatte in allen Fächern gute Noten, konnte super malen, außerdem war sie komisch. Was die anderen über sie dachten, war ihr egal. Sie versuchte gar nicht, sich uns anzupassen, das zu tun, was ich wollte.«

»Warum, Mademoiselle, sollten alle Leute das tun, was Sie wollen?«, fragte Luc scharf.

Naomi, die sich beruhigt hatte, zuckte mit den Schultern. »Ich bin daran gewöhnt«, sagte sie mit einem Blick zu ihrer Mutter, die nur kurz und resigniert die Schultern hob.

Luc sah sie eindringlich an. »Ja, leider. Doch schauen Sie nur, wohin Sie das geführt hat! Ihr Vater steckt knietief in einem Skandal wegen Ihnen, vier Menschen sind ermordet worden, und eine Schülerin hat sich umgebracht.«

»Sie hätte sich nicht umbringen müssen«, sagte Naomi trotzig. »Wir ficken alle miteinander. Oftmals zu mehreren. Ich wurde auch schon festgehalten und von Arthur genommen.«

Naomis Mutter presste sich entsetzt eine Hand auf den Mund, sie schien von den Sexspielen ihrer Tochter und deren Freunden keine Ahnung gehabt zu haben.

»Nun, Mademoiselle, ich habe all Ihre Filme gesehen. Sie gehen ja im Internet um. Aber meistens schienen Sie ziemlich glücklich. Sie taten es freiwillig. Das ist beim Sex ausschlaggebend. Das Prinzip der Einvernehmlichkeit. Wird jemand gezwungen, so handelt es sich um eine Vergewaltigung. Und das ist eine Straftat. Auch wenn der Täter minderjährig ist.«

Nadia ergriff das Wort. »Außerdem, Naomi, verklagen zwei Lehrer dich wegen Verleumdung. Die beiden wurden wegen dir suspendiert. Eigentlich bist du das Schulmonster, Naomi. Das Monster, das alle terrorisiert hat, um seine sadistischen Triebe auszuleben. Und das es sich leisten konnte, weil sein Vater der Leiter der PJ war. Unser oberster Chef. Welche Schande!«

»Ich gestatte nicht …«, begann die Rechtsanwältin, doch Luc gebot ihr mit einer Geste Einhalt.

»Sie, Naomi, sind die Hauptschuldige. Ihre Freundinnen waren Mitläuferinnen, die Sie geschickt gelenkt haben. Ist es nicht so?«, fragte er.

Die Rechtsanwältin sah interessiert auf. Nadia und Luc hatten richtig spekuliert. Die Frau witterte eine Möglichkeit, die Schuld ihrer Tochter auf jemand anderen abzuwälzen. Sie war zwar eine sehr ehrgeizige Anwältin, doch nun kämpfte ein jeder für sich, und das Schicksal ihrer Tochter war ihr wichtiger als das der Clique. Sie würde Naomi und Arthur gewiss fallen lassen.

Als die Rechtsanwältin wenig später neben Arthur saß, war sie stumm wie ein Karpfen. Arthur spielte den coolen Typen. Wahrscheinlich war ihm in seiner jugendlichen Dummheit nicht klar, welchen Sturm seine Tat ausgelöst hatte und welche Folgen sein Vater zu tragen hatte.

»Arthur, Sie haben Emeline vergewaltigt. Warum haben Sie das gemacht?«, fragte Nadia. Mit dem volljährigen Arthur war sie nun per Sie.

Der Junge seufzte nur. »Mann, es war ein Spiel! Wir

haben schon mehrere Mädchen als Gruppe genommen. Und keine hat sich je beschwert.«

»Ja, das weiß ich. Naomi und ihre Freundinnen. Aber die Mädchen machten das freiwillig. Emeline wollte nicht. Deshalb war es ganz eindeutig eine Vergewaltigung. Außerdem haben Sie ihr einen Drohbrief geschrieben.«

Nadia zeigte ihm das Foto des Zettels, den Laura in Emelines Malkasten gefunden hatte.

»Das ist doch Ihre Schrift, Arthur, oder?«

»Putain, ja, aber das war doch nur Spaß. Ich habe nicht nachgedacht.«

»Nicht nachgedacht? Die Schülerin ist tot!«

»Wir wussten doch nicht, dass sie es so schwer nehmen würde!«

»Arthur, ihr habt sie festgehalten, dann habt ihr sie gegen ihren Willen entkleidet, sie gedemütigt, über ihre Schamhaare gespottet, sie gefilmt, und Sie haben sie vergewaltigt. Und Sie meinen, sie hätte es zu schwer genommen? Sie machen Witze! Sie werden als Vergewaltiger vor Gericht gestellt. Sie sind der Haupttäter, weil Sie Ihren Schwanz in sie hineingesteckt haben! Sie und kein anderer! Außerdem werden Sie des Mordes an Théo angeklagt werden, der euch gewiss mit dem Film erpressen wollte. Und falls jemand anders Théo getötet hat, dann sollten Sie uns das besser mitteilen. Denn sonst büßen Sie dafür!«

»Aber das war ich nicht! Das waren die Vorstadttypen. Naomis Vater und mein Onkel haben sie angeheuert. Sie sind verhaftet und dann freigelassen worden. Dafür bekamen sie den Auftrag, Théo zu töten. Mein Vater und ich, wir wussten davon gar nichts, Ehrenwort!«

Nadia war sehr zufrieden. Die Jugendlichen begannen sich gegenseitig und die Eltern der anderen zu beschuldigen, und die Erwachsenen würden nachziehen. Die Clique war zerschlagen, sehr bald würde auch der Zusammenhalt der korrupten Beamten dahin sein, aus dem ganz einfachen Grund, weil jeder seine eigene Haut retten wollte, indem er die anderen anschwärzte. Die Anwältin schwieg, sie ließ die Jugendlichen sich selbst verteidigen. Erst als Nadia mit ihrer Tochter sprach, war sie wieder voll da.

»Monsieur le Capitaine und Madame le Lieutenant, Léane ist«, sagte sie, »sehr unreif. Sie lässt sich von den anderen verleiten. Sie ist kein böses Mädchen, aber sie hat einen immensen Geltungsdrang. Deshalb hat sie sich auch beim Sex mit fast allen Jungs der Terminale A filmen lassen.«

»Nein, Maman«, meinte Léane trotzig. »Ich habe keinen Geltungsdrang. Ich mag Sex. Und ich mag es, dabei beobachtet zu werden. Ich will Pornodarstellerin werden. Und du wirst mich nicht daran hindern!« Die Mutter warf ihr einen finsteren Blick zu.

Nadia sagte: »Nun, Léane, das ist dein gutes Recht. Aber was hast du dir dabei gedacht, als du Emeline zusammen mit Mathilde und Naomi festgehalten hast, damit Arthur sie vergewaltigen konnte?«

Léane seufzte. »Es tut mir wirklich leid. Ich habe nicht nachgedacht. Ich war geil. Ich hatte Lust, es einmal mit einem anderen Mädchen zu machen, mit einer, die wir noch nie gefilmt hatten. Emeline törnte mich an. Ich mag nämlich nicht nur Jungs. Ich bin bi. Doch Emeline hatte für mich nichts übrig. Und als Naomi meinte, wir würden Emeline ausziehen und Arthur würde sie ficken, da wurde ich schon ganz feucht …«

»Léane, jetzt reicht's!«, schrie die Mutter. »Wie kannst du nur so obszön reden. Wir sind hier bei der Polizei, nicht in einem Pornostudio!« Die Frau wurde hochrot im Gesicht.

Léane sah ihre Mutter verächtlich an. »Du warst schon immer verklemmt. Du hast mich nicht einmal richtig aufgeklärt. Ich wusste gar nichts. Euer Freund, der Doktor Marcoul, hat mir alles erklärt. Wie ich beim Sex Spaß haben kann. Er hat mir vieles gezeigt. Und ich wurde zum besten Sex-Girl der Schule.«

Die Mutter japste nach Luft. »Eric?«

»Ja, Eric. Mensch, der ist heiß.«

»Ich werde ihn verklagen! Er hat dich verführt! Vergewaltigt! Beim Arztbesuch! Wann war das?« Die Frau war sehr aufgebracht.

»Vor einem Jahr. Zum Glück hat er das getan, sonst wäre ich heute so wie du. Vater fickt dich nicht mehr, du willst keinen anderen Mann, keine Frauen, du hast keinen Sex, nicht mal selber besorgst du dir es, und du bist extrem verbittert!«

Ehe Nadia und Luc reagieren konnten, holte die Mutter aus und verpasste Léane eine Ohrfeige. Léane hielt sich die Wange und sah sie trotzig an.

»Maître, bitte, wir sind hier im Commissariat. Bitte werden Sie Ihrer Tochter gegenüber nicht handgreiflich«, sagte Luc.

Doch Nadia merkte, wie unterhaltsam er das Gespräch zwischen Mutter und Tochter fand.

Sie ergriff das Wort. »Außerdem, Maître, hat das nichts mit unserer Sache zu tun. Wir wollen wissen, warum Léane mitgemacht hat und was sie über Théos Tod und Monsieur Moltets Suspendierung weiß. Bitte, Léane, sprich weiter. Also, dich hat Emeline angetörnt, und deshalb hast du bei ihrer Vergewaltigung mitgemacht.«

»Ganz genau. Ich … ich wusste nicht, dass sie es nicht mochte. Ich habe nicht nachgedacht. Sie war eine

Lesbe. Einen Schwanz in sich zu spüren war sicher schlimm für sie.«

»Hör mal, Léane«, begann Nadia, »Emeline war keine Lesbe. Sie war fünfzehn, hatte aber keinen Doktor Marcoul kennengelernt. Sie war auch noch nie mit einem Jungen zusammen gewesen. Sie war sexuell noch nicht so weit, und es interessierte sie nicht! Aber du, Léane, zählst zu den Haupttätern, weil man dich im Film gut sehen kann. Du hast sie festgehalten und ihr zwischen die Beine gegriffen.«

»Ja. Ich wollte ihr helfen. Damit es nicht so wehtut. Ich bin ja die Spezialistin.«

Nadia sah, dass Luc sich das Lachen kaum mehr verkneifen konnte und die Mutter immer zorniger wurde.

»Nun«, stieß die Frau hervor, »Sie sehen ja, dass meine Tochter nicht alle Tassen im Schrank hat. Dass sie unter einer sexuellen Störung leidet. Einer Besessenheit. Allein schon diese obszönen Wörter … Wie kann eine Fünfzehnjährige aus guter Familie so reden? Aber mir ist nun alles klar. Im Fall meiner Tochter gibt es einen Schuldigen dafür. Und den werde ich belangen! Dieser Scheißkerl. Was hat er nur aus meiner Tochter gemacht?«

Sie begann zu schluchzen. Nadia zuckte mit den Schultern. Dieser Doktor Marcoul, der Léane im Alter von vierzehn Jahren verführt hatte, war die geringste ihrer Sorgen, auch wenn sie die Bestürzung der Mutter durchaus verstehen konnte. Sie wandte sich wieder an Léane.

»Was weißt du über Théos Tod und über die Sache mit Moltet?«

»Théo wollte uns erpressen. Er wollte Geld, sonst würde er das Video online stellen. Und ich wusste, dass er es ohnehin machen würde. Außerdem hätte es sowieso irgendwer getan. Entweder Ugo, Charly oder er. Sie hatten alle drei gefilmt und das Video bereits anderen Jungs geschickt. Ich fand es nicht richtig zu zahlen, weil es nichts bringen würde. Und ich hatte recht. Der Film tauchte im Web auf, nicht?«

Nadia nickte. »Ganz genau. Jemand war vorwitzig genug, ihn auf eine Amateurfilm-Pornoseite hochzuladen, und ein Kollege hat ihn entdeckt. Außerdem hat Ugo sich am Strand sein Telefon entwenden lassen. Auf dem all eure tollen Filme waren. Und die sind drei Tage später ebenfalls auf Pornoseiten erschienen.«

»Ja, das ist toll für meine Karriere«, sagte Léane, verstummte jedoch, als ihre Mutter mit der Faust auf den Tisch schlug. Luc warf der Frau einen strafenden Blick zu, er wollte mit der Befragung vorankommen.

»Okay, Léane, weißt du, wer Théo getötet hat?«

Sie schüttelte den Kopf. »Keine Ahnung. Théo hatte viele Feinde. Er war extrem geldgierig und erpresste gern. Deshalb hat es keinen wirklich gewundert, als er erschossen wurde.«

»Und Loïc Moltet? Wusstest du, dass Naomi ihn des sexuellen Übergriffs bezichtigt hat?«

»Ja, aber ich fand das blöd. Der Typ ist so was von prüde. So was von langweilig. Sind sie alle, die Lehrer. Wegen des doofen katholischen Zeugs. Ich habe Moltet einmal nach der Englischstunde aufgesucht. Ich hatte einen weiten Rock ohne Unterhose an und habe ihn gehoben, um ihm zu zeigen, was darunter war. Aber das interessierte ihn nicht. Er ist zornig geworden, hat mir eine Strafaufgabe gegeben und gemeint, ich solle sofort aufhören, sonst würde er es der Direktorin sagen.«

»Deshalb wusstest du, dass Moltet Naomi nichts angetan hat.«

»Natürlich nicht! Sie hat andauernd irgendwelche

Leute ungerechtfertigt angeschwärzt, wenn ihr das passte. Weil sie ihr lästig wurden. Und weil ihr Vater immer sofort reagierte.«

»Okay, Léane. Aber du hast Naomi nicht ins Gewissen geredet.«

»Nein, Naomi wurde sehr zornig, wenn man ihr widersprach, und drohte mit ihrem Vater. Ich hatte oft Angst vor ihr.«

Nadia sah Léanes Mutter an. »Nun, Maître, Sie müssen sich gut überlegen, ob Sie Naomi und Arthur weiterhin vertreten wollen. Denn anscheinend sind die beiden die Anstifter.«

»Das werde ich«, sagte die Frau mit rauer Stimme. Ihr überlegenes Getue hatte sie vollkommen abgelegt. Nun war sie nur mehr eine ratlose Mutter, der bewusst wurde, dass sie bei ihrer Tochter einiges übersehen hatte.

Als die beiden gegangen waren, lachte Luc los.

»Also, dieses Mädchen, das ist ja … unglaublich! Das Sex-Girl! Diese obszönen Ausdrücke! Und die Mutter … völlig geschockt!«

»Na ja, so ganz ohne ist das nicht, dieser Freund der Familie, der seine Position als Arzt missbraucht hat, um das Mädchen zu verführen und ihre sexuelle Erziehung zu übernehmen. Léane ist erst fünfzehn!«, erwiderte Nadia.

Dann gingen die Befragungen weiter. Auch Mathildes Eltern, die mit der Tochter gekommen waren, distanzierten sich vom Commissaire Divisionnaire und vom Procureur. Der Herr Politiker behauptete, über Adrianis und Mansons Aktionen nicht im Bilde gewesen zu sein. Nadia redete auch Mathilde ins Gewissen, außerdem wollte Miranda, die Mathilde am Tag von Emelines Tod verletzt hatte, diese ebenfalls wegen Körperverletzung verklagen. Mathilde, die nach Naomi das bösartigste

Mädchen der Clique gewesen war, wirkte nun besonders kleinlaut und schüchtern.

Vanessa und Mégane, die bei Emelines Vergewaltigung nicht aktiv Hand angelegt hatten und im Film nur kurz zu sehen waren, sagten aus, dass sie von Naomi und Mathilde eingeschüchtert worden seien. Ja, sie gaben zu, zu Emeline und Christine ekelhaft gewesen zu sein. Sie hatten nicht nachgedacht, hatten Angst vor Naomi und Mathilde gehabt. Vor allem aber war es ihnen ums Dazugehören gegangen. Doch nun waren sie bereit, gegen all jene auszusagen, die bei Emelines Vergewaltigung aktiv mitgemacht hatten. Und noch zwei weitere Jungs der Abiturklasse, Mike und Gabriel, hatten wie sie zugesehen, alle anderen Schüler waren hinausgejagt worden. Nein, ihnen habe das Spektakel nicht gefallen. Aber sie hätten nichts tun können, sonst wären sie die nächsten Opfer der Clique geworden. Ja, sie hatten auch immer wieder Sexszenen mit Arthur, Ugo und einigen anderen Jungs gefilmt, vor allem, wenn sie getrunken hatten, aber sie hätten nie gedacht, dass diese Filme im Internet landen würden. Nein, Loïc Moltet und Nathan Merle hatten nie Schülerinnen sexuell belästigt. Jeder hatte das gewusst, doch die anderen Schüler hatten Naomi nicht zu widersprechen gewagt.

Die Jungs sagten Ähnliches aus. Arthur habe sie praktisch gezwungen, bei der Vergewaltigung dabei zu sein und zu filmen. Kevin meinte, Arthur habe gewollt, dass auch er Emeline vergewaltigen solle, doch er habe das abgelehnt. Man sah im Film sehr gut, dass Kevin Emeline wie Léane zwischen die Beine gegriffen hatte, und das schien ihn sehr angetörnt zu haben. Doch Kevin behauptete, das unter Zwang getan zu haben.

Nadia glaubte keinem der Jugendlichen. Sie wusste, dass alle freiwillig dabei gewesen waren, die Situation aufregend gefunden hatten und sich nicht so leicht würden herausreden können. Allerdings würden die Strafen für jene, die nicht selbst Hand angelegt hatten, relativ milde ausfallen.

Christine und einige andere Schüler erzählten nun, da die Clique geschnappt worden war, im Detail, was diese Mädchen, häufig zusammen mit Arthur und seinen Freunden, einigen Schülern angetan hatten. Die Liste der Quälereien schien Nadia endlos. Doch nur bei Emeline waren sie so weit gegangen.

Als sie und Luc ziemlich spät am Abend die Verhöre abschlossen, war Nadia müde, aber zufrieden. Sie hatten gute Vorarbeit für den Staatsanwalt und den Untersuchungsrichter geleistet. Die Clique war zerschlagen, ihre wechselseitige Solidarität verflogen. Alle bemühten sich, Arthur und Naomi zu belasten, die wiederum die Eltern des jeweils anderen zu beschuldigen versuchten.

Für Castini und den Procureur würde es ein Leichtes sein, die Clique anzuklagen. Doch würde man exakt nachweisen können, wer den Mord an Théo, den Anschlag auf Castinis Haus und den Brand bei Moltet in Auftrag gegeben hatte? Und wer die beiden Vorstadtdealer erschossen hatte? Einer von ihnen war und blieb verschwunden. Nadia vermutete jedoch, dass er irgendwo nicht weit von Callelongue im Meer lag.

Bevor sie nach Hause durfte, wurde Nadia auch von den Herren der IGPN befragt, denen sie alles erzählte. Nur den Diebstahl von Ugos Handy durch Florian sowie Pierres und Fionas Schießerei mit den beiden Dealern ließ sie weg, um sich selbst und ihrem Team keine unnötigen Probleme zu bereiten. Natürlich konnte Fiona bei einer Inspektion ihrer Dienstwaffe und der verbliebenen Munition trotz allem Probleme bekommen, doch im Moment war davon keine Rede.

Die beiden Männer äußerten sich dazu nicht. Sie stellten einige Fragen, notierten sich vieles, bedankten sich nach einer Stunde bei ihr und meinten, sie könne gehen. Man würde sie eventuell später noch einmal kontaktieren.

Als Nadia den Raum verließ, atmete sie tief durch. Sie hatten es geschafft. Es würde ein Riesenprozess werden. Die Schuldigen standen im Rampenlicht.

Monsieur le Procureur

Brice saß fürs Erste im Gefängnis. Doch dort würde er nicht ewig bleiben. Der Richter hatte verfügt, dass er sich Fiona nach seiner Freilassung nicht mehr nähern durfte. Fiona war erleichtert. Da Brice einen Polizisten verletzt hatte, wollte der Richter keine Milde walten lassen und hatte ihn zu zweieinhalb Jahren Haft und dreitausend Euro Schmerzensgeld an Stéphane verurteilt. Stéphane erholte sich recht schnell. Da er sofort in die Unfallchirurgie gegangen war, hatte man die Nase schienen können und ging die Schwellung rasch zurück. Außerdem hatte er sich mit Sandy angefreundet, die ihn am Vorabend besucht hatte.

»Er ist ja wirklich süß, dein Kollege«, hatte Sandy gemeint, als sie Fiona am Morgen getroffen hatte. »Auch mit gebrochener Nase ist er noch ein hübsches Kerlchen.«

»Ja, und er ist Single«, hatte Fiona ihr mitgeteilt.

»Fiona, ich lebe nicht in Marseille. Ich arbeite hier noch drei Wochen, und dann kehre ich zurück in die Südalpen.«

»Und könntest du dir nicht vorstellen hierzubleiben?«

»Na ja, irgendwie gefällt mir die Großstadt. Wir machen jetzt abends Spaziergänge. Es ist schön, jeden Tag das Meer zu sehen. Aber andererseits haben wir dort oben bei uns eine heile Welt. Berge, winzige Orte, alles ist sehr ländlich, ohne jede Verschmutzung und Kriminalität. Die alten Leute werden dort auf dem Land noch gut betreut, keiner ist einsam, und es gibt wenig Armut. Aber für solche Fragen ist es noch zu früh. Dein Kollege soll sich erst mal auskurieren.«

Fiona dachte an Kenny, der gespottet hatte, Stéphane könne in seiner derzeitigen Verfassung nicht einmal küssen, und musste grinsen.

Fiona hatte den beiden auch von Pierre erzählt, von ihren gemeinsamen Aktionen und vom Ausgang ihres Falles, von dem sie in den regionalen Nachrichten nichts gehört hatten, weil sie selten Zeit hatten, fernzusehen oder Zeitung zu lesen.

Fiona war spätabends zu Pierre gegangen, der nun sehr viel zu tun hatte. Alles, was während des Lockdowns liegen geblieben war, musste aufgearbeitet werden. In wenigen Tagen sollten die Gerichte wieder öffnen. Außerdem war sein Vorgesetzter verhaftet worden, und es ging im Justizpalast von Marseille etwas chaotisch zu, weil noch kein neuer Procureur ernannt worden war.

Als Fiona und Florian am folgenden Morgen in ihrem Büro am Computer arbeiteten, trat Luc in den Open Space.

»Ich habe Neuigkeiten, die euch wahrscheinlich freuen werden. Euer Freund kriegt eine Mega-Beförderung. Er wird der neue Procureur von Marseille. Und eure Chefin bekommt eine Prämie und das zweitgrößte Team der Abteilung, obwohl sie erst seit Kurzem Lieutenant ist. Als Belohnung für die inoffizielle Ermittlung.«

Florian sah Fiona erstaunt an. »Wow …«, ließ er sich vernehmen, »das freut uns. Aber ich weiß nicht, ob das den beiden gefällt. Zu viel Beachtung, zu viel Verantwortung.«

»Das musste ihnen doch klar sein, als sie zu ermitteln begannen. Bei einem Misserfolg die Strafe, bei einem Erfolg die Beförderung. Ich allerdings gönne es Nadia. Sie ist sehr kompetent, ich habe gern mit ihr gearbeitet. Was mit dem Herrn Staatsanwalt geschieht, ist mir ziemlich egal. Ich mag ihn nicht besonders, doch ich muss sagen, Hut ab. Er hat Mumm. Aber ich weiß natürlich, dass ihr beide ihnen sehr geholfen habt.«

Fiona war wie erstarrt. Pierre war nun *Monsieur le Procureur*, Oberstaatsanwalt. Trotz seiner Jugend. Sie fragte sich, was das für ihre Beziehung bedeuten würde. Ob Pierre trotzdem mit ihr, einer einfachen Polizistin, zusammenbleiben wollte. Aber tief im Innern kannte sie die Antwort. Pierre würde viel Verantwortung tragen, aber seine Freunde und seinen Lebensstil beibehalten. Und sie wusste, dass sie selbst ihm sehr wichtig war.

»Na ja«, meinte Florian, »wir sind ein paar Risiken eingegangen und haben einige krumme Dinger gedreht, um an Informationen und Beweise zu kommen.«

»Ging wohl nicht anders«, meinte Luc. »Das korrupte Vorgehen unserer Chefs hat euch gezwungen, nicht erlaubte Ermittlungsmethoden anzuwenden.«

»Und du, Luc? Wirst du unser Vorgesetzter bleiben?«

»Im Moment, ja. Aber bald kommt ein Commissaire. Zum Glück! Denn ich habe keine Lust, allzu lange den Boss zu spielen.«

Fiona ahnte jedoch, dass Luc ein sehr guter Abteilungsleiter sein würde. Sie fand ihn weitaus kompetenter als diesen seltsamen Blachet, der bei ihr einen sehr schlechten Eindruck hinterlassen hatte.

Fiona und ihre Kollegen hatten am Nachmittag viel zu tun. Sie befragten mehrere von Emelines Mitschülern zu den Ereignissen um deren Tod und sprachen noch einmal mit allen Lehrern des *Lycée*. Die Schüler gaben schuldbewusst zu, von der Vergewaltigung gewusst, es aus Angst vor den anderen aber nicht gewagt zu haben, einem Erwachsenen davon zu erzählen. Doch über Théos Erpressung, Monsieur Moltets Suspendierung und die Drohungen gegen Christine waren sie nicht informiert gewesen.

Auch die Direktorin, ihre Sekretärin und die C.P.E. wurden von Luc und Nadia vernommen, hatten ihnen aber nicht besonders viel mitzuteilen. Sie gaben lediglich zu, sehr nachlässig gewesen zu sein und einiges übersehen zu haben. Doch es lag auf der Hand, dass sie bestochen worden waren. Die Eltern der Straftäter hatten ihnen bei der Renovierung der Schule Schecks mit satten vierstelligen Summen ausgestellt, und die Direktorin hatte in ihrer Schuld gestanden.

Gegen Abend kam Nadia mit roten Wangen in den Open Space.

»Um Himmels willen, Pierre und ich wollen diese Beförderungen gar nicht! Wir wollen normal weiterarbeiten und nicht diese Verantwortung haben! Ich soll nun vier neue Leute in mein Team bekommen. Allerdings«, sagte sie ernst, »möchte ich mich bei euch allen bedanken. Hauptsächlich bei Florian und Fiona, die mir bei dieser inoffiziellen Ermittlung sehr geholfen haben und hohe Risiken eingegangen sind. Aber auch bei dir, Kenny, und bei Stéphane. Ihr habt während des Lockdowns super gearbeitet und den Commissaire zufriedengestellt, wodurch wir unsere Ermittlung weiterführen konnten. Wie gesagt, ich konnte nicht das gesamte Team einweihen. Anfangs wollte ich allein arbeiten, doch Florian und Fiona haben zufällig davon Wind bekommen und sich mir fast aufgedrängt. Doch es war riskant.«

Kenny zuckte mit den Schultern. »Ist schon gut.«

Er schien nicht beleidigt zu sein, weil seine Chefin ihm so etwas Wichtiges verheimlicht hatte.

Wenig später kam Pierre. Alle gratulierten ihm. Verstohlen drückte er Fionas Hand, dann meinte er: »Eigentlich wollte ich das nicht. Der Lockdown hat mir gezeigt, wie angenehm es ist, wenn man Zeit für sich hat. Und nun … so viel Verantwortung. Mit Untergebenen, die älter sind als ich.«

»Mir scheint, du hast es verdient. Du hattest den Mut, dich deinem korrupten Chef zu widersetzen«, sagte Luc.

»Nun«, erwiderte Pierre. »Es ist nicht nur mein Werk. Nadia, Laura, Fiona und Florian haben mir sehr geholfen.«

Er zwinkerte Fiona zu, was Luc nicht entging. Der sah erstaunt von einem zum anderen, doch Fiona ignorierte ihn. Auch Pierre verhielt sich ganz neutral.

Später am Abend lag Fiona in Pierres Armen. »Du freust dich doch über diese Beförderung, oder nicht?«, fragte sie.

»Nicht wirklich«, erwiderte er. »Ich wollte mein Leben etwas ruhiger gestalten, mit dir und den Tieren oder den Kindern, die wir adoptieren.«

»Na ja, so viel weniger Freizeit hast du in Zukunft sicher nicht, du hast doch sowieso schon ständig gearbeitet. Aber du verdienst wesentlich mehr. Was kein Nachteil ist.«

»Klar«, meinte Pierre. »Aber die Verantwortung macht mir zu schaffen. Mit einem Mal habe ich Mitarbeiter, für die ich verantwortlich bin.«

»Du wirst dich schnell daran gewöhnen. Du bist sehr kompetent, das ist keinem entgangen. Deshalb hast du die Beförderung erhalten. Und auch, weil du dein Leben riskiert hast.«

»Ja, aber ich war nicht der Einzige. Auch Florian und du seid Risiken eingegangen. Und ihr werdet nicht befördert.«

»Vielleicht doch. Nadia wird sich sicher erkenntlich

zeigen. Wir sollen beide im kommenden Jahr zum Brigadier-Chef befördert werden. Was wir nur wollen, wenn wir weiter unter Nadia arbeiten dürfen.«

»Du solltest es machen wie sie. Die Prüfung zum Lieutenant.«

Fiona sah ihn zärtlich an. »Keine Lust. Ich möchte nicht wegversetzt werden. Ich kann nicht mehr ohne dich leben.«

Pierre lächelte und strich über ihre Wange.

»Du hast recht. Ich ohne dich auch nicht.«

Sie küssten sich, und Fiona sagte sich zum tausendsten Mal, wie wohl sie sich mit Pierre fühlte und was für ein riesiges Glück sie hatte, ihn hier in Marseille gefunden zu haben.

Trauerarbeit

Lucie trat in Aix-en-Provence aus dem Gerichtsgebäude und atmete tief durch. Die Verhandlung würde nach den Sommerferien hier stattfinden und eine Riesensache werden. Im Mittelpunkt standen Emelines Vergewaltigung und ihr Selbstmord, die mehrere Morde und Vergeltungsaktionen nach sich gezogen hatten. Der Procureur von Aix-en-Provence, Guillaume Masteix, dem die Ermittlung anvertraut worden war, hatte kolossal viel Arbeit. Er klagte Emelines Mitschüler, die Clique und Arthurs Freunde an sowie die Schulleitung, die Direktorin und die C.P.E. Doch er ermittelte auch gegen Commissaire Divisionnaire Manson, Commissaire Blachet und den ehemaligen Procureur Adriani. Die Polizei wiederum ermittelte unter Capitaine Franck Rimier in der Cité la Busserine zum Tod von Commissaire Goldstein.

Auch nach dem Mann, der auf Korsika den Molotowcocktail in Castinis Ferienhaus geworfen hatte, wurde gesucht. Er schien allerdings verschwunden zu sein. Ob er untergetaucht war oder wie die Vorstadtgangster tot im Mittelmeer lag, wusste man noch nicht. Und über die Identität seines Komplizen war nichts bekannt.

Die Verwaltung der katholischen Privatschulen hatte sehr rasch reagiert, denn es galt, den guten Ruf des Lycée Saint Christophe zu retten. Man hatte die gesamte Clique sowie Arthur und seine drei Freunde der Schule verwiesen. Die Direktorin, ihre Sekretärin und die C.P.E. waren entlassen worden. Und Loïc Moltet wurde nicht nur rehabilitiert und erhielt sein Gehalt für März und

April, sondern es war ihm auch angeboten worden, ihm für ein ganzes Jahr eine möblierte Wohnung neben der Schule unentgeltlich zur Verfügung zu stellen. Die Diözese hatte Emelines und Christines Eltern geschrieben, wie leid ihnen die ganze Sache tat, und dass sie sich ganz klar von der Direktorin und ihrer C.P.E. distanzierten, die nie mehr für eine katholische Privatschule arbeiten würden. Die Schule würde das Schmerzensgeld, zu dem sie eventuell verurteilt würde, selbstverständlich bezahlen.

Lucie war erleichtert, von dieser Seite endlich eine Entschuldigung bekommen zu haben. Nun hatte sie gerade mit Nicolas, der schleunigst wieder zur Arbeit gefahren war, die Anhörung bei Procureur Masteix hinter sich. Sie hatten ihm genau dieselben Informationen gegeben wie Castini. Und auch Christine und andere Mitschüler hatten den beiden Juristen im Detail erzählt, was seit Anfang des Schuljahres geschehen war. Lucie hatte soeben gelesen, dass Mathildes Vater, der Politiker, den Conseil Régional verlassen hatte, und auch Léanes Mutter, die Anwältin Lefèbre, vom Procureur angeklagt wurde und einstweilen Berufsverbot hatte. Sie durfte nicht einmal mehr ihre Tochter verteidigen.

Die Mitglieder der Clique versuchten nun alles auf Arthur und Naomi zu schieben, was nicht klappte, weil einige von ihnen ebenfalls bei Emelines Vergewaltigung mitgemacht hatten und das im Film zu sehen war.

Lucie hatte den Film schließlich angeschaut. Es war entsetzlich gewesen, sie hatte die ganze Nacht vor Wut und Schmerz geheult. Trotzdem wusste sie, dass sie Glück hatten, dass diese Aufnahme existierte, denn so gab es einen handfesten Beweis für die Schuld aller Beteiligten.

»Es lebe die heutige Zeit«, hatte Christines Mutter gemeint, »diese Idioten machen eine brutale Dummheit und filmen das auch noch, damit man dann alles beweisen kann. Das wäre in unserer Jugend unmöglich gewesen.«

Lucie pflichtete ihr bei. Die Telefone und Kameras hatten in diesem Fall einige Täter überführt! Durch die moderne Technik war es für Straftäter nicht mehr so einfach, unentdeckt zu bleiben.

»Und noch dazu stellen sie den Film ins Internet! Damit ja jeder von ihrer Schandtat erfährt«, hatte Claudine Perrin mit vor Wut zitternder Stimme gesagt.

Lucie erzählte ihr nichts von der Bemerkung Madame Aubertins. Diese hatte ihr anvertraut, dass sie und ihr Kollege ein Smartphone entwendet hatten, um an den Film zu kommen. Doch das war streng geheim, und bei Gericht galt die Version des Polizisten, der den Film auf einem Amateur-Pornoportal aufgestöbert hatte, der aber danach sofort wieder von dieser Seite verschwunden war.

»Kollegen von Kollegen, das ist immer eine gute Erklärung!«, hatte Nadia Aubertin bemerkt.

Lucie ging den Cours Mirabeau entlang, die Prachtstraße von Aix-en-Provence. Es war ein lauschiger Boulevard mit Platanen, auf dem alle Hundert Meter Brunnen standen. Aix-en-Provence war der Ort der Brunnen und der malerischen Plätze, eine sehr romantische, charmante und saubere Stadt. Im Gegensatz zu Marseille, das sie hasste, liebte Lucie Aix-en-Provence. An diesem Mittwoch herrschte auf dem Cours Mirabeau geschäftiges Treiben.

Die meisten Cafés waren zwar noch geschlossen, doch einige Geschäfte, die auf Take-Away spezialisiert waren, hatten weit voneinander entfernte Tische mit

Stühlen aufgestellt. Das ärgerte natürlich die Besitzer der normalen Cafés, und es kam zu einigen Anzeigen.

Dieser Tag war für die meisten Menschen wie ein Frühlingserwachen. Die Leute schienen sich zu freuen, nun wieder hinauszudürfen, und waren glücklich, einfach nur durch die Stadt zu schlendern. Lucie jedoch war davon ausgeschlossen. Wenn es nach ihr gegangen wäre, hätte der Lockdown ewig dauern können. Nun, da Emeline tot war, wollte sie nicht mehr in die Stadt, wollte keine Leute sehen, kein Leben. Die Atmosphäre des Lockdowns, in der sich alle misstrauisch hinter den Masken angesehen hatten, war ihr nur recht gewesen. Sie hatte während der Ausgangssperre Zeit gehabt, sich daran zu gewöhnen, dass ihre Tochter tot war. Doch konnte man sich an den Tod seines Kindes jemals gewöhnen?

Lucie dachte an alles, was nicht sein würde, und Tränen stiegen wieder in ihre Augen. Emeline würde niemals einen Freund oder eine Freundin haben und die Liebe kennenlernen. Sie würde niemals reisen, wie sie es sich gewünscht hatte, den Grand Canyon sehen, San Francisco, Vietnam, die Bucht von Halong. Lucie bereute es, diese Orte nicht mit ihr besucht zu haben. Doch sie hatte warten wollen, bis die Zwillinge ein wenig älter waren. Sie hatten schöne Reisen miteinander gemacht, Griechenland, Südspanien, Irland, Marokko und sogar die Provinz Québec in Kanada besucht. Emeline war gern gereist und hatte überall gezeichnet und gemalt. Ihr Traum war es gewesen, den Grand Canyon mit seinen Farbschattierungen vor Ort auf Papier festzuhalten.

Emeline würde nicht Abitur machen und nicht entscheiden müssen, ob sie sich zur Grafikerin ausbilden lassen oder eher versuchen sollte, eine Kunsthochschule zu absolvieren und dann Karriere als Museumsleiterin zu machen. Sie hatte viel darüber nachgedacht, und ihre Eltern hatten ihr immer gesagt, dass ihr für die Entscheidung noch Zeit bleibe. Doch die Zeit war ihr gestohlen worden. Und auch wenn Castini und Procureur Masteix die Höchststrafe für ihre Peiniger erreichten, so würde Emeline dennoch nicht wieder lebendig werden. Über den Verlust ihrer Tochter konnte Lucie keiner hinweghelfen. Lucie war eine traurige Frau, ein verwaister Elternteil, bis zum Ende ihrer Tage. Sie fühlte sich schuldig, weil sie nicht bemerkt hatte, wie schlimm die Schule für Emeline geworden war, wie sehr sie gelitten hatte. Und weil sie nicht für ihre Tochter da gewesen war, als diese sie gebraucht hätte.

Wenn Lucie an dem verhängnisvollen Dienstag zu Hause gewesen wäre, als Emeline heimgekommen war, hätte ihre Tochter sich vielleicht nicht an der Magnolie erhängt! Sie hätte sich ihr anvertraut, und Lucie hätte sie retten können. Lucie dachte an das Gespräch mit dem Trainer ihrer Söhne. Zehn Minuten hatte er mit ihr über Corona gesprochen. Vielleicht waren es diese zehn Minuten gewesen, die Lucie gefehlt hatten? Aber es hatte keinen Sinn, darüber zu spekulieren. Sie würde nie erfahren, wann genau Emeline sich erhängt hatte und ob sie sich nicht auf andere Weise umgebracht hätte, wenn Lucie im Haus gewesen wäre.

Lucie kam an die Rotonde, den zentralen Platz von Aix-en-Provence, einen Kreisverkehr, um den eine breite Fußgängerzone geschaffen worden war und in dessen Mitte ein riesiger, im neunzehnten Jahrhundert errichteter Brunnen mit prunkvollen Statuen stand. Auf der anderen Seite der Rotonde befand sich das ganz neue Stadtviertel Sextius Mirabeau, das erst einige Jahre zuvor entstanden war. Lucies Auto stand hinter diesem modernen Quartier in einer Tiefgarage. Sie durchquerte die Fußgängerzone, die von Allerweltsgeschäften verunstaltet wurde. Die teuren Boutiquen fand man in der Altstadt, nördlich des Cours Mirabeau.

Da läutete Lucies Telefon. Es war Madame Aubertin.

»Wie hat es mit Procureur Masteix geklappt, Madame Bernier?«

»Es war in Ordnung. Wir haben alles erzählt, doch wir hatten weitaus weniger Informationen als die Mitschüler. Ich wollte mich noch einmal bei Ihnen bedanken. Dank Ihnen und Ihrem Freund findet jetzt ein Prozess statt. Allerdings ist es wirklich traurig, dass diese Leute Menschen ermorden ließen, nur um die Schandtaten ihrer Kinder zu vertuschen.«

»Ja, das ist es. Es kann einem den Glauben an die Menschheit nehmen. Stellen Sie sich vor, wie uns zumute war, als wir erfuhren, was unsere Vorgesetzten trieben!«

»Ich weiß nun allerdings, dass es sehr korrupte Menschen gibt, die ihre Macht missbrauchen. Doch ich weiß auch, dass es Leute wie Sie gibt, die uns den Glauben an die Menschheit wieder zurückgeben.«

Lucie fühlte, wie dankbar sie dieser jungen Frau war. Ohne sie und ihren Freund, den Substitut, den sie nicht persönlich kannte, der jedoch anscheinend zum neuen Procureur von Marseille ernannt worden war, hätten die Schuldigen an Emelines Tod weiter an dieser korrupten Schule ihr Unwesen getrieben.

Als die Polizistin sich verabschiedet hatte, ging Lucie weiter.

Sie sah das Geschäft Nature et Découverte, das spezielle Deko-Gegenstände verkaufte, aber auch Gartenzubehör und seltene Objekte wie Kaleidoskope. Es war einer von Emelines Lieblingsläden gewesen. Ein junges Mädchen mit blonden Locken ging vorbei. Im ersten

Moment glaubte Lucie, es sei Emeline. Doch dann fiel ihr wie so oft schlagartig ein, dass Emeline nicht mehr lebte. Es war unmöglich, das zu akzeptieren. Es würde niemals einfacher werden. Lucie blieb stehen. Sie hatte das Gefühl, ein Messer würde sich in ihre Brust bohren. Die Tränen hatten wieder ganz plötzlich zu fließen begonnen. Sie hielt sich an einer Mauer fest.

Eine ältere Frau blieb stehen und fragte besorgt: »Ça va, Madame? Brauchen Sie Hilfe?«

Doch Lucie schüttelte den Kopf. »Ça va. Sie können mir leider nicht helfen, Madame, danke«, flüsterte sie mit erstickter Stimme.

Die Dame sah sie besorgt an. Da ließ Lucie die Mauer los und ging rasch weiter.

Sie wollte nun nach Hause zu Nicolas und den Zwillingen. Auf sie musste sie sich jetzt konzentrieren. Sie brauchten sie. Sie brauchten einander. Sie würden versuchen, miteinander die kommenden Jahre so gut wie möglich zu bewältigen.